松井郁夫　小林一元　宮越喜彦

木造住宅私家版仕様書 完全版

架構編+仕上げ編+実験編

X-Knowledge

コンプリート版＜実験編＋架構編＋仕上げ編＞刊行にあたって

　始まりは阪神大震災であった。1995年1月17日の未明の大惨事が昨日のことのように甦る。たった20秒ほどの揺れで6434名の死者を出した地震の怖さは、当時40代に差し掛かった筆者たちにとって、設計人生を変える出来事であった。その8割が圧死であり、建物や家具の下敷きになって亡くなった方は約5000人にのぼる。1階がつぶれて2階が道路に落ちた木造住宅の倒壊の様子は、鮮烈な記憶となって残っている。

　建築に携わる者として、この事実をどうとらえるか。日本の木造住宅は、地震に強いと聞いて育った筆者たちにとって、大きなショックとともに使命感が沸き起こった。
　すぐさま倒壊の仕組みを知り、真の木造住宅を追究するために、これまでの設計の仕様を見直そうと思いたち、「私家版仕様書」の執筆を始めたのは必然の流れであった。
　「建築知識」誌上では、全国の設計者や職人たちの意見を集めて、地震に強い家づくりの知恵と工夫を連載し、技術を共有することに努めた。日本建築が世界に誇る木組みの技術は、多くの読者の賛同を得て連載「私家版仕様書」は長期にわたって支持された。
　その後も地震は幾度も日本列島を揺らし、中越地震、東日本大震災、熊本地震、北海道胆振東部地震などを経て、現在に至っている。24年の間にこれほどの大きな震災に繰り返し見舞われるとは思ってもいなかった。地震のたびに建物が壊れないように強度を上げる議論が必ず起こるが、その理論ではもう自然の猛威に耐えられないことが分かってきた。

　実際に、阪神大震災では建築基準法の想定を超える波が神戸を襲ったし、東日本大震災は地震よりも被害の大きな津波が襲い、熊本大震災での繰り返しの揺れは想定外であった。その都度強度の問題を取りざたするこれまでの強度設計では、いつまでもイタチごっこである。つまり自然に対抗する設計には限界があるということである。
　そこで2000年には、伝統構法に適した構造計算法である「限界耐力計算」が告示化された。私家版仕様書では木組みの技術として、木の特性を生かした耐震性能の向上を提唱してきたが、国土交通省が実施した2007年から2011年の5年間の実大実験の結果も踏まえて、あらためて木の特性である「めり込み」と「摩擦」と「復元力」に注目したい。本改訂版では繰り返しの応力を逃がして耐える「減衰設計」を前提に書き加えた。
　さらに、3.11の原発事故以来の電力問題に端を発した省エネルギー化の波は、確実に地球的規模で実行を迫られている問題であり、2020年を待たずして木組みの家もエネルギー問題に配慮した設計が必要であり、積極的に取り組まなければならない。
　私たちがいま実践すべきは、日本の家づくりの伝統に根差した減衰性能の高い復元力のある耐震性であり、快適な体感温度を実現するために、暑さ寒さを取り除くことで、心地よい住まいを提供することである。もちろん、国産材無垢の木を使った、大工・職人による「木組みの家」であることはいうまでもない。

2019年5月吉日　松井郁夫

コンプリート版＜架構編＋仕上げ編＞刊行にあたって

　本書、『木造住宅［私家版］仕様書　架構編』の初版発売から、10年が過ぎようとしている。
　本書は、阪神大震災がきっかけで始まった「建築知識」連載の単行本化であったが、その後13年の間に新潟県中越地震や岩手宮城内陸地震、岩手県沿岸北部地震など、大きな地震は後をたたない。地震は、日本の国土のもっている宿命であり、家づくりを生業としているものにとって、家屋の倒壊から人命を守ることの大切さは、いまもむかしも変わらない。
　では地震国日本において、むかしから民家をつくってきた先人たちは、どのような工夫を家づくりにほどこしてきたのか、各地に残る伝統的な古民家を見るにつけ、現代を生きる私たちには、これからの木造住宅をどうつくるべきなのかという問いが生まれる。あらためて見直されるのは、日本気候風土に合致しながら長い時間を生きた古民家の存在であり、「開放的かつ耐震的な長寿命の架構」のつくり方である。
　この10年の間に、全国各地で伝統構法見直しの機運も広がり、2008年11月には国土交通省による伝統構法木造住宅検証のための実大振動実験等も行われることとなった。伝統構法の家づくりに国からの本格的な科学の検証が入ることになったのである。予算執行は3年間という短期間。伝統構法を解明するにはあまりにも少ない時間だが、今の段階でまとめる必要はある。実験等の結果、一定の成果が出るだろうが、さらに続けて日本の国土に見合った構法を探求し、絶えず極める努力を怠らないことが私たちの使命と考える。
　当初、［私家版］仕様書研究会が掲げてきた「7つの理念」①丈夫で長持ちする家づくり、②生活の変化に対応する架構体づくり、③日本の気候風土に根ざした家づくり、④川上から川下までを視野に入れた家づくり、⑤循環型社会を支える自然素材の家づくり、⑥伝統と新技術の融合を目指した家づくり、⑦各地の実践者との連携による家づくりであったが、家づくりが町並みを形成する重要な要素であることを考えれば、8つ目として⑧歴史文化を創る町並みづくり、を加えて将来の日本の景観づくりに寄与したい。
　さらに、今回の国土交通省の検証を経て「木組みの家」が身近なものとなり、より多くの実践者が増えるのであれば、それは望外の喜びである。
　今回のコンプリート版は、前回の「架構編」に加えて「建築知識」1999年6月号特集の「仕上げ編」を補足した。さらに同誌2001年7月より連載した「現場編」の構造的な検証や提案を加えて、より実践的な木組みの家づくりを目指す方たちの実務に生かせる工夫を含んだ内容を目指した。
　この本が、これからの木造住宅をつくる方たちの更なるスキルアップと、日本の伝統的な木組みの技術の継承と、さらには林業の活性化によって日本の国土が豊かになることのお手伝いが出来れば幸いである。
　「もっとも古いものを忠実に保持し、こころよく新しいものをとらえ、こころは大らかに、目的は清く、それで一段と進歩する〈Goethe.ゲーテ〉」ように、木造住宅［私家版］仕様書は、古き伝統を大切にし、新しい理念として環境に優れた日本の家づくりを目指し続けたい。

2008年11月　松井郁夫・小林一元・宮越喜彦

まえがき

　本書は、日頃より木造住宅の設計・監理に携わる実務者に向けた実践的指針として書かれている。

　木造住宅に限らず設計業務とは、建築に関わる多くの事柄を紙の上に描き込み、その設計図書を用いて現場の施工者と良質な建築をつくり出す、という役割を担っている。そこでは、多岐にわたる仕様や性能を表現する手段として、図面が用いられるわけだが、図面だけでそれらの全容を伝達することは到底不可能である。そこで、設計図書には図面のほかに、建物の内容を明記する「仕様書」が添付されることが通例となっている。

　ところが、木造住宅の建設現場では、旧住宅金融公庫や(社)日本建築学会による仕様書を除き、「仕様書」そのものに対して特別な注意を払うことはあまりなかったといえる。慣習的に大工職人に任せることが多く、伝統に裏打ちされた大工職人の技術をもってすれば、「仕様書」に頼らずとも建物の性能は十分に保証されてきた。しかし、確かな腕をもった職人が高齢化し、その数が減少していく様を目の当たりにしている今日、かつての慣習や職人技術への期待に甘んじることはできない。設計者の役割として設計意図を示す図面とともに、明確な仕様書づくりこそ、今、必要とされているのではないだろうか。

　筆者たちを本書の執筆へと向かわせた動機は、以上のような問題意識である。タイトルに〔私家版〕と付したのは、おのおのの設計者が実践している各自各様の仕様があるだろうから、その選択については皆さん一人ひとりに委ねたい、との意を含んでいる。

　本書は月刊「建築知識」誌上で1995年2月～1997年2月まで連載された内容をもとにしている。連載時には、筆者と読者のコラボレーション（相互に意見を交換しながら話を進めること）を図り、次の二つの方法を試みた。一つは、誌上公開ワークショップ。筆者と読者が相互に意見を出し合いながら質疑応答を行ったこと。もう一つは、ニフティ・サーブによるパソコン通信を用いて広く全国の設計者や大工職人とも意見を交換し合い、その内容を誌上に反映しようと努めたことである。

　'95年の連載開始直前に阪神・淡路大震災が発生したため、ワークショップでもニフティ会議室でも、話題は建物の耐震性や架構のつくり方に集中した。その成果が本書『木造住宅〔私家版〕仕様書　架構編』として結実されたことを明記させていただくと同時に、被災者の方々には心から哀悼の気持ちを捧げたい。

　本書では、現代に生きるわれわれを取り巻く自然環境や社会制度、経済構造や伝統技術などがはらむ多くの問題点を鑑み、初めに七つに基本方針を設定する。本書の意図をよりよく理解していただくために、読者の皆さんに以下の理念を共有していただければ幸いである。

①丈夫で長持ちする長寿命の家づくり
家族や地域の生活にゆとりをもたらすのは、新しい物を次々と揃えていくことではない。多世代にわたって、長寿命の家に暮らし続けることで、建替えや新築のローンにも縛られない、ゆとりのある人生が得られる。あるいは逆に、丈夫で長持ちする家をつくるには、何よりも資源の有効利用という観点が欠かせない。

②生活の変化に対応する架構体づくり
住宅の寿命を延ばすには、まず、いろいろな生活形態に対してフレキシブルであること、つまり間取りの柔軟性が求められる。ここでは、ライフサイクルの変化に合わせて間取りの変更などを自由に行える架構について考えてみたい。

③日本の風土気候に根ざした家づくり
木造の家で快適に暮らすためには、何より風通しが第一であり、木や土など、その家を建てる地域で産する材料を用いることが、最も自然と考えられる。アジア・モンスーン地帯の風土に根差した家、という原則がついつい忘れがちになっているのではないだろうか。

④川上から川下までを視野に入れた家づくり
国産材を使用することが緑豊かな国土を支えることになるという観点から、林業の現状や流通の問題を踏まえた家づくりができないだろうか。家づくりとは、新築予定地だけで行われるものでも、材木市場から生まれるものでもない。川上、すなわち国内の山林から始まるものだ

2001年版まえがき

ということを再認識したい。

⑤循環型社会を支える自然素材の家づくり

建材資源の問題は、地球環境という大きなテーマにも直結する。地球資源の枯渇問題や廃棄物の問題に対し、ここでは木と土という二つの自然素材を使うことを提案したい。家の寿命が延びることにより、建替えのサイクルを50～60年といわれている木の生育期間に合わせることができる。すなわち、木材は永遠の資源として持続し、物質循環の輪を完結させるのである。一方、土を塗り込めた壁は、材料のリサイクル性と同時に調温湿作用などにも優れ、地球環境にも、そこに住む人間にも優しい家が実現される。

⑥伝統と新技術の融合を目指した家づくり

建築技術に関しては、伝統技術の進化という観点が重要であると考える。そもそも職人とは、伝統文化の正当な伝承者であり、同時に技術を実用的なレベルで維持し、高めてきた実践者である。その伝統技術を継承するとともに、さらに現代の息吹を吹き込み、次世代に伝えてゆく新しい技術の導入が必要となるのである。

⑦各地の実践者との連携による家づくり

技術の向上を図るためには、全国各地の実践者との連携が提案される。前述したコラボレーションに限らず、さまざまな場所で共通の理念を実践している人々とのネットワークを図り、より多くの実践者の英知を集めて展開していきたいと考えている。

本書を世に出してから丸3年が経った。その間、各地の実践者や読者の方々の反響を耳にし、筆者一同嬉しく思っている。改訂の刊行にあたって、この3年の動きと、われわれが現在感じていることについて少し触れたい。

まず最初に、読者の皆さんもご存知のように、'00年に建築基準法の改正が行われた。そして現在も日々新しい条文が生み出されているが、正直なところ、改正された法律や告示については、諸手を挙げて賛成できるものは少ない。なぜなら、それらの多くはわれわれが目指す「長寿命の木組みの家づくり」の実践において、無意味と思えるような制約が多くなっているうえ、改正に至った理由や根拠が示されていないからだ。

今回の改訂にあたっては、過剰な改訂は行っていない。ただし注意を要する箇所には適宜注釈などを設けているので参考にしていただきたい。本書の賢明な読者である皆さんは、われわれが意図する本質的な考え方をご理解いただけると思っている。また一方で、木造伝統講法を見直すための性能実験も行われており、いずれは告示などに含まれるのではないかと期待している。そのほかにも、シックハウスや環境問題などから一般的に自然素材への嗜好が高まってきている。国産材利用推進の動き、たとえば中目材の活用などは、施主なども含めて広く認知されてきたのではないだろうか。そういう意味でも木組みの家づくりを目指すわれわれにとって、逆風ばかりでないことも知ってほしい。

現在、この『木造住宅［私家版］仕様書　架構編』の続編として、'01年7月号より月刊『建築知識』上で「木造住宅［私家版］仕様書　現場編」と題した連載を執筆している。木造住宅の可能性をより定量的に示すために、構造設計の視点も交えて「仕様書」を見直し、より充実を図っていきたいと思っている。

2001年12月　松井郁夫・小林一元・宮越喜彦

2019年版まえがき

　1995年の阪神大震災後を契機に、「私家版」仕様書を執筆させていただいて木組みの家づくりを提唱してから24年が過ぎ、今や木造軸組住宅は、プレカット工場でつくられることが常識となってしまった。その普及率は、平成25年全国木造住宅機械プレカット協会調べで88％となり、2019年現在ではおそらく94％を超えていると思われる。

　また、在来工法の戸建ての注文住宅の約53％は中小の大工・工務店が供給していることを考えると（平成25年国土交通省調べ）、単純計算で2016年の新築住宅着工数24万7千戸に対して注文住宅は13万戸となる。プレカットを利用しない大工職人は、全国で10％とすると1万3千戸の仕事が手仕事であるといえる。さらに、この本に書かれているような木組みにこだわって建てているのは、そのなかでも1％とすると約1300戸が手仕事にこだわる設計者と職人の仕事かもしれない。

　この数字から見ると、明らかに少数の特別な方々に向けて、この「私家版仕様書」は書かれていることになる。しかし、私家版執筆メンバーが主催している「木組のデザインゼミナール」という勉強会は今年で16期を迎え、木組みの家づくりを学びたいと考える設計者や工務店の受講生は毎年全国から途切れることはない。「なぜ今、木組みを学ぶのか」を熱心に通ってくださる受講生に聞いてみると、そこには、木造住宅技術の今後にかかわる深い問題がある。

　受講生の多くは、プレカット全盛時代の「墨付け、刻みを工場に任せたまま」で現場が進行することに不安があるという。本来、架構をよく理解したうえで仕事がしたいのである。また、工場のCADオペレーターが専用ソフトを使って入力すると、自動的に架構の伏図が描かれることや建築の教育を受けたことのないCADオペレーターでも構造図を描けてしまうことにも納得できない。

　専用ソフトの図面では、上下の壁や柱のそろわない間取りも、大梁を何本も入れることで解決するような、かなり無茶な答えが返ってくるし、押入れや物入れの小さな壁でも壁があれば必ず梁が入るような、架構の合理性を検討することもない伏図・構造図の作図が進む。

　わたしたちの目から見ると、梁組の基本的なルールを学ばずに図面ができてくることが理解できない。プレカット工場から提供される材料も、設計段階でチェックされないので無駄な材料を調達し、買わされることもある。まったく不合理で不経済な話だ。

　今回の「私家版」仕様書・改訂版は、「設計編」を新たに加えて、架構のつくり方や仕上げばかりでなく温熱環境の向上も目指している。

　これまでの「私家版」でも、柱梁が見える真壁による室内をつくるための技術的な工夫を再載しているのは、木造住宅は丈夫な架構と美しい木組みの見える軸組み工法が本来だと思うからである。

　だが現状では、強度を増すために金物は必要と、最初からあきらめている人が多い。しかしながら、住むのならやはり木の家と考えている住まい手には、金物が見えることをよしとしない人も多い。できれば、すっきりと美しい木組みの家に住みたいと思う人々は必ず存在する。

　丈夫な美しい木組みの家を求める住まい手に、さらに省エネルギーの暖かい家を提供できるように、温熱向上のスキルを身に着け、山の資源を生かし、大工技術の向上と継承に努める実務者がこれからも育ってゆくことを願う。

　この本が、一過性の技術書ではなく、時代を超えて繰り返し多くの人に使われ、木の家をつくる人たちの教科書になることを願っている。

2019年5月吉日　松井郁夫

［現場監理］フローチャート×チェックシート①

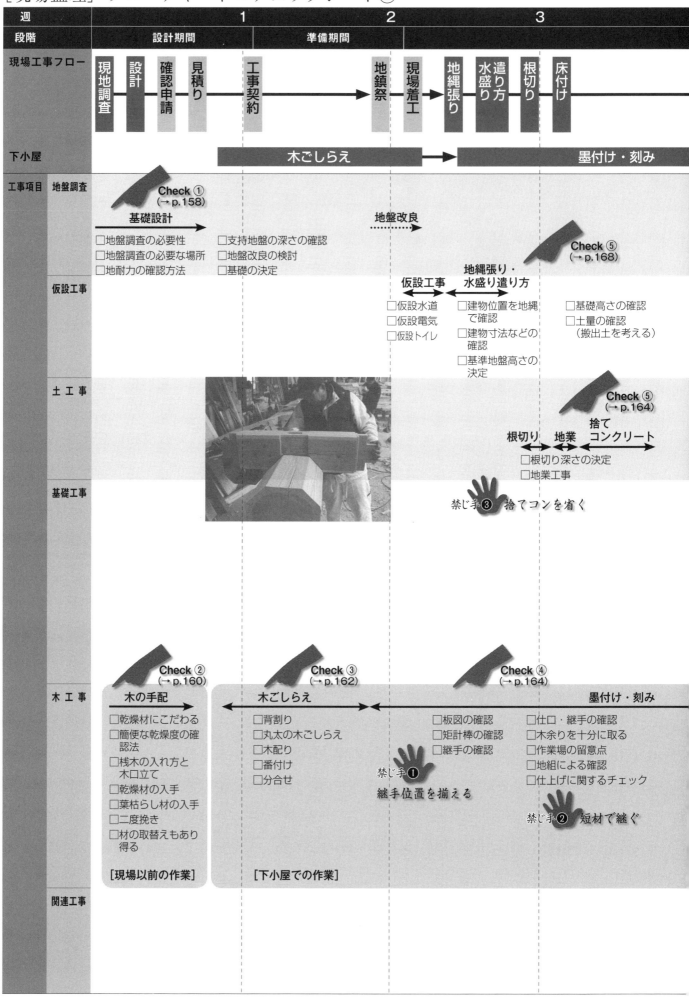

[現場監理] フローチャート×チェックシート②

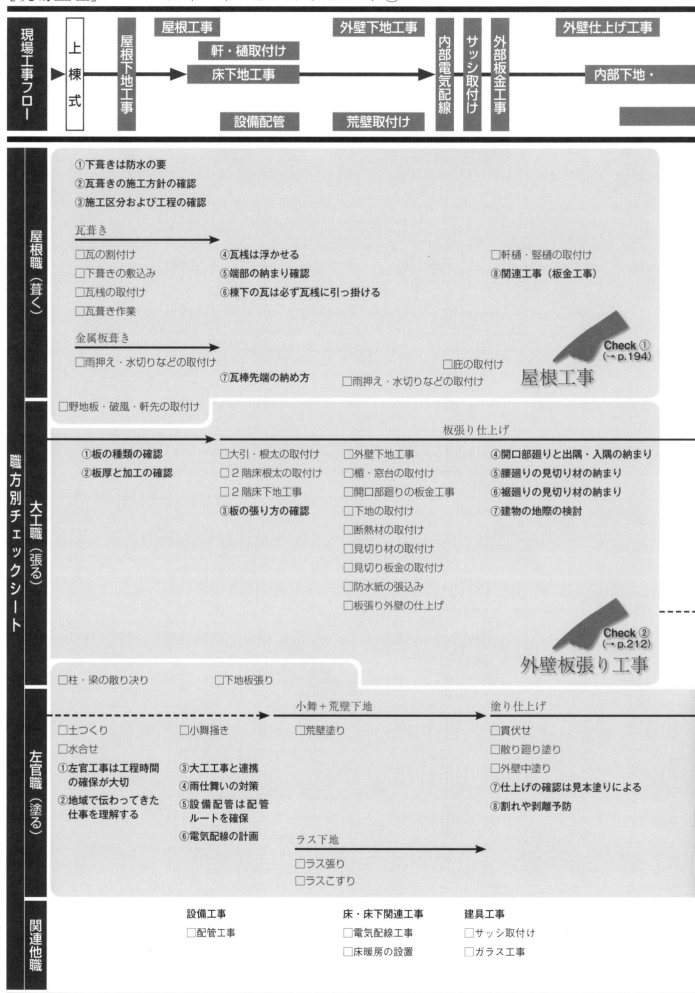

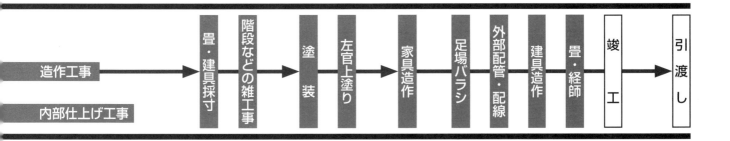

造作工事	→	畳・建具採寸	階段などの雑工事	塗装	左官上塗り	家具造作	足場バラシ	外部配管・配線	建具造作	畳・経師	竣工	→	引渡し
内部仕上げ工事													

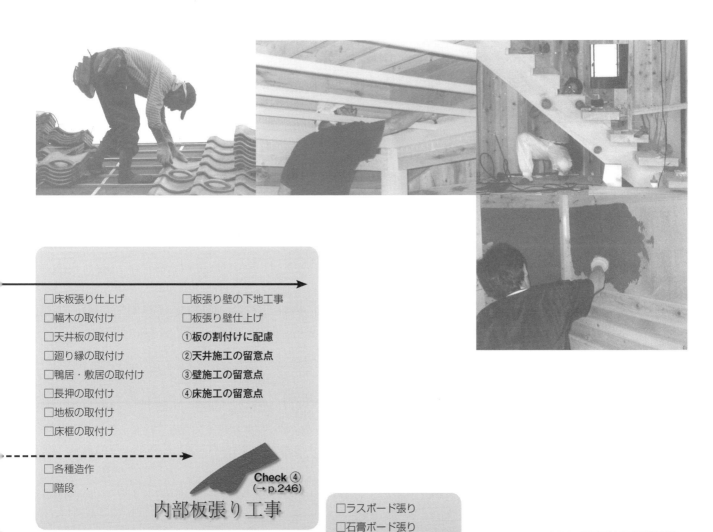

□床板張り仕上げ　　□板張り壁の下地工事
□幅木の取付け　　　□板張り壁仕上げ
□天井板の取付け　　①板の割付けに配慮
□廻り縁の取付け　　②天井施工の留意点
□鴨居・敷居の取付け　③壁施工の留意点
□長押の取付け　　　④床施工の留意点
□地板の取付け
□床框の取付け

□各種造作
□階段

Check④
(→p.246)

内部板張り工事

□ラスボード張り
□石膏ボード張り

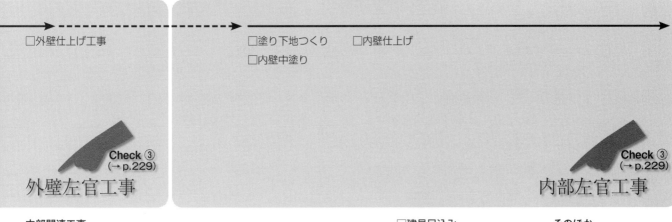

□外壁仕上げ工事　　□塗り下地つくり　　□内壁仕上げ
　　　　　　　　　　□内壁中塗り

Check③　　　　　　　　　　　　　　　　　　　　　　　Check③
(→p.229)　　　　　　　　　　　　　　　　　　　　　　(→p.229)

外壁左官工事　　　　　　　　　　　　　　　　　　　　内部左官工事

内部関連工事　　　　　　　　　□建具吊込み　　　そのほか
□畳・建具採寸　　　　　　　　□照明器具設置　　□クリーニング
　　　　　　　　　　　　　　　□衛生器具設置　　□外構・配管工事

木造住宅［私家版］仕様書

はじめに

- ここでの記載事項は、工事を始めるにあたって、設計者と施工者の相互の理解を深めるためのものであるので、必ず熟読のうえ、小さな不明点でも設計と協議のうえで進めていただきたい
- 本工事で建設する木造住宅は、日本の伝統構法にのっとった軸組構法を採用し、日本独自の気候風土と生活様式に適合した豊かな空間づくりを目指すものである
- さらに世代を超えて生活できるように、丈夫で寿命が長く、生活の変化に対応する軸組を架構することを目指している
- よって軸組架構に使われる木材は、あらかじめ将来の間取りの変更に対応すべく配置されているので、設計図に記載した寸法以上の材とする
- 建物の寿命を延ばすため、軸組に使われる木材の呼吸を妨げないように、架構を露出させることが多いので、継手・仕口などの工法には丈夫で狂いのない仕事を望むものである
- なお、選択肢が複数ある場合は■（□を黒く塗り潰したもの）による

一般事項

設計図書
- 本工事は設計図書に基づいて誠実に行う。当仕様書、設計図、指示書（現場説明書と質疑応答を含む）を設計図書という
- 数量積算書がある場合には、これも設計図書に含むものとする

仕様書
仕
- 設計図書に明記なきものは、「住宅金融支援機構監修　木造住宅工事仕様書」「国土交通省大臣官房官庁営繕部監修　建築工事共通様書」に準ずる
- 上記の仕様書に明記なき場合には、公共規格かこれに準ずる規格を適用する

工事上の疑義
- 工事内容について、疑義のあるときは工事契約前に確認し、質疑応答書として書面で明らかにしておく。協力職方にも工事内容の理解の徹底を図り、万一、現場で疑問点や不明な点が生じた場合は、係員と協議のうえ施工すること

提出図書
- 工事に関わる提出図書は、下記■に定めるほか、必要に応じて作成する

提出図書	部数	提出時期	備考
□工事請負契約書	写し1	契約時	民間（旧四会）連合
□工事にかかわる重要事項の説明書	写し1	契約時	
□瑕疵担保履行法の保険加入等を証する書類	写し1	契約時	工事請負契約書内に記載のないとき
□工事工程表	2	工事着手前	
□現場代理人および主任技術者届	2	工事着手前	
□協力職方名簿	2	工事着手前	
□打合せ議事録	2	その都度	
□変更工事見積書	2	その都度	金額増減のある変更検討時
□官公署届出書類控	2	その都度	各届出は本工事に含む
□出来高承認願い	2	契約の支払工程に達したとき	
□工事保証書	2	竣工時	
□工事竣工届	2	竣工時	
□工事竣工引渡し書	2	竣工時	
□竣工写真　指定写真家（　　　　）	3	竣工後1ヵ月以内	指定写真家による
□工事竣工図	2	竣工後1ヵ月以内	□設計者　□請負者
□施工図・製作図	2	実施半月前	□設計者　□請負者

定例現場打合せ
- 工事中は、協議のうえ定期的に現場打合せを行う

軽微な変更
- 現場で細部の納まりなどで軽微な変更を行う場合は、請負金額の変更をしない

追加変更工事
- 工事金額の増減を伴う追加変更工事が生じた場合には、上記の「変更工事見積書」を提出し、施主の承認後に工事を行うこと

別途工事
- 請負者は、別途工事に関して、工程・納まり・連絡など積極的に協力を行うこと

諸検査と工事補償
- 各工程ごとに係員が検査を行い、指摘のあった部分は速やかに改善を行う。竣工時には、施主立会いのもとに完了検査を行う。検査は電気と給排水衛生設備など担当設備工事施工者も立ち会い、検査合格後引渡しを行う。引渡し後1年を経過した時点で「経過検査」を行い、建具の建付けと調整、雨仕舞いの不具合等、本工事に起因する不都合や破損は無償で修理する。ただし、不可抗力と使用上のミスによるものは有償とする

仮設工事

地縄張り
・係員の立会いのもとに、各敷地境界線の確認を行い、図面に基づいて地縄張りを行う。この際に図面との誤差を確認のこと

ベンチマーク
・係員の立会いのもとに、敷地内もしくは周囲の不動の構築物に設ける

遣り方
・水杭・水貫には適切な材を用いること。工事中動くことのないように、隅部は補強する。水平出しにはレベルを用いる

足場・仮囲い
・関連法令等に従い、適切な材料、構造とし、近隣への木屑などの飛散がないようにすること

養生
・木材や建材、および施工箇所などにおいて汚染、損傷のある場合には適切な方法で養生を行う

仮設設備等
・工事用水道・工事用電気・工事用通信機器などは本工事内で設置、および関連法令に基づく諸手続を行う

土工事

地盤
・事前調査：計画敷地は地盤調査前に以下の資料および敷地周辺の状況を調査し、地盤の概要を検討する（設計前調査）
　□地形図　□土地条件図　□地質図　□地盤図
・地盤調査方式：以下の方法の一つ、または組合せによる
　□素掘り　□コーンペネトロメーター試験
　□スウェーデン式サウンディング試験　□表面波探査法
　□ハンドオーガーボーリング　□ボーリング（＋標準貫入試験）
　□その他（　　　　　　　　　　　　　　）
　＊　地盤調査の結果により、必要に応じた適切な基礎工事または、地盤補強を行うこと

根切り
・根切りの幅および深さは遣り方に従う。なお、土砂が崩壊しないように、必要に応じて、法面とするか土留めを設ける。また、特に隣地が近接している場合には、その方式は係員と協議のうえ決定する
・床付け面は、地盤を攪乱しないように平らに仕上げる

埋戻し・盛土
・埋戻しおよび盛土には根切り土のうち良質なものを用いる。瓦礫、木屑、岩塊などが混入することのないこと。厚さ300mm以内ごとにランマーなどの機器により締め固める

地均し
・建物周囲1mまでの部分は、設計GLの高さで地均しを行い、瓦礫、残材などを撤去し、水はけのよい勾配に仕上げる

残土処分
・残土処分は以下による
　□場内敷き均し　□場外搬出　□その他（　　　　　　）

地業
・地業の種類は以下による
　□割栗石　□砂利　□砕石　□砂　厚さ（　　　　）mm

捨てコンクリート地業
・捨てコンクリートは必ず打設する。その種類は無筋コンクリートとする
・強度等　Fc＝13.5N／mm² スランプ15～18cm 厚さ50mm

防湿フィルム
・□必要（厚さ0.1mm以上）　□不要

基礎工事

基礎
・基礎の形式は以下による鉄筋コンクリート造とする。形状・配筋は標準基礎詳細図による
　□ベタ基礎と一体の布基礎　□フーチングと一体の布基礎
　□腰壁と一体の布基礎　□その他の形式（　　　　　　　　　　　　）
・コンクリート強度等
　強度（Fc：N／mm²）　□18以上　□21以上　□（　　　　　）
　スランプ（cm）　　　□18以下　□15以下　□（　　　　　）
　水セメント比（％）　□60以下　□55以下　□（　　　　　）
・布基礎の場合、点検口などで連続しないときでもフーチングは連続させることを原則とする
・布基礎へのスリーブなど、またはスラブへの開口部には必要な開口補強を行う

土間・防湿コンクリート
・形状・配筋は標準断面詳細図による。材料は特記がない限り基礎に準ずる
・引込み配管・配線の立上げなど、設備工事との工程調整に注意すること（ベタ基礎の場合も同様）

基礎工事

型枠
- 型枠の種類は以下による
  - □鋼製型枠　□合板型枠　□（　　　　　　　　　　　　　　　）
- 型枠の存置期間（打設後の日数）

平均気温	5℃未満	5℃以上15℃未満	15℃以上
存置期間	□8日以上	□5日以上	□3日以上

天端均し
- 天端均しの方法は以下による。基礎との剥離がないように施工すること
  - □モルタル　□セルフレベリング　□（　　　　　　　　　　　　　　　）

床下換気
- ネコ土台による。材料は以下による
  - □木材（クリ）　□モルタル　□石　□既製品（　　　　　　　　　　　）
  - 厚さ（　　　　　　）mm
- ネコ土台の配置は＠3尺（909mm）内外を原則とし、以下の位置には必ず設ける
- 各コーナー部分（L、T、+）　・土台継手部分
- 柱など荷重を受ける部分　　　・アンカーボルト位置
- 外部に面する部分には、防ネズミ用のステンレスメッシュなどを取り付ける

アンカーボルト
- 品質はZマーク表示品もしくは同等以上とし、径はM12以上、埋込み深さは250mm以上とする
- 設計図の基礎伏図・土台伏図と木材加工のための板図とを照合し、その埋設位置の確認を行う
- コンクリート打設前に治具などを用いて所定位置に仮止めし、上記の確認事項に従って係員とともに位置の確認を確実に行う。さらに必要と判断された場合には埋設本数を増設する

木工事

【一般事項】
- 本項の範囲は、木工事における構造の骨組（架構体）、下地骨組、下地材、造作、仕上げなどのすべての木工事に適用する

材料・品質
- 素材や製品品などの品質は、日本農林規格（JAS）の定めがある場合は、この規格に適合したものとする
- 骨組に用いる材料は特記のない限り針葉樹とし、正角材と平角材は特等または一等材とする
- 特一等材はJASには存在しないが、市場にあるピン角の一等材と理解されたい
- 目視等級区分の針葉樹構造用材製材規格については以下のとおりJASによる

甲種構造材（構造用Ⅰ） （短辺が9cm未満の横物）	甲種構造材（構造用Ⅱ） （短辺が9cm以上の横物）	乙種構造材 （柱材など）
□1級　□2級　□3級	□1級　□2級　□3級	□1級　□2級　□3級

  ＊　適応する項目を■で示し、記入のない場合は各項目とも2級とする
- 見え掛かりの造作材や板材は、設計図に記載がないときは小節程度とする
- 仕口を固める楔、栓は堅木とする。また、雇い材は骨組材と同材以上または堅木とする

乾燥
- 用材の乾燥は重要であり、定めがなくともできる限り乾燥度の高い木材を用いること
- 針葉樹材についてはJAS区分に準じ、以下の通りとする
  - □乾燥材D25　□乾燥材D20　□乾燥材D15
  ＊　記入のない場合は乾燥材D25（含水率25%以下）とする
- 天然乾燥材については、乾燥材D25相当の含水率25%を目標とし、係員に承諾を得ること

指定寸法等
- 木材の寸法については、JASに準じて、材長の不足は認めない。断面寸法については以下による

	JASによる乾燥材		未乾燥材		
材の短辺および長辺	90mm以上	90mm未満	90mm以上	36以上90mm未満	36mm未満
表示寸法と許容誤差	+1.5mm	+1.0mm	+3.0〜0mm	+2.0〜0mm	+1.0〜0mm

- 設計図に記載された木材の寸法は、仕上がり寸法である。見え掛かりの梁などで115×235とあるのは、分決めと仕上げを施した寸法を示し、規格製材品の120×240mmの平角材を示している
- 木拾いの際には、構造材、造作材、板材とも片面仕上げのときは3mm、両面仕上げのときは5mmの削り代をみて木拾いすること。なるべく市販の規格材を用いることを原則とする
- 真壁などで、柱や梁とも見え掛かりの構造材があるときには、墨付けの前に必ず分決めし、直角出しを行うこと

仕上げの程度
- 見え掛かりの化粧材は超仕上鉋盤による仕上げを標準とし、手鉋仕上げの範囲は打合せによる

材料検査
- 構造材については、係員の検査を受けてから仕事を進める。その他の材についてはその都度確認する

板図の確認
- 設計図による伏図、軸組図をもとに板図を作成し、木取りや継手・仕口の考え方など設計意図の確認を行う
- 1階床組では、基礎工事との関連調整の確認を行う

木工事		
	樹種・等級・仕上げ寸法	工法

【土台】
- □ヒバ一等心材
  □ヒノキ一等心材
  □クリ一等心材
- 仕上げ寸法は120×120mmを標準として、その他は設計図の指示による

- 継手：持出し継ぎとし、以下の略鎌系の継手で、渡り長さは300mmを標準とする
  □金輪継ぎ　□尻挟み継ぎ　□追掛け大栓継ぎ
  ただし、係員の打合せにより腰入れ目違い鎌継ぎも可とする
- 仕口：T字形に取り合う仕口は大入れ蟻掛けとする。L字形の出隅は襟輪小根枘差し割楔締めとし、見え掛かりは鬢面留め小根枘差し割楔締めとする。あるいは柱を落し蟻とする
- 柱との仕口：土台の枘穴を打ち抜き、長枘差し込み栓打ちを原則とする。ただし、出隅の納まりは以下による
  □落し蟻　□扇枘差し　□長枘差し（出隅の土台をT字型で納めるとき）
  また、柱を落とした部分では柱に土台を枘差し、あるいは小根枘差しとし、割楔締めとする
  ※ 柱の引抜き対策が不十分な場合は他の方法を協議する
- 込み栓：良質な堅木製で18mm角以上とする（以下同様）。係員との打合せにより既製品の丸込み栓も可とする

【柱】

通し柱
- □ヒノキ特一等
  □スギ特一等
- □135×135mm
  □150×150mm
  □160×160mm
  □180×180mm
  □　　×　　mm

- 土台との仕口：隅柱の断面が土台より大きい場合は、土台に落し蟻とする。その他の通し柱はネコ土台上端まで以下の仕口により落とし込む
  □長枘差し　□落し蟻
- 梁・胴差などとの仕口：以下の取合いにおいて、柱の断面欠損が大きくならないように断面に応じた刻みとし、必要に応じて取り合う部材の高さを調整する。各仕口は以下による
  ①二方差し（I字形）：竿車知継ぎ
  ②二方差し（L字形）：小根枘差し割楔締め
  ③三方差し（T字形）：竿車知継ぎ＋小根枘差し割楔締め
  ④四方差し（十字形）：竿車知継ぎ
  ※1 取合いに応じ、竿や小根枘に代わって雇い枘を用いること。また、締付け方法を込み栓や鼻栓とすることは協議する
  ※2 取合いにおいては小胴付きを標準とするが、柱が相当断面ある場合に襟輪を設けて納めるかは協議する
- 桁・小屋梁との仕口：それぞれに取り合う場合は長枘差し込み栓打ち、桁・小屋梁と同時に取り合う場合は重枘差し割楔締めとする

管柱
- □ヒノキ特一等
  □スギ特一等
- □120×120mm
  □　　×　　mm

- 土台や胴差、桁などには長枘差しとし、必要応じて込み栓打ちとする
- 下屋などの隅柱は土台の項に同じ

間柱
- □スギ一等
  □
- □45×45mm
  □　　×　　mm
  （貫構法で外部大壁の場合）

- 土台・横架材とは上下とも角枘差しとし、斜め釘打ちとする

大黒柱
- □ヒノキ　□スギ　□ケヤキ
- □特一等　□上小節
  □
- □180×180mm
  □210×210mm
  □240×240mm
  □　　×　　mm

- 各取合いは通し柱に準じて協議する

共通
- 壁の付くところには貫穴彫りする（耐力壁・貫による）
- 壁の付くところには散り決りする

木工事			
【耐力壁】		樹種・等級・仕上げ寸法	工法
		・建設省告示1100号による真壁耐力壁とする ※ 別仕様の場合は別途特記による	
		・特記なき限り貫タイプとし、面材などは以下による	
		□構造用合板厚9mm以上	・合板は貫に直交に張り、N50釘打ち@150mm以下とする ・継目を少なくするために3'×8'版、3'×9'版を使用
		□石膏ボード厚9mm以上＋石膏プラスター塗り厚15mm以上	・GNF32またはGNC32釘打ち@150mm以下とする
		□石膏ボード厚12mm以上	・GNF40またはGNC40釘打ち@150mm以下とする
		・仕上げを兼ねた耐力壁は以下による	
		□土塗り壁 　□両面　□片面 ※仕上げ塗りは左官工事による	・必要倍率に応じた告示仕様に準ずる。納まり等については設計図書による
		□落し込み板壁 　樹種（　　）厚さ（　　） □面格子壁 　樹種（　　）厚さ（　　）	
貫		・スギ一等　30×105mm以上 　　　　　（27）	・貫ピッチは@455mmを標準とする ・継手は以下の工法によって柱心で継ぎ、両楔打ちとする 　□同士鎌　□突付け ・柱と仕口は以下の工法で継ぎ、楔打ちとする 　□下げ鎌　□大入れ　□打抜き ・配線や配管のための穴あけは不可
面材用受け材		・スギ一等　30×40(60)mm以上（厚さは貫に合わせる）	・柱や横架材の内法にN75釘@300mm以下で止め付ける ・貫の間にも縦に@455mmに打ち付ける。合板などの継手部は幅広材で受ける
耐力壁脚部および端部		・□18mm角込み栓 □φ18mm丸込み栓 □タイロッド（両ネジ切りボルト）M12以上	・壁倍率が2.5程度までは、柱は横架材（土台、胴差、桁）に長柄差込み栓打ちとする ・壁倍率が2.5を超える場合はタイロッドで横架材（土台、梁、差鴨居、胴差、桁、足固め）を拘束する。またはアンカーボルトにタイロッドを高ナットで直接緊結し、上部横架材の上端でナット締めする。横架材はボルト穴をあけても十分に強度の出る断面積とする。また、アンカーボルトも十分な埋込み長さを確保する（設計図参照のこと）
【水平構面】		・水平構面の仕様は以下の方法による	・各階床組および小屋組、屋根面において水平構面を構成する各軸組部材にあっては、堅固な継手・仕口を選択する
		□火打を用いる 　スギ一等正角材 　105×105mm以上	・使用箇所　□1階　□2階　□小屋組　□屋根面 ・横架材との取合いは以下もしくは同等の接合とする 　□傾ぎ大入れボルト締め　□木製羽子板（設計図参照）
		□構造用合板を用いる 　厚さ12mm以上	・使用箇所　□1階　□2階　□小屋組　□屋根面 ・梁と根太などの高さ関係は設計図による ・長手方向を根太あるいは垂木に直交させて千鳥張りする ・継手は根太上で突付けで継ぎ、面材の継目部分には受け材を流す ・N50釘@150mm以下で面材の四周および床組などの構造部材に平打ちする
		□厚板を用いる 　樹種（　　　） 　厚さ（　　　）mm	・使用箇所　□1階　□2階　□小屋組　□屋根面 ・厚板同士が滑り合うことのない仕様（接着剤、太枘など）とし、構造部材の組み方を考慮して構造計算により釘打ちの仕様を決定する 　釘の種類（　　　）打付け間隔（　　　）mm以下 ・梁などの上端の高さの違いに応じて堅固に受け材を取り付ける ・釘の長さは板厚の2.5倍を目安とし、釘打ちでは板に割れが起きないようにあらかじめ呼び穴をあけておく
【1階床組】 束		□スギ一等　□ヒノキ □ヒバ　　　□その他 （　　　　）mm	・@909mmで大引に短柄差しし、束石立てとする ・鋼製束などの使用については係員の承諾を得る

木工事		
【1階床組】	樹種・等級・仕上げ寸法	工法
大引	□スギ一等　□ヒノキ □ヒバ　　　□その他 （　　　　　）㎜	・@909㎜で土台もしくは足固めに大入れ蟻掛けとする。ただし、取合い高さにより、腰掛けまたは載せ掛けとし、N75釘2本斜め打ちとする ・大引が土台、足固めより低い場合は柄差し、下部を添え木で補強し、N75釘2本斜め打ちとする
根太	・□マツ一等　□ヒノキ 　□スギ一等　□その他（　　） ・□45×54㎜ 　□　　×　　㎜	・畳床の場合は@455㎜内外。その他の場合は@303㎜内外とする ・継手は受け材心上で突付けとし、N90釘平打ちとする ・土台・大引には置き渡しとし、N75釘2本斜め打ちとする。足固めには大入れし、N75釘2本斜め打ちとする
足固め	・□ヒノキ一等 　□スギ一等 ・105×105㎜ 　□　　×　　㎜	・足固めと土台の間隔は柱の3倍以上を原則とする ・柱との取合い部の仕口は、竿小根柄差し車知栓締めもしくは傾ぎ大入れ短柄ボルト締めとする ・足固めと土台は通しボルトで締め付け、柱の引抜きに対応する ・足固めは2間四方内外で四辺を囲うように配置し、中間部に束立てする ・その他は打合せによる
【2階床組】		
胴差 床梁 甲乙梁	・□アカマツ　□ヒノキ 　□スギ　　　□その他（　　） ・□特一等　□一等 　＊ 設計図に提示のあるものはそれによる ・幅は120㎜以上を標準とし、その他は設計図の指示による ・胴差は120×240㎜以上を標準とする	・継手：材の成が同寸の場合は、金輪継ぎまたは追掛け大栓継ぎなどの略鎌系の継手とし、継手の渡り長さは成の2.5倍を標準に市販の定尺長さも考慮しながら打合せにより決定する。また、成が異なる場合は、腰掛け鎌継ぎまたは目違い竿継込み栓打ち、あるいは目違い竿車知継ぎを原則とする ・甲乙梁の継手は梁上で継ぎ、大入れ兜蟻で見付け突付けとし、転び止めに目違いを入れる。梁への落ち掛かり代が45㎜以下の場合は、大入れ兜蟻で上端に鎌継ぎを併用する ・仕口：横架材同士の仕口については渡り腮を原則とするが、状況に応じて滑り腮掛け、兜蟻掛け、大入れ蟻掛けなどを打合せにより決定する。また、上下に柱のない渡り腮などの仕口には雇い太柄（堅木30㎜角、長さ120㎜前後）を施す ・見え掛かりの渡り腮の上木の下端と下木の彫込みには勾配を取り、隙間なく納まるように心掛ける
根太	・□アカマツ一等　□ヒノキ一等 　□スギ一等　□その他（　　） ・見え掛かりの根太ついては設計図による ・寸法は以下を標準とする 　スパン　　　　寸法 　1.0m以内　　45×54㎜ 　　　　　　　または60㎜ 　1.5m以内　　45×90㎜ 　2.0m以内　　45×105㎜	・根太は指示のない限り@303㎜以内に配置し、設計図の指示する高さに従った渡り腮を標準とする。梁と根太の上端が揃う場合は大入れとし、N75釘2本斜め打ちとする
【小屋組】		
小屋梁 軒桁	・□アカマツ　□ヒノキ 　□スギ 　□その他（　　　） ・等級は特一等とする。ただし、設計図に指示があるものはこの限りではない ・部材寸法・丸太の樹種は設計図の指示による	・折置組の場合：渡り腮で木余りは120㎜以上を確保する。柱との取合い部は重柄差し割楔締めとする ・京呂組の場合：兜蟻掛けまたは渡り腮とし、雇い太柄を原則とする。下に柱がある場合は、長柄差し込み栓打ちに雇い太柄を原則とするが、詳細は打合せによる ・軒桁の継手は柱上で持ち出し、以下の継手とする 　□腰掛け鎌継ぎ　□追掛け大栓継ぎ　□金輪継ぎ
棟木 母屋	・□アカマツ　□ヒノキ 　□スギ 　□その他（　　　） ・見え掛かりは特一等、見え隠れは一等とする ・寸法は設計図による	・棟木は棟の葺き材なども考慮して余裕をみた材寸とする。上端は鎬削りとし、垂木は大入れを原則とするが、係員との打合せにより、載せ掛けで拝み合わせも可とする ・母屋の垂木当たりには垂木彫りを施す。屋根勾配が5寸未満の場合は母屋上端と峠を揃え、5寸以上の場合は峠を母屋上端から9㎜上がりを標準とし、口脇が30㎜を超えないように係員と協議する ・棟木と母屋の継手は揃えず乱になるように心掛け、束から持出し、以下の継手とする 　□腰掛け鎌継ぎ　□追掛け大栓継ぎ　□金輪継ぎ
束	・□アカマツ　□ヒノキ 　□スギ 　□その他（　　　） ・見え掛かりは特一等、見え隠れは一等とする ・□115×115㎜ 　□　　　㎜	・小屋束は上下とも横架材に長柄差し込み栓打ちを原則とし、二重梁の場合は重柄とする。補強のために見え隠れでは貫を小屋筋違いとしてたすき掛け釘打ち、見え掛かりは送り梁や通し貫など設計図の指示による

木工事

【小屋組】

垂木

樹種・等級・仕上げ寸法
- □アカマツ　□ヒノキ
  □スギ
  □その他（　　　　　）
- 見え掛かりは特一等、見え隠れは一等とする
- 寸法は設計図による

工法
- 幅60㎜未満の垂木はビス止めとし、成に応じて斜め打ちあるいは脳天打ちとする。幅60㎜以上の垂木はラグスクリューボルトまたは大栓を脳天打ちとする
- 垂木の継手は母屋上端で殺ぎ継ぎとし、釘2本打ちとする。配置は乱になるように心掛け、定尺さなどの理由から困難な場合は係員の指示による。断面が大きな場合には腰掛け鎌継ぎなどの継手とする
- 垂木の間隔は設計図による

屋根工事

下地

材料
- □炭化コルクボード㋐（　　）㎜　□軽量土塗り㋐（　　）㎜　□フォレストボード㋐（　　）㎜
  □（　　　　　）㋐（　　）㎜

工法
- 厚野地板の上に、屋根勾配なりに流れ桟（幅36㎜）を＠455㎜で斜め釘打ち。垂木当たり部分では平打ちでも可とする。釘の長さは厚野地板を貫通しない程度とする。流れ桟の成は、断熱材の厚さの15㎜増し程度とし、通気層とする
- 流れ桟の間に断熱材を隙間なく落とし込む。湿式の場合は、厚野地板上に防風シートなどで水気による汚染対策を施す
- スギ挽板（㋐12㎜以上）を二重野地板として、流れ桟あたりN38釘を2本平打ちとする。継手は流れ桟上で突き付けとし、数枚ごとに乱張りとする
- 上部野地板は、棟頂部で棟通気が可能なようにし、隙間を確保した張り仕舞いとする。納まりは棟換気金物などとの取合いによる

下葺き

材料
- □アスファルトルーフィング940（22kg／巻）以上
  □合成高分子ルーフィング　メーカー・商品名（　　　　　　　　　）

工法
- アスファルトルーフィング
  - 野地板面に水下から敷き込み、重ね合せは流れ方向100㎜以上、左右200㎜以上とし、タッカー釘などで止め付ける
  - 棟、谷部分では重ね400㎜以上の二重葺きとする。ただし、棟換気をする部分では納まりを調整する
  - 壁面との取合い部では、瓦葺きで250㎜以上、そのほかで120㎜以上の立上がりを取る
  - ※合成高分子ルーフィングなどは、メーカー仕様による

【瓦葺き】

仕上げ

材料
- 和形粘土瓦は、以下のJIS A 5208（粘土かわら）の規格に適合するもの、あるいは同等品とする
  □53A形　□53B形　□49形　□56形　□60形　□64形
  製造所指定：□なし　□あり（産地：　　　　　メーカー：　　　　　　　　　）
  種類：□燻し瓦　□釉薬瓦（　　）　□塩焼き瓦　□素焼き瓦
- 役瓦は図中あるいは仕上げ表の表記による
- 瓦桟は21×30㎜以上の素性のよい小割材とし、必要に応じて断面の割増しをする
- 釘は銅釘あるいはステンレススクリュー釘、長さ45〜65㎜、径2.4㎜内外のものとする
- 緊結線は径0.9㎜内外の銅線あるいはステンレス線とする
- 南蛮漆喰、葺き土は良質なものを使い、適宜使い分ける
- 谷板、捨て谷、雨押えなどの板金は以下による
  □カラーステンレス㋐0.4（色：　　　　）　□着色ガルバリウム鋼板㋐0.35（色：　　　　）
  □銅板㋐0.4
- 棟換気金物を使用して野地板面の乾燥を図る
  メーカー・商品名（　　　　　　　　　）

工法
- 葺き方は引掛桟瓦工法とする。なじみ葺きなどの工法については係員と協議のうえ決定する。
- 止め付けは要所を釘あるいは緊結線で固定する。工事前に係員と協議し、その工法の確認を行う
  ※標準仕様としては以下の仕様書などを参考にする
  住宅金融普及協会刊『木造住宅工事仕様書』(粘土がわらぶき)
  愛知県陶器瓦工業組合刊『屋根マニュアル』（愛知県陶器瓦工業組合　☎0566-52-1200）
- 壁際での取合いは、通り方向、流れ方向ともに2段熨斗瓦とし板金雨押えで押さえる。熨斗の施工には南蛮漆喰を用いる
- 各部面戸は南蛮漆喰塗りとする
- 捨て板・谷板
  - 壁との流れ方向の取合い部の捨て板は、立上がり150㎜以上、平面幅120㎜以上とする
  - 谷板は、幅300㎜以上を確保する

屋根工事

【金属板葺き】

仕上げ　　**材料**
- 葺き板の材質はJIS規格品あるいは同等品とする
  - 材質（　　　　　　　　　）　色（　　　　　　　　　）
  - 厚み　□0.35㎜　□0.4㎜　□0.5㎜　　　　メーカー・商品名（　　　　　　　　　）

　　　　　　工法
- 工法は以下による
  - □平葺き　　　　　　（□一文字葺き　□菱葺き）
  - □瓦棒葺き　　　　　（□心木あり　　□心木なし）
  - □立ハゼ葺き　　　　（□立平葺き　　□スタンディングシーム葺き）
  - □その他　　　　　　（　　　　　　　　　　　　　　）
- 葺き板の割付けなどは図示による
- 各部における取合いは詳細図で確認し、工事前に係員と協議して、その工法の確認を行う
  - ※標準仕様としては以下に挙げる仕様書などを参考にする
    - 住宅金融普及協会刊『木造住宅工事仕様書』（金属板ぶき）
    - （社）日本建築学会刊『建築工事標準仕様書　JASS12屋根工事』
- 棟換気金物などの材質が葺き板と異なる場合には、電食が起こらないように対処すること
- その他板金工事に関する点は以下の通り
  - 水切り・雨押えなど
    - 材料・材質（　　　　　　　　　）色（　　　　　　　　　）　厚み□0.35㎜　□0.4㎜
    - 工法：屋根工事に関連しない水切り、雨押えなどは下地裏に立上げあるいは差込みとし、雨仕舞いのよい納まりとする。詳細は図示による。
  - 樋　材料：□ステンレス　□銅　□硬質塩化ビニル　　□その他（　　　）　□製作物
    - 　　　　　□既製品：メーカー・商品名（　　　　　　　　　）
    - 軒樋　□角樋　□半丸樋　呼び寸法（　　mm）　色（　　　　　　　　　）
    - 竪樋　□角樋　□丸樋　　呼び寸法（　　mm）　色（　　　　　　　　　）
  - 棟受け金物　□ステンレス　　□銅　　□鉄（溶融亜鉛メッキ）　□その他（　　　　　　　　　）

外壁板張り工事

下地　　**材料**
- □スギ　□マツ　□ヒノキ　□（　　　　　　　　　）
- 一等材　□（　　　　　　　　　）

　　　　　工法
- 羽目板張りの場合
  - 胴縁　□15×45　□18×45　□24×45　□30×40　　間隔　□303mm　□365mm　□455mm　□（　　）mm
- 下見板張りの場合
  - □間柱を下地とする
  - ※「柱」の仕様書を参照のこと
  - □縦胴縁を用いる　寸法（　　）mm　間隔（　　）mm

防水紙　**材料**
- 通気性のある材料を選択する
  - メーカー・商品名（　　　　　　　　　）

　　　　　工法
- タッカーを使用して下地に200㎜間隔で堅固に取り付ける。出隅・入隅部は増し張りをする

断熱材　**材料**
- □炭化コルクボード　□吹込みセルローズファイバー　□シージングボード　□フォレストボード
- □（　　　　　　　　　）厚み（　　mm）

　　　　　工法
- □隙間がなく、長期間にわたって移動しないように堅固に取り付ける　□（　　　　　　　　　）

仕上げ　**材料**
- □スギ　□マツ　□ヒノキ　□ヒバ　□（　　　　　　　　　）
- □特一等材　□上小節　□小節　□無節　□（　　　　　　　　　）
- 仕上がり寸法（　　mm）
- 仕上げ程度　□超仕上げ　□台鉋仕上げ　□プレーナー仕上げ　□（　　　　　　　　　）
- 板傍加工　□なし　□相决り　□本実　□雇い実
- 付属物　　雇い実：材料（　　　　　　　　　）　寸法（　　×　　mm）
  - 　　　　押縁・目板：材料（　　　　　　　　　）　寸法（　　×　　mm）
  - 　　　　※押縁の形状は図面を参照のこと

　　　　　工法
- 固定用金物は以下のものを使用し、下地ごと堅固に止め付ける
  - □ステンレススクリュー釘　□真鍮丸頭釘　□つぶし頭鉄丸釘　□ステンレスビス　長さ（　　）㎜
- 目透かし・羽重ねは（　　）㎜程度とする
- 継手は下地または柱の位置で突付け継ぎとする

外壁板張り工事

仕上げ **工法**
・羽目板張りの場合
　□堅羽目板相決り張り　□堅羽目板本実張り　□堅羽目板雇い実張り
　□堅羽目目板打ち　□堅羽目押縁止め　□大和張り　□（　　　　　　　　）
・下見板張りの場合
　□南京下見板張り　□ドイツ下見板張り　□押縁下見板張り　□鎧子下見板張り
・付属物　□目板・鎧子　材料（　　　　）　寸法（　　×　　mm）
　　　　　□出隅見切り　材料（　　　　）　寸法（　　×　　mm）
　　　　　□入隅見切り　材料（　　　　）　寸法（　　×　　mm）
　　　　　□腰の見切り　材料（　　　　）　寸法（　　×　　mm）
　　　　　□裾の見切り　材料（　　　　）　寸法（　　×　　mm）
　　　　　□（　　　　）　材料（　　　　）　寸法（　　×　　mm）
　　　　　※水切り板金などは図面により、仕様は屋根工事に準じる

左官工事

下地 **材料**　□小舞+土塗り壁（□外部・□内部）　□耐力壁とする（告示1100号仕様）
　　　　小舞　　間渡竹：□篠竹径12mm以上　□割竹
　　　　　　　　小舞竹：□割竹　□（　　　　　　）
　　　　　　　　掻き縄：□わら縄　□棕櫚縄　□パーム縄　□麻縄
　　　　荒壁（下塗り）　荒壁土　産地（　　　　　　）　水合わせ期間（　　　　　）
　　　　貫伏せ　　　□わら　□麻布　□メッシュ　□（　　　　　）
　　　　チリ回り　　□ちり回り塗り　□ちりトンボ（ひげこ）　□のれん
　　　　　　　　　　□ちりじゃくり（大工工事とする）
　　　　中塗り　　　□荒壁土+砂・スサにて調合　□中塗り用土+スサ

工法　小舞
・間渡竹は、柱、梁、桁などの横架材に差し込む。概ね各材より2寸程度逃げた位置とする。貫あたりは釘打ち止めとする
・小舞竹の間隔は45mmを目安に配し、間渡竹に掻き縄で絡み付ける
・縦貫はしのぎ削りとして表面に荒し目をつけ、上部は構造材に掘り込み、貫あたりは釘打ち止めとする
荒壁（下塗り）
・下塗りは小舞下地に十分にくいこませる。小舞裏にはみ出した土は裏撫でする。乾燥硬化後に裏返し塗りする
・貫伏せ、ちり回り塗りを行う。特記により、ちりトンボなどを伏せこむ
・むら直しは荒壁土が乾燥してから行う
中塗り
・むら直しが十分に乾燥した後に、平滑にコテでなでて仕上げる。中塗り土は仕上げ塗りに応じた調合、工法とする

材料　□ラスモルタル下地（□外部・□内部）
　　　ラス材料
　　　　□メタルラス（JISA5505）　形状：□平　□こぶ　□波形　□リブ
　　　　□ワイヤラス（JISA5504）
　　　　□ラスシート（JISA5524）
　　　下地材　□構造用合板　厚さ（　　mm）　□木摺り板　厚さ（　　mm）
　　　防水紙　□アスファルトルーフィング　□430以上　□940以上
　　　　　　　□通気防水シート
　　　　　　　メーカー・商品名（　　　　　　　　　　　）

工法　メタルラス
・防水紙は継目の重ね縦横90mm以上とし、たるみ、しわなくタッカー釘にて止め付ける
・メタルラスは縦張りを原則とし、千鳥に配置する。継目の重ねは縦横50mm以上とする。ラスの止め付けは、また釘の場合200mm以内、タッカー釘の場合70mm以内とする
・継目、開口部、出隅、入隅には力骨で押さえ込みまた釘で固定する
・開口部隅、出隅、入隅には平ラスを2重張りとして補強する
モルタル塗り
・下塗り（ラスこすり）は容積比1：3に調合のセメントモルタルで下こすりし、表面に箒などで荒し目をつける。2週間以上放置し乾かす
・下塗り乾燥後、むら直しを行い、荒し目をつけ乾かす
・中塗りは、定規摺りしながら、圧をかけて平坦に塗りつける
※上塗りとの関係で材料は調整する

材料　□ラスボード下地（室内壁）　□耐力壁とする（告示1100号仕様）
　　　ラスボード　厚さ　□7mm　□9.5mm

左官工事

下地　工法
- ラスボードの継目には、目地テープを施し、下塗りで塗りこむ
- 下塗りは石膏プラスターにて行う。硬化後中塗りを行う

　　材料
- □石膏ボード（室内壁）　　□耐力壁とする（告示1100号仕様）
  石膏ボード厚さ　□9.5mm　□12.5mm

　　工法
- 石膏ボードの継目には、目地テープを用いて、パテで押さえ凹凸なく仕上げる
- 薄塗りの上塗り材はメーカー仕様による

仕上げ　材料・工法
- □漆喰　（□外部・□内部）
  - 材料　□漆喰　□土佐漆喰　□現場練り漆喰　□既調合漆喰
    メーカー・商品名（　　　　　　　　　　）
  - 仕上げ　□ノロがけ磨き　□金ゴテ押え　□引摺り
  - 工法　□厚塗り　□薄塗り　□ノロがけ
- □土物　（□外部・□内部）
  - 材料　□京土　□中塗り土　□地場色土
    メーカー（　　　　　　　　　　　　）
  - 仕上げ　□撫で切り　□引摺り
  - 工法　□水捏ね　□糊差し

- □セメントモルタル（□外部・□内部）
  - 壁　材料　□モルタル　□色モルタル　□（　　　　　　）
    メーカー・商品名（　　　　　　　　　　）
    仕上げ　□掻き落とし　□吹き付け　□櫛引
    　　　　□洗い出し（種石：　　　大きさ：　　　）
    ※既調合品はメーカー仕様による
  - 床　材料　□モルタル　□色モルタル　□（　　　　　　）
    メーカー・商品名（　　　　　　　　　　）
    仕上げ　□金ゴテ押え　□刷毛引き　□櫛引
    　　　　□洗い出し（種石：　　　大きさ：　　　）
    ※既調合品はメーカー仕様による

- □薄塗り仕上げ材
  メーカー・商品名（　　　　　　　　　　）
  ※既調合品はメーカー仕様による

内部板張り工事

【天井】

下地　材料
- □スギ　□マツ　□ツガ　□（　　　　　　）
- 一等材　□（　　　　　　　　　　）

　　工法
- 吊木受けは、小屋梁にはなじみ欠きし、2階梁などには受け木を打ち付けて載せ掛け、鎹打ちまたは釘打ちとする
  - 寸法：□丸太材末口径70〜80mm　□（　　　　　）mm
  - 間隔　□909mm　□（　　　　）mm
- 吊木は、下部は野縁受けに片蟻込み釘打ち、上部は吊木受け、床梁または小屋梁に添え付けて釘打ちとする
  - 寸法：□30×40mm　□（　　　×　　　）mm
  - 間隔　□909mm　□（　　　　）mm
- 野縁受けは、野縁または竿縁と交差する箇所で釘打ちとする
  - 寸法：□40×45mm　□（　　　×　　　）mm
  - 間隔　□909mm　□（　　　　）mm
- 野縁は、野縁受けとの交差位置で継ぐのを避け、継手は乱に配置する。継手での止付けは、鶉継ぎ釘打ちまたは添え木当て釘打ちとする
  - 配置：□一方向に流す　□相欠きして格子状に組む
  - 寸法：□40×45mm　□（　　　×　　　）mm
  - 間隔　□455mm　□（　　　　）mm

仕上げ　材料
- □スギ　□マツ　□ツガ　□ヒバ　□（　　　　　　）
- □特一等　□上小節　□小節　□無節　□（　　　　　　）
- □板目　□柾目　□（　　　　　　）
- 仕上がり寸法（　　　　mm）
  ※板厚は、根太天井は30mm以上、縁甲板は9mm以上、合板は4.5mm以上とする

内部板張り工事

【天井】

仕上げ　**材料**
- 仕上げ程度　　□超仕上げ　□台鉋仕上げ　□プレーナー仕上げ　□（　　　　　　　　）
- 板傍加工　　　□なし　□相決り　□本実　□雇い実
- 板裏加工　　　□なし　□決り溝　□鋸目　□羽重ね裏削り合せ
- 付属物　　　　雇い実　材料（　　　　　　　）　寸法（　　　×　　　mm）

工法
- 造作方法
  - □縁甲板張り天井　□合板打上げ天井　□竿縁天井
  - □化粧野地天井：屋根下地野地板を化粧とし、工法は屋根工事の厚野地板に準ずる
  - □根太天井：2階床板を化粧とし、工法は「水平構面」の「厚板を用いる」に準ずる
- 張り方　　　　□突付け張り　□相決り張り　□本実張り　□目透し張り　□敷目張り
- 羽重ねは（　　）mm程度とする
- 目透し張りなどの目地幅は（　　）mmとする
- 固定用金物は以下のものを使用し、下地ごと堅固に止め付ける
  - □ステンレススクリュー釘　□真鍮丸頭釘　□つぶし頭鉄丸釘　□ステンレスビス　□（　　　）　長さ（　　　）mm
- 止付け方法　　□隠し釘打ち　□化粧釘打ち　□（　　　　　　　　）
- 継手は下地のある位置で突付け継ぎとする
- 壁との見切り
  - □廻り縁：柱に襟輪欠き、楔飼い隠し釘打ちとする。入隅は下端留め目違い入れ、出隅は大留めとする
    - 材料（　　　　　　　　　　）　寸法（　　　×　　　mm）
  - □天井目地の隠し廻り縁　□壁目地の隠し廻り縁
    - 材料（　　　　　　　　　　）　目地幅（　　　mm）
- 付属物
  - □竿縁：　材料（　　　　　　　　　　）　寸法（　　　×　　　mm）
  - □稲子：　種類（　　　　　　　　　　）
  - □敷目：　材料（　　　　　　　　　　）　寸法（　　　×　　　mm）
- ※天井板の割付け、廻り縁の形状、竿縁の形状、目透し張りなどの目地の形状は図面による

【内壁】

下地　**材料**
- □スギ　□マツ　□ツガ　□（　　　　　　　）
- □一等材　□（　　　　　　　）

工法
- □通し貫と面材用受け材に止め付けた構造用面材をそのまま下地として用いる
  - ※通し貫、面材用受け材、構造用面材は「耐力壁」の項に準ずる
- □縦胴縁を用いる（横張りの場合）
- □横胴縁を用いる（縦張りの場合）
  - 胴縁寸法：□36×45mm　□（　　×　　）mm
  - 胴縁間隔：□303mm　□365mm　□455mm　□（　　　）mm

仕上げ　**材料**
- □スギ　□ヒノキ　□ケヤキ　□ナラ　□タモ　□カエデ　□シナ　□ベイマツ　□（　　　　　）
- □特一等　□上小節　□小節　□無節　□（　　　　　　）
- □板目　□柾目　□（　　　　　　）
- 仕上がり寸法（　　　　　　　　　　mm）
  - ※板厚は、羽目板では12mm以上、落し込み厚板は40mm以上とする
- 仕上げ程度
  - □超仕上げ　□台鉋仕上げ　□プレーナー仕上げ　□（　　　　　）
- 板傍加工　　　□なし　□相決り　□本実　□雇い実
- 板裏加工　　　□なし　□決り溝　□鋸目
- 付属物　　　　雇い実：材料（　　　）　寸法（　　　×　　　mm）

工法
- 張り方
  - □突付け張り　□相決り張り　□本実張り　□雇い実張り　□目透し張り　□敷目張り
  - □落し込み厚板：厚板の四周に二枚実を加工し（上端と左右はオス、下端はメス）、溝を突いた柱の間に落とし込む。さらに、厚板同士は@300mm内外で設けた太柄で拘束して耐力壁とする
- 張り方向　　　□縦張り　□横張り
- 羽重ねは（　　　　　）mm程度とする
- 目透し張りなどの目地幅は（　　　　　）mmとする
- 固定用金物は以下のものを使用し、下地ごと堅固に止め付ける
  - □ステンレススクリュー釘　□真鍮丸頭釘　□つぶし頭鉄丸釘　□ステンレスビス
  - □（　　　　　）　長さ（　　　　　　mm）

内部板張り工事		

【内壁】

仕上げ	工法	・止付け方法　　□隠し釘打ち　□化粧釘打ち　□（　　　　　　　　　　）
		※相決り張り、本実張り、雇い実張りは隠し釘打ちも可能だが、板幅が150㎜を超える場合は板材表面から化粧釘打ちとする
		・継手は下地のある位置で突付け継ぎとする
		・入隅の納まり　　□遣り違い　□見切り材　□目透し
		・付属物
		□入隅見切り：材料（　　　　　　　　　　　　）寸法（　　　　×　　　　㎜）
		□出隅見切り：材料（　　　　　　　　　　　　）寸法（　　　　×　　　　㎜）
		□笠木：材料（　　　　　　　）寸法（　　　×　　　㎜）
		※板材の割付け、出隅・入隅の見切り材の形状、笠木の形状、目透し張りなどの目地の形状は図面による

【床】

下地	材料	・□スギ　□マツ　□ツガ　□（　　　　　　　　）
		・一等材　□（　　　　　　　　　　　　　　）
	工法	・1、2階の根太は「床組」の「根太」の項に、捨て張りは「水平構面」の項「構造用合板を用いる」に準ずる
		・荒床の場合の下地板は、厚み12㎜以上のスギ板とし、止付けは突付け脳天釘打ちとする
仕上げ	材料	・□マツ　□ヒノキ　□ナラ　□ブナ　□タモ　□チーク　□ケヤキ　□スギ　□（　　　　　　　）
		・□特一等　□上小節　□小節　□無節　□（　　　　　　　）
		・□板目　□柾目　□（　　　　　　　）
		・仕上がり寸法（　　　　　㎜）
		※板厚は、縁甲板張りは15㎜以上、厚板張りは30㎜以上とする
		・仕上げ程度　□超仕上げ　□台鉋仕上げ　□プレーナー仕上げ　□（　　　　　　）
		・板傍加工　　□なし　□相決り　□本実　□雇い実
		・板裏加工　　□なし　□決り溝　□鋸目
		・付属物　　雇い実:材料（　　　　　　　）寸法（　　　　×　　　　㎜）
	工法	・□縁甲板張り：乱尺張りとする
		□厚板張り：工法は「水平構面」の項「厚板を用いる」に準ずる
		・張り方　□突付け張り　　□相決り張り　　□本実張り　　□雇い実張り　□（　　　　　　　　）
		・固定用金物は以下のものを使用し、下地ごと堅固に止め付ける
		□ステンレススクリュー釘　□真鍮丸頭釘　□つぶし頭鉄丸釘　□ステンレスビス　□（　　　　　）長さ（　　　　㎜）
		・止付け方法　□隠し釘打ち　　□化粧釘打ち　　□（　　　　　　　　）
		・壁との見切り
		□出幅木　□平幅木　□入幅木
		材料（　　　　　　　　　　　　　　　　）寸法（　　　×　　　㎜）
		・付属物

仕様書の使い方

本仕様書は、本書で展開した木造住宅の仕様をまとめ、実際の設計図書に添付可能な書式に書き替えたものである。コピーしていただければ、そのまますぐに実施図面に使え、現場に対応できるようになっている。しかしながら、現場の混乱を避けるため、よく主旨や内容を理解した上での使用を望むものである。

本仕様書の内容は「私家版仕様書研究会」の考える「木組みの家」に関する仕様であり、私家版メンバーの実践するこだわりの仕様である。実際にお使いになる前には、読者の皆さんの責任において、各人のこだわりの仕様を追加したり、本仕様書の内容を添削するなど自由に加工していただいて構わない。

むしろ、皆さんによる個性のある仕様書の作成と実践を期待している。それがまさに「［私家版］仕様書」であり、本書の有意義な使い方であろう。

仕様書作成に当たりご協力いただいた方々への感謝

本仕様書は、『建築知識』1995年2月～1997年2月号の連載および同誌1999年6月号特集の内容に基づいて作成している。連載の間、読者アンケートなどによる誌上公開ワークショップ、およびパソコン通信のニフティ・サーブ内に設けた会議室という二つの場に論議を広げ、また最終回では実際にお集まりいただいて、読者の皆さんから多くの意見を頂戴した。

以下に記すのは、ワークショップ、ニフティ会議室に参加された方々のなかから、誌面に登場していただいた方々である。この場を借りて感謝したい。

その他、誌面やニフティ会議室にアクセスしてくださった多くの皆さん、また、ニフティの建築フォーラムでシスオペを務め、私たちの試みにもご助言いただいた鳥谷部真さんにも、改めて感謝したい。

誌上公開ワークショップに発言していただいた方々：浅田武尚、糸井剛夫、江原幸壱、小室喜右、佐野江利子、島崎英雄、田中利江、豊田邦彦、中島徹、中俣知大、矢吹昭良ほか

ニフティ会議室に発言していただいた方々（ハンドルネーム）：幸治、富山の宮大工、松ぼっくり星人、モチノラほか

最終回のワークショップに参加していただいた方々：阿部利代志、網野博明、荒井眞、稲山正弘、梶賀康弘、斉藤良一男、高橋良美、田中健一、田原賢、寺澤秀忠、永井弘、南雲一郎、米谷良章、丸山純夫、望月陽、八木雅夫、山口辰実、山口力、和田善行、渡辺隆（以上50音順、敬称略）

木造住宅[私家版]仕様書 コンプリート版 | 目次

コンプリート版刊行にあたって──002
まえがき──003
[現場監理]フローチャート×チェックシート──006
[私家版]仕様書一覧──010
序文 | 今なぜ、『木造住宅[私家版]仕様書』か──024

027 **[第1章]**
丈夫で長持ち
家づくりの基礎知識

028 **家づくりに必要な木の知識**
028 木の特性を知る
034 木の適材適所を知る
037 川上から川下を知る

041 **家づくりに大切な架構と間取りの知識**
041 長寿命の架構を考える
048 架構のデザインを学ぶ
054 架構の多様性を知る

057 **[第2章]**
木造住宅[私家版]仕様書
実験編

058 序文 伝統木造を科学する
059 いくつかの実大実験から見えたこと
066 限界耐力計算という選択肢

コラム
063 粘り強い貫と足固め
064 石場建てを現代住宅に応用する
069 限界耐力計算の社会的意義
070 床下環境の事実—密閉土台のススメ—

071 **[第3章]**
木造住宅[私家版]仕様書
架構編

073 地盤
080 基礎
092 土台
103 柱
111 耐力壁
125 床組
138 水平構面
147 小屋組

155 **[第4章]**
[私家版]流現場監理術

157 0 | 木造住宅の現場監理のコツ

[現場監理]チェックポイント
158 1 | 基礎設計のチェック
160 2 | 木の手配のチェック
162 3 | 木ごしらえのチェック
164 4 | 墨付け・刻みのチェック
168 5 | 地縄張り・水盛り遣り方のチェック
170 6 | 基礎コンクリート打設前後のチェック
172 7 | 関連工事のチェック
173 8 | 土台据付け時のチェック
174 9 | 建て方・建入れ時のチェック
178 10 | 上棟前後のチェック

禁じ手
165 1 | 継手位置を揃える
167 2 | 短材で継ぐ
169 3 | 捨てコンを省く
171 4 | アンカーの田植え
172 5 | 基礎の後穴あけ
173 6 | 継手にアンカー
178 7 | 載せ掛け2階根太
178 8 | 火打梁近くの継手

179 [第5章] 木造住宅[私家版]仕様書 仕上げ編/外部

- **葺く|屋根**
- 180 屋根の仕様は性能から決める
- 182 屋根下地・下葺きの種類と選定
- 184 瓦の種類と選定
- 186 瓦屋根の葺き方
- 190 金属屋根の葺き方
- 194 [私家版]流現場監理術1|屋根工事

- **張る|板/外壁**
- 196 見直したいムク板張りの外壁
- 198 板壁の下地のつくり方
- 200 断熱材の入れ方
- 201 竪羽目板の張り方
- 202 下見板の張り方
- 203 板の継手の納め方
- 204 開口部廻りの納まり[木製建具]
- 205 開口部廻りの納まり[アルミサッシ]
- 206 出隅の納まり
- 208 入隅の納まり
- 209 軒廻りの納まり
- 210 腰廻りの納まり
- 211 裾廻りの納まり
- 212 [私家版]流現場監理術2|外壁板張り工事

- **塗る|外壁/内部**
- 214 風景のなかの左官仕上げ
- 218 左官の下地
- 225 左官の仕上げ
- 229 [私家版]流現場監理術3|左官工事

231 [第6章] 木造住宅[私家版]仕様書 仕上げ編/内部

- **張る|板**
- 232 呼吸する材料=ムク材を室内に
- 234 天井下地のつくり方
- 235 天井板の張り方
- 237 天井板の納まり
- 239 内部板壁の下地のつくり方
- 240 内部板壁の張り方
- 242 内部板壁の納まり
- 243 床下地のつくり方
- 244 床板の張り方と納まり
- 246 [私家版]流現場監理術4|内部板張り工事

- **敷く|畳**
- 248
- 250 木組みの温熱性能向上について

253 [第7章] 事例にみる[私家版]木組みの家

- 254 1|4間×4間の門型架構[葛西の家]
- 258 2|「せがい造り」の和風住宅[検見川の家]
- 262 3|せがいの家
- 266 4|大屋根の家
- 270 5|田の字間取りの土壁の家
- 274 6|棟持ち柱のある板壁の家
- 278 7|準耐火構造(燃えしろ設計)の家[高円寺の家]
- 282 8|断熱性能HEAT20 G2レベル+準耐火構造(燃えしろ設計)の家[東馬込の家]

- **コラム**
- 286 木組みの燃えしろ設計

キーワード索引——287

序文

今なぜ、
『木造住宅[私家版]仕様書』か

消費型住宅から社会的資産へ

現在、私たちをとり巻く社会は、大量消費型構造から脱皮しようともがき苦しんでいる。

建築や都市計画の分野でも、環境共生に対する認識が高まり、古民家の再生やエコロジー住宅の建設は、今や時代の要請といえる。

このような社会的状況のなかで、木造住宅建設の分野では、ようやく長寿命住宅への志向が強まってはいるものの、未だ脱消費型社会への明快な指針と手法を備えるには至らずにいる。原因は、生産者の側が、住宅を消費財として、供給してきた従来の考えから脱け出せないでいるからにほかならない。その傾向は、戦後の時代背景に起因する。

敗戦後の日本は、経済復興を目指し、工業化社会へと向かった。そのなかで、都市には人口が集中し、都市部を中心とした住宅の大量供給が性急な課題となった。住宅には、質より量が優先されることになったのである。さらに核家族化がこの傾向に拍車を掛けた。

戦前には社会的資産であった木造住宅も、経済優先、消費主義のテーゼのもと大量消費財とされてしまったのは、まさに戦後高度成長期の不幸と呼ぶほかない。驚くべきことに10年前までは、木造住宅の寿命は26年といわれていたのである。

本来、人格を形成するための家族団欒の場である住宅が消費財とされるのは、文化向上にとっての大きな阻害要因といえよう。経済と文化はいつの時代にも表裏一体の関係にあるが、かといって文化形成の場を、短命な消費型の箱としてはならない。木造住宅はあくまでも「社会的資産」としてつくられるべきであろう。

「旧公庫仕様」の目指したもの

ところで、この住宅大量供給時期である昭和25年、住宅金融公庫（以下旧公庫）が木造住宅の建設に関する仕様書を発行した。この仕様書は、敗戦の混乱期に横行した不良建築の阻止と、町場の大工や工務店の施工技術を標準化することを目的としていた。

当時を知る職人たちの話によれば、戦後の一時期、木造住宅の建設現場は資材、人手ともに不足し、とてもじゃないが建物の質を問うような状況にはなかったそうである。旧公庫仕様書が、そのような状況のなかで木造住宅の質をボトムアップするのに一定の成果をもたらした、ということは評価されよう。

戦後60年を経た今日、時代の要求は量の供給から生活の質の向上へと転じた。今や木造住宅の豊かさの指標として、質の向上を目指すことが第一の課題となっている。ただし、かつて公庫が目指した木造住宅の質と、現在求められているそれとはまったく異質のものである。

たとえば最近までの住宅産業界は、省エネ住宅、高気密高断熱住宅、健康住宅などの新機軸を打ち出して顧客を獲得することにしのぎを削っていたが、そこにみられるのは、まるで自動車を購入する際にオプションを取捨選択するのと同様に扱われる「スペック優先」の姿である。その家で長く営まれるであろう「豊かな暮らし」に結び付く指標はみえない。住宅に限らず何事も、社会的問題を技術的に解決してしまおうとする日本的傾向が、矛盾を生んでいる。

このように、住宅をつくる側が、生活者が「真の豊かさ」を実感できるレベルの住宅を提供できないでいる、というのが現状である。むしろ、木造住宅の目指す方向性が「真の豊かさ」を供給するという本質から離れているようにも思われる。かつて公庫が目指した住宅の質もまた、豊かな家庭生活を送るための指標であったはずだが。

長寿命の家が生み出す豊かさ

豊かさを実感するには、まず数世代にわたって安定した生活の場が確保できることが必須条件といえる。つまり、しっかりと生活を支える「長寿命の家」が必要なのである。日常生活の場が不安定では、気持ちに余裕のない日々を送ることになり、健全な生活文化は生まれない。「長寿命の家」に暮らすことで、ゆとりのある生活を送りながら、「真の豊かさ」を手に入れることができるだろう。

そこで、「長寿命の家」を実現するためには、まず丈夫な骨組をつくりたい。地震や台風に耐えることはもちろんだが、同時にライフサイクルの変化に対応するフ

建て方の様子。掛け矢で梁を叩き、きつくかみ合うようにして組む

「足固め」と「通し貫」による耐力壁。通し貫構法が再評価されている

土塗り真壁造の古民家(福島民家園)。木と土でできた家は、調温湿性能や意匠、環境面など、優れた点が多い

古民家の増築の様子。しっかりとつくられた架構体に、ライフスタイルの変化の応じて造作体を加え、長寿命の架構をつくる

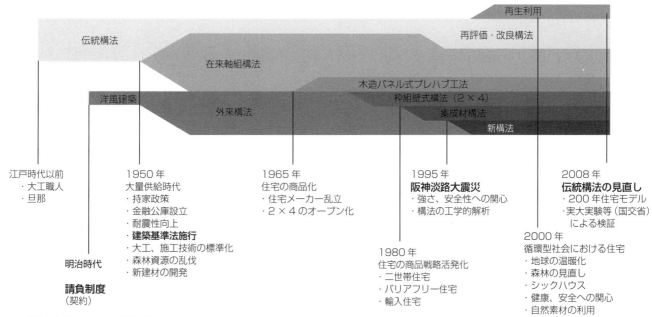

図1 木造住宅建築における構法の変遷

レキシブルな家づくりも目指したい。いわば、生活とともに成長する家である。そのためには、間取りの変更に柔軟に対応できる架構体をつくらなければならない。その実例として、日本各地に残る長寿命の古民家から学ぶ点は多い。

古い民家では、可変部分と不変部分を区分して架構体がつくられた。これは、骨組を上屋と下屋に分けて、不変と可変部分の用途を限定するルールに基づいてつくられており、それにより耐久性とフレキシビリティを高め、100年も200年も人々の生活を支え、朽ちることなく生き延びてきたのである。

古民家を建てた先人たちはまた、木材を大切に扱った。山の木の生長に合わせて家を建て替え、環境に負担をかけない、永続的な資源としての木の使い方を心得ていた。木を大切にするがゆえに、解体後の木材をさらに使い回し、「再生・移築」はごく自然な行為であった。そのような家々が建ち並ぶ町並みは、地域の文化を醸し出す共同体でもあった。

長寿命の家づくりが文化の向上につながり、環境保全につながる、という古民家の理念を、ぜひ継承していきたい。

構造と構法の再評価

住宅のグレードを判断するのに、設備機器や仕上げ素材といった面に目を奪われやすいのは、多くの人々に共通する傾向である。戦後、著しく発展した工業製品の恩恵は少なくない。住宅の性能もまた、住宅設備機器の性能に支配されていると考えてしまうのも無理はない。しかし、真に豊かな生活は果たして設備機器の充実によってもたらされるものだろうか。木造住宅の場合、過剰な設備機器によって骨組、つまり構造・構法がないがしろにされては、本末転倒というべきではないか。

私たちは、「物の豊かさ」が「真の豊かさ」を生まなかったことを、バブル経済の崩壊によって経験している。物があふれたあの時期、人々はむしろ、歪んだ欲望を膨らませただけであった。泡が弾けて後、残るのは虚しさばかりである。

住まいにはまず丈夫な骨組を確保したい。これは前述したような付加的スペックではない、本質的な架構の部分だからである。設備は、その後何世代かのうちにだんだんと充実させていくことが、真に豊かな暮らし方であると考える。「真の豊かさ」を実感するためには、設備にばかり目を奪われず、構造・構法を見直すことから始めなくてはならない。

今こそ過剰な装備を考え直し、「長寿命の家」づくりのために住宅の構造と構法を再評価すべきではないだろうか。

伝統構法と在来工法はどう違うか

構造・構法の再評価と述べたが、現在の木造住宅の構法は非常に多様化している。一般に知られているのは通称であり、構法名とはいえない。そこで、混乱をさけるために、ここで構法の区分を明らかにして話を進めたい(図1)。

まず、一般に「プレファブ」と呼ばれるのは、あらかじめ工場でつくった部材を現場で組み立てるという生産プロセスからきた呼称であり、構法的には「木質系パネル工法」などがこれにあたる。

阪神・淡路大震災の直後、一部の報道が「プレファブは残った」と伝えて、人々の不安を煽り、一般工務店や大工職人の反感を招いた。これも構造・構法の名称の混乱から生じた残念な事件であり、多くの人々に在来工法や伝統構法への誤解を植え付けてしまった不幸の始まりである。

「ツーバイフォー」は、基準になる部材の断面が2×4インチ(乾燥基準寸法38×89㎜)であることから呼ばれる名称で、構法上は「枠組壁工法」である。北米で生まれた外来の工法である。

「在来工法」という名称は、ツーバイフォーのような外来工法に対し、以前から日本に存在していた、というほどの意味で在来と呼ばれている。ただし、いわゆる伝統的な大工技術と同床でありながら発展経緯が異なり、伝統構法との判別が難しい。構法的には、どちらも柱や梁などの軸材で構成される「軸組構法」である。

では、本書で取り上げようとする「伝統構法」が、本来の日本の構法でありながら、一般的に呼ばれる「在来工法」とどう違うのか。

最大の違いは、後者が明治以降に西欧的な剛の思想を取り入れたトラス構造の

工法であり、戦後の復旧に際して日本全国に急速に広まった経緯がある。前者は江戸以前からの大工棟梁の伝承に基づき、粘り強い木の特質を活かした継手・仕口を駆使する、柔の思想をもつ木組みの技術である。伝統構法の「構」を構(かまえる)と書くのは、工業の「工」に比べると、より社会的なつながりを広くもっていると考えるからである。

伝統構法の見直し

伝統構法による木組みの家がいったいどのような点で優れているのか。以下のような特徴が挙げられる(図2)。
1. 木材は生物資源として、光合成を繰り返しながら、植えては育つ循環性が高い
2. 木材は重量に比べて耐力が強く、加工性に優れた扱いやすい素材である
3. 木組みの家は継手・仕口が体系化しており「架構のルール」が確立している
4. 部材が規格化され多様な要求に応えられる
5. メンテナンスによって家の寿命を延すことができ、移築・再生も可能である
6. 立地条件を問わず、周囲の環境に適応できる
7. 木や土は、他の素材に比べて経済的である

なかでも本書では、「架構のルール」について、特に詳細に掘り下げたい。これからの木造住宅を長寿命たらしめる価値基準は、構造と構法次第であるとさえいえる。旧公庫の基準は、在来工法による木造住宅の質をボトムアップすることに関しては使命を果たしたが、一定以上の質を求める建て主や大工、工務店の要求を満たしているとはいえない。ましてや、これからの木造住宅のあり方を模索する設計者や研究者の要求を満たしているとはいい難い。建物の質に関する、そのような不満は改善不可能ではない、ということを、本書で明らかにしたいのである。

伝統構法の動向

コンプリート版の序文を締めくくるにあたって、最近の木造住宅関連の動向を報告したい。本書執筆以来13年の間に、伝統構法を取り巻く社会状況には、さまざまな変化があった。

法制面では、以前から進められてきた性能評価制度の実施や住宅基本法の制定、景観法の実施、200年住宅ビジョンの実施、歴史まちづくり法の制定などが挙げられる。

特に2003年の建築基準法の改正では、告示により土壁の壁倍率が規定され、外壁や軒裏の板張りが可能になった。国家プロジェクトとして伝統構法の大工を育てる「大工育成塾」も始まった。さらに伝統構法の実験としては、つくばで行われた実大実験や、関西で行われた実大実験により、大きな成果の兆しが見えたことは、ニュースであった。

現在注目するのは、それらの経緯を踏まえて、2008年現在、国土交通省が伝統構法の見直しを3年間の事業として予算化したことである。

事業名は「伝統的構法の設計法作成及び性能検証実験事業」という。

目的は、伝統構法の構造の安全性の実証と、設計法の開発であり、建築基準法の改正も含めた環境整備である。内容は、
①伝統的木造構法の実物大性能検証振動台実験、解析
②振動実験建物の要素等の実験、解析
③伝統的木造構法の設計法の構築
である。

実施体制は9つの委員会に分かれて実大実験、要素実験、詳細解析、データ収集、設計法の構築、伝統構法の分類、材料の研究、関連調査となっている。

まずは、伝統的な建物の実物を二棟、振動台で揺らすことから始まる。3年間という短い実施期間であるが、これほどまでに伝統構法がクローズアップされたことはない。今後の検討しだいではあるが、2008年から2010年の間が、日本における伝統構法の位置づけが変わる大きな転換期といえる。

検討委員会には「私家版」のメンバーも参加しているので、機会を見つけて経緯を報告したいと思う。

いずれにしても、伝統構法に学ぶ点は多い。たとえば木づくり、石場建ての知恵、木組みの知恵、金物に頼らない接合部の知恵、貫の粘り強さ、土壁の強度、真壁の利点、立体フレームの架構、長寿命の工夫、生活対応の間取り、不変と可変の架構体、など。

今後の課題は、これら伝統構法の原理を応用し、この構法に隠されたさまざまな知恵を、現代の構法にふさわしい形でいかに応用できるかという点であろう。優れた技術を現代化しながら、丈夫で使い回しのきく、再生可能な長寿命の架構体をつくることが、「200年住宅」が要請されるまでになった時代の変化であり、本書の目指すところである。

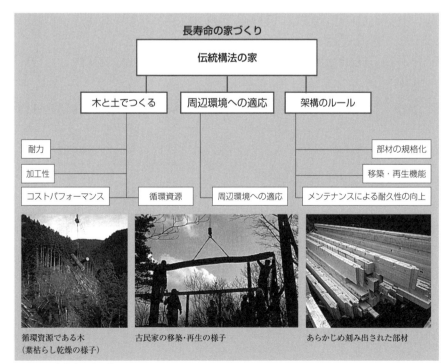

循環資源である木
(葉枯らし乾燥の様子)　　古民家の移築・再生の様子　　あらかじめ刻み出された部材

図2　伝統講法の優位性

[第1章]

丈夫で長持ち家づくりの基礎知識

- **家づくりに必要な木の知識**
- 028 木の特性を知る
- 034 木の適材適所を知る
- 037 川上から川下を知る
- **家づくりに大切な架構と間取りの知識**
- 041 長寿命の架構を考える
- 048 架構のデザインを学ぶ
- 054 架構の多様性を知る

家づくりに必要な木の知識

木の特性を知る

針葉樹と広葉樹

木造住宅に用いられる木材は、針葉樹と広葉樹に分けられる。一般に針葉樹に比べて広葉樹の方が比重が重くて硬い。そのため、針葉樹を「柔木（やわぎ）」、広葉樹を「堅木（かたぎ）」などと呼んだりする。

構造に用いる材は、断面が揃い、より真っ直ぐで長さの取れるもののほうが扱いやすい。一般にスギ、ヒノキに代表される針葉樹はその樹形からも分かるように（**写真1**）、直材がとりやすく、加工性がよいこともあって、構造材や造作材として木造住宅の多くの部分に用いられている。一方、広葉樹のなかでもケヤキやクリなどは直材が取れるものもあり、構造材に使われることもあるが、広葉樹全般としてはその木目の表情の面白さ、材の硬さなどから、造作材や床材、家具など部分的に用いられることが多い。

針葉樹は、そのまま白木（しらき）（素地のままの意味）で用いるだけでも木の木味（きあじ）が引き出されると思うが、広葉樹の多くは、素地のまま用いるより塗装することによって、その木味が出せる材であり、使い方や仕上げに応じた工夫がなされている。

年々、造林面積は減少しているが、用材としての利用価値の高さからその造林樹種はスギ、ヒノキを中心とした針葉樹が主流となっており、今後もこの傾向は変わらないだろう（**図1・2**）。

3方向による特性の違い（異方性）

木は、鉄やコンクリートなどの工業製品と異なり、均質な素材ではない。また、木の構造を見てみると、木口（材長に直角な繊維方向）・柾目（年輪に直角な放射方向）・板目（年輪の接線方向）とそれぞれ異なった性質をもつ、3つの方向性があることが分かる（**図3**）。

木材の強度特性として、圧縮・引張り・曲げ・せん断の各強度やヤング係数なども、この3方向に対して求められているが（**表1**）、柱なら縦使い、梁なら横使いな

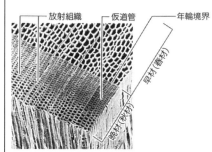

針葉樹は細胞が整然と配列しているため、材は素直で木目が通っている

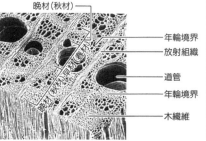

広葉樹は道管の配列によって環孔材、散孔材、放射孔材の3つに大別される

写真1　針葉樹（スギ）と広葉樹（ケヤキ）の樹形と木口面の電子顕微鏡写真　　（電子顕微鏡写真は2点とも提供：佐伯浩氏）

表1 主な樹種の機械的強度

樹種	項目	年輪幅(mm)	含水率(%)	比重(g/cm³)	圧縮比例限応力度 δcp (N/mm²) L	R	T	45°-LR	45°-RT	45°-TL	圧縮強さ δc (N/mm²)	引張り強さ δt (N/mm²) L	R	T	45°-LR	45°-RT	45°-TL	せん断強さ γ (N/mm²) R	T	ヤング係数 (10³N/mm²) EL	ER	ET	E45°-LR	E45°-RT	E45°-TL
針葉樹	スギ	6.0	15.0	0.33	23	1.4	0.7	3.4	0.30	1.8	28	56	7.0	2.5	7.5	3.5	3.5	6.5	7.5	7.5	0.60	0.30	1.25	0.06	0.60
針葉樹	アカマツ	1.5	13.5	0.51	28	2.5	1.8	5.1	0.80	3.9	41	130	9.5	4.0	13.0	6.0	7.0	10.5	11.0	12.0	1.25	0.65	2.20	0.15	1.20
針葉樹	エゾマツ	2.0	15.0	0.39	28	1.9	1.2	3.5	0.35	2.7	35	110	8.0	3.5	10.5	4.5	5.5	10.0	8.5	11.0	0.85	0.45	1.30	0.07	0.85
広葉樹	ケヤキ	5.0	13.5	0.70	34	6.8	5.2	9.6	4.10	7.5	56	120	17.0	12.5	21.5	12.0	20.5	20.0	17.0	11.0	1.90	1.25	2.85	1.20	2.05
広葉樹	ミズナラ	2.0	14.5	0.70	24	4.7	1.9	7.8	1.80	5.3	39	137	14.0	10.0	20.0	7.0	16.5	13.5	14.0	11.5	1.45	0.75	2.25	0.55	1.35
広葉樹	キリ	11.5	12.0	0.29	20	1.6	1.2	—			25	52	4.5	4.0	—			6.0	4.5	6.0	0.60	0.25			
広葉樹	マカンバ	2.5	15.5	0.71	32	3.7	3.2	—		5.3	50	144		—				17.0	19.0	16.0	1.10	0.85		—	1.80
広葉樹	ブナ	2.0	14.5	0.62	32	3.6	2.2	6.7	1.90	5.2	49	110	18.5	9.0	27.5	8.5	13.5	12.5	15.5	12.5	1.35	0.60	2.20	0.66	1.20
広葉樹	アピトン	—	15.0	0.64	47	2.9	1.8	4.3	2.00	3.6	65	167		6.5	12.5		11.5	12.0	11.5	20.0	1.10	0.55	1.70	0.70	1.20

注1：L＝繊維方向（木口方向）、R＝放射方向（柾目方向）、T＝接線方向（板目方向）
注2：機械的強度の値は10kg/cm² = 1N/mm²としてSI単位に換算

（農林水産省林業試験場監修・丸善刊「木材工業ハンドブック 改訂3版」より）

表2 木材の繊維方向の材料強度（建築基準法旧施行令95条）

樹種	材料強度（単位：N/mm²） 圧縮	引張り	曲げ	せん断
針葉樹	ベイマツ	27.0	20.4	34.2	2.4
針葉樹	ヒバ	28.2	21.0	34.8	2.1
針葉樹	ヒノキ	30.6	22.8	38.4	2.1
針葉樹	ベイツガ	21.0	15.6	26.4	2.1
針葉樹	スギ	21.6	16.2	27.0	1.8
広葉樹	カシ	27.0	24.0	39.0	4.2
広葉樹	ケヤキ・ナラ・クリ・ブナ	21.0	18.0	30.0	3.0

表3 木材の繊維方向の許容応力度（建築基準法旧施行令89条）

樹種	許容応力度	長期許容応力度（単位：N/mm²） 圧縮	引張り	曲げ	せん断	短期許容応力度（単位：N/mm²） 圧縮	引張り	曲げ	せん断
針葉樹	ベイマツ	9.9	7.5	12.5	0.9	18.0	13.6	34.2	1.6
針葉樹	ヒバ	10.3	7.7	12.8	0.8	18.8	14.0	34.8	1.4
針葉樹	ヒノキ	11.2	8.4	14.1	0.8	20.4	15.2	38.4	1.4
針葉樹	ベイツガ	7.7	5.7	9.7	0.8	14.0	10.4	26.4	1.4
針葉樹	スギ	7.9	5.9	9.9	0.7	14.4	10.8	27.0	1.2
広葉樹	カシ	9.9	8.8	14.3	1.5	18.0	16.0	26.0	2.8
広葉樹	ケヤキ・ナラ・クリ・ブナ	7.7	6.6	11.0	1.1	14.0	12.0	20.0	2.0

注：表2・3内の針葉樹の基準強度は平成12年建設省告示1452号目視等級区分・甲種構造材1級の場合による。ただし広葉樹は現状では基準強度が定められていないため、旧施行令96条の材料強度を元に10kg/cm²＝1N/mm²として換算

図1 造林樹種の割合

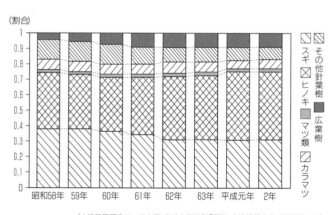

（木造建築研究フォーラム編・学芸出版社刊「図説 木造建築事典 基礎編」より）

図2 素材生産量の推移

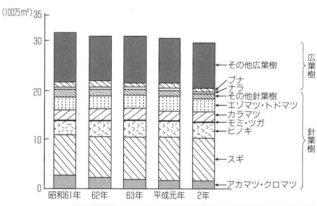

（木造建築研究フォーラム編・学芸出版社刊「図説 木造建築事典 基礎編」より）

ど一般的に使われる繊維方向に対しての材料強度が建築基準法旧施行令95条に表示されていた（**表2**）。これを見ると、曲げ＞圧縮＞引張り＞せん断の関係が読み取れる。ちなみに、木材の比重の大きさと強度の関係は一般に比例関係にあり、同じ含水率ならば比重の重いものほど強度がある。現行法規では、JASに従って分類している。

また、木材は長期間荷重を受けると時間経過とともにたわみが大きくなる。これを「クリープ」といい、許容応力度は短期が長期の2倍の関係とされている（**表3**）。大きな荷重を受ける梁などでは、余裕のある断面算定が必要となる。

強度の面ばかりでなく、木材の細胞の構造や配列によって乾燥に伴う収縮率が異なることにも注意しておきたい（**図3・030頁図4**）。各方向に異なる収縮が起こるために狂いが生じるのである。接線方向（板目）＞放射方向（柾目）＞繊維方向（木口）の関係があり、繊維方向は他の方向と

図3 樹木の構造

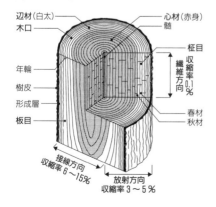

比べてひと桁小さい値となっている。また、収縮率も比重と比例関係にあるとされる（**表4**）。

板張りなどでは、材の乾燥状態によって幅方向の伸び縮みを考慮し、逃げを取った張り方が必要となる。また、留めの仕口が笑ってしまったり（隙間が生じること）、胴付き（枘の根元の平面部分。胴付きが取り合う材と密着しているかどうかによって仕口の精度が決まる）に隙間を生じるのも幅方向の収縮が主な原因であり、これを防ぐためには木材の十分な乾燥が必要となる。

木口面は水の吸い込みが他の面に比べて大きく、水や湿気を受けやすい部分に向けた使い方はなるべく避けたり、少なくとも乾燥しやすい状態にしておきたい。垂直部材の頂部が雨掛かりとなる場合は傷みが早い（**写真2**）。柱など足元部分でも、雨の跳ね返りなどがあるため、地際からなるべく距離を取ることが求められよう（**写真3**）。また、白太（辺材）の方が赤身（心材）よりも吸水性が大きいので、使用場所に注意したい。

板目、柾目など材面の表情や節の有無の程度は、意匠面で重視されることが多い。構造材にあっても、特に柱材では四方柾（柱の四方が柾目のもの）、三方柾などと銘木扱いされる高級材を用いて、座敷の意匠性を高めることも多い。

木材の主な性質

木はひとつとして同じものはないが、一般的に共通する性質をもっているので以下にいくつか挙げてみよう。

1｜赤身・白太

丸太の木口を見ると、年輪の中心部分の濃い色の部分と、それを取り巻く樹皮に近い側の淡い色の部分があり、それぞれ「赤身（心材）」、「白太（辺材）」という。赤身は白太に比べて、腐りにくく、虫害も少ないうえ、硬く強度も大きいので用材として望ましい。しかし、製材の断面はその丸太の径によって決まるため、すべての構造材を赤身で大径材から挽き出すことは現実的ではなく、一般には白太を含んだ材が多用されている（**写真4**）。

外部や湿気の多い場所に用いるなど、使用場所によっては赤身材の指定が必要となるが、造作材では節の少ない白太が

図4　木材の含水率と収縮率

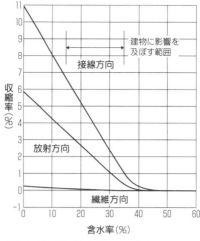

（木材活用事典編集委員会編著・産業調査会刊「木材活用事典」より）

写真2　木材の木口面を保護した例。門柱の頭部や貫の木口面にキャップを被せて雨水のしみ込みを防いでいる。写真の奥に見える住宅の母屋の木口も同様に保護されている

写真3　商家の門の控え柱（写真左）と柱脚のディテール（写真右）。柱脚を土中に埋め込まずに、交換できるように根石と金輪継ぎで納め、保守のしやすさを考慮している

表4　主な樹種の収縮率

	樹種	収縮率（%）									比重(g/cm³)	
		含水率15%まで			全乾まで			含水率1%あたり			γ_0	γ_{15}
		T	R	L	T	R	L	T	R	L		
針葉樹	スギ	3.5	1.1	0.03	7.2	2.4	0.19	0.26	0.09	0.011	0.33	0.36
国産材	ヒノキ	3.5	1.5	0.05	6.4	3.1	0.25	0.21	0.11	0.013	0.37	0.41
	ツガ	2.9	1.6	0.02	7.2	4.0	0.16	0.30	0.17	0.010	0.51	0.54
	アカマツ	4.4	1.9	0.03	8.9	4.1	0.19	0.31	0.15	0.013	0.52	0.55
	カラマツ	4.1	1.7	0.01	8.6	3.9	0.18	0.31	0.14	0.011	0.50	0.53
	トドマツ	4.1	1.0	0.03	9.5	2.8	0.19	0.38	0.12	0.010	0.39	0.41
	モミ	2.6	1.3	—	6.1	3.0	0.29	0.24	0.12	—	0.40	0.44
輸入材	ベイスギ	—	—	—	5.0	2.4	—	0.14	0.07	—	—	0.38
	ベイツガ	—	—	—	7.9	4.3	—	0.23	0.13	—	—	0.47
	ベイマツ	—	—	—	7.8	5.0	—	0.23	0.14	—	—	0.55
	スプルース	—	—	—	7.5	4.3	—	0.19	0.12	—	—	0.45
	ベイモミ	—	—	—	6.9	2.9	—	0.20	0.08	—	—	0.43
	アガチス	4.2	1.8	0.02	8.6	4.1	0.17	0.30	0.16	0.011	0.43	0.46
広葉樹 国産材	ミズナラ	5.9	2.0	0.24	10.1	4.3	0.48	0.30	0.16	0.016	0.65	0.70
	キリ	2.2	0.5	0.02	5.2	1.4	0.17	0.20	0.06	0.011	0.26	0.29
	マカンバ	3.9	2.6	0.20	7.6	5.2	0.44	0.26	0.21	0.016	0.61	0.65
	ブナ	6.9	2.4	0.11	11.5	5.0	0.37	0.33	0.18	0.017	0.64	0.68
	カツラ	4.1	1.9	0.15	7.5	4.0	0.44	0.24	0.15	0.020	0.45	0.49
	シナノキ	5.7	3.7	0.08	9.6	6.7	0.25	0.28	0.21	0.012	0.46	0.49
	タブノキ	4.1	1.6	0.06	8.1	4.0	0.23	0.28	0.16	0.012	0.63	0.68
	イスノキ	8.9	3.9	0.11	14.2	6.9	0.29	0.39	0.21	0.012	0.88	0.92
	アカガシ	6.8	2.6	0.09	12.1	5.6	0.27	0.38	0.20	0.013	0.87	0.92
輸入材	レッドラワン	4.2	1.4	0.05	8.1	3.3	0.26	0.27	0.13	0.014	0.47	0.51
	アビトン	6.6	2.8	0.01	11.3	5.7	0.21	0.34	0.20	0.013	0.68	0.72
	クルイン	8.3	3.9	0.03	13.7	7.5	0.24	0.39	0.25	0.013	0.76	0.79
	カブール	5.2	1.7	0.03	10.0	4.2	0.24	0.35	0.17	0.013	0.62	0.65
	ラミン	5.3	1.7	0.03	10.8	4.8	0.16	0.39	0.21	0.011	0.62	0.65

注：T＝接線方向（板目方向）R＝放射方向（柾目方向）、L＝繊維方向（木口方向）、γ_0＝全乾比重、γ_{15}＝気乾比重

（寺沢真・筒本卓造共著・(社)日本木材加工技術協会刊「木材の人工乾燥」より）

好まれることも多い。特にスギは赤身と白太の差が明瞭で、その違いがよく分かる。赤身と白太の入りまじった材を「源平材」といい(**写真4**)、新築時の色の差は大きいが、時間の経過とともに焼けや汚れなどでその差は気にならなくなってくる。

樹種による差はあるのだが、赤身でも樹齢が10〜15年程度の部分は木としては幼く、未熟であるため、年輪幅が広くて性質が安定していない。これを「未成熟材」といい、用材としては不適当な材とされている(**図5**)。特に心持ち材(樹心を含む材)で、樹心からの年輪幅が広い材には注意しなければならない(**写真5**)。

2｜木裏・木表

板目の材で樹心側を「木裏」、樹皮側を「木表」という。一般に木表のほうが節の出も少なく、木目もよいとされる。木表より木裏のほうが硬質で収縮が少ないため、乾燥することによって木表側に反る性質をもっている(**図6**)。

木表は削った表面に光沢があり、逆目も立ちにくいため、造作で用いる場合に表側に見せる使い方をすることが多い。また、内法材の敷居、鴨居などでは建具の建付けに影響が出にくいよう、木表側に反ることを考慮して内法側に木表を用いる(**図7**)。柱や梁などの構造材も樹心のズレなどからその反る側がどの方向に出るかを読んで材配置の向きを決める。

下見板や雨戸など雨にさらされる外部に面する部位には、赤身が多い木裏を使うといわれる。しかし、木裏は逆目立ちやすいため、手足のふれる部分に用いることは避けたい。

3｜背・腹

一般にむくりのある部材の凸側を「背」、その逆の凹側を「腹」という(**図8**)。傾斜地に生える立木の場合、谷川は木目が硬く背側となり、山側に反り気味に育って腹側となる。その丸太から梁を取るには、その背・腹を成(高さ)として製材する。

上部からの荷重を受ける丸太梁は、背を上にして架け渡すのが構造的に素直であり、力の流れ方が視覚的にも理解できる。平角材を用いた梁や胴差なども同様に背・腹を材面の木目から見極めて背を上使いとする(**032頁写真6**)。逆に、荷重を受ける関係から大引や軒の出のある垂

写真4 白太を含んだ梁と源平材の天井板。竣工時は赤身と白太の色合いの差が目立つが、時間の経過とともにその差は少なくなっていく

写真5 心持ちの正角材。樹心周りの年輪幅は材によって異なるが、年輪幅が粗くて広いものは構造上好ましくない

図5 未成熟材と成熟材

針葉樹の場合、髄から10〜15年程度までの未成熟な部分は、仮道管が短いうえ樹軸に対して傾斜しており、材質的に不安定で強度も低く、製材後に欠点が出やすい。図のように未成熟材は樹幹の根元から梢まですべての部分に存在する

図6 木裏と木表

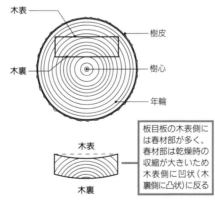

板目板の木表側には春材部が多く、春材部は乾燥時の収縮が大きいため木表側に凹状(木裏側に凸状)に反る

図7 内法材の木裏・木表の使い分け

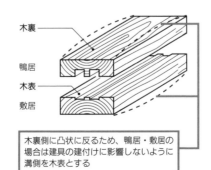

木裏側に凸状に反るため、鴨居・敷居の場合は建具の建付けに影響しないように溝側を木表とする

図8 腹と背・元口と末口

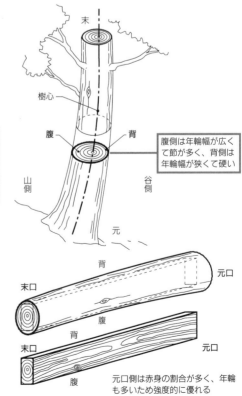

腹側は年輪幅が広くて節が多く、背側は年輪幅が狭くて硬い

元口側は赤身の割合が多く、年輪も多いため強度的に優れる

木、出し梁などでは背を下側に向けた使い方をすることが理に適っている(図9)。

4｜元口・木口

立木の場合、その根元側を「元」、梢側を「末」といい、その切り口をそれぞれ「元口」「末口」と呼ぶ(031頁図8)。継手・仕口の刻みでは、この元口・末口の区別を明確にすることが原則とされている。それは一般に、元口は末口と比べて赤身の割合が多いうえ、年輪の数も多く、強度的にも優れており、特に丸太材では元口のほうが末口よりも径が大きく、相手材の受け側となる女木を元口とすることになる(図10)。元口・末口の組合せの関係から、その継手には「送り継ぎ」「行合い継ぎ」「別れ継ぎ」があり(図10)、送り継ぎが良しとされる。しかし、架構形態や材そのものの目の詰み方の程度をみて判断することが必要となる。

柱を建てる場合には、立木の状態と同様に元口を下にして使うことが常識であり、元口・末口が逆さまになっていると「逆木」といって嫌われる。内外大壁の木造住宅が増えたとはいえ、この原則が変わることはない。ちなみに、通常、丸太材の断面表示は末口径で表現される。

乾燥の必要性

"木が狂う"とはどういうことなのか。どんなに精度よく刻まれ、組み立てられた木材でも乾燥が不十分ならば、徐々に水分が抜けて収縮するために木材内部に応力差が生まれ、反りや捩れ、割れを生じる。狂いが出ると胴付きなどに隙間が生じ、意匠面の不具合はもとより接合部もがたついて力の伝達が不十分となり、構造面でも問題になってしまう。特に金物に頼った接合の場合、ボルトやナットの緩みが指摘されることが多い。また、近年ではプレカットによる加工が増える傾向にあり、加工時の寸法精度の高さは乾燥材であればこそ前提なのだが、未乾燥材を加工することもあるようで、さまざまな問題を引き起こしている。

大工棟梁は"木のクセを読む"というが、これは時間の経過とともにこの狂いがどのような現れ方をするかを予測して、その狂いを木材同士の組み方で抑制、拘束し合うように対応しているのである。これもあくまで乾燥された材を用いたうえでのことである。

木材は、その場所に応じた平衡含水率(大気の温湿度に応じた含水率に落ち着き、平衡な状態になること)の状態におくことで狂いは止まる。一般には、平均して含水率15%前後がその状態の目安とされるが(図11)、乾燥の目的の一つはその状態に近づく過程で生じる木材の狂いを出し切り、寸法の安定性を保つことにある。

伐採され製材されたばかりのスギやヒノキなどでは、含水率100%以上のものがほとんどである(表5)。これが乾燥過程で繊維飽和点(含水率30%前後)に低下するまでに生じる狂いはあまり大きなものでなく、むしろそれから先の平衡含水率に至るまでの収縮の過程で大きな狂いを生じる(図12)。そのため工事に用いられる段階での木材は、より乾燥していることが求められるのである。

乾燥のもう一つの目的は、耐久性の低下の予防である。木材が水分を含んでいると菌類が発生しやすいため腐朽しやすく、蟻害も受けやすくなるからだ。このため建設時の乾燥はもとより、築後でも乾燥状態を維持する工夫がなされていることが求められる。

木材の乾燥方法には、桟積みして自然の通風によって乾燥させる天然乾燥(写真7)と、高温や蒸気・減圧などの温湿度を人工的に調節して乾燥を促進する人工乾

写真6　床梁を受ける差し物の例。背を上向きにした使い方が、上部へ湾曲している木目の表情から分かる

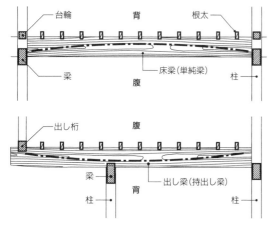

図9　構造材の背と腹の使い分け

背側に反り気味に育つという樹木の性質を利用して、上部の荷重を受ける梁や胴差などの横架材の場合は背側を上向きに、大引や軒の出の深い垂木、出し梁などの場合は、床束を持ち上げたり、軒先が垂れ下がらないように背側を下向きにして用いる

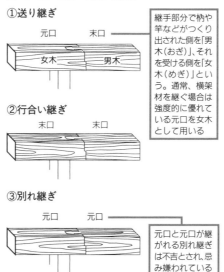

図10　元口と末口の継手の方法

①送り継ぎ
②行合い継ぎ
③別れ継ぎ

継手部分で柄や竿などがつくり出された側を「男木(おぎ)」、それを受ける側を「女木(めぎ)」という。通常、横架材を継ぐ場合は強度的に優れている元口を女木として用いる

元口と元口が継がれる別れ継ぎは不吉とされ、忌み嫌われている

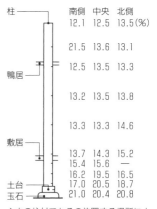

図11　柱材の含水率の例

柱	南側	中央	北側
	12.1	12.5	13.5(%)
	21.5	13.6	13.1
	12.5	13.5	13.3
鴨居			
	13.2	13.5	13.8
	13.3	13.3	14.6
敷居			
	13.7	14.3	15.2
	15.4	15.6	
	16.2	19.5	16.5
土台	17.0	20.5	18.7
玉石	21.0	20.4	20.8

1本の柱材でもその位置する場所によって含水率に違いがある。地面(湿気の多い場所)に近いほど含水率が高くなるのがよく分かる
(寺沢真・筒本卓造共著・社日本木材加工技術協会刊「木材の人工乾燥」より)

燥とがある(**写真8、表6**)。

天然乾燥は、自然の温湿度と通風によるため季節の変化や気象の状況に左右され、長い時間を要するが、乾燥の目的である材の狂いを緩やかに無理なく出すことができ、樹脂が抜き取られることもないので、材のもつ色艶もよいなどの利点がある。しかし、日差しや風雨などへの対応、季節に応じた乾燥程度の把握など、管理面での経験を要する。

人工乾燥は、樹種の特徴に応じた方法を選択することにより、機械的に乾燥の環境やその時間をコントロールできる。樹種によっては脱脂効果があってよいとされるが、逆に脂抜けの状態になり、色艶など木味(きあじ)を損なうという見方もできる。材を急激に乾燥させることによる内部割れは、木組みには不向きである。予備乾燥として天然乾燥を併用するなど、木材の使われる状態に適した材のための乾燥法を望みたい。

現在、乾燥材としてJAS(日本農林規格)では針葉樹構造用製材の含水率基準が3段階に定められている(**表7**)。本来ならば数値目標としてD 15(含水率15%)であることが望まれるが、断面の大きな構造用製材の含水率をこの数値にまで下げるのは時間やコスト面で現実には難しいことが、実はこの基準からも読み取れる。しかし、まずは乾燥させた材を用いることが木造住宅をつくる場合の大前提であり、生材(なまざい)を使うことはどのような場合であっても論外なのである。

表5 主な国産材の辺材・心材別含水率

針葉樹			広葉樹		
樹種	含水率(%)		樹種	含水率(%)	
	辺材	心材		辺材	心材
スギ	159.2	55.0	ミズナラ	78.9	71.5
ヒノキ	153.3	33.5	セン	101.5	77.1
ネズコ	228.9	56.9	クリ	102.7	91.3
アスナロ	154.9	30.5	キハダ	95.1	85.0
サワラ	154.5	38.3	マカンバ	76.9	65.2
アカマツ	145.0	37.4	トチノキ	123.2	166.1
エゾマツ	169.1	40.6	カツラ	122.7	76.0
トドマツ	211.9	76.1	シナノキ	91.9	108.3
モミ	162.6	89.4	ホオノキ	93.0	52.2

注:針葉樹は辺材と心材の含水率の差が大きく、広葉樹は差が小さい
(矢沢亀吉著「木材誌 1960.6.4」より)

図12 含有水分による細胞の状態と狂いの関係

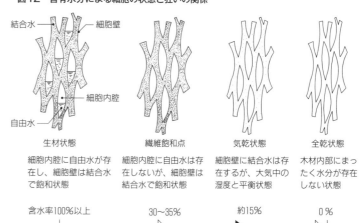

生材状態	繊維飽和点	気乾状態	全乾状態
細胞内腔に自由水が存在し、細胞壁は結合水で飽和状態	細胞内腔に自由水は存在しないが、細胞壁は結合水で飽和状態	細胞壁に結合水は存在するが、大気中の湿度と平衡状態	木材内部にまったく水分が存在しない状態

含水率100%以上 — 30〜35% — 約15% — 0%

狂いで問題を生じる範囲　狂いの範囲

写真7 天然乾燥中の地マツの平角材。クセの強いマツは数年間桟積みして天然乾燥し、狂いを出し切る。丸太から挽く場合は分増しし(仕上がり寸法より大きめに挽くこと)して製材した後、二度挽き(修正挽き)して所定の断面に仕立てる

写真8 蒸気式乾燥による人工乾燥。主に家具材や造作材、フローリング、集成材用単板などの乾燥に用いられる
(写真提供:江原幸壱氏)

表6 主な人工乾燥の種類と特徴

人工乾燥の種類	特徴
蒸気式乾燥	ボイラーの蒸気を熱源として利用し、乾燥室内の温湿度を調整する乾燥法。広範囲の樹種の乾燥が可能だが、特に家具用広葉樹材、フローリング、集成材用単板(ラミナ)などの乾燥に向く
高温乾燥	乾燥室内の乾燥温度を100℃以上に保って高温で乾燥させる方法。スギを除く針葉樹構造材の乾燥に適しているほか、脱脂乾燥の効果も期待できるため、カラマツ、クルインなどの乾燥法として普及している
除湿乾燥	除湿機を使って乾燥室内の湿度を下げることで木材の乾燥を促進する乾燥法。乾燥時間は長いが、乾燥コストが安いうえ、低温乾燥のため品質がよい。建築用針葉樹(スギ、ヒノキ)、木工用などの乾燥に適す
減圧(真空)乾燥	乾燥室の圧力を大気圧力以下に下げることで乾燥速度を早める方法。乾燥が早いため材の狂いや割れが抑えられる。熱源によって伝熱加熱方式と電磁波方式があり、前者は薄材、後者はゴルフクラブ用材、ブロック材などの乾燥に向く
太陽熱利用乾燥	太陽熱を利用する省エネ型の乾燥法で、アクティブソーラーシステムとパッシブソーラーシステムがある。天候に左右されるため補助加熱や除湿装置が必要となるが、低温乾燥なので品質がよく、乾燥コストも安い

表7 各種製材・木製品の含水率基準(JAS)

種別	材種	針葉樹材	広葉樹材
製材(一般)	人工乾燥材	15%以下	13%以下
針葉樹構造用製材	乾燥材 D25	25%以下	—
	乾燥材 D20	20%以下	—
	乾燥材 D15	15%以下	—
枠組壁工法(2×4)構造用材	乾燥材	19%以下	
合板		14%以下	
集成材	—	15%以下	
構造用大断面集成材			
単層フローリング	天然乾燥材	20%以下	17%以下
	人工乾燥材	15%以下	13%以下
複合フローリング	—	14%以下	

木の適材適所を知る

木材の強度を活かす

木材の強度のなかでも曲げ強度が一番大きく、柱・梁の構造ではこの曲げ強度を活かした使い方をする。多くの梁では、2点間支持の単純梁の形式が多いが、曲げ強度を活かす使い方である。連続梁や出し梁などは木造架構デザインの特色ある表現だろう（図13）。

これまで、梁材には強度的に優れるマツ材が用いられてきた。マツ材の場合、製材して柱のように通直な材が取りにくいという面もあり、曲がりを納まりで許容できる横架材に対応させたともいえるだろう（写真9）。梁の場合、断面を大きくし、必要強度を確保できれば、比較的強度が中庸とされるスギ材などでも問題はない（写真10）。

木材の特性としてめり込み強度が挙げられ、比重の大きな樹種ほど大きな値になる傾向がある（表8）。木材は繊維が切れなければ、一度めり込みが発生してもある程度復元するため、一種のバネと考えることができる。

木材を切り組みして架構を構成する軸組構法では、柱と貫とを堅く楔打ちした仕口や大黒柱と差鴨居の差し口などはめり込みの特性を活かした例といえるだろう（図14）。また、土台に堅木のクリなどを用いるのもめり込みを考慮してのことであり、軟らかい材ならば柱の荷重は土台にかけず、長柄差しとして直接基礎に伝えたい。さらに、柄を加工墨よりもきつめに刻んだり、柄にテーパーをつけるのを始め（写真11）、楔や栓の形状、仕口の滑り勾配（図15）、木殺し（刻んだ材がうまく組み上がるように、玄能などで材の角や端を軽く打ち潰すこと、（写真12）など多くの加工や施工上の工夫もめり込みを利用したものといえる。

金物に頼ろうとする現代の比較的新しい工法の場合、木の特性への考慮が足りない納まりや工法も見受けられる。木をいじめて金物をつけても意味はない。

木材の耐久性を高める工夫

長寿命の木造住宅を目指すうえで構造材の耐久性の向上は必須条件であり、これを満たすためには、まず、耐久性のある樹種の選択と併せて構法的な工夫が必要となる。一般に土台や湿気の多い部分ではヒバやヒノキ、クリなどの耐腐朽性、耐蟻性のある材が選択される。表9に挙げた樹種が参考となるが、これらはあくまで心材であることを知っておかなければならない。スギの産地などではスギの心材を用いた土台も用いられている（036頁写真13）。

また、木材は湿気の発生源から遠ざけることを考えたい。特に土台は、基礎に立上がりを取って地際からの距離を確保しておくことが望ましい。さらに、床下の乾燥状態を維持・促進する通気の方法なども考える必要があるだろう。

木は乾燥状態におくことが耐久性を向

図13　曲げ強度を活かした床組の架構例

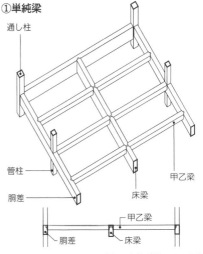

①単純梁

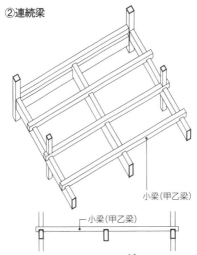

②連続梁

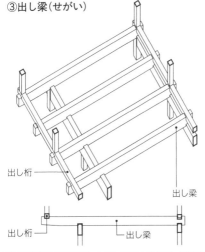

③出し梁（せがい）

甲乙梁を上端揃えで組んだ床組。上端が揃っているために施工性はよいが、仕口は大入れ蟻掛けの多用となる

床梁（大梁）に小梁（甲乙梁）を渡り腰掛けした粘り強い床組。小梁が連続梁となるので断面性能も有利になるが、各梁の組合せの矩計を検討する必要がある

曲げ強度を有効に活かした出し梁による床組。空間のデザイン要素としても有効な架構となる

甲乙梁は床梁（大梁）の間に大入れ蟻掛けで単純梁として架けられている

床梁（大梁）に小梁（甲乙梁）を架け渡した連続梁。仕口が渡り腰なので断面欠損が少ない

外部に跳ね出した出し梁と、その上に載った出し桁。架構デザインとしても面白い

写真9 曲がりくねったマツの梁材を用いた民家の小屋組。梁材の接点に当たる仕口は見事に刻み付けられ、力強く組み合わされている

写真10 スギ材による軸組の例。柱や梁、踏み天井の厚板はすべてスギ材によって構成されている

写真11 先端に向かってテーパーが付けられた枘。この先細りした枘を「コキ枘」といい、相手材に入れ込みやすいうえ、堅い仕口にすることができる

表8　木材の繊維方向に対するめり込みの許容応力度（旧建設省告示1799号）

種類	許容応力度	長期応力に対するめり込みの許容応力度（単位：kg/cm²）	短期応力に対するめり込みの許容応力度（単位：kg/cm²）
針葉樹	アカマツ、クロマツ、ベイマツ	30	長期応力に対するめり込みの許容応力度の数値の2倍とする
	ヒノキ、ヒバ、カラマツ、ベイヒ	25	
	ツガ、ベイマツ、スギ、エゾマツ、トドマツ、ベニマツ、モミ、ベイスギ、スプルース	20	
広葉樹	カシ	40	
	ケヤキ、ナラ、クリ、ブナ	35	

注：最終改正　平成12年12月26日建設省告示2465号

表9　主な樹種の心材の耐腐朽性と耐蟻性

項目		耐腐朽性			
		極小	小	中	大
耐蟻性	小	アカエゾマツ、エゾマツ、アスペン、ラジアータパイン、ラミン	アカマツ、クロマツ、モミ、ベイツガ、ブナ	カラマツ、ホクヨウカラマツ、ベイマツ、ミズナラ、ホワイトオーク	ベイスギ
	中	イタヤカエデ、クスノキ、トチノキ	ツガ、アカガシ	スギ、カツラ、レッドメランチ	ヒノキ、ベイヒ、クリ、ケヤキ
	大	トドマツ	タウン、ターミナリア	タブノキ	カヤ、コウヤマキ、ヒバ、チーク、メラワン

注：サワラ、ネズコ、ベイヒバ、レッドウッドなどは耐蟻性の評価は明らかでないが、耐腐朽性は大

（農林水産省林業試験場監修・丸善刊「木材工業ハンドブック　改訂3版」より作成）

写真12 渡り腮の仕口部分を木殺ししているところ。木殺しすることで部材同士を組合せしやすくし、がたつきのない仕口とする

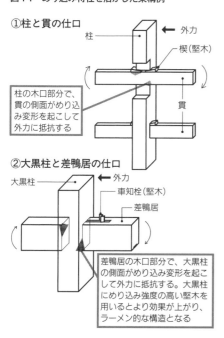

図14　めり込み特性を活かした架構例

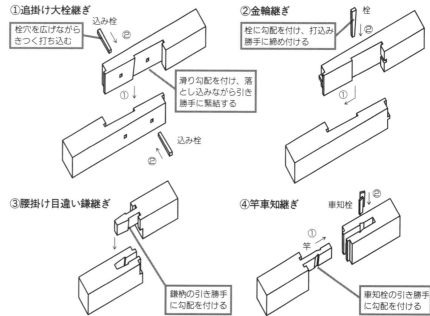

図15　めり込み特性を活かした加工上の工夫例

上させるうえで最も効果的である。単純には、すべての構造を露しにし、軒や庇の出を大きくするなどして雨掛かりの少ない工夫をすることである。しかし、現実には法的な規制や敷地の条件などで必ずしも構造材を見え掛かりに露せないこともあり、そのような場合には壁内に通気層をとるなどの工夫を施したい。材が見えれば、その傷み具合に速やかに対応できるので、その住宅の耐久性の向上につながる。少なくとも室内に構造材が露れている真壁造とすることが望ましいと考えたい（**写真14**）。

樹種別の適材適所

木造住宅の場合、適材適所に材の使い分けをしていくといわれる。裏山から木を伐り出して家を建てていた時代では、そこで採れたさまざまな樹種の木材を使う場所に応じて選択し、工夫して使っていたことだろう。そうしたなかから樹種の特性や、それに応じた技能・技術がつくり上げられてきたと考えられる。仮に、すべてをヒノキでつくり上げることが可能であれば、構造的にも耐久性の面でも、そして素材としても申し分ない。しかし、材の程度にもよるが経済性という意味では適当とはいえず、総檜造りはひとつのステータスであることは今も昔も変わりはない。

樹種の選択は**表10**に示したように、強度や耐久性、意匠性など構造材や造作材に適当であるとして使ってきたもので、これは一般的な傾向を示したものにすぎない。本来、素材に直接触れながら、樹種を選択していくことが設計者、施工者にとって大切なことであろう。

写真13 スギの赤身による土台。地下駐車場のコンクリート躯体の上に据えられた土台で、取り合う柱の下部は長柄差しとしている

写真14 外壁大壁（写真左）、内壁真壁（写真右）の例。過密な都市部では木造の骨組を外壁に露すことは難しいが、木造は木を見せてこそその良さが発揮できるので、少なくとも内壁は露しの真壁にしたい

表10 主な樹種の特徴と主な用途

注1：含水率1％あたりの収縮（気乾→全乾）
注2：主な用途の適用は○＝適、◎＝最適

川上から川下を知る

木材の流通を考える

一般に、住宅に使う木材は施工者が図面の仕様によって拾い出しを行い、手配することが多い。施工側の裁量として設計者も任せている部分なのではないだろうか。この場合、流通している材で仕様に適うものの入手が可能であるのか、品質やコストの面で問題となる。

木材の品質は、施工者の木に対する考え方や取組みの姿勢によるが、直接木材を買い入れる先がどこであるかが大きく影響する。また、その納材元の木材業者もさらにその先にどの程度の木材取引先をもっているのか、施工者と同様、日頃からの木材の品質に対する考え方によって、その質が左右されるだろう。施工者のなかには自ら丸太を購入し、製材、乾燥、ストックすることで木材の品質を管理し、建物の品質向上につなげているところもある。

図16に示したように、木材の流れにはさまざまなルートが考えられる。この図を見ると、川上から川下にまでに位置するそれぞれの職種の役割はその必然性から生まれてきたのだが、木材入手までの経路の長さはコストとして跳ね返ってくることが読み取れる。これを解決することがわが国の木材流通、特に国産材の流通における課題といえるだろう。

木材も産直

流通材はJAS（日本農林規格）などによる品質基準によって規格化され、木材仕様の指定を容易にした。しかし、現状の流通経路の長さや複雑さは、川下側にとってのメリットが少ないのではないだろうか。また、この経路の長さが、ひとつの住宅に関わっている多くの人たちの顔を見えにくくもしている。

現在、木造住宅に関わる人たちのネットワークで木材を入手する動きが各地でみられるが、これは川上から川下までの顔の見える関係のなかで、それぞれの責任と信頼関係を生み、住宅の質の向上と適正コストによる住宅の供給を目指そうとする動きと考えられる（図17）。木材の産直化ともいえ、企業化したものや、設計者や施工者が中心となって個人的なつながりのなかで展開しているものなどがあり、単に木材だけの供給から木造住宅そのものの供給までと幅が広い。これらは、住み手にとっても家づくりへ関わりを深めることにつながり、納得のいく住宅を手に入れることにもなっている。

設計者にとっても、流通材では入手の難しい規格外の断面材や長尺材などが使えることは、設計の幅を広げる可能性をもっているだろう。ただし、川上側と木材品質に対する認識を共有しておくことが重要である。丸太の調達から製材、乾燥、納入までの時間と設計期間・施工工程との時間のズレの調整、それによる木材費用の流れの明確化（たとえば、施主支給材として施工前に材を購入）など、より木材への関わりを深める必要も生まれてこよう。特に、設計段階でどのような材をどの程度使うのかを把握する必要があり、木材調書（木拾い表）などの作成は設計業務上重要な作業となろう。

「並材」という使える材

現在、スギ・ヒノキを中心とした国産材の蓄積量は増え続ける状況にあるが、その自給率は輸入材に押されて減少し続け、まもなく20％を切るところまでのじり貧状態である（038頁図18）。前述したように流通やそれに伴う価格の割高感など、解決しなければならない課題は多い。だが、身近にある材を有効に使うことが、本来は価格的にもメリットを見出せるはずなのである。

図16 国産材・輸入材の流通の概要

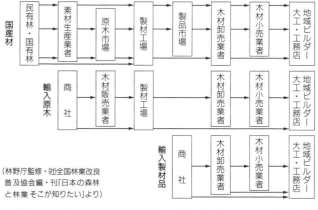

（林野庁監修・㈳全国林業改良普及協会編・刊『日本の森林と林業 そこが知りたい』より）

国産材の原木市場。輸入材の勢いに押され、国産材の自給率は2割内外で推移しており、国産材の需要拡大が急務となっている

図17 産直ネットワークの概念図

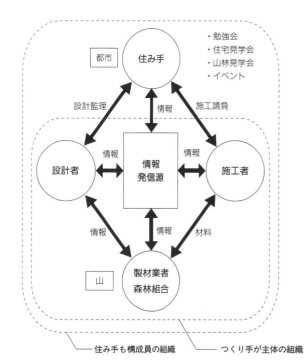

図中央の情報発信源は、設計者や施工者あるいは山側であることも考えられ、情報発信の拠点となる。関係者同士の顔が見えるつながりが重要な要素となっている

山では、伐採した原木の元玉(一番根元に近い部分から伐り出した丸太で、径が太く、節が少ない)、あるいは二番玉程度までは市場価値の高い役物材(無節、小節など)が取れるが、それらより上の三番玉以上では並材(節のある材)となり、市場での評価は得にくいため、その販路開拓が急務だという。20年ほど前では並材というと4寸(120mm)角程度がその中心であったが、山では木が生長し続けている。現在では5寸(150mm)角、6寸(180mm)角以上の材も供給可能となっているが、その需要を見出せないという。

木を見せる使い方をした場合、かつては役物材を使うことに価値を見出してきた考え方があった。いわゆる"無節信仰"的な考えであり、並材は評価の低いものであった。しかし、今では節の有無に対する意識の差は個人個人の考えによるものでもあり、また、求める住宅空間の形態や機能も多様化しているため、単に節の有無がその建物の善し悪しを決めるほどの要素ではなくなってきている。むしろ木を木らしく、どのような使い方をしていくのかが、より重要である(写真15)。

こうした意味では、径の太い材の入手が可能になっていく状況にありながら、その需要を設計者も施工者もつくり得ていないことのほうに問題があろう。山に使える材があり、それをどう使っていくのかが今問われている。

住宅に使われる木材の量(木拾い)

本書が目指す木造住宅の計画にあたっては、単に木や木造に対する知識よりも、より実践での関わりが重要となろう。特に設計者は、自ら描いた設計図書に用いられる木材がどこから調達され、現場に運び込まれるのかまでは最低限知っておきたいことである。また、継手の渡り長さ(材と材をつなぎ合わせるために必要となる長さ)が足りる足りないとか、長さや断面が特殊寸法となる材の本数などを確実に把握しておくことも必要であり、この作業をしておかないと刻み前の材料検査では確認のしようがない。このため、図面段階で正確な木材数量を拾い出しておくことが必要である。

いわゆる「木拾い」は、図面を描いた設計者が行うことが望ましいと考えている。図面の意図通りに材料調達ができるのかできないのか、無駄な材配置、材の見落としなどを図面段階で確認することができ、検討、修正を容易に行えるからである。また、コスト計画を行ううえでも木材量は知っておかなければならない大きな要素である。この設計段階における作業では、工務店や材木店などが相談相手として存在していると大きな力となるだけに、日頃からの異業種間のコミュニケーションが大切といえる。

表11は実際の軸組図・伏図(040頁図19)をもとに作成した木拾い表で、左表に設計数量を拾い出し、右表に定尺寸法あるいは特殊寸法の製材寸法として記入し直して集計している。この段階で切廻し(定尺材から各部位に用いる材を切り出し、残りを他の部位に使い回すこと)を行い、無駄の少ない拾い数量としている。

伏図には、材の断面と必要長さに応じて符号を付している。材の継手も具体的に決めながら作図していくことが正確な木拾いにつながる。たとえば鎌継ぎと追掛け継ぎでは、渡り長さが倍以上も違ってくることなどもあり、材の長さとの兼ね合いを考慮した設計が要求される。

材積の単位はm³によって集計されるが、小数点以下の細かい数値の計算となり、ある意味では面倒な作業といえる。しかし、現在では表計算ソフトを利用すれば正確な計算を行え、さまざまなデータ化も容易にできるようになっている。データの集積は次なる計画の指標にもなるため、ぜひとも整理しておきたい。

図18 木材(用材)の需要量と自給率の推移

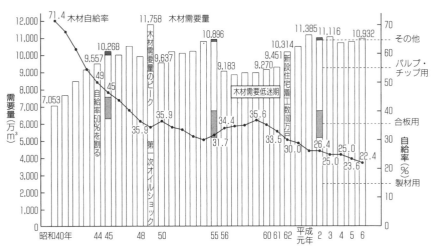

(林野庁監修・㈳全国林業改良普及協会編・刊「日本の森林と林業 そこが知りたい」より)

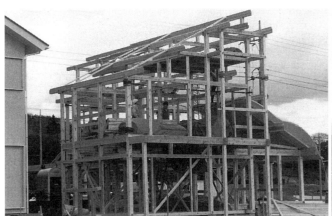

写真15 並材を用いた住宅の軸組(写真左)と竣工後の外観(写真右)。構造材は役物材を用いずにすべて比較的太めの並材とし、内外壁とも露しにしている

表11 木拾い表の一例

No	名称	材種	等級	寸法(長m.)	幅cm.	厚cm.	本数	単位	数量(m³)	備考	材種	等級	寸法(長m.)	幅cm.	厚cm.	本数	単位	数量(m³)	単価	金額	備考
1-1	土台	檜葉	一等	4.00	11.5	11.5	4	本	0.212		檜葉	一等	4.00	12.0	12.0	11	本	0.634	150,000	95,040	
2		檜葉	一等	3.80	11.5	11.5	3	本	0.151		檜	上小	4.00	12.0	12.0	1	本	0.058	250,000	14,400	
3		檜葉	一等	2.50	11.5	11.5	1	本	0.033												
4		檜葉	一等	2.25	11.5	11.5	1	本	0.030												
5		檜葉	一等	2.20	11.5	11.5	1	本	0.029												
6		檜葉	一等	1.85	11.5	11.5	1	本	0.025												
7		檜葉	一等	1.70	11.5	11.5	1	本	0.023		切り廻して4mの定尺材に集計している										
8		檜葉	一等	1.00	11.5	11.5	1	本	0.016												
9		檜葉	一等	0.90	11.5	11.5	1	本	0.012												
10		檜葉	一等	0.85	11.5	11.5	1	本	0.011												
11	上がり框	檜	上小	1.85	11.5	11.5	1	本	0.025												
							16	小計	0.565							12	小計	0.691		109,440	
2-1	間仕切り土台	檜葉	一等	3.70	11.5	11.5	4	本	0.196		檜葉	一等	4.00	12.0	12.0	7	本	0.403	150,000	60,480	
2		檜葉	一等	3.50	11.5	11.5	1	本	0.046												
3		檜葉	一等	2.15	11.5	11.5	1	本	0.028												
4		檜葉	一等	1.85	11.5	11.5	2	本	0.049												
							8	小計	0.319							7	小計	0.403		60,480	
5-1	通し柱	杉	一等	6.30	14.5	14.5	5	本	0.662		杉	一等	6.30	15.0	15.0	5	本	0.709	200,000	141,750	
2	通し柱	杉	一等	5.00	14.5	14.5	5	本	0.526		杉	一等	5.00	15.0	15.0	5	本	0.563	170,000	95,625	
3	1階管柱	杉	一等	2.80	14.5	14.5	1	本	0.059		杉	一等	3.00	15.0	15.0	1	本	0.068	120,000	8,100	
4		杉	一等	3.40	11.5	11.5	1	本	0.043												
5		杉	一等	2.95	11.5	11.5	1	本	0.038		杉	一等	4.00	12.0	12.0	10	本	0.576	110,000	63,360	
6		杉	一等	2.60	11.5	11.5	3	本	0.103		杉	一等	3.00	12.0	12.0	24	本	1.037	110,000	114,048	
7		杉	一等	2.50	11.5	11.5	2	本	0.066												
8		杉	一等	2.40	11.5	11.5	2	本	0.064		切り廻して3mと4mの定尺材として集計している										
9		杉	一等	2.10	11.5	11.5	7	本	0.194												
10		杉	一等	2.00	11.5	11.5	2	本	0.053												
11		杉	一等	1.70	11.5	11.5	1	本	0.023												
12		杉	一等	0.95	11.5	11.5	1	本	0.025												
12	12'壁受け半柱	杉	一等	0.95	11.5	5.5	1	本	0.006												
13	方立柱	杉	上小	1.95	11.5	7.0	2	本	0.031												
14		杉	上小	0.95	11.5	7.0	1	本	0.008												
15		杉	上小	0.65	11.5	5.5	1	本	0.004												
41	手摺り柱	杉	一等	0.80	10.0	10.0	2	本	0.016												
42	手摺り柱	杉	一等	1.80	10.0	10.0	1	本	0.018												
43		杉	一等	1.50	10.0	10.0	1	本	0.015												
44		杉	一等	1.10	10.0	10.0	1	本	0.011												
23'	柱	杉	一等	1.05	11.5	11.5	1	本	0.014												
							100	小計	2.907							59	小計	3.481		491,733	
7-1	2階床梁	杉	一等	4.00	29.5	11.5	3	本	0.407		杉	一等	4.00	30.0	12.0	3	本	0.432	150,000	64,800	
2	胴差・床梁	杉	一等	3.85	23.5	11.5	9	本	0.936		杉	一等	4.00	24.0	12.0	11	本	1.267	120,000	152,064	
3		杉	一等	2.05	23.5	11.5	1	本	0.055												
4		杉	一等	1.95	23.5	11.5	2	本	0.105												
5	台輪	杉	一等	3.80	17.5	11.5	1	本	0.077		杉	一等	4.00	18.0	12.0	2	本	0.173	90,000	15,552	
6		杉	一等	1.95	17.5	11.5	1	本	0.039												
7	床梁	杉	一等	3.70	14.5	11.5	1	本	0.062		杉	一等	4.00	15.0	12.0	2	本	0.216	80,000	17,280	
8		杉	一等	2.10	14.5	11.5	1	本	0.035												
9		杉	一等	2.00	14.5	11.5	1	本	0.033												
10	甲乙梁	杉	一等	3.70	11.5	11.5	9	本	0.440		杉	一等	4.00	12.0	12.0	10	本	0.576	80,000	46,080	
11		杉	一等	1.90	11.5	11.5	5	本	0.126		杉	一等	3.00	12.0	12.0	6	本	0.259	80,000	20,736	
12	出し桁・梁	杉	一等	2.20	11.5	11.5	6	本	0.175												
13	2階床板	杉	一等	3.65	22.5	4.0	60	枚	1.971		杉	一等	4.00	24.0	4.5	60	枚	2.592	80,000	207,360	
14	床板受け	杉	一等	2.40	14.5	4.0	1	本	0.014		杉	一等	4.00	15.0	4.5	4	本	0.108	70,000	7,560	
15		杉	一等	1.80	14.5	4.0	6	本	0.063												
16		杉	一等	1.20	14.5	4.0	1	本	0.007												
							108	小計	4.545							99	小計	5.623		531,432	
9-1	小屋裏床梁	杉	一等	3.60	29.5	11.5	1	本	0.122		杉	一等	4.00	30.0	12.0	2	本	0.288	150,000	43,200	
2		杉	一等	2.70	29.5	11.5	1	本	0.092												
3	登り太鼓梁	杉	一等	4.20	214.0	16.0	3	本	0.423		杉	一等	4.20	21.0	17.0	3	本	0.450	60,000	26,989	
4	軒桁・小屋	杉	一等	4.40	17.5	11.5	1	本	0.089		杉	一等	5.00	18.0	12.0	1	本	0.108	120,000	12,960	
5		杉	一等	4.00	17.5	11.5	2	本	0.161		杉	一等	4.00	18.0	12.0	12	本	1.037	90,000	93,312	
6		杉	一等	3.90	17.5	11.5	1	本	0.079												
7		杉	一等	3.85	17.5	11.5	6	本	0.465												
8		杉	一等	3.80	17.5	11.5	1	本	0.077												
9		杉	一等	2.80	17.5	11.5	1	本	0.056												
10		杉	一等	1.95	17.5	11.5	1	本	0.039												
11	受け梁	杉	一等	3.70	11.5	11.5	1	本	0.049		杉	一等	4.00	12.0	12.0	6	本	0.346	80,000	27,648	
12	2階差鴨居	杉	一等	1.95	11.5	11.5	1	本	0.026												
13	小屋裏甲乙梁	杉	一等	1.85	11.5	11.5	9	本	0.220												
14	まぐさ・窓台	杉	一等	1.95	10.0	7.5	3	本	0.044		杉	一等	4.00	10.5	7.5	2	本	0.063	80,000	5,040	
41	流れ桟	杉	一等	4.00	3.6	3.0	23	本	0.099		杉	一等	4.00	3.6	3.0	23	本	0.099	80,000	7,949	
42		杉	一等	3.00	3.6	3.0	28	本	0.091		杉	一等	3.00	3.6	3.0	28	本	0.091	80,000	7,258	
							321	小計	7.641							276	小計	9.744		804,532	
	構造材合計							構造材設計数量合計	19.236	m³							構造材合計	23.915	m³	2,450,399	円
								延べ坪	32.66	坪							坪あたり	0.732	m³/坪	75,028	円/坪

注:材単価は平成5年当時の工事価格

図19 木拾い表のもととなった軸組図・伏図

軸組図

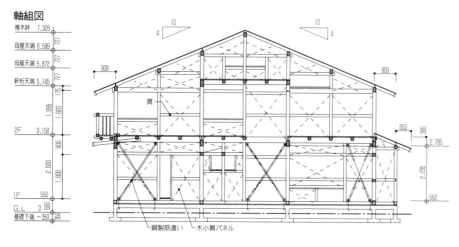

小屋梁伏図

2階床伏図

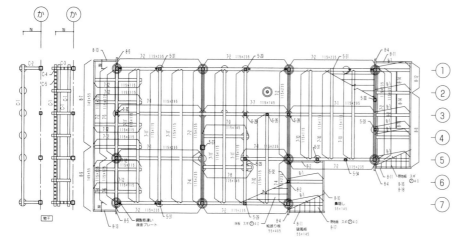

1階床伏図

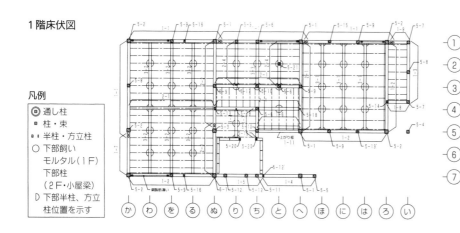

木拾い表作成の要点

住宅に直接用いられる木材は、構造材と造作材に大別される。ここでは構造材について解説しているが、両者に共通していえることは、どの場所にどのような断面形状の材が、どのくらいの長さで何本必要となるのかを把握することである。これを確認しておくことが設計者として重要になる。

製材は日本農林規格（JAS）でその断面形状と長さが定められているが、設計寸法が規格の範囲に納まらない場合は、やや割高になる特別寸法材を用いることにもなる。また、JASの寸法が一律に流通しているとは限らないため、部材寸法を決める場合には主要流通材の寸法などにも注意しておきたい。

構造材の木拾いを行うためには、各高さレベルの伏図が必要となる。一般には1階床伏図、2階床伏図、小屋伏図だが、差鴨居や小屋組が複雑になれば小屋梁などのレベルで伏図を描くことも必要になる。例として示した伏図では、小屋伏図と差鴨居伏図を省略している。また、伏図からだけでは軸組の情報が足りないため、貫や間柱、他の受け材など下地の配置や取合いまでも描き込んだ軸組図があれば、より正確に材料の把握ができる。架構をデザインするうえで軸組図は必須である。

伏図に示す部材には断面や必要長さごとに分類した部材番号（掲載した図に断面寸法も記しているのは作図上の確認を容易にするため）を付して、その数量と配置位置を把握する。039頁表11の木拾い表では、左表で部材番号（断面は仕上げ寸法）ごとに単純に数量拾いを行い、右表では左表の材の切廻しを行い、製材寸法に読み換えて集計している。現在ではこのような集計には表計算ソフトの活用は欠かせない。

小屋梁伏図

小屋組の小屋梁（地廻り）レベルを描いたものが小屋梁伏図で、小屋組の層が単純であれば小屋伏図として垂木までを表現することもある。このような伏図からは桁、小屋梁、登り梁、繋ぎ梁、母屋、棟木、小屋束、火打、垂木などの部材情報や小屋裏収納の床組などの情報が得られる。

桁や母屋の長さは桁行よりも、その軒の出を見込んだ寸法で考え、定尺材で送り送りで木配りできるか、長尺材を用いなければならないかなどの検討も必要となる。たとえば、図の「ろ通り」の桁は2間（3,636㎜）に渡すには2間物の材では足りないため、継手を設けずに長物を用いることにし（039頁表11のNo9-4の5m材1本がこれである）、「か通り」では3間（5,454㎜）を4mの定尺材2本で継いでいる。また、No9-3の太鼓梁が4.2mの製材寸法で記入されているが、これは山元から直接入手する根曲がり材で、伐出しの際の余尺（切り落とされる原木の根元部分）を見込んだ寸法であり、この長さを利用した登り梁としている。

2階床伏図

2階床伏図からは柱（通し柱・2階管柱）、胴差、床梁（大梁・小梁・甲乙梁）、根太、下階の吊束、火打などの部材情報、下屋があればその小屋組の情報が得られる。この伏図に根太の記入がないのは、厚板を甲乙梁に直打ちする仕様になっているためである。

2階床伏図では、2階床組より下部で1階床組との間に位置し、作図上重なっている横架材などの描込みを見落とさないように注意したい。図では「か通り」に横架材が重なっている。

1階床伏図

1階床伏図からは柱（通し柱・1階管柱・半柱・方立柱）、土台（側土台・間仕切り土台）、大引、足固め、床束、根太、火打などの情報が得られる。

土台は4mの定尺材を基礎上に送り送りに配置するのが一般的だが、設計図と板図（大工が部材の番付をするために、平面図や伏図の部材情報を板に描いたもの）との食い違いが生じやすいため、現場では継手やアンカーボルトとの位置関係に十分に留意したい。

根太の間隔は板床か畳床かによって、3尺（909㎜）の3分割、2分割とすることが一般的である。木拾いの際には際根太を見落とさないように注意する。

家づくりに大切な
架構と間取りの知識

第一章　家づくりの基礎知識　｜　第二章　実験編　｜　第三章　架構編　｜　第四章　現場監理術　｜　第五章　仕上げ編／外部　｜　第六章　仕上げ編／内部　｜　第七章　［私家版］木組みの家

長寿命の架構を考える

はじめに

　木造住宅の架構と聞くと、複雑で難解なものと思う読者も少なくないのではないか。

　町で見かける在来工法の住宅を見ても、複雑に架けられた梁が何やら太かったり細かったりしている。どれもこれといったルールなどないような印象を抱くに違いない（**写真1**）。

　木造住宅が複雑な架構をもつに至った現状にはいろいろな要因が考えられるが、一つには間取りと構造の不一致の問題があり、一つにはコスト優先の木材の使い方という問題が挙げられる。

　木造住宅は現在、かなり自由な間取りを考えられることになっている。架構が自由になるためである。また、木材の使い方として、鉛直荷重さえ受けることができればよいという考えから経済最優先の工法を採用し、より多くの利益を生もうとかえって問題を複雑にしてきた。

　しかし、本来、架構にも間取りにも丈夫に組むための約束事があり、長く使えるための知恵があったはずである。

　何世代もの家族の営みとともに生き続けてきた日本の古民家の架構は、まさにその生き証人といえる（**写真2**）。

　この項では、先人たちの知恵から木造住宅のあり得べき方向を学び、さらに将来につながる理念と技術の習得のために必要となる基礎知識を整理したい。

長く使える間取りは住宅の性能

　住宅は長寿命でなくてはならない。そのためには丈夫な架構ばかりでなく、長く使える間取りの工夫も必要となる。分かりやすい例でいえば、子供の成長に伴う家族の生活の変化や、住み手の世代交代に伴う間取りの変化である。あるいはそれ以外の予期しない変化もあるかもしれない。中身＝生活を、器＝家に合わせるのにも限界があろう。生活空間は家族のライフステージに合わせて、時間とともに変化していくのである（**042頁図1**）。家に長く住み続けるには、家族のライフステージの変化に合わせて、間取りも変更可能なことが必要となってくる。

　たとえば、間仕切りや壁の移動が容易にでき、間取りに融通性をもたせることなどである（**042頁図2**）。

　これからの住宅は、丈夫で長持ちする架構であることに加えて、長く使える柔軟性のある間取りの工夫が重要な性能の一つになるだろう。

変化する生活を読み込んだ間取り

　将来の住まい方を考えると、住み手の現在の姿に合わせた間取りづくりでは不十分な点が多い。長く使える間取りをつくるには、住み手の将来像をも読み込ん

写真1　在来工法による住宅の新築現場。回された梁などの大きさにはばらつきがみられる

写真2　手を加えながらも現代に生き続けている民家。単なるノスタルジーではなく、そのよいところを新しい住宅にも活かしたい

041

だ間取りづくりが必要となってくる。

しかし、住み手のライフスタイルを尊重すれば、家づくりを計画する側のむやみな仮説の押し付けはかえって固定化された生活を強制することになりかねない。そこで、将来の生活にも緩やかに対応できるような変更可能な空間の仕組みづくりを提案したい。

民家に学ぶ架構と間取りのルール

古い民家のなかには、100年以上もの長い間、住み手の生活を支えてきた建物、あるいは現代に再生され、生き続けている建物が数多くある。それらの建物は、住み手のライフステージの変化にどのように対応してきたのであろうか。秘密は、「架構と間取りのルール」にあるのではないか。

民家の架構は、そのつくり方から、「上屋(じょうや)」と「下屋(げや)」とに分けられる（**図3**）。上屋と呼ばれる、居室を中心とした架構は、比較的良質で太めの材を用いて丈夫につくられ、長い間変化することのない部分である。これに対し、下屋は上屋から差し掛けられた構造であり、水廻りや物入などの付属的な架構として、何度となくつくり変えられる部分であった。古民家を調査すると、建設当初のままであることは少なく、その時々の生活に合わせた改築の痕を見付けることも少なくない（**写真3**）。

長い歴史のなかで、民家の架構は変化しない部分と変化する部分とで役割を分

図2　間仕切りや壁の工夫で広がる間取りの自由度

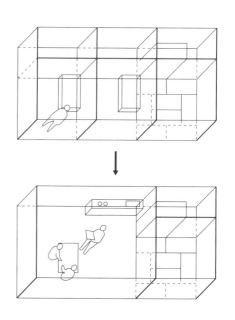

写真3　古民家の柱にみる改修の痕。長くひとつの家に住み続けるために、必要に応じた改修を加えながら、その時代に対応させてき

図3　民家の架構の概念（上屋と下屋）

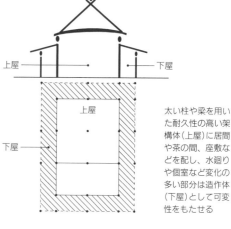

太い柱や梁を用いた耐久性の高い架構体（上屋）に居間や茶の間、座敷などを配し、水廻りや個室など変化の多い部分は造作体（下屋）として可変性をもたせる

図1　家族とともに変化する間取り

住み手が比較的若く、自由な間取りのしやすい時期でも、将来を見越した計画をしよう

子供が成長するにつれ、プライバシーと開放性、家族間のコミュニケーションが課題となってくる

高齢者の問題は今後ますます増えてくる。間取りに自由度をもたせておけば解決できる点は少なくない

担してきたのである。つまり、時間という要素を架構と間取りの分担の仕組みに取り込み、明解に具体化できるということが、民家の長寿命の秘訣であった。

変化の仕組みと丈夫な架構をつくる

古民家にみられる上記のような仕組みを現代の住宅にどのように取り入れれば、長寿命の住まいをつくることができるのだろうか。現代の住宅に「上屋・下屋」のルールを求めるのは、限られた敷地環境のなかでは現実的ではない。むしろ、限られた敷地にあっても、将来にわたって想定される生活の変化を柔らかく受け止めてくれるような住まいの工夫が望まれているのではないだろうか。

そこで、これからの住まいには生活の変化に対応できる柔軟な間取り、すなわち開放的で融通のきく空間と、その空間を支える丈夫な架構づくりが命題になると考えるのである（**図4**）。目標は長寿命の家の実現にある。

架構と間取りを整合させる

本来、間取りと架構の合致は木造建築において当然のことであった。

木材は加工性がよいことから、古くから建築材料として使用されてきた。しかし、素材の特性からすると構造的な制約も多く、間取りと架構とが合理的に計画される必要があった。この大原則が、生活の多様化という言葉を隠れ蓑にして徐々に崩されてきた結果、今日のように住まいの間取りが複雑で非合理なものになってしまったと考えられる。

木材は繊維方向の軸力に強く、柱や束はその特性を活かしたものであり、また、梁は木材の曲げ強度を利用して横に架け渡す。柱間の間隔は梁の長さと大きさによって制限される。一般的には柱間は3間（5,454㎜）までが限界とされているが、住宅規模では2間（3,636㎜）以内で梁を架け渡した部屋の大きさを概ね標準的スケールと考えるのが合理的である（**図5**）。

つまり、標準的な2間の架構に間取りを納めると考えれば、架構と間取りを一致させるということは必然ともいえる。ところで、民家では古い時代のものほど、柱が1間（1,818㎜）おきに規則的に建てられている。開放的な座敷でさえそうである。おそらく、使われる材料がまだそれほど大きくなかったからだと思う。時代が下がり大径木の梁が使えるようになると、生活的な欲求に従い、2間まで柱間の距離を取って室内空間を広げた。それも少しずつ徐々に広げながら、決して無理はしなかったようである（**図6**）。

しかし今日では、間取り優先と称して「柱や梁が自由に架けられる」と、架構と間取りの不一致を気にもとめず、構造の合理性を無視した野放図な架構が横行するようになってしまった。梁組は天井の裏に隠され、関心を払われることもなくなった。木造架構の柔軟性を、やりたい放題の自由な構法と履き違えているといわざるを得ない。そのような建物の小屋裏を覗くと、納まりの悪さから、あの手この手で苦労している様子が分かるだろう。架構の組み方やバランス、力の流れ方にかなりの無理を強いており、当然、地震に弱い建物になる。阪神・淡路大震災の際にはそれが、「在来の家は弱い」という風聞を生むことになってしまったのである。

特に、構造すなわち化粧である「真壁造り」にあっては、構造と間取りが一致していなければ建物として美しくない形になってしまう（**044頁写真4**）。

構造は力の流れを直截に表現し、力の流れが見えることは住む人の安心につながる。さらに、無理のない力の流れが美しい架構のプロポーションを生み、そのなかに包まれることが快適に暮らすことに

図4　設備のユニット化で実現する柔軟な間取り

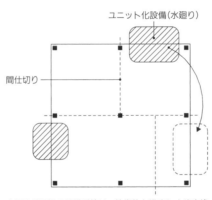

台所や風呂場の設備系統は、技術的な進歩により交換や改造される可能性が高い。このため、こうした水廻りなどをユニット化しておけば、間取りの変更にも柔軟に対応することができる

図5　2間四方の部屋と人体の大きさ

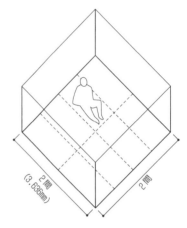

2間四方の8畳間は、日本人の歴史のなかから生み出された合理的な部屋の広さといえる

図6　時代による柱間の推移

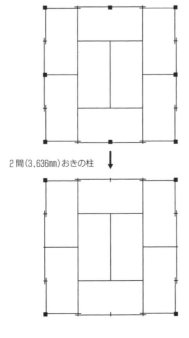

ある武家屋敷の外観（写真上）とその座敷の内部の様子（写真下）。座敷は大広間だが、柱間は1間である

つながるのである。ムクの木の存在は架構の魅力をさらに輝かせる。木造住宅の美しさとは木組の架構の美しさであるとさえいえるのではないか(**写真5**)。

架構は露しで、構造美を表現するプロポーションを採りたい。それが架構のデザインの秘訣である。

架構のルール

木造住宅において、直材でつくる柱や梁の架構は計画的に組まれるべき重要な部分である。木造住宅では木材の長所を活かし、短所を補うための優れた架構のルールが存在している。

1｜木組のルール① 「間四の法」

大工棟梁の口伝に「間四の法」というものがある。1間(1,818㎜)につき4寸(120㎜)の横架材(梁や桁などを横使いする材)の成(高さ)を取ることである。2間(3,636㎜)ならば8寸(240㎜)ということになる(**図7**)。

このルールを適用できるのは集中荷重のない小屋梁の場合であり、柱や梁の集中荷重がかかる場合はもう少し大きな材にするよう検討が必要である。しかし、架構を考える目安として覚えておいて損はないだろう。こうした決定の仕方は職人の経験に裏付けられており、ある範囲では安全側の寸法となっているので、十分利用できるやり方と考えられる。

ところが、小屋組の荷重を伴う柱が載り、集中荷重を受ける床梁では、1～2寸(30～61㎜)増しの梁成で太めにしておく程度では、心掛けはよいにしてもいささか心許ない。経験的な伝統をもとにするにせよ、やはり明確に数値化されるルールも必要といえる。

また、数値的な検討の手立てとして次のような方法もある。**表**を見ていただきたい。これは梁に必要な断面積を知る早見表である。単純梁に必要な断面寸法は、経験値ではスパンに比例した関係になっているが、計算による場合は違ってくる。数式を参照すれば明らかなように、応力から見たせん断応力度は断面積に比例しているが、そのほかは単純な比例関係ではないことが分かる。

また、2階の床梁で想定される等分布荷重では、梁が負うべき最大曲げモーメントはスパンの2乗に比例し、最大たわみはスパンの4乗に比例する。梁の断面性能の面から見ると、平角材を想定した場合、曲げモーメントに関わる梁の断面係数は成の2乗に比例して大きくなり、成が2倍になると梁の負担する曲げ応力度は1／4ですむことになる。

さらに、同じ梁でたわみについて見ると、最大たわみはスパンの4乗に比例して大きくなることが分かる。たわみに関する梁の数値では、梁成の3乗に比例して断面2次モーメントが大きくなり、成

図7 「間四の法」の概念

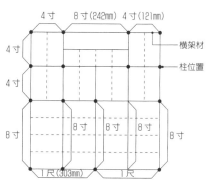

1間の柱間には4寸の成、2間なら8寸の成の横架材を架ける。必要に応じて尺材も用いる

図8 「一間一間のルール」の概念

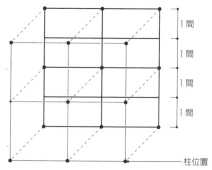

2階の床は1間の梁間で受け、1階の柱の位置も1間が基準スパンとなる

図9 梁架けの工夫

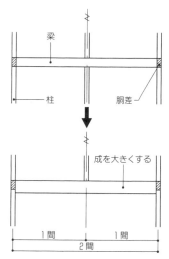

梁の性能はもっぱら梁成で決まる。大きな成の梁を架ければ、柱間を広げることが可能になる

写真4 真壁造りの家(外観・内観)。露しになった骨組は、構造の強さと意匠的な美しさをともに表現している

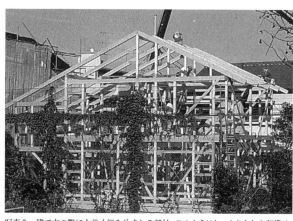

写真5 建て方の際に力強く組み込まれる部材。このようにしっかりとした架構は、住み手に安心感を与える

が2倍になるとたわみは1／8にしかならないので、梁成はたわみに大きく影響することが分かる。

以上のような横架材の断面寸法算出のルールを、一般的な材料としてここでは横架材をマツ材とスギ材の場合についてまとめてみた。実務で使えるよう、実際に行われている木組（仕口）を想定し、大梁では材の欠損を見込んで算出してあるので参考にされたい。また、長期荷重によるクリープ変形を考慮してヤング係数を1／2とみなして計算している。

2｜木組のルール② 「一間一間（いっけんいっけん）」

梁組で気になるのは2階床梁の入れ方である。間取りに対する要求を消化できずに間取りに不整合が生じた場合などは、特に、基本となるルールから外れ、間取りに従って梁を配しては構造的に無理が生じる。そのようなときは1間おきに梁を組めるかどうかを考えることが大切である（図8）。

間取りとの取合いになるが、1間おきの柱配置が可能ならば梁組は素直に決まる。柱配置が1間おきでなくとも梁の掛け方を工夫すればよい（図9）。

ただし、梁を1間おきに組むということを常に念頭に置きながら間取りの計画をすることが原則であるのは、いうまでもない。

木の特徴を考えて組む

木材は繊維方向の曲げや圧縮に強く、梁や柱に適した材料といえる。引張りにも強いが、その性能を十分に活かした仕口をつくるには工夫を要する。簡便にすませようとして、むやみに金物を使って引張りに効かせたりすると、木材が予測できない割裂を起こしてしまうこともある。なじみのよい木同士で「総持ち」になるような木組を考えることを大原則としたい。

表　横架材断面早見表

2階床梁　　　　　　（上段＝スギ・下段＝マツ、単位：mm）

スパン(ℓ) ピッチ(＠)	910	1,365	1,820	2,730	3,640
910	105×105 105×105	105×105 105×105	120×120 105×105	120×180 120×150	120×240 120×210
1,365	—	105×105 105×105	120×150 120×120	120×210 120×180	120×270 120×240
1,820	—	—	120×150 120×150	120×210 120×210	120×270 120×270
2,730	—	—	—	120×240 120×240	120×330 120×300

2階大梁　　　　　　（上段＝大入れ蟻掛け・下段＝渡り腮、単位：mm）

スパン(ℓ) ピッチ(＠)	1,820	2,275	2,730	3,640	4,550
1,365	120×150 120×120	120×180 120×150	120×210 120×180	120×240 120×240	120×300 120×300
1,820	—	120×180 120×180	120×210 120×210	120×270 120×240	120×330 120×330
2,730	—	—	120×240 120×210	120×300 120×270	120×360 120×330
3,640	—	—	—	120×300 120×300	120×360 120×360

■算定条件
①単純梁として算定し、たわみについてはヤング係数を50％とみなす
②たわみはℓ／300かつ1.5cmを限度とする
③床の荷重条件は下記の通りとする
④床の荷重は等分布荷重とする

床梁（4m以下）10kg/m²
天井 石膏ボード 20kg/m²（下地とも）
積載荷重 130kg/m²
床の単位荷重 195kg/m²
床仕上げ 畳敷 35kg/m²

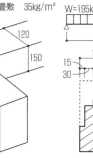

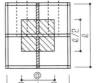

■算定条件
①単純梁として算定し、たわみについてはヤング係数を50％とみなす
②たわみはℓ／300かつ1.5cm以下とする
③床の荷重条件は2階床梁の条件③と同様に195kg/m²とする
④大梁と小梁の仕口による断面欠損を考慮し、無欠損の材との断面比に比例した断面係数・断面2次係数とする

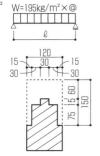

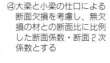

P=195×ℓ/2×＠

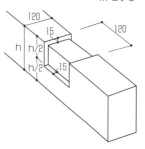

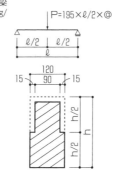

小屋梁　　　　　　（上段＝マツ平角材・下段＝マツ丸太、単位：mm）

スパン(ℓ) ピッチ(＠)	1,365	1,820	2,730	3,640	4,550
910	105×105 —	105×105 —	120×120 φ150	120×150 φ180	120×210 φ180
1,365	105×105 —	105×105 φ150	120×150 φ150	120×180 φ180	120×240 φ210
1,820	—	105×105 φ150	120×150 φ180	120×180 φ180	120×270 φ210
2,730	—	—	120×180 φ150	120×240 φ180	120×300 φ240

小屋大梁　　　　　　（上段＝マツ平角材・下段＝マツ丸太、単位：mm）

スパン(ℓ) ピッチ(＠)	1,820	2,275	2,730	3,640	4,550
1,365	120×120 —	120×150 φ150	120×180 φ180	120×210 φ180	120×240 φ210
1,820	—	120×150 φ150	120×180 φ180	120×240 φ180	120×270 φ210
2,730	—	—	120×210 φ150	120×240 φ210	120×300 φ240
3,640	—	—	—	120×270 φ210	120×300 φ240

■算定条件
①屋根は桟瓦葺きの5寸勾配、母屋のピッチは900mmとする
②たわみについては、平角材はヤング係数を50％、丸太は100％とする
③屋根の荷重条件は下記の通りとする

瓦葺き（葺き土なし） 73kg/m²
母屋（支点間2m以下） 5kg/m²
天井（ボード下地とも） 20kg/m²
小屋梁 10kg/m²
屋根の単位荷重 108kg/m²

P=108×0.91×＠
ℓ=3×910の場合

■算定条件

①屋根は桟瓦葺きの5寸勾配、母屋のピッチは900mmとする
②たわみについては、平角材はヤング係数の50％とするが、丸太は軽減しない
③屋根の荷重条件は小屋梁の条件③と同様に108kg/m²とする
④平角材の断面欠損は2階大梁の条件④と同様とし、丸太の断面欠損は左図による

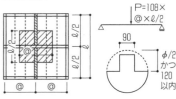

P=108×＠×ℓ/2

柱・足固め・胴差・梁・貫

柱は上からの荷重をしっかり大地に伝えるためにある（図10）。木材の繊維方向での圧縮強度は大きく、一般的な住宅の柱では、鉛直荷重からみれば余裕のあることが多い。しかし、支える横架材間の距離が大きく柱が小径に比して長くなる場合には、上部からの荷重による座屈に注意しなければならない。また、胴差や差し物などの横架材との交点（仕口）を丈夫につくることや、貫穴の欠損などを考えると、ある程度以上の太さは必要である。古民家の柱を見ても、仕上がりで3寸8分（115mm）角を下回る柱を見かけることは稀であり、差し物などでは1寸（30mm）の厚みの枘を抜き、小胴付きの欠込みなどを考慮すると、3寸5分（105mm）角の柱では心許ない。私家版仕様書で4寸角の柱を標準とするのはこうした理由からである（105頁参照）。

足固めは、字のごとく柱の足元を固めるためにある。柱間をほぼ1階の床の高さで横につないで軸組を固めているものである（図10）。柱がずれたり外に開いたりすることを防ぐのにも適する。建築基準法施行令42条には、「平屋建ての建築物で足固めを使用した場合」に土台を省略できる旨で足固めが登場するが、軸組を固めるための積極的な手法として現代の木造に取り入れてよいだろう。土台と併用すれば柱の自立性が高まり、柱の引抜き対策に利用する工夫などもできる。

胴差は建物の腰のあたりをつなぐ大切な部分である（図10）。胴差が腰廻りを一筋通っていることで建物がしっかりと落ち着く。そのためにも、胴差はできるだけ太めの材を同寸法で回すとよい。上部荷重が小さかったり、スパンが短いからといって途中で細くしたりすると、建物の通りの精度も出にくいし、耐力壁による曲げなどの応力が集中して弱点にもなっ

図10 柱・足固め・胴差・梁・貫

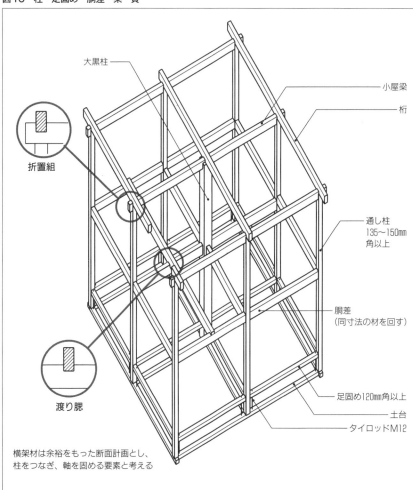

横架材は余裕をもった断面計画とし、柱をつなぎ、軸を固める要素と考える

古民家の足固め。太い材でがっちりと組まれている

現代の足固め。タイロッド（両ネジ切りボルト）で柱の引抜きに対応させている

成（高さ）のある梁を組んで丈夫な骨組をつくる

通し貫を用いた住宅の建前風景で、貫厚は1寸（30mm）。貫を構造として積極的に使いたい

てしまう。建物の腰には粘りをもたせたい。

梁は柱と柱を横につなぎ、あるいは梁と梁の間に架け渡され、上部の荷重を受ける(**図10**)。木材の特徴からみると曲げ強度は大きいので、ある程度のスパンの範囲では単純梁だけでなく、連続梁や跳出し梁など効率のよい使い方の工夫もできる。しかし、断面の大きさで凌ぐのが梁であるため、その寸法には十分留意し、特に取り合う他の部材による断面欠損には気を付けたい。構造計算による確認も行い、安全側に余裕をもった断面計画で、たわみが少なく、空間にあってはプロポーションのよい大きさとしたい。

貫は、一般に柱間にある壁の下地材としてみられている観がある。歴史的にみても、貫の厚さが徐々に薄くなってきたという経緯はあるが、私家版仕様書ではこれを構造材として再評価したい。それは、柱を縫い、籠のように軸組を構成することにより、粘りのある構造となることが確認されているからである(**図10**)。地震などによって建物が倒壊に至らないことを前提とした場合、変形量は大きくてもその性能を維持し続けられる「貫による軸組」の可能性は大きい。

また、貫を入れることによって柱との節点で起こるめり込みは、木材の弱点の要素ともみられていたが、現在では、めり込みを活かした木構造が新しい構法の考え方として注目されている。

木のクセを消し合って架構を固める

木材には背と腹や木表と木裏などクセがあって、使い方を誤ると意外な力で木同士が押し合ったり、捩れが起こったりする(031頁参照)。それが差し口で材を引き裂いたり、大きな隙間や材の垂れ下がりなどの問題を生じさせ、建物に悪い影響を与える。

背と腹は、木材が生育した環境や状況によって抱え込む性質で、製材されてもその性質は消えることがない(**図11**)。梁などに横使いするときには、原則的に背を上にして用いると丈夫である(**写真6**)。

木表は木材の樹皮面に近い側で伸縮が激しく、木裏は木材の樹心に近い側で伸縮が穏やかである。この性質によって、乾燥に伴う変形には一定の方向性がある。欠点といえば欠点だが、この性質をうまく利用し、力を打ち消し合うように材を見極めて組んでいけば、丈夫な軸組をつくることができる。造作材でもこの性質をうまく使って、建具の建付けなどにも長期間支障の出ないような造作ができるのである。

胴差などは建物の外部に向かって木表を使い、内部に向かっては木裏を使う。すると胴差は内側にはらもうとするクセが出る。建物の精度を確保するには内側に架ける梁などで突っ張るように組むとよい。木材の圧縮力を効かせる方向に使うので仕口への負担も少ないが、逆に使うと建物が固まる方向に働かない。木の組み方を誤って建物が開いてしまっては困る。木はクセをうまく消し合って組むことが大切である(**図12**)。

図11 心持ちの平角材に現れるクセ　　**図12 木のクセを考慮した2階胴差の組み方**　　**図14 グリッドプランニングの一例**

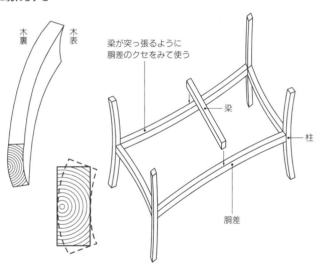

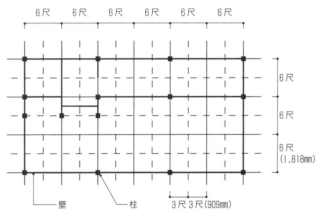

6尺(1間、1,818mm)のグリッドに基づき、柱と壁を配置する

写真6　木の曲がりや捩れを考慮して組んだ小屋組の梁

グリッドに基づく空間構成が規則的な緊張感と同時に、間取りに柔軟さを与える

架構のデザインを学ぶ

間取りは木組と同時に考える

最初に間取りを計画し、架構(木組)は後から間取りをもとにして考える、という順序でお考えの読者は少なくないのではなかろうか。ここまで述べてきたように、それでは合理的な構造をつくることはできない。両者を同時進行で考えるのが正しいやり方である(**図13**)。一見難しいような命題だが、経験を積めばむしろ楽しい作業である。間取りが木組に整合する姿は美しく感動的でさえある。

一般的にみて、間取りは建て主の要望に大きく左右されるが、だからといって建築が生活上の要素だけでつくられるはずもなく、自由な間取りのなかにも構法上の制約は必ず存在する。要望に振り回されるのではなく、その意図を汲み取ってさらに新たな提案を加えながら、同時に丈夫な架構を備えた住まいを提示するのがプロとして住まいづくりに関わる者の最低限の義務と考えたい。

木造の場合、木組の原則から外れることのないように、間取りと柱・梁の関係を整理しながら設計を進めたい。

グリッドで考える間取り

柱も梁も直材であることから、まず、縦横のグリッド(格子状)で考えることから始めてみよう(**047頁図14**)。グリッドの利点は、柱の配置と梁の関係が分かりやすく、階を重ねる場合も同じ通りで縦横の番付け(**163頁参照**)があれば間違いのない位置を示すことができる点である。

わが国では昔から基準となる寸法が存在する。中国から渡来した「尺寸」である。尺寸法は、人間の身体寸法から派生した寸法であるので、地球の円周から割り出したメートル法よりも身体的で感覚的といえる。日本人には3尺×6尺(909×1,818㎜)の畳の大きさによって、なおさら親近感がもてるだろう。「座って半畳、寝て一畳」とはうまい表現だ。人体寸法が建物の寸法基準になっている証である(**図15**)。架構と間取りは尺寸で考えたい。

主架構は大きなグリッドで

3尺×6尺の基準寸法がそのまま架構の寸法になるわけではない。架構の寸法、つまりスパンごとのグリッドにはもう少し大きな寸法体系がふさわしい。

そこで出てくるのが「2間四方(3,636×3,636㎜)」という寸法基準である。2間の柱間は、一般的にいわれている木造の建物の適正スパンである。また、住宅規模での2間四方は8畳間を構成できる比較的標準的な部屋の寸法である。架構と間取りを大まかに把握するには、2間四方で考えると分かりやすい。

この2間四方を一つの架構の単位とした間取りについて、骨組を想定してみると、少なくともこの2間四方の四隅には必ず柱が立っていることになる。また、2間四方のつくる四辺には主要な梁、胴差、桁などを架けることにする。これらの横架材には、間取りに従って上または下に柱が建てられることもある。2階の床であれば、床組をつくるために、さらに横架材間に床梁が架け渡されることになる。

もちろん、敷地との関係があるので場合によってはこの限りではないが、敷地に対して1間半(2,727㎜)の単位で考えることもあるかもしれない。

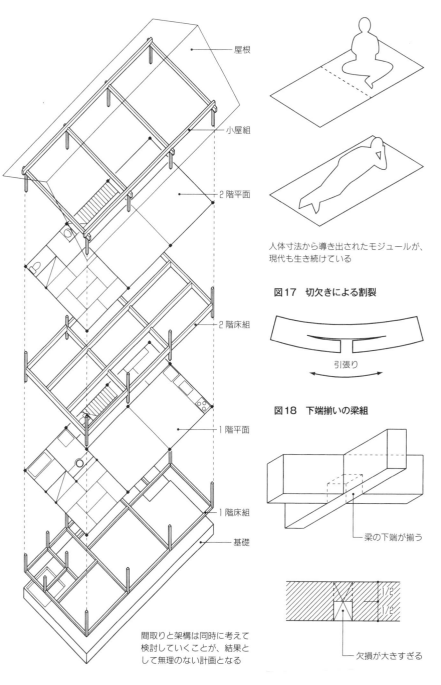

図13　間取りと架構

間取りと架構は同時に考えて検討していくことが、結果として無理のない計画となる

図15　「座って半畳、寝て一畳」

人体寸法から導き出されたモジュールが、現代も生き続けている

図17　切欠きによる割裂

引張り

図18　下端揃いの梁組

梁の下端が揃う

欠損が大きすぎる

ここまで2間四方による等間隔のグリッドを説明したが、実際に間取りを考える際には必ずしも等間隔のグリッドだけではないことにも気が付くだろう。9尺（＝1.5間、2,727mm）と12尺（＝2間、3,636mm）角を架構の単位とした間取りも当然ある。グリッドによる間取りの要は、ある大きさの軸組の単位を考えながら間取りをつくればよいのであって、大きさの違うグリッドが混在することもあり得る（図16）。

標準的な考え方として、まずは2間四方で間取りと架構を同時に考えるという方法をお勧めしたい。

梁と梁の下端揃えは禁物

木と木を組む場合、接合部には欠込みが必要となるが、欠込みはそのまま欠損となるのでその大きさに注意しなければならない。

通常、木材の断面欠損は1／3までと考えられているが、（社）日本建築学会刊『木質構造設計規準・同解説』によれば、木材の引張り側に切欠きがあると応力の集中によって木が割裂するので、曲げ材の引張り側は切欠きを避けるべき、とある。やむを得ず切り欠く場合には、切り欠きを材成（高さ）の1／4以下としている（図17）。

ところで、梁と梁が組まれる場合、梁の下端が揃うということは相欠きとすればどちらの材にも切欠きが1／2以上できることになる。梁の断面欠損が1／2では梁の強度が出ない。くれぐれも梁同士の下端揃えは慎まなければならない（図18）。蟻掛けなどの場合でも、受ける側の材（女木）の断面欠損が大きくなるので注意したい。

差し口の集中は避ける

1本の柱に梁が何本か集中して差し架かることはよくある。ちなみに民家の大黒柱などは、多くの屋根荷重を受ける梁

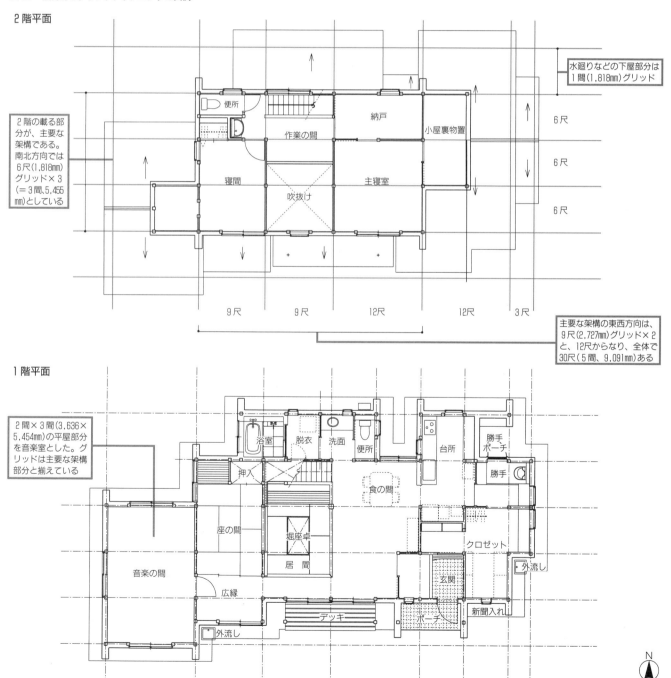

図16　複合的なグリッドプランニングの実例

の集中する場所に建っている。後述する差し口の加工によって柱に欠損があっても、十分耐えられるようにある程度の太さが必要なのであって、堂々として見えがよいという理由だけで太いわけではないのである。

柱に梁が四方から架かる場合を「四方差し」、三方から架かる場合を「三方差し」と呼ぶ（図19）。柱に梁が架かる差し口には、仕口のための穴が彫られる。四方差しの場合には四面から、三方差しの場合には三面から穴があけられる。当然、柱の断面欠損は大きく、柱の残った部分の形状は行燈状になり、柱の強度が問題となる。

そこで、大黒柱のようにあらかじめ断面の大きい材を使い、仕口の欠損によって柱が弱くなるのを回避するという手段が考えられる。また、柱に差し付けられた差し物の仕口の胴付きは、架構を固める効果が大きい。しかし、それを最大限に活かすために柱を太くできない場合は、梁の差し口を上下にずらして欠損部が集中しないように避ける方法もある（図20）。

継手の位置に気を付けよう

実は、継手はないほうがよい。強度のことを考えるならば、一本通しの直材でつくられるところはそのほうがよい。とはいえ、通常市販される定尺物（4m）で経済的に架構を組むには、横架材の途中に継手は避けられない。

しかし、継手はどんなに精度よくつくっても強さでは一本物にかなわないので、応力の集中する場所には継手をつくらないほうがよい。特に、筋違いや火打など、いざというときに応力が集中すると予測される場所では、必ず避けなければならない（図21）。

その他、継手にはいくつかの約束事や禁じ手がある。

まず、横架材を柱心でつなぐ「真継ぎ」には注意を要する。柱の心で継手をつくると、柱に突上げの力が加わり、梁を押し上げた場合、もろに継手を壊すことが予測できるからである（写真7）。

「上木と下木」の約束事もある。下木とは、柱から少し持ち出したところに継手をつくり、下から受ける材のことをいう。下木は柱近くに持ち出してつくられるため、その上に上木を架けることが無理なく可能になる（図22）。ありえない話だが、これを逆に架けてしまうと梁が落ちることになる。

梁の継手位置にも禁じ手がある。建物全体を見ると、梁の継手は各所に必要となるが、その継手位置が一直線状に並ば

写真7　仕口が集中する「真継ぎ」で継ぐ場合には、十分に注意を払う必要がある

図21　筋違い・火打と横架材の継手

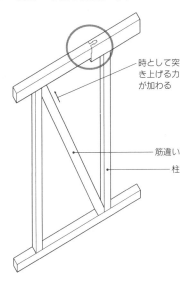

筋違いが取り付く横架材は、その近傍で継ぐことは避けなければならない

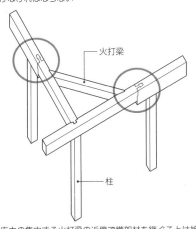

応力の集中する火打梁の近傍で横架材を継ぐことは絶対に避ける

図19　四方差し

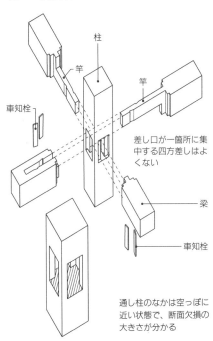

差し口が一箇所に集中する四方差しはよくない

通し柱のなかは空っぽに近い状態で、断面欠損の大きさが分かる

図20　横架材と柱の取合いの原則

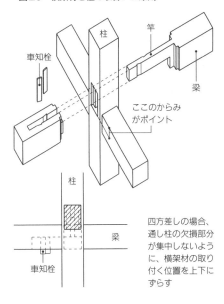

ここのからみがポイント

四方差しの場合、通し柱の欠損部分が集中しないように、横架材の取り付く位置を上下にずらす

図22　上木と下木のルール（持出し継手）

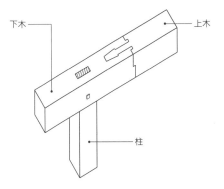

ないようにしなければならない（図23）。これは応力の一点集中を避けるためであり、継手位置は「乱」（一直線上に揃わないこと）に配するべきである。

上端揃えの長所と短所

2階以上の梁組の話になるが、床を張る都合から、梁の上端が平らなほうがよいと考えやすい。がしかし、木の組み手から考えると上端揃えには問題がある。仕口に強度が期待できないのである。

2階床などでの横架材の組み方で現在多数を占めているのは、横架材の上端をすべて平らに揃えてしまうやり方である。この組み方では材の高さを決める基準のレベル（水墨）が一つなので間違いが少なく、柱の長さがほとんど揃うので墨付けも簡単である。また、床の合板を張るなどして、水平構面がつくりやすく、現行法の筋違い耐力壁を中心とした軸組木構造の考え方になじみやすいといえる。さらには、材の上端が揃っているので火打梁を入れやすいことなどが利点と考えられており、広く採用されている。

この木組の場合、横架材同士が交差する部分、たとえば大梁に小梁が架かる仕口は、ほとんどが「蟻」である。図24に、8寸（240㎜）の大梁に5寸（150㎜）の小梁を架けた仕口を大入れ蟻掛けとしたとき、大梁の断面がどれほど欠損するかを示した。仕口は天井に入り、横架材が化粧でない場合は腰掛け蟻継ぎにするかもしれない。その位置に柱が平枘で載る場合の仕口と、そのときの大梁の断面欠損も示している。

どちらもかなり大きな欠損があり、あらかじめ仕口を考慮した断面寸法にする必要のあることが分かる。言い換えれば、仕口の欠損が大きいために余分に大きな材寸を必要とする効率のよくない木組といえる。また、腰掛け蟻継ぎの仕口では歪みや捩れ、あるいは引張りに弱い。

木を組むということは、力の流れに従って横架材を順に載せて組むのが基本である。水平構面とまではいわないまでも、先人たちは床組の平面形を保つような力をもつ木組として、仕口が必要だと考えたのではないだろうか。条件を満たしながら木材をなるべく傷めず、性能を活かす答えの一つが、渡り腮など上端を揃えない木組であったに違いない。

そのようなわけで、仕口は渡り腮のように十字形に組むのがよい（図25）。1カ所あたりの強さは知れたものかもしれないが、渡り腮は複数で使われると力を発揮すると考えられる。水平力による変形に対しても、粘り強く、復元力の高い仕口であると考えられる一方、上向きの力に対しては抵抗力が小さい。したがって、渡り腮は上に柱が載る場合など仕口を押さえる荷重がある部位で用いたり、太枘を入れるなどの工夫が必要である。

このように、上端を揃えない仕口を用いるほうが、床として丈夫になるといえる。ただし、実際には床面の下地に合板を使用することが、一般的になっており、一発床仕上げでない限りさほど気にしなくてもよいのかもしれない。また、渡り腮の場合、上端揃えに比べると階高が梁成（高さ）1本分上がることにも注意しておきたい。

高さの変化を付けた木組

木を組んで使うということは、前にも述べたように、梁の下端が揃ったり、柱の差し口が集中したりしないように組むことである（図26）。

このことが丈夫で長持ちする木組の架構をつくる秘訣であり、それによって梁組の高さには必然的に変化が生まれる。木組は、鉄骨造やコンクリート造のように「揃った」納まりにはならないのである。むしろ高さの変化を楽しむところがあるくらいで、木と木の「食い」の寸法がバランスよく納まることに、木組の美学と

図26　木は高さを揃えずに組む

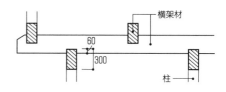

図23　継手の配置は「乱」

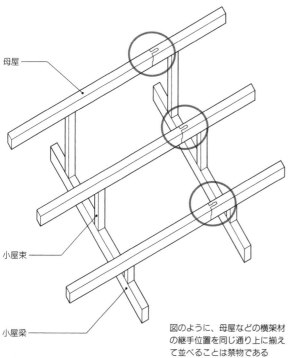

図のように、母屋などの横架材の継手位置を同じ通り上に揃えて並べることは禁物である

図24　上端揃いの床梁の仕口

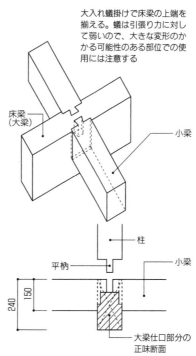

大入れ蟻掛けで床梁の上端を揃える。蟻は引張り力に対して弱いので、大きな変形のかかる可能性のある部位での使用には注意する

図25　渡り腮による床梁の仕口

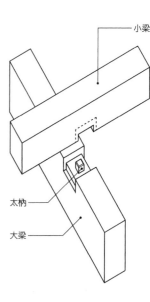

2つの材が組み合うことによって、粘りのある仕口となる。太枘を入れて2材のかみ合せをさらに強固にすることもある

でもいうべきものを感じているといってもいいだろう。

実は筆者も常日頃の設計業務のなかで、木組の愉しみとは梁のプロポーションや木の食い寸法、材と材の間に切り取られる壁の比率などを試行錯誤する点にあると思っている（**写真8**）。

渡り腮で組む

梁と梁を交差させる仕口に「渡り腮」がある。直交する梁材の上下の欠込みに島（下木を欠き込むときに残った部分）を付け、太枘を入れたものが一般的である。欠込みは割裂の入らないよう配慮しながら施工する（**図27**）。049頁でも述べたように、大工職人の常識では欠込み寸法は1／3まで、ということになっている。

本書のなかで再三、渡り腮を推奨する理由は、木組の架構にとって、この仕口が水平力に抵抗するには最も都合がよいからである。ただし、前にも述べたように単体よりも複数で組み合わせて使ったほうが効果は上であろう。渡り腮で組まれた架構では、建て方の際に上に載っても揺れない、ということは筆者自身の経験では確かである（**写真9**）。

架構の木組は単純にする

「はじめに」でも触れたように、一見複雑に見える木造架構だが、整理さえすればそれほどでもない。むしろ、架構は単純なほうがよい。力の流れをスムーズに各部材に伝えることを考えても、架構は明快なほどよい。

ここでは、梁成（高さ）を揃えるということと差し物の扱いについて、構造的にも意匠的にも長所の多い木組の知恵をみてみよう。

架構の寿命や生活の変化による将来的な改修の可能性を考えれば、梁成は揃えてしまったほうがよい場合もある。特に胴差などは後々、柱を抜いて増築ということもあり得る部材であり、同じ大きさの材を回しておくと都合がよい（**図28**）。概ね1間（1,818㎜）ごとに配置する床梁でもすべて同寸法の材を使い、上階の床荷重に煩わされることなく下階の改修ができれば理想である。

また、梁のなかでも両端を柱間に差し込む差し物は、下で荷重を受け、なおかつ軸部を固める部材として有効である。しかも構造部材でありながら、溝を突いて建具を入れれば差鴨居となる。その場合、低い位置で架構を構成することになり、意匠的にも優れたデザイン構成要素といえよう（**図29**）。

木組で固める

大工棟梁たちが語る構法の考え方に「総持ち」という概念がある（**図30**）。平易な言葉だが意味するところは深い。総持ちとは、架構を構成する部材のすべてが効果的に影響を及ぼしあって建物全体を堅固にする、という趣意らしい。個々の部材が互いに補い合う関係にあり、各接合部がお互い部材の欠点を補い合う関係であるとも理解される（**写真10**）。

以下、総持ちの考え方に従って、建物の部位別に木組の方法を述べてみる。

1｜脚の部分

通常、布基礎に土台を敷いて柱を建てれば建物の脚元は事足りるとされているが、本当にそうだろうか。

阪神・淡路大震災以降、柱の引抜きについて取り沙汰され、柱と土台をつなぐ金物の必要性について多くの議論が聞かれた。一時、ホールダウン金物が脚光を浴びたが、ボルト締めの柱の根元が引き裂かれる欠点も指摘された。むしろ、柱の枘を土台下端まで延し切って土台の横から込み栓で止め付けるほうが、木と木のなじみがよい。

さらに、かつては民家などで多く使われていた「足固め」にも注目したい。これは柱の根元で柱同士を縫い付けて固める方法で、そのため建物の脚元の開く心配が少ない。

また、基礎は布基礎よりもベタ基礎をお勧めする。一般的な布基礎では地震による大きな衝撃に堪えきれないのではないかと考える。

2｜腰の部分

木造住宅の胴差や2階梁組の部分は、人の体でいえば、腰にあたる。ここが弱ければ建物そのものが弱いと考えてもよい重要な部分である。

建物が腰から捩れたり、柱が折れたりしないように、梁組を堅牢に組む必要がある。「組床」や「渡り腮」、「台輪」はそのた

めの優れた知恵である（**125頁参照**）。

3｜肩の部分

人体にたとえて、軸組の頂部を肩の部分と考えてみよう。頭部にあたる小屋組と一つにして考えることも可能だが、ここではあえて区別する。小屋組と軸組部とは別物と考えているからである。つまり、小屋組はその下端までで一体の架構と考え、気候風土に合わせてそのデザインを変えることもあり得る。

軸部で完結するような架構の考え方は総持ちの概念とは矛盾するかもしれないが、どちらにせよ軸部を丈夫につくるのに越したことはない。

たとえば、腰の部分が弱い場合、肩の部分で固める方法もある。

4｜頭の部分

小屋組は、和小屋の「束立小屋組」（054頁参照）を前提とすると、軸部から解放して考えることができる。もちろん、登り梁など一体として考える他の形式の小屋組も、可能性として残しておきたい。

小屋組にはいくつかの種類があるが、傾斜する面を構成するため、斜材の構面を固める必要がある。小屋組のバリエーションについては次の項に詳しく述べる。一概に頭部が重くなる傾向がみられるが、耐震的には軽いほうがよい。

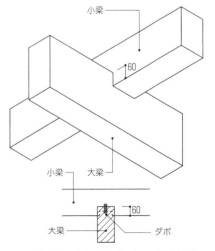

図27　渡り腮の掛かり

2つの材の掛かり寸法は梁の成によって判断するが、2寸（60㎜）はほしい。2材の欠込みは相欠きが一般的だが、荷重の受け方などによっても材の断面欠損の程度を検討する必要がある

写真8　高さに変化を付けた木組によって、動きのある美しい空間ができる

写真9　渡り腮の建込みの様子。床梁を渡り腮で組んでいる。建て方の際に実際に上に載ってみると、渡り腮で組んだ骨組は、それ以外の骨組に比べて揺れが少ない

写真10　縦横に組まれた木材がそれぞれに力を分担し、全体として耐力のある長寿命の架構となったものが「総持ち」と呼ばれるものである

図30　「総持ち」の架構

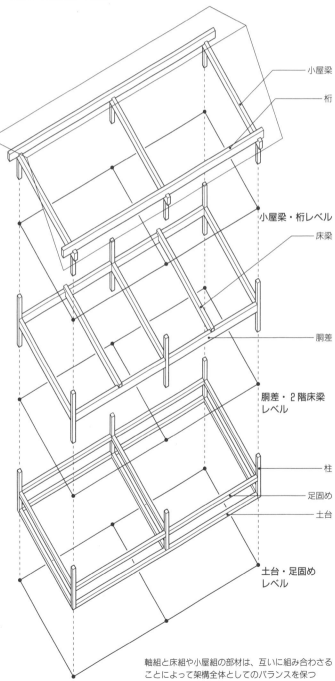

軸組と床組や小屋組の部材は、互いに組み合わさることによって架構全体としてのバランスを保つ

図28　胴差は同寸法の材を回す

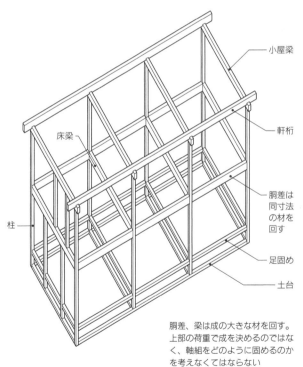

胴差、梁は成の大きな材を回す。上部の荷重で成を決めるのではなく、軸組をどのように固めるのかを考えなくてはならない

図29　差し物（差鴨居）

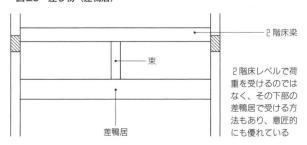

2階床レベルで荷重を受けるのではなく、その下部の差鴨居で受ける方法もあり、意匠的にも優れている

第一章　家づくりの基礎知識　｜　第二章　実験編　｜　第三章　架構編　｜　第四章　現場監理術　｜　第五章　仕上げ編／外部　｜　第六章　仕上げ編／内部　｜　第七章　「私家版」木組みの家

053

架構の多様性を知る

床組のバリエーションを知る

床組は1階床組と2階床組とに大きく分けられる。

1階床組では、地盤面からの床の高さがどこに位置するのか、あるいは基礎コンクリートの形状などにより、束立床（**図31**①）、または転ばし床（**図31**②）の形状があり、一般には束立床のことが多い。これらは目に触れる場所ではなく、床の荷重は束あるいは飼いモルタルによって基礎または土間コンクリートに直接伝えられるので、部材間隔や断面は小さいもので対応している。

1階床組については、1階間取りとの整合性はとりやすい。問題となるのは、1階の空間をつくる2階床組の形式である。梁のスパンに応じて以下のものが挙げられるが、空間のつくり様を念頭に置きながら床組の構成を考えたい。

1｜根太床（単床）

梁を架けずに根太のみを掛け渡して構成する床組で（**図32**①）、押入や3尺（909mm）幅程度の廊下など、小さなスパンの場所に用いられる。

2｜梁床（複床）

梁を架け渡し、その上に根太を渡して広い床面を構成する床組で（**図32**②）、一般に2階などの床組に用いられる。

3｜組床

大梁に小梁を架け、その上に根太を掛け渡して床組を組む（**図32**③）。梁同士が組み合わされるので、その接点は床組の変形に対する抵抗要素として効果を期待できる。また、1階と2階の間取りが重ならないような場合でも、大梁、小梁の位置関係の調整でうまく整合させやすい。**116頁**で複層梁と呼んでいるものが、この組床である。

4｜踏み天井（根太天井）

床として用いる目的で梁と梁の間に掛けられた太めの根太の上に厚板を張って構成した天井で、民家などでみられる小屋裏などの床の形式である。根太天井などともいわれ、現代にあっても大梁に甲乙梁を渡し、その上に厚板を張って、そのまま天井兼床板とする用い方も見受けられる（**図32**④）。

小屋組のバリエーションを知る

1｜和小屋組

「束立小屋組」ともいい、「地廻り」と呼ばれるほぼ水平に架け渡して固めた桁や梁の上に束と母屋で小屋下地をつくる形式である。梁の長さと曲げ強度によって、得られる空間の大きさが決まり、一般的には3間（5,454mm）が限度とされている（**056頁図33**）。

梁間方向の幅が大きな建物では途中に「敷梁」を入れ、「投掛け梁」でつないで地廻りを構成する。生材で用いられることの多いマツ丸太の小屋梁は、加工性はよいが、乾くにつれて捩れや曲がりなどのクセが出てくる。梁間の大きい場合は、狂いを拘束するために梁に直交する「繋ぎ梁」を入れると、長期にわたって小屋組の精度を確保でき、木組によって水平面の強度も上がる。

束は梁の上に立っているだけで不安定なので、「小屋筋違い」で振止めとする。化粧で小屋組を見せるときなどには傾斜を嫌って「小屋貫」を縦横に何段か通して固める。和小屋の梁組の上に束と母屋で小屋下地を建てているのを実際に現場で見ていると、垂木を打ち付けるまで母屋の通りと垂直が出ないし、小屋筋違いも現場合わせなので小屋組の精度が悪い。

地廻りの上の束に梁を架けて小屋組をつくる「二重梁」は、加工手間と材積はかかるものの、荷重の分散と小屋組の精度、耐久性の向上に効果があり、予算や仕事の事情が許すなら採用を勧めたい。

2｜垂木構造

梁に相当する水平部分を省略し、桁と棟木に垂木を架けて小屋組とする形式で（**写真11**）、スパンによっては柱が直接支える母屋を入れることもある。

垂木構造では水平部材がないので、垂木と野地板で緩勾配の水平構面を構成して小屋組の変形に対抗する。軽量な屋根で、スパンが1間（1,818mm）程度の垂木は、45×90mm程度を概ね1尺5寸（455mm）間に縦使いとし、妻壁の部分や主要な軸組には強度と納まりを考慮して角物（断面が正方形または長方形の材）を使うことが多い。

室内に水平材のない屋根勾配をそのまま活かした空間が得られるよさもあり、戦後の小住宅には盛んに用いられた。これらの住宅はいずれも小規模で、屋根は金属板などの軽い材料で葺かれており、使用木材量も少なくてすむので、時代の要請と合致していたのだろう。その後、社会が豊かになるにつれて、実用的なスパンの限度＝9尺（2,727mm）で緩勾配の軽量屋根が適した垂木構造は、住宅の大型化と屋根材の多様化への要望に対応しきれず、採用される機会が減ってきてはいる。がしかし、今日でも小規模な木造住宅には十分使える構法である。

3｜登り梁構造

桁と棟木の間に屋根勾配なりに「登り梁」を架け渡し、水平垂木または母屋を入れ、垂木を流して小屋組とする構法（**056**

図31　1階床組の種類

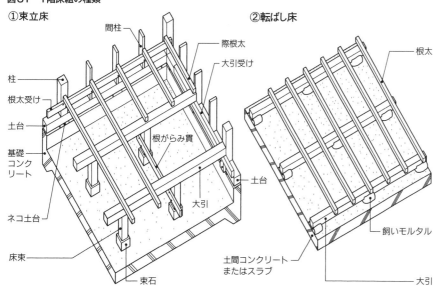

①束立床　②転ばし床

頁図34）。垂木構造と同様に水平部材がないので、すっきりとした内部空間が得られるが、屋根平面の剛性は勾配なりに考えるしかなく、火打梁を入れるときは桁や棟と登り梁を相手に斜めに入れることになる。水平面を固める意味で水平梁を併用する場合もある。小屋組の構法的な純粋性は損なわれるかもしれないが、実用的な方法ではある。垂木構造と違って登り梁の断面積を太くすれば、かなり大きな空間をつくることもできる。

狭小な敷地が多いこともあって、最近の木造は軒の出の少ない建物が多いが、日本の気候に適した建物には深い軒の出が必要なことは今も変わりがない。仮に敷地に余裕があっても、現在一般的な「一軒」(ひとのき)（寺社などの「二軒」(ふたのき)に対して、地垂木だけの軒）では垂木の成（高さ）によって軒が決められるが、登り梁を桁先に跳ね出し、母屋と垂木で屋根をつくると容易に深い軒の出が得られる。

4｜洋小屋組

外来の小屋組で、「トラス」ともいう（056頁図35）。

和小屋が梁の曲げ強度に頼るのに対し、木材の繊維方向の圧縮と引張りの強度の高さを活かす合理的な小屋組で、小さな部材でも大きな空間を得られる利点がある。節点はピン接合とし、算術的に解けるため、部材の決定が容易にできる。

圧縮力を受ける節点の仕口は木材のみでもつくられるが、引張り力を受ける節点では木材のみの仕口はまず成立しないので、どうしても金物の力を借りた仕口になる。両端の支点もピン接点とするので、理論から外れた不用意な納まりにするとよくない。トラス相互は振止めや小屋筋違いで転ばないようにつなぐ必要がある。これまでよく知られたトラスも多いが、意匠的に新しい展開の余地がある。

成長する架構

架構は生活の変化に対応して変化するものと考える（**写真12**）。人の一生に家族構成の増減があるように、建物にも部屋数の増減があってよい。

最初は小さな家から始めて、家族の成長に合わせ成長していく家が理想だ。敷地に余裕のある場合はもちろんだが、し

写真11　垂木構造の小屋組。天井高を取れるため、内部空間は広々と感じられる

写真12　架構と間取りの合致が、新築時だけではなく、長く将来にわたって快適な住まいを表現する

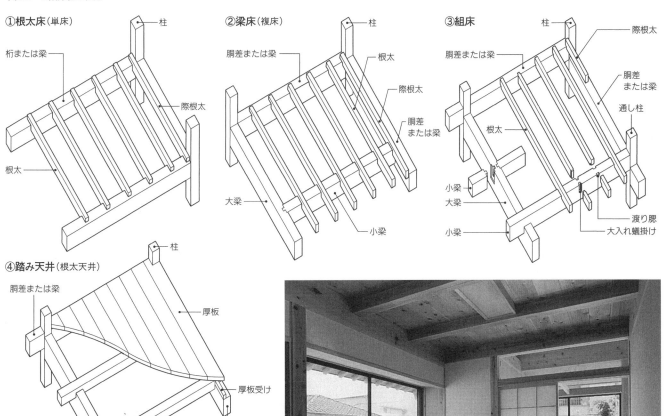

図32　2階床組の種類

①根太床（単床）　②梁床（複床）　③組床　④踏み天井（根太天井）

踏み天井の床組。根太あるいは小梁（甲乙梁）に厚板を直接止め付けるため、床組の剛性は高い

かし、限られたスペースのなかでも、成長と後退を繰り返すことで生活の変化に対応できるように考えればよい（**図36**）。問題は、成長を受け容れる柔軟性をもっているかどうかということである。

　成長に合わせて増殖する架構は、家族構成やライフスタイルに合わせてさまざまなバリエーションをもっている必要がある。メインの架構は大丈夫でも、サブとなる部分は時間の経過とともにその機能面で限界に達し、変化を求められる、ということも考えられる。

　また、木造の特徴である優れた加工性・生産性によって、今日の木造住宅はさまざまな要求に応えることができるようになった。しかし、家づくりはあくまで架構のルールに則って進めるべきだということを忘れてはならない。その方法に、より多くの選択肢があるのは健全な状況であろうが、長期にわたって生活を包み込むという目的と性能を単純に数値に置き換え、あるいは疎かにしてまで、安易な選択肢を増やしているという現状は、誤った方向であろう。

　伝統的な手法にみられる先人の知恵が、今日も正当に評価されているとはいい難い。そのことに問題があるのだが、その評価の方法さえ分からないのである。しかし、伝統のなかに存在する木造建築の普遍的な原理に目を向け、探求し、そのなかから現代にも有効な原理を汲み取り、長寿命な住まいを実現していくことが、常に社会の要請であり、われわれ住まいづくりに関わる者にとっての使命なのではないだろうか。

図33　和小屋組

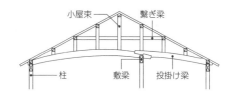

移築した古民家の和小屋組

和小屋組の繋ぎ梁

投掛け梁とそれを受ける敷梁

図34　登り梁構造

図35　洋小屋組（トラス）

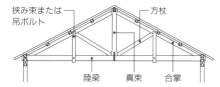

登り梁構造の建込み風景

洋小屋組には意匠の工夫の余地がある

図36　成長する架構

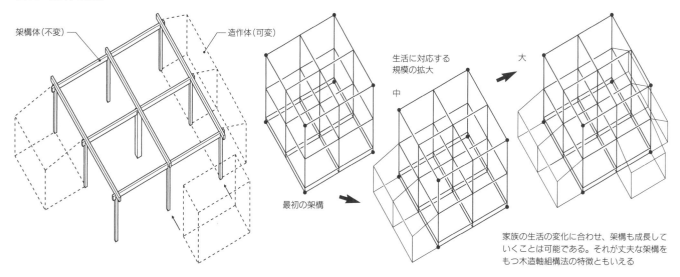

家族の生活の変化に合わせ、架構も成長していくことは可能である。それが丈夫な架構をもつ木造軸組構法の特徴ともいえる

[第2章]

木造住宅
[私家版]
仕様書
実験編

- **[私家版]仕様書**
- 058　序文　伝統木造を科学する
- 059　いくつかの実大実験から見えたこと
- 066　限界耐力計算という選択肢

- **コラム**
- 063　粘り強い貫と足固め
- 064　石場建てを現代住宅に応用する
- 069　限界耐力計算の社会的意義
- 070　床下環境の事実―密閉土台のススメ―

序文
伝統木造を科学する

　はたして、私たちが今つくっている家は、「日本の家」といえるのだろうか？

　古代より何度か外来文化の影響を受けてきた日本の木造建築と大工技術は、気候風土を踏まえた独自の展開をしながら今日に至っている。地震や台風などの災害の多い日本では、災害のたびに構法に工夫を重ねてきた歴史がある。私たちが現在つくっている家も、日本独自の技術体系の積み重ねだと考えられる。

　しかし明治24年の濃尾地震以来、お雇い外国人建築家による日本の木造建築の工法改定が行われた。その内容については、源愛日児氏による『木造軸組構法の近代化』（2009年、中央公論美術出版刊）に詳しい。そのなかで、新たな構造部位の発生や衰退にも触れ、現代木造住宅はすでに和洋折衷であることを証している。

　たとえば胴差。現在の2階建ての建物では一般的な部材であるが、明治以前には存在せず、明治政府が庁舎や学校などの2階建ての建物をつくる際に発生した。当時の洋風建築では、下見板を横張りにする必要から間柱が導入され、間柱を止めつけるために横材（胴繁という）を必要な箇所に入れた。そのために柱内に位置する貫は衰退し、その後、さらに筋違いの導入により貫は構造材としての役目を追われる。江戸時代には2階建ては原則禁止されていた。旅籠や一部の建築を除いて物置きとしてのロフトのような2層の1.5階建てであったので、すべての柱は通し柱であり、母屋まで延びていた。胴差にあたる部材はなく、柱を欠損しない。ロフトの床を支える根太掛けがあったのみである。

　ここで興味深いのは、2階建ての建物に胴差を導入したことによる、柱への負担である。2007年から2011年まで行われた国土交通省による「伝統的構法の設計法作成及び性能検証実験」では、5棟の土壁＋貫工法の建物をEディフェンスの実験台に乗せて幾種類かの地震波を入力した。その結果、柱はすべて胴差部分で折れたのである（写真）。

　折れた原因は、胴差と柱の接合部の断面欠損と考えられる。また、足元をフリーにした建物では、一部の角柱の根元をくじくようなことはあったが、そのほかの柱に大きな損傷はなかった。しかし、足元にダボを入れて左右を拘束した建物は、柱が8本から13本折れるという結果になった。

　ここで、明治以来導入された胴差は、地震国の建物として適切な部材であったのか、という疑念がわく。

　2007年に筑波の防災センターで、木造2階建て、貫に木舞土壁を入れた建物で、静荷力実験が行われた。足固めをアンカーボルトで基礎につなぐ、木組みで組み上げた「私家版」仕様の建物である。

　実験では、損壊の詳細を知ることが目的で、層間変形角1/5radまで傾けて、すべての柱を折ったが、倒壊することはなかった。折れた位置は、柱と胴差の接合点であり、やはり胴差が柱を折ったことになった。

　しかしここで特記すべきことは、すべての柱が折れた試験体が、1階が潰れて2階が床に落ちるような層崩壊に至らなかったことである。実験では、反力壁に設置されたジャッキを押し引きする装置で、当初24tの加力で一旦降伏した建物が、繰り返しの加力でも復元力を発揮し、柱が180mm傾いた時点ですべての柱が折れた。それでも10tの余力を残して倒壊に至らなかった（060頁写真3参照）。

　これは、貫による「めり込み」効果の現れである。筋違いにはない挙動である。本来、貫は構造の一部と考えられる。貫板がめり込んで、潰れることがなければ、建物は傾斜したまま倒壊しないことが分かったのである。貫板は杉材の27㎜×105㎜で5段通しであった。木材の特性として繊維の直交方向のめり込みに強いことを利用している。また繰り返しの揺れにも、もとに戻る復元力があることも見逃せない。

　わたしたちは、「貫をやめてはいけなかった」のではないか。

　いつの場合も、外来文化を取り入れる過程においては、古くからの知恵と工夫に裏付けされた日本独自技術を検証しながら導入する必要があると思う。それには、今なお生きている古民家から学ぶことが必要であろう。それも、実験などの科学的なデータを採用することが大切だ。

　本改訂版では、2020年に予定されていた省エネルギー法の改正に対しても、木組みでもできる断熱の方法を模索している。これからは、伝統的な民家のもっているパッシブな工夫を取り込みながら木組みのよさをなくすことなく、実践できることを考えたい。

写真　2008年に行われた実大実験B棟（手前）とA棟

［私家版］仕様書／実験編 1

いくつかの実大実験から見えたこと

1995年の阪神淡路大震災以降、木造住宅の耐震性に関する性能評価を問う声は多かったが、
国土交通省が伝統構法の建物の性能について実大実験を行ったのは、13年後の2008年であった。
その後5年にわたってEディフェンスでの実大実験は続けられ、
当時の実験結果は、私たち実務者にとって有意義な知見を与えてくれた。
ここでは、それら以前に行われた2つの実験も含めて、木造建物の実大実験について書いておきたい。
筆者は研究者ではないので、実大実験に関わる機会などはめったになかったが、実務者としてお手伝いさせていただいた。
そこで、あくまでも現場の人間としての意見になるが、
実験から見えたままの感想を実務レベルで述べてみたいと思う。

1・京町家の実験

2005年11月に京町家を移築して実大実験が行われた。実験では、京町家を2棟同時に揺らした。1棟は京都に実際に建っていた古い町家の移築。もう1棟は、同じ構造と間取りで新築した建物であった。ここで興味深いのは、古い京町家には一部に胴差がないことである。通し柱にササラと呼ばれる梁が短編方向3尺ピッチで差してある。建物はどのように揺れたのかEディフェンスのWEBサイトに実験の映像が公開されているので、ご覧いただきたい。
http://www.bosai.go.jp/hyogo/research/movie/movie-detail.html#1

筆者はこの実験に参加していないので、関係者のコメントを紹介する。
「2階建てであったが、胴差がないことから建物はくねるようにS字を描いて揺れた。柱が折れることはなく、一部土壁が破損して落ちた。室内の家具も倒れることはなかった」
「伝統的な建物は、2階建てだとしても胴差がない、ケラバの柱はすべて母屋まで到達する通し柱といえる。そのために、2質点系ではなく1質点系として変形モードを考えることができる。その場合、変形は平屋のように解析できるが、通し柱が多用されているため建物は、ゆらゆらとS字に揺れて柱を折らない。家具も固有周期が長くなると、地震力が入りにくく共振するので倒れない」

以上、この実験の成果は、多くの発見に満ちていると思う。木造住宅の未来のために、伝統の古民家に学んだ成果を何らかのかたちで建築基準法に反映してほしいと考える。

2・筑波の実大実験

2007年3月に筑波の建築研究所で行われた「環境にやさしい木造住宅の性能検証事業」と名付けられた実大実験は、金物の少ない伝統的な木造軸組構法の住宅の構造性能の検証が目的であった。実験棟は、国家プロジェクトとして始まったばかりの大工育成塾一期生の卒業製作として建てられた。住木センター主体の実験(大橋好光委員長)を、設計は筆者(松井郁夫)が担当し、製作の指導教官を育成塾の大工棟梁たちが分担した。

建物は、木造2階建て40坪、3間6間の母屋に1間の下屋付き、貫と足固めを採用している。接合部に金物は使用せず、金物はアンカーボルトのみ、引抜き防止として足固めの位置で採用・緊結した。屋根は日本瓦を載せ、寄棟と切妻を併用した竹小舞と土壁の伝統的な木組みの家である(**写真1**)。

写真1　建設中の実大実験棟(2006年つくば)

ホールダウン金物を使わず、足固めをアンカーボルトで引っ張ることにより、引抜きに抵抗するという考え方である。「ホールダウン貫」ともいわれる足固めは、貫より厚い横材を柱にホゾで差し込み、木のめり込みを生かした工法である。貫は、共材の楔が抜けないように平たく重ねるように打ち込んでいる。

　実験は防災研究所の巨大なRCの反力壁に3台の加力ジャッキを取り付けて行われた。ジャッキは、胴差を押し引きするために胴差回りに入れられ、H鋼を巻くように鉄棒でつながれた。地震波は地盤面から来るはずなのに、建物の腰のあたりを揺するというのも不思議だが、実験の実施上こうなるのもいたし方ないらしい。

　実験では、損壊の詳細を知ることが目的で、層間変形角1/5radまで傾けたために、すべての柱は折れたが、倒壊することはなかった。折れた位置は、柱と胴差の接合点であり、やはり胴差が柱を折ることとなった。

　実験は初期の剛性を見るために、土壁の耐力の上限である20tを目安に加力されたが、上限の20tを超えても降伏する兆しがない。実験後、実験を担当した委員長から、ジャッキが壊れると高価な加力ジャッキの弁償ができないと気をもんだと聞かされた。その夜、何度か確認の検算をしてから実験に望んだという。

　結論からいえば、実験棟は24tで降伏し、ジャッキは壊れずにすんだ。変形と反復を繰り返し、柱が折れて復元力の限界がきて元に戻らなくなって終了した。

　ここで特記すべきことは、すべての柱が折れた試験体が、1階が潰れて2階が載るような層崩壊に至らなかったことで

写真2　柱が折れても層崩壊に至らなかった試験体

ある。実験は、動くことのない反力壁に設置された加圧ジャッキを押し引きする装置で、当初24tの加力でいったん降伏した建物が、繰り返しの加力でも復元力を発揮し、柱が180mm傾いたときにすべての柱が折れた。それでも10tの余力を残して倒壊に至らなかったのである。

（写真2、3）

　木造住宅の場合、余力10tもあれば躯体は倒れない。これは、貫によるめり込み効果の現れである。筋違いでは、初期の剛性は強くとも、変形に耐えられなくなって降伏した途端に崩壊する。脆弱破壊である。

　本来、貫は構造の一部と考えられる。

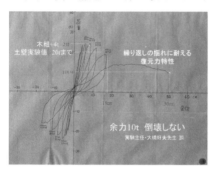

写真3　実大実験での計測値。余力があり倒壊しない

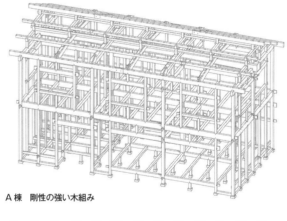

A棟　剛性の強い木組み

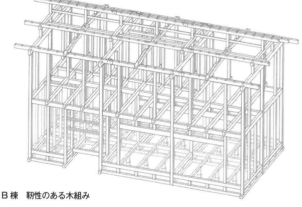

B棟　靭性のある木組み

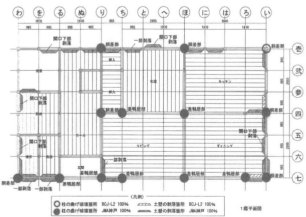

A棟　13本の柱が折れた。通し柱が多い

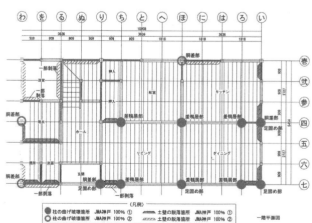

B棟　8本の柱が折れた。胴差廻りが多い

図1　2棟の試験体と土壁・柱の損傷個所

貫が柱にめり込んで、潰れることがなければ、建物は傾斜したまま倒壊しないことが分かったのである。貫板は杉材の27×105mmで5段通しであった。貫は本来の木材の特性として繊維の直交方向のめり込みに強いことを利用している。また繰り返しの揺れにも、もとに戻る復元力があることも見逃せない特性である。私たちは、「貫をやめてはいけない」のではないか（コラム参照）。

3・Eディフェンスの実大実験

2008年11月と12月に行われた実大実験は、伝統木造の試験体2体を振動台に乗せた。
http://www.bosai.go.jp/hyogo/research/movie/movie-detail.html#19

土台・足固め併用の試験体は、足元フリーの実験ではなかったが、柱下にダボを入れて上下方向だけがフリーであったために、12センチほど浮きがって元の土台に着地し、土台を潰してしまった。

この実験では、ダボによる左右の拘束があったため、柱はA棟で13本、B棟で8本、いずれも胴差部分で折れた（図1）。柱と梁が強度の低い杉材であったことも影響したと思われるが、7寸角の大黒柱が千切れるように折れる姿は、伝統構法を標榜する実務者にとってつらい現実であった。

胴差は、明治になって2階建ての建物をつくるために発生した部材であることは前述のとおりであるが、柱を横に貫くこの部材が、応力を受けたときに、断面欠損の大きい通し柱を折ってしまうことは、この実験で明らかになった。

実験に参加して個人的にいくつかの所見をもったので列挙したい。
①ダボとはいえ柱の足元の自由を奪ったことで、試験体に応力が入力され胴差の破壊につながったのではないか。
②2階はほとんど損傷がなく、損傷は1階の胴差部分など横架材との接合部に集中している。通し柱が折れたことで、胴差との接合部が欠点となっていることが明らかになった。
③柱の足元は浮き上がるが、柱頭部分に浮き上がりが見られなかった。柱頭の金物は本当に必要なのかどうかは疑問だ。
④床の厚板は脳天釘打ちで留めてあったが、2階の変化は見られなかった。水平構面のための火打ち材は必要ないのではないか（注：その後、2016年告示第691号で厚板での構面が認められた）。
⑤揺れ戻しがあることで、貫には復元力があることがわかった。2007年の反力壁での加力実験では、10tの余力を残して倒壊しなかった実績がある。

つまり、貫は粘り強く耐震に有効であり、復元力があるのでやめてはならないと思う。

4・横滑りの実験

2007年と2008年には、上下動の装置がない筑波の防災研究所で「横滑りの実験」が行われて、興味深い結果が得られている。ここでは柱の太さを変えて、2体の試験体で実験が行われた。試験体は、門型のフレームに垂れ壁をもつ、足固めを入れたモデルである（写真4）。足元は平板の御影石の上に乗っただけのフリーの状態である。

最初、柱を5寸（150mm）にした試験体に加震したところ、26cmほど横滑りして、足固めが長竿車知栓部分で割裂を起こした。また、垂れ壁部分の土壁も柱や梁のちりが切れ、ひび割れが生じた。横滑りはしたが、試験体に大きな入力があり損傷したことを物語る結果となった。

次に、柱を4寸5分（135mm）に細くして実験した。結果、横滑りはしたが、試験体に目立った損傷は見られなかった。細い柱のほうが強度的に弱く、試験体の損傷は激しいだろうと思うのが普通だが意外な結果であった。いわゆる靭性が効いた。

3度目は、足元をアンカーボルトで固定して加震したところ、わずか数秒で差鴨居の下端で6本の柱がすべて折れた。この結果をどう考えるか。ここからは筆者の個人的な所見である。
①柱は太いと丈夫に思えるが、強度が増すことで応力が集中すると考えられる。架構は太ければよいというものでもなく、太さの按配は難しい。
②木の柱は細いほうが靭性があり、しなることによって力を逃がしているのではないか。許容応力度計算では靭性を正しく考慮にしているとはいえない。
③当然のことながら、固定することで地震力は試験体に入力され破壊モードが働くのである。このことから足元はフリーのほうが免振的といえる。

以上、横滑りの実験は、細い柱のほうが粘り強く、太い柱のほうが足元固定にもろいということを教えてくれた。

5・木造3階建て長期優良住宅の実験

伝統木造ではないが、足元を固定することで倒壊する建物の姿は、2009年10月に行われた3階建て木造長期優良住宅の実験映像に詳しい。こちらは写真掲載が商業用には許可されないので、EディフェンスのWEBサイトから見ていただきたい。
http://www.bosai.go.jp/hyogo/research/movie/movie-detail.html#25

3階建ての建物が倒壊する姿は圧巻である。実験では、金物を多用した建物と金物の少ない建物を2棟並べて揺らしているが、その意図は推奨された建物（金物の多い建物）の強さを視覚的にも強調するためだったと推察される。しかし、

写真4　横滑りの実験の様子

ホールダウン金物をつけないことで倒壊するだろうと思われていた建物が倒壊せずに、架台に固定された金物を多用した建物が転がるように倒壊した（図）。

両建物とも伝統的な木組み土壁ではなく、筋違いと金物を使った乾式の現代工法である。この実験の結果は、当時多くの議論を呼んだ。3階建てで隅の柱が1本では建築計画に無理がある。よく映像を見ると、倒壊しなかった建物は足元が、実験開始の数秒後に架台から外れて、フリーになっている。つまり、入力がない。一方、倒壊した建物は金物が最後まで建物を架台につなぎとめていたために、地震力の入力が最後まで強かったのだ。

しかし、1年後に出された国土交通省からの正式なコメントは「双方倒壊」であった。倒壊しなかった建物も架台から外れた時点で倒壊とみなすという、まるで金物ありきの結論を導く不思議なコメントであった。真実は、金物で固定しないほうが、足元が外れフリーになり、免震性能が発揮されたということではないか。仮に、転倒した建物に人が住んでいたならば、生命にかかわる重大事だったであろう。

6・足元フリーの実験

2011年に行われたEディフェンスの「足元フリーの実大実験」では、JMA神戸波の入力で隅柱が15cm浮き上がり、前後に26cmずれて元に戻った。石場置きの上の柱が滑るのは建物の固さと1階の耐力で決まる。JMA神戸波は、800ガルの加速度があった。ただし、短周期であった。

実験では、柱は滑るというより浮き上がった。浮き上がりの様子は、まるで相撲取りが四股を踏んで片足ごとに大地を踏みしめるような動きであった。短辺方向の2本の隅柱は、滑るというより歩くように見えた。つまり、相撲の四股を踏んだのである。この実験では、2度目の加力で、足固めと柱の接合部がくじいてしまったが、他の柱は1本も折れることはなかった。足元フリーは、上物の建物に損傷を与えないのである。しかし反省点は、大引に多数の束を立てたことで、足元の動きが拘束され、角柱をくじいたことである（写真5）。

Eディフェンスの実験棟は、阪神大震災の後につくられたので、JMA神戸波の波と同じように、上に10cm、横に20cm同時に動かすことができる。建物が上下に揺らされるので、偏芯により建物が腰を振るように浮き上がるのである。

2011年の2度目の「足元フリーの実大実験」では、1回目の反省を元に、足固めと地覆を併用した建物を2棟同時に加震して、どちらも柱が折れることはなかった。ただし、下屋部分の地覆のない隅柱が、1回目と同じようにくじいてしまった。足元フリーでも隅柱は要注意ということである。

この実験の成果は、2016年6月1日施行（施行令42条1項）の規制緩和によって、構造耐力上主要な柱と基礎をダボ継などによって接合することを認めた。その際に土台は設けなくてよいこととなった。これによって、柱と基礎を緊結しない伝統構法が、高度な構造計算を行わずに採用できることとなった。従来は金物によって緊結することが求められたが、ダボ継でよくなったことは、足元フリーの実大実験の成果といえる。ただし筆者はダボによって左右を拘束されて柱が折れるのでは、本来の意味での免振ではないと考える。さらなる検証実験を待ちたい。

図　2009年の実験の結果。金物を多用した棟は転がるように倒壊した

写真5　2009年に行われたEディフェンスの足元フリー実大実験の様子

Column/ 粘り強い貫と足固め

松井郁夫

2007年つくばの静加力実大実験では、層間変形角を1／5radまで傾けたところで、変形が60cmまで進み、すべての柱が胴差で折れてしまったにもかかわらず倒れなかった。それは、建物の耐力に余力が10t残っていたからである（**060頁写真3参照**）。

実験の終了時に、「この建物は、これ以上加力しても倒壊しません」と解説があった。伝統的軸組構法が、すべての柱が折れるほど大きく変形しても、粘り強く倒壊しないことが実験によって確かめられたのである。

この実験の結果を受けて、私見を述べさせていただければ、
①最初の降伏点が土壁の計算値である20tを超えて4tの超過があった分は、木組みによる耐力の向上分と考えられる。
②貫のもつ復元力は、繰り返しの地震波に何度も耐えることができると考える。
③最初に破損する土壁は、初期の応力を逃してくれる車のボンネットのような存在ではないか。
④足固め（**写真A**）による引抜きの抵抗力が強く、一部の基礎コンクリートを破壊した。足固めを引っ張ることで十分な引抜き力を発揮したといえる。
⑤復元力や変形性能を妨げる、接合部のビス止めは安易にするべきではない。貫を固定すると、めり込みを生かすことができないし、ビス穴から割裂が起こる。
⑥割裂を誘発するので、ホゾ穴や貫穴の位置は端部を避ける。
⑦胴差で柱がすべて折れた（**写真B**）ことで、柱の樹種や強度、断面欠損を考慮する必要がある。
⑧予想以上の耐力が出たことで、伝統構法の見直しの機運が高まった。
以上

この実験により伝統的建物の構造耐力のデータを集め、その後の建築基準法の改定を視野に入れた2009年の軸組のみの実大実験へと移行してゆくことになる（**写真C、D**）。

貫はやめてはいけない

筑波の実験でのもっとも大きな成果は、貫の復元力性能と変形性能を評価できたことであった。少なくとも、貫は建物の崩壊を避け、粘り強く変形に耐えて、躯体に大きな変形を招いたとしても人の命を奪うまでには時間がかかり、「生存空間が確保できる」といえる。

建築基準法の大前提は、人の生命の確保である。ならば貫を使用した建物は、この理念に合致する。貫の存在意義は大きい。貫は、地震国日本の建物に欠くべからざる構造材であり、やめてはいけない部材である。筆者は、貫の衰退を招いた明治期の変革を見直し、再度、現代の構法にも採用するべきだと考える。

貫を生かすには、軸組みの通りのよい間取りと構法を実践することが肝要で、その答えはすでに古民家にある。それは、間取り優先の住まいではなく、軸線重視である上に柱梁が同じ軸線上の上にある架構をもった住まいであるといえる。

伊藤ていじ氏は、1953年に出版した『日本の民家』の概論で民家の柱梁構造について触れ、「民家の柱は動かすことのできない、柱につながっている構造がそれを許さない」と論じている。貫は柱と柱を貫き通し、日本の伝統建築の減衰構造を支える復元力特性をもつ重要な部材である。

写真A　足固め

写真B　通し柱を折る胴差し

写真C　2009年軸組のみの実大実験

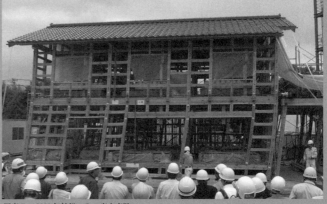

写真D　2009年軸組のみの実大実験

Column
石場建てを現代住宅に応用する

松井郁夫

石場建ての免震性

　古民家は石の上に置いただけの建物で、大地とつながっていない。通常、「石場建て」とか「石場置き」といわれている。昔はコンクリートも金物もなかったので、建物は石の上に置いただけであったが、本当にそれだけの理由だろうか。

　建物の成立ちからいえば、竪穴式住居の時代は、掘立柱で地面に穴を掘って柱を立てていた。この建て方は、簡便で丈夫であるが、柱が湿った土に触れているので地際が腐って長持ちしない。そこで石を置いて柱を建てたと推察できる。当初は竪穴式住居と同じ土座住まいであったが、床を張るようになって柱は地面から離れた。そのときに柱の足元が開かないように足固めが発生したのであろう。

　ここで大切なのは、柱のみが石の上に載っていることである。現代の建物のように大引き下の束立てではなく、柱勝ちの石場建てである。そのため床下は、見渡しのよいがらんどうであった。高床式の床が、地面に近づいてきたように考えればわかりやすい。

　南西諸島や九州地方には、ウドコやキャクロ（漢字書くと「客櫓」）と呼ばれる大材で軸を組んだ民家がある。ウドコは丸太の半割りの大材を床下に組んだものだ。キャクロとは、大きな差鴨居をいう。大材の軸組は、3間半の分棟型の小さな建物が、台風で飛ばされないように重い材を使ったためだという。鹿児島県大隅半島の二階堂家や南西諸島の分棟型の民家に多いつくり方である。

　奄美大島のヒキモン（もしくはヒキムン）づくりも、分棟型の民家で大きな足固めに柱が貫通する特殊な構造が特徴である。柱が足固めを貫通して礎石の上に載っている。柱に穴をあけずに梁（ヒキモン）に穴をあける、まるで虫かごを編むような構造をしていることが特徴である。この建物は、台風の際に横にずれたり転がったりしても元に戻すことができる。柱に断面欠損のない丈夫な架構は、自然に逆らわない台風常襲地帯の知恵といえる（**写真1・2、図**）。

　このような構造は、耐震的かつ耐風的

写真1　奄美の民家

写真2　奄美の民家の床下。足固めの工夫が見られる

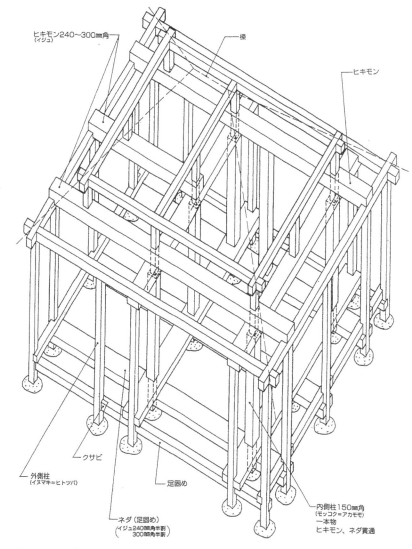

図　奄美のヒキモンづくり

と考えられるが、現代のように建物を固定する概念ではなく、重さで接地するという考え方で、応力がかかったときに動くことを前提にしている。つまり、自然の猛威に対抗するのではなく、自然の力に「あらがわず」むしろ「いなす」概念である。

建物は、大地に緊結されていなければ地震力が入力しにくいのは確かだろう。大きな力が加わったとしても石の上を滑るから免震的だ。地震で建物がずれてしまったので、そのままの位置に再度建てた、という記録も過去にはある。

足固め土台併用の提案

なかでも注目すべきは、大原幽学という江戸時代の農学者の自邸（1842年築）の足元の工夫である。

千葉県名取に建つこの建物は、こじんまりした質素なつくりの5間3間の平屋ではあるが、床下の地面は版築で突き固めてあり、その上に土台を据えてかつ足固めの横材で組み上げられている。8畳の畳の下の構造は部材も細く、大きな材も使っていないので一見何げない床下に見えるが、実によくできている。

地面を突き固めた版築は、今ならばフラットなスラブのベタ基礎と考えられる。土台は柱を指すための定規であり、足固めは柱が開かないための部材である。つまり、足固め併用の土台は、応力がかかったときに版築の上を滑ることで地震力をいなすことができると考えられるのである。これは明らかに免震の工夫ではないだろうか（**写真3**）

残念ながら大原幽学の自邸に関して、本人の記述が残っていないので想像するしかないが、この仕組みを現代に応用することはできる。

古民家から学んだ免震の工夫

ここで、石場置きの免震性能を現代住宅に応用したフラットベット型基礎の事例をご紹介する。礎石はコンクリートで考えると、その上を滑るように平らなほうがよいので、立ち上がりをなくしたフラットなスラブを打つ。これを当事務所では、フラットベット型基礎と名付けている（**写真4**）。

柱は、基礎から外れても落ちないように、土台を敷きその上に足固めを回して、土台併用足固めの箱をつくる（**写真5**）。足固めは1間おきにフレームを組むことで箱形の床下架構が、2階床のようにでき上がる。この箱が滑って基礎から外れたとしても、数十センチの移動では落ちるまでには至らない。

基礎は地震の波を乗り切るサーフボードであり、土台は基礎の上を滑るソリのようなものと考える。土台と基礎の緊結は、アンカーボルトを使用するが、ある応力を超えたところで切れるような工夫があれば、中地震までは貫の入った耐力壁でこらえて、大きな地震のときに滑る。こうすると、それ以上の入力がなく生命を守ることができると考える。

わたしの主宰するワークショップ「き」組では、このタイプの住宅をプロトタイプとしたパッケージプランを標準仕様にしている。外観はモダンだが、手刻みの木組みと、漆喰塗の室内は、地震に強く健康的だ。できるだけ多くのみなさんに、木組みの家を提供したいと考えて手の届く価格帯で商品化している。

最近では、温熱の性能も向上して、これからの省エネルギー基準に備えている。丈夫で地震に粘り強い木組みの架構に加えて、省エネルギーの温熱向上の家づくりはこれからの標準仕様になるだろう（**282頁「東馬込の家」**参照）。

写真3　大原幽学自邸の足固め。版築で突き固めた地面に、土台と足固めが組み上げられている

写真4　フラットベッド型の基礎

写真5　土台併用の足固め

[私家版]仕様書／実験編 2

限界耐力計算という選択肢

山中信悟

限界耐力計算とは、地震力に対する検討法の1つである。
木造建築物では、構造検討時に2次設計で安全性を確認することが少ないため、あまりなじみのない検討法かもしれない。
伝統的な木造住宅の架構は、建築基準法以前の技術を採用しており、現在の法規や基準、指針を用いて安全性を確かめることは難しいが、建基法施行令第82条の6及び平12建告第1457号第6の2により、安全限界変位による検討が可能である。
告示では安全限界変位1/30までの設計が可能で、一般的な木造建築物の1次設計で損傷限界変位同等の1/120までしか許容されないのと比べ、変形角を約4倍多く許容することが可能となる。
さらに本文中で紹介する一般社団法人日本建築構造技術者協会関西支部(以下「JSCA関西」)マニュアルによれば安全限界変位を1/15までとすることも可能だ。今もなお残る古民家を活用するためだけでなく、同構法を用いた新築工事にも採用することで、木造架構の性能を十分に発揮できる一助になるものである。

伝統的構法による木組みの家の耐震性を評価する上で、木造建築物の規模を指標に検討方法を選択する場合には、4号確認申請建築物ということから壁量計算を選択するのが一般的である。

しかし、壁量計算の変位量は1/120rad程度を目安に基準が定められているため、伝統的構法による木組みの家は本来の耐震性能を評価できていない。実際には、伝統的構法による木組みの家は変形時のめり込み等の「ねばり強さ」を評価できる。

設計をする上で、適合性判定を避けるために多くの設計者が扱いやすい壁量計算等を利用することはもっとも簡便な方法であるが、ここでは限界耐力計算を採用して木の特性を評価し、古来より伝わる木組みの家をつくることをお勧めしたい。

JSCA関西の活動

JSCA関西は、限界耐力計算を実務上可能にするために、定期的に勉強会を開いている。以下、少し長くなるが、同会が発行しているマニュアルより一部要約・引用させていただく。

限界耐力計算は、日本建築学会特別研究委員会の「木造文化と木構造の再構築」で取り上げられ、JSCA関西の構造技術者によって、復元力特性の確認実験および構造計算による検証作業が行われた。その内容は、2002年9月の日本建築学会北陸大会で公表されるとともに講習会テキストにまとめられ、02年から04年まで全国15か所で講習会が実施された。さらに日本建築総合試験所「木造軸組構法限界耐力計算法マニュアル」作成委員会にJSCA関西から6名の技術者が参画し、建築基準法施行令（00年6月施行）に規定された「限界耐力計算」の実務上の運用を可能にするために『伝統構法を生かす木造耐震設計マニュアル』が04年3月に出版された。その間、JSCA関西の木構造分科会は、03〜05年度にかけて重要文化財耐震診断への適用を行うとともに、その他の文化財建造物の耐震診断・耐震改修設計にも限界耐力計算を適用してきた。

JSCA関西では、04年4月から毎月の定期講習会や全国各地に出向しての講習会（構造設計者および建築関係者対象）を開いて普及を図るとともに、民間木造住宅の新築および耐震改修工事を受託し、限界耐力計算の適用を行ってきた。また、各地の講習会（地方公共団体後援）で提出されたさまざまな課題と議論を受け、いくつかの新しい耐震要素に関する追加実験を行って内容を拡充している。

さらに耐震診断あるいは耐震改修設計のレビュー（JSCA関西木構造分科会受託）を行うことにより、木造住宅における限界耐力計算の正しい普及に努めている（以上、『木造住宅・建築物の耐震性能評価・耐震補強マニュアル』より要約・引用）。

こういった多くの活動の結果、限界耐力計算という評価方法は比較的限られた地域で先行的に採用をされてきた経緯がある。しかしJSCA関西の取組みにより、大阪府、京都府、奈良県においては自治体に合わせたマニュアルを発行し、建築士会連合会も同様のマニュアルを発行している。このマニュアルはJSCA関西のホームページでも無償で閲覧が可能となっており、情報開示が進み実績が増えている。

これらのマニュアルには計算方法を丁寧にまとめていることだけではなく設計者が適切に判断した上で利用することのできる「復元力特性」の掲載、地盤増幅係数を判断するためのGSマップ（J‐SHISマップ）の紹介および活用、「復元力特性」を失わず補える仕口ダンパー等の活用方法などを明確にまとめ、設計者の助けとなる内容を多く掲載している。

通常の限界耐力計算においては、JSCA関西ホームページにてダウンロードできるエクセルシートを活用する詳細な検討

を必要とするが、簡易計算法も確立しており熟練した構造技術者でなくとも検討を行えるような配慮も充実している。これらの取り組みにより限界耐力計算は非常に身近になったといえよう。

限界耐力計算の概要

限界耐力計算の詳細は、定期的に開催されているJSCA関西の耐震技術講習会で学ばれることをお勧めするが、ここでは考え方を図解して、簡単に紹介しよう。

限界耐力計算では、建物の強さを地震に抵抗する耐力、剛性として評価するだけでなく、変形能力、減衰性能などを総合的に判断する（**図1**）。

建物の揺れ方は、建物が受ける地震動の特性（周期など）と建物の特性（変形能力、強度、減衰）の両方から決まる（**図2**）。

復元力特性とは、木造軸組みが水平力を受けて平行四辺形に変形し、揺れが収束するまでの一般的な履歴ループのことを示し、建物の特性をまとめたものである（**図3**）。

耐力係数C_Bとは、耐力を建物重量で割ったものをいい、数値が大きいほど変形は少ない。同じ耐力を有する建物の場合は、軽い建物ほど係数は有利な数値となる（**図4**）。

剛性とは、建物の堅さを示す指標のこと。耐力を変形量で割ったものをいい、数値が大きいほど堅い。一般的に剛性が高く、変形を抑えた建物を強度型、剛性が低く変形を許容し抵抗する建物を塑性型という（**図5**）。

固有周期とは、建物の揺れが一往復するのにかかる時間間隔。周期の長短よりも同期することで被害の差が出る。地震波の周期と建物の周期が同期すると被害が大きくなる（**図6**）。

減衰定数とは、地震エネルギーの消費率を示す指標。減衰力が高いということは地震力を吸収しやすいということである。復元力特性が大きくなると、減衰定数も大きくなる（**図7**）。

応答スペクトルとは、地震動と建物の揺れ方との関係を表す指標。地盤種別により波形が異なる（**図8**）。

地盤増幅率G_Sとは、地盤による増幅を表す指標。第1種地盤から第3種地盤までの差が生じる。文字通り、地盤による

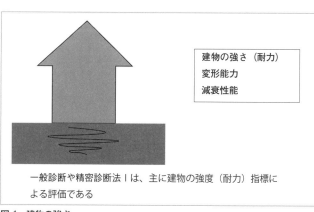

図1　建物の強さ

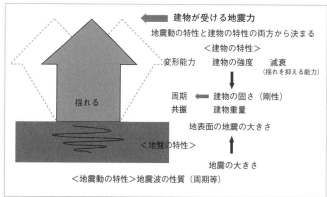

図2　地震と建物の揺れの関係

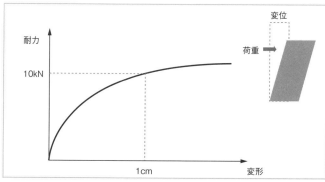

図3　復元力特性とは

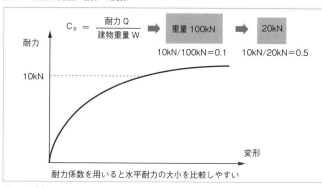

図4　耐力係数C_Bとは

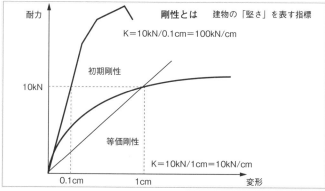

図5　剛性とは

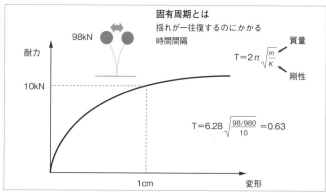

図6　固有周期とは

増幅を表す指標である。第1種地盤と第3種地盤では必要な復元力特性が大幅に違う。このデータの参考値はJ-SHISマップで公開されている。建物の耐震性はこの数値により大きく左右されるといっても過言ではない（**図9、10**）。

これらの用語を、建物に起因するもの、地盤に起因するものに整理したのが**図11**である。複雑に捉えられがちな構造計算ではあるが、算出する要素としては大きく分けて5種類しかない。建物重量を算出し、耐力係数、架構の剛性、減衰力を求め、地盤の評価別に地震力と比較するといった作業になる。これは壁量計算を与式（公式）の部分から算定している程度の計算量で事足りるということを示している。

用語の部分でも述べたが、建物の特性と地震の特性がわかれば地震時の建物の応答値がわかる。建物の特性を検討し地震の応答スペクトルとの交点が応答値となる。交点が生じたときの変形量が建物の変形量となる（**図12**）

大きな要素としては、このような内容である。

理論としては、地盤による揺れやすさと建物の抵抗値を示すグラフの交点を応答値として考えている。とても素直でわかりやすいものといえる。

各地に多様な発展を遂げた伝統的構法はもちろん各地の気候風土に合わせて考えて造る木組みの家にもマッチした検討方法である。

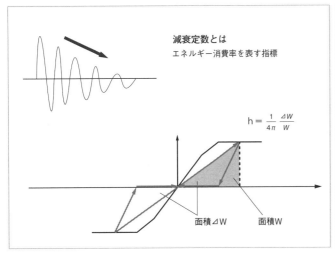

図7　減衰定数とは

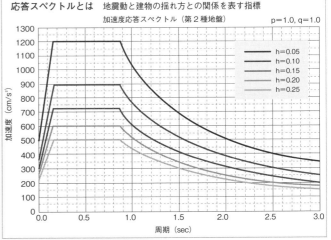

図8　応答スペクトルとは

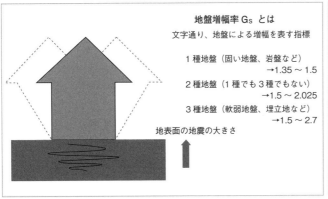

図9　地盤増幅率 G_S とは

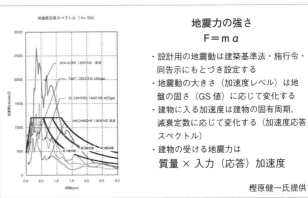

図10　地震力の強さと地盤の種類

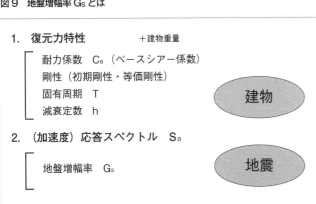

図11　限界耐力計算の用語

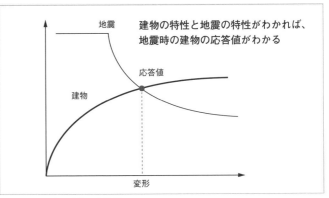

図12　地震時の建物の応答値

Column/ 限界耐力計算の社会的意義

松井郁夫

　2000年に法制化された限界耐力設計法は、伝統的な木造住宅にとって救済法である。考案者で提唱者の樫原健一氏は、1995年の阪神大震災の折に、数多くの伝統民家が壊されてゆくことに心を痛め、伝統的な建物に特化した解析法が必要だと感じたという。

　その経緯は、著書『木造住宅の耐震設計―リカレントな建築をめざして』(河村廣と共著、技報堂出版、2007年)を読んでほしい。実践のための書としては、『伝統構法を生かす木造耐震設計マニュアル―限界耐力計算による耐震設計・耐震補強設計法』(木造軸組構法建物の耐震設計マニュアル編集委員会著、学芸出版社、2004年)が実務者には使いやすい。

　限界耐力設計法は、建物の必要性能スペクトルと復元力応答する変形角を損傷限界と安全限界でとらえる変形性能を生かした動的な解析である(**068頁図11**)。

　伝統木造が、本来軸組みである柱梁の構成で成り立っている、壁に頼らない工法であるため、壁量計算や許容応力度計算では解けないことがあるが、限界耐力設計法によって、日本独自の伝統的な軸組の計算が可能になった社会的意義は大きい。日本のように湿度の高いアジアモンスーン地帯にあって、かつ地震国では、開放的かつ耐震的な建物が求められるが、相反する命題にあって、これまで難しいとされた伝統木造や古民家の開放性の計算ができるようになったのである。

　筆者は学生のころから、町並み保存の運動を続けてきたが、多くの美しい古民家が、なすすべもなく取り壊されてきた現実を見てきたので、限界耐力設計法はもっと多くの実務者や一般の人たちに知っていただきたいと願っている。

　日本人が、日本の家を風土に合わせて設計する。当たり前のことだ。これまで建築基準法の適用が難しく、伝統民家を守ることができなかったことのほうがおかしい。ようやく伝統構法に光の当たる時代がきたのである。

　また、石場建てが可能になったことにより、昔と同様の伝統的な木造住宅を建てることができるという選択肢が生まれた。石端置きの免震性能に期待する実務者にとっては朗報である。ただし、繰り返しになるが、柱を床下まで延ばして、礎石の上に乗せることを前提にしなければ意味がない。束の下ではない。

　石場建てのつくり方は、古民家の床下を覗くとよく分かる。おおよそ1間もしくは2間の間隔で柱ごとに丸い石があり、その上に柱が置いてある。柱と柱は足元が開かないように、足固めで結ばれている。大引は足固めに乗っているだけで、大引の下に束が3尺ごとに入ってはいない。大引にたくさんの束を立てても、それはムカデの足のようには動かないからだ。むしろ2階の梁のように大きな足固めが入り、地震力がかかると一体としてずれてくれる。石場建てが免震的といわれるゆえんである。

　平成28年6月1日国土交通省告示第690号「伝統的構法の利用促進のために規定の合理化」では、柱の下に「ダボ」を入れて接合部をつくるので、横力に対して抵抗し、柱を折ることになり芳しくない。政令も本来の石場建てを踏襲してほしいものだ。

写真　開放的な日本家屋(新潟県関川村の「渡辺家住宅」)

Column/ 床下環境の事実—密閉土台のススメ—

松井郁夫

　伝統的な建物の床下は、開放的にできている。建物の足元の木材が腐ることのないように、風通しよくしているためである。古い民家の床下は高く、人が這って入れたり、小動物が侵入でるような造りだ。石場置きの場合は、柱ごとに礎石が据えられ、足固めが組まれ、束がなかったので、床下から建物の向こうの景色が見えたりもした。

　ところが、断熱材が床下に施工されるようになってきてから、開放的な床下でも夏結露が問題になってきている。周辺環境の条件にもよるが、6月の梅雨時に冷えた床下に湿った暖かい空気が流れ込むと、床下に打ち上げられた断熱材の下端が結露する事故が各地で起こっている。いわゆる夏結露である。

　特に、ベタ基礎を施工した後のスラブコンクリートが乾いていない場合が危ない。コンクリートに含まれた水分が、床下の断熱材に付着するのである。断熱材がスタイロフォーム系の吸放出性のない場合がもっとも危険だ。

　そこでお薦めするのが床下を密閉する密閉土台と基礎断熱である(**写真、図1**)。

　一般的な木造の家の床下は換気のために通気を採るが、基礎コンクリートと土台の間を密閉して、1階室内と同じ環境にすることで、床下は地下室と考える。

　事例の「高円寺の家」では、床置エアコンを少し床下に沈めて、冷暖房を行っている。床下にエアコンの風を吹き込んでいるので、基礎との間に自然換気はない。そのかわりに、1階床にはガラリを付けて、空気を循環させている。暖気は軽いので、冬は暖かい空気が、床下から1階の室内を通り、吹抜けから2階の部屋に達する。20坪の小さな家なので、エアコン1台で充分暖かい。

　「東馬込の家」(**282頁**参照)も同じエアコン1台で、述べ32坪の2階建てを暖めている。ここで、伝統構法を実践する方たちからは、密閉土台について湿度の高い日本の気候風土からかけ離れているというご指摘を受けるが、床下の通気が伝統構法

の定義ではない。

　とはいえ床下を密閉することで気がかりなのはやはり結露であろう。

　そこで「高円寺の家」(**278頁**参照)の床下を工学院大学の中島研究室で計測してもらった(**図2**)。

　このデータを見る限り床下の土台を密閉したからといって、結露が起こることはない。

　床下の結露は、空気温度10度から40度の間の相対湿度80％を超えるあたりから起こる。「高円寺の家」では密閉土台であっても、7月と8月の梅雨や夏時に床下の空気温度23度から32度で相対湿度は76％を超えることはないので、結露はないことがわかる。

　密閉土台を通気がないから伝統的ではないという意見は、むしろ先人たちの知恵を忘れている。縄文時代の竪穴式住居の昔から、土間を囲炉裏で1年中温めることは日常的に行われていた。火を絶やさないことが冬のために大切であったためである。

　土間の囲炉裏で暖められた地熱は、冬期に半年かかって戻ってくることで、冬の寒さをしのぐことができるという。

　北海道のアイヌの住居「チセ」などに古代から伝わる知恵である。床下の熱を利用するための密閉土台と考えれば、これほど伝統的なことはない。

　参考に高円寺の家の7月と11月の温湿度の計測グラフを上げておく(**図3**)。7月の床下の相対湿度が70％で推移し、露点温度がスラブ表面温度を超える日はない。11月は、床下の相対湿度は60％。露点温度がスラブ表面温度を超える日はない。

　床下密閉が結露につながることはないことが計測からも明らかになった。むしろ、床にガラリを切って、床下と室内を一体化して環境を同じにしてしまったほうが、空気のコントロールもしやすいと考えたほうがよいと思う。

図1　密閉土台と基礎断熱

写真　断熱材を張り上げた床下は結露する

図2　「高円寺の家」のカビ発生危険度

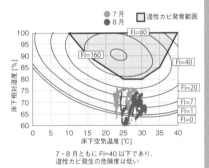

7・8月ともにFI=40以下であり、湿性カビ発生の危険度は低い

図3　「高円寺の家」の夏期と冬期の温湿度

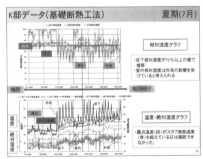

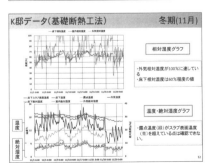

[第3章]

木造住宅[私家版]仕様書 架構編

- [私家版]仕様書

073　1｜地盤
080　2｜基礎
092　3｜土台
103　4｜柱
111　5｜耐力壁
125　6｜床組
138　7｜水平構面
147　8｜小屋組

[私家版] 仕様書／架構編 1

地盤 | Ground

木造住宅では、鉄筋コンクリート造や鉄骨造に比べて軽量であることから、地盤に対する問題意識が薄かった。
そのために、建物を支えられるだけの地盤なのかどうかもよく分からないままに建てられてきたのではないだろうか。
長寿命の木造住宅であるためには、長い時間にわたって、その建物の建つ地盤がしっかりしていなければならない。
しかし、宅地化された後ではその敷地がかつてどのような場所であったのか、
林や森、それとも田や畑だったのかなど分かりにくい。
また、切土なのか盛土なのか、目で見ただけでは判断しづらいことも多いのである。
それだけに、建てる前には問診程度の方法でもよいから、地盤について知ることが重要である。

　高台の地盤と海岸付近の地盤とでは堆積する地層が異なるため、その性状にも違いがある（図1）。耐震的な観点からは、地盤と建物の固有周期を一致させないことが共振現象を起こしにくくし、安全性を高めることになる。つまり、一般に硬い地盤には柔らかい建物、軟らかい地盤には堅い建物にすることがよいとされている。

　'95年に発生した阪神・淡路大震災でも、地質学レベルで地盤性状の重要性を再認識させられた。しかし、地盤や計画する建物の固有周期がどの程度のものなのかを住宅規模で容易に数値化し、比較検討できる手法は今後の研究を待たなければならない。

　施工後の経年数の浅い造成地や埋立地、地下水位の高い地盤など、いわゆる軟弱な地盤では不同沈下が起こりやすく、その上に建てられる住宅には、基礎のクラック（ひび割れ）、床の沈下、建物の傾斜など不具合を生じることもあり、住み手の生活が脅かされることになる。

　ここでは主にこの不同沈下に対して建築後に起こる諸問題（図2）を未然に防ぐために、地盤性状を知り、その敷地に応じた適切な対応の必要性を考えたい。

地盤の状態は目視では分からない

　すでに建物が、ある時間そこに不具合を生じることなく存在していた場所での建替えでは、その地盤は安定しているものと考えてよいだろう。しかし、更地の上に新築する場合、その地盤がどのような性状をもつかを想定するのは見ただけでは難しい。そのためには簡便な方法でもよいから地盤調査を行うことが望まれる。もちろん建替えといっても、既存建物の外壁やブロック塀にひび割れなどがあった場合や、周辺の状況によっては地盤調査をしておきたい。告示1113号（平成13年）により、地盤調査の方法について規定ができた。

　特に造成後まだ日の浅い造成地や埋立地では、その地盤を確認することが不可欠である。また、地山の切り盛りがどのような位置関係にあるのかも知っておきたい（074頁図3）。

　実務経験からも、設計が完了し、予算の調整後、工事契約も無事締結、そし

図1　海岸部の地層の模式図

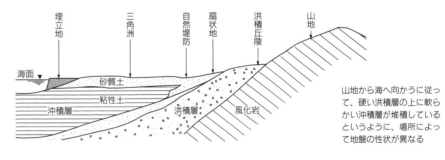

山地から海へ向かうに従って、硬い洪積層の上に軟らかい沖積層が堆積しているというように、場所によって地盤の性状が異なる

図2　不同沈下による事故例

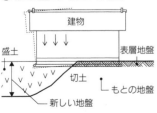

①切土と盛土にまたがる地盤

切土に比べて盛土は、十分に締め固まっていないと、荷重がかかった場合に沈下量が大きいため、盛土側に偏って沈下が起こりやすい

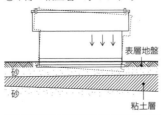

②下部の粘土層の厚みが不均一

厚みの変化が大きい軟らかい地層が下部にある場合、沈下量が均一でないため、上部の建物が傾く危険性がある

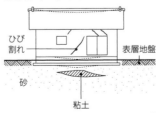

③部分的な不同沈下

部分的に軟らかい地層があったり、基礎下の地盤が不安定であったりすると、部分的に沈下を生じることがある

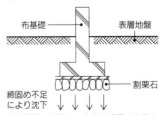

④基礎割栗石の締固め不足

布基礎下の地盤は、十分に締固めを行わないと沈下を生じやすい。基礎の床付け部分（根切り底）はなるべく荒らさないように注意する

て、工事に着手した途端に基礎より下の地盤の不良が判明し、基礎補強や地盤改良などを検討した結果、追加工事が必要となった場合には予算計画上からも大きな問題となる。その上、それに関わる費用はどうしても必要なものであり、事前に計画に盛り込んでおくことが重要である。

鉄筋コンクリート造や鉄骨造と異なり、2階建てまでの木造住宅では、確認申請などで、構造計算が必ずしも必要とされないため、地盤に対するチェックが甘くなっていた。その重要性は十分理解していても目に見えない部分であるため、地盤調査もせずに経験的に基礎幅や基礎成（高さ）を決めることによって対処していることが多いのではないだろうか。しかし、丈夫な上部構造をつくろうとする場合には、地盤調査は不可欠な確認作業なのである。医者が患者を問診する程度の調査は、設計の段階で必ず行う。

また実際に地盤調査を行う前に、地盤に対する下調べとして以下のような項目は、敷地周辺がどのような地盤であるのか、ある程度推定するのに役立つだろう。なお、土地条件図は国土交通省国土地理院（販売：(財)日本地図センター）、地質図は産業技術総合研究所地質調査総合センター（販売：同センター、(社)東京地学協会）などで調査・発行している。

①地形図

マクロ的に土地の高低が等高線で読み取れる。古地図などを見ることも、現状と土地の成り立ちの違いを知る手掛かりとなる。

②土地条件図

土地の微細な高低差、地形の種類、斜面の状態や盛土などの人工地形の状況などが読み取れ、災害に対する危険度の想定などに役立つ（**図4①**）。

③地質図

その土地の地表に現れる地層やその時代、礫や砂、岩石などの種類と分布状態が分かり、土の性質や地盤の硬軟が想定できる（**図4②**）。

④地盤図

主に都市部を対象に、地図上で取った各ポイントの柱状図を示したもので、その付近の地質状況が推定できる。地質図などと併用できればさらに効果的。

⑤**敷地周辺の住宅の状況**

図3　造成地盤の断面模式図

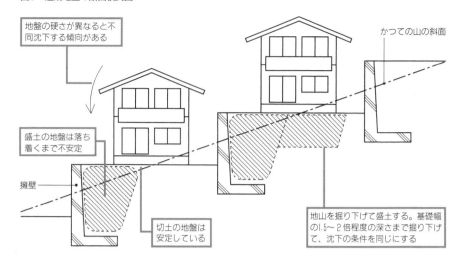

図4　土地条件図・地質図の例

①土地条件図

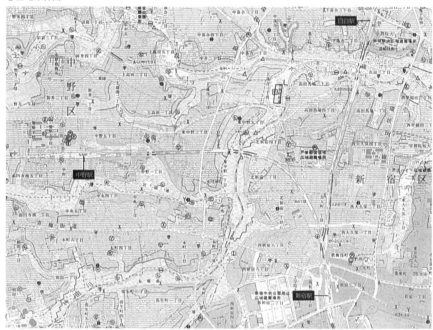

（旧建設省国土地理院1981年発行「2万5千分の1土地条件図東京西北部」より）

②地質図

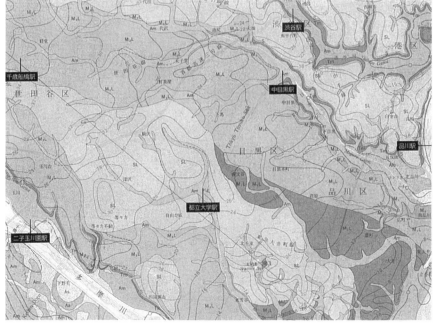

（旧通商産業省工業技術院地質調査所1984年発行「5万分の1地質図東京西南部」より）

隣戸の外壁や基礎、ブロック塀などのひび割れなどの観察。

⑥土地の名称

かつての周辺状況を推定できる地名。「川、谷、田、畑、窪、沼、潟、津」などが地名に含まれる場所は、軟弱な地盤である可能性が高い。町名変更が行われている場合もあるので、旧地名なども調べたい。

地盤の状態を調べる

敷地周辺の下調べの後、木造住宅規模の地盤調査では以下の方法が挙げられる。

(1) スウェーデン式サウンディング試験（SS試験）

ロッドの先端に螺旋状のスクリューポイントを取り付けて静的に荷重を加え、回転しながら一定の深さに貫入するのに要する半回転数（Nsw）を測定する調査法で、土質の硬軟、締まり具合、土層の構成などを大まかに判定できる。硬くない粘土層、緩いまたは薄い砂質土に用いられるもので、住宅ではよく行われている地盤調査方法である（図5）。

SS試験より得られるNswから換算式によって標準貫入試験（077頁図12②）のN値（錘を落下させ、地盤に30cm貫入させるのに要する打撃回数）との関係が示されている（図6）。ただし、その換算式には20%程度のばらつきがあるとされているので、安全側で数値を判断することが望ましい。また、N値と長期許容地耐力は表1の関係が一つの目安とされているため、SS試験からその値が求められる。

SS試験の場合、土中のコンクリート殻や石などにぶつかってしまうと計測ができないこともあるので、適宜測定ポイントを増やすことが望ましい。図7は、K邸で行われたSS試験の調査結果である

図5　スウェーデン式サウンディング試験

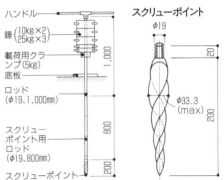

スクリューポイントを取り付けたロッドの頭部に100kg maxの静的荷重をかけて沈下測定を行う。次にハンドルを回転させ、1m貫入させるのに必要な半回転数（Nsw）を計測し、試験時の音と貫入抵抗から地盤を判断する。軟らかい地層では深さ10mまでの調査が可能。費用は約5〜6万円

K邸におけるスウェーデン式サウンディング試験の様子

図6　Nsw値とN値の関係

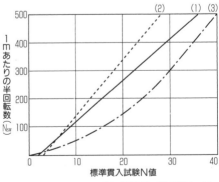

注1：(1)は砂質土でN=2+0.067Nsw（稲田式）、(2)は粘性土でN=3+0.05Nsw（稲田式）、(3)はまさ土でN=1.069Nsw^0.58（松浦・西村式）。(1)と(2)は土質工学会刊「土質調査（第2回改定版）」、(3)は日本建築学会中国支部基礎地盤委員会刊「まさ土地盤の圧縮性状に関する研究 1983」による

（社）日本建築学会編・刊「小規模建築物基礎設計の手引き」より

注2：平成13年7月2日国土交通省告示1113号第二により、Nsw値から地盤の許容応力度が求められるようになった

表1　N値と長期許容地耐力の関係

（単位：kN/m²）

地盤の種類	砂質地盤	沖積粘性土	洪積粘性土	関東ローム
Dunham式	10N	11.7N	—	
(旧) 日本住宅公団他	8N	10N	(20〜50) N	30N

注：10kN/m² = 1t/m² として換算　（社）日本建築学会編・刊「小規模建築物基礎設計の手引き」より

図7　K邸地盤調査結果

■測定ポイント別スウェーデン式サウンディング試験結果

測定ポイント	推定土質形状	推定水位	貫入深さ(m)	荷重(Wsw kg)	半回転数(Na)	1回あたりの半回転数(Nsw)	換算N値	備考
A	粘土	不明	0.25	100	2	8	3.4	
			0.50		5	20	4.0	
			0.75		—	—	3.0	ゆっくり
			1.00		—	—	3.0	
			1.20		60	300	15.0	空転
B	粘性土	2mまでなし	0.25	100	5	20	4.0	
			0.50		17	68	6.4	
			0.75		3	12	3.6	
			1.00		4	16	3.8	
			1.25		2	8	3.4	
			1.50		—	—	3.0	ゆっくり
			1.75		6	24	4.2	
			2.00		6	24	4.2	
			2.25		5	20	4.0	
			2.50		17	68	6.4	
			2.75		12	48	5.4	
			3.00		13	52	5.6	
			3.25		22	88	7.4	
			3.45		60	300	15.0	打撃
C	粘性土	2mまでなし	0.25	100	6	24	4.2	
			0.50		11	44	5.2	
			0.75		4	16	3.8	
			1.00		2	8	3.4	
			1.25		—	—	3.0	
			1.50		—	—	3.0	
			1.75	75	—	—	2.3	ゆっくり
			2.00		—	—	2.3	
			2.25		—	—	2.3	
			2.50		—	—	2.3	
			2.75	100	3	12	3.6	
			3.00		4	16	3.8	
			3.25		10	40	5.0	
			3.45		60	300	15.0	空転
D	粘性土	2mまでなし	0.25	100	3	12	3.6	
			0.50		6	24	4.2	
			0.75		2	8	3.4	
			1.00		—	—	3.0	ゆっくり
			1.25		—	—	3.0	
			1.50		—	—	3.0	
			1.75	50	—	—	1.5	ゆっくり
			2.00		—	—	1.5	
			2.25		—	—	3.0	
			2.50	100	5	20	4.0	
			2.75		8	32	4.6	
			3.00		2	8	3.4	
			3.25		—	—	3.0	ゆっくり
			3.45		60	300	15.0	空転

■測定ポイント別N値

推定土質形状	A	B	C	D	貫入深さ(m)
粘性土	3.4	4.0	4.2	3.6	0.25
	4.0	6.4	5.2	4.2	0.50
	3.0	3.6	3.8	3.4	0.75
	3.0	3.8	3.4	3.0	1.00
	15.0	3.4	3.0	3.0	1.25
		3.0	3.0	3.4	1.50
		4.2	2.3	1.5	1.75
		4.2	2.3	1.5	2.00
		4.0	2.3	1.5	2.25
		6.4	2.3	3.0	2.50
		5.4	3.6	4.6	2.75
		5.6	3.8	3.4	3.00
		7.4	5.0	3.0	3.25
		15.0	15.0	15.0	3.50

る。測定したA～Dの4ポイントのうちAと他を比較すると、地山までの深さが異なることが読み取れ、また、不同沈下を起こしそうな地盤とも判断されたため、地盤改良を行った。

（2）表面波探査法

地表面上で起震器によって地盤面を振動させ、発生したレーリー波が2つの検出器A～B間を通過する速度から地盤の硬軟の程度を検出する調査法（図8）。この方式は土木分野ではよく用いられるもので、簡便に調査できるため住宅の地盤調査法として広まりつつある。

図9はS邸で実際に行われた表面波探査法の調査結果で、敷地内の建物の四隅と中心の5ポイントで測定を行った。地表から基礎下端50cmくらいまでの地盤状態は、当初、筆者の目視で判断していた20～30kN/㎡程度の地耐力は認められ、ベタ基礎による手当てで調整できる状態であることが分かった。しかし、地表より1m以下では地耐力20kN/㎡以下の地層が不均一な厚さで形成されており、ベタ基礎であっても不同沈下の危険性が考えられた。目視では到底確認できない深さである。見えないところにこそ要注意という教訓であった。

また、調査結果とともに地盤の補強方法の指針として、基礎下1mの深さまで表層地盤改良を行うことが、最善であるとの判定が、調査会社から下された。

（3）コーンペネトロメーター試験

先端角が30度の円錐状のコーンをロッドの先端に取り付け人力で地中に押し込み、その際にコーンの貫入抵抗から地盤の硬さ、締まり具合を調べる調査法（図10）。コーンペネトロメーターは、粘土やピート（泥炭）を主体とする軟弱地盤に適した最も簡便な方法で、5m程度の深さまでの測定ができる。

（4）素掘り・ハンドオーガーボーリング

さらにもっと簡単に地盤の性状に見当を付けるには、直接掘ってみる（素掘り）のも一つの方法である。スコップやつるはしを用いての壺掘り（必要な部分だけを掘削すること）では、硬さや抵抗の具合からその地層のおおよその強さを知ることもできる。

同様にハンドオーガー（図11）を用いれば、あまり硬くない地層なら5m程度までの試掘も可能で、掘進の抵抗によってその地層のおおよその強さや地層の判別もできる（表2）。表3は掘った土の種別やその硬さを知ることで、許容地耐力を

図8　表面波探査法

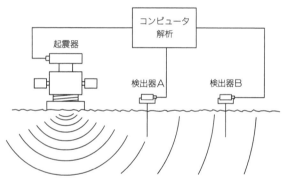

起震器によって人工的に起こした微細な地震波が、検出器A－B間に伝達する状況をコンピュータで解析する。費用は約5～6万円
（資料提供：㈱地盤保証協会）

表面波探査法によるS邸の地盤調査の様子。5つのポイントで調査を行った結果、軟弱地盤であることが判明し、地盤改良の必要性が認められた

図9　S邸地盤調査結果

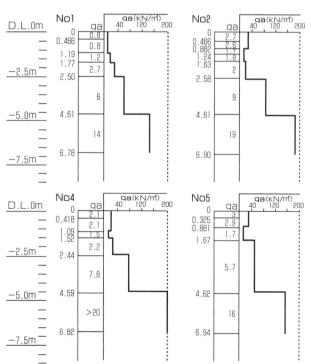

凡例
D.L.：地下深さ
qa：地耐力

地表50cm程度までは、いずれのポイントでも20kN/㎡以上の地耐力が確認できるが、1m以上の深さでは、地耐力20kN/㎡以下の地層が不均一な厚さで形成されていることが調査結果から分かる。このため、ベタ基礎にしても不同沈下する可能性があると判断した

図10　コーンペネトロメーター試験

ロッド本体

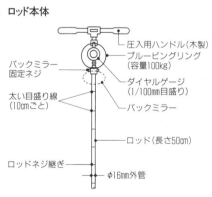

コーンペネトロメーター

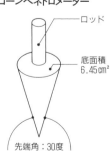

コーンペネトロメーターは軟弱地盤には有効だが、硬い地盤には貫入できない。スウェーデン式サウンディング試験と併用するとよい

推定する場合の参考になる。

(5) その他の地盤調査法

地盤調査法にはこのほか、ボーリング調査、標準貫入試験（10m約20万円／箇所）、平板載荷試験など本格的な調査法があり（**図12**）、地盤に関して得られる情報量も多いのだが、住宅規模では費用面で負担が大きいだろう。

（1）～（4）の調査方法は予備調査や補足調査程度の簡便な方法である分、複数ポイントの調査が容易なため、木造住宅を建てる敷地の状況を把握するうえでは有効な調査方法といえるだろう。SS試験、表面波探査法などは調査ポイント数にもよるが、調査費用は5～6万円程度見込んでおけばよい。また、調査会社から、調査結果に基づいた基礎あるいは地盤の補強の指針まで報告書として提示してもらえる。これらの資料をもとに地盤をどう認識し、設計に反映させるのかは設計者、施工者の総合的な判断となる。

図11　ハンドオーガーボーリング

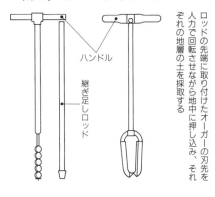

ヘリカルオーガー　　ポストホールオーガー

ロッドの先端に取り付けたオーガーの刃先を人力で回転させながら地中に押し込み、それぞれの地層の土を採取する

表2　試験堀りによる地層の簡易判別法

地層の硬さ		素掘り	ハンドオーガーボーリング	推定N値	推定長期許容地耐力(t/m²)
粘性土	極軟	鉄筋を容易に押し込むことができる	孔壁が土圧で潰れて掘りにくい	2以下	20以下※1
	軟	シャベルで容易に掘れる	容易に掘れる	2～4	30※1
	中位	シャベルに力を入れて掘る	力を入れて掘る	4～8	50
	硬	シャベルを強く踏んでようやく掘れる	力いっぱい回してようやく掘れる	8～15	100
	極硬	つるはしが必要	掘進不能	15以上	200
地下水面上の砂質土	非常に緩い	孔壁が崩れやすく、深い足跡ができる	孔壁が崩れやすく、試料が落ちる	5以下	30以下※2
	緩い	シャベルで容易に掘れる	容易に掘れる	5～10	50※2
	中位	シャベルに力を入れて掘る	力を入れて掘る	10～20	100
		シャベルを強く踏んでようやく掘れる	力いっぱい回してようやく掘れる	20～30	200
	密	つるはしが必要	掘進不能	30以上	300

※1：過大な沈下に注意を要する、※2：地震時の液状化の注意を要す
注：地耐力は10kN/m² = 1t/m²としてSI単位に換算

（㈳日本建築学会編・刊「小規模建築物基礎設計の手引き」より）

表3　長期許容地耐力表

地盤の種類と状態		長期許容地耐力※4 (t/m²)	備考	
			N値	Nsw値※5
土丹盤		300	30以上	
礫層	密実なもの	600	50以上	—
	密実でないもの	300	30以上	
砂質地盤	密実なもの	300	30～50	400以上
	中位	200	20～30	250～400
		100	10～20	125～250
	緩い※1	50	5～10	50～125
	非常に緩い※1	30以下	5以下	50以下
粘土質地盤	非常に硬い	200	15～30	250以上
	硬い	100	8～15	100～250
	中位	50	4～8	40～100
	軟らかい※2	30	2～4	0～40
	非常に軟らかい※2	20以下	2以下	Wsw100以下※6
関東ローム層	硬い	150	5以上	50以上
	やや硬い	100	3～5	0～50
	軟らかい※3	50以下	3以下	Wsw100以下※6

※1：液状化の検討を要する、※2：過大な沈下に注意を要する、※3：2次堆積土では長期許容地耐力が20kN/m²以下の場合もある、※4：短期許容地耐力は長期の1.5～2倍することができる、※5：Nswはスウェーデン式サウンディング試験による半回転数、※6：Wswはスウェーデン式サウンディング試験の積載荷重

（㈳日本建築学会編・刊「小規模建築物基礎設計の手引き」より）

図12　その他の地盤調査法

①ボーリング調査

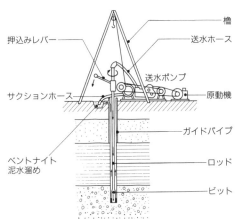

深い地層を調べる場合に用いられる調査法。ロッドの先端に取り付けたオーガーの刃先を動力で回転させて地中に穿孔させる。このときベントナイト泥水をロッドを通して刃先に送り込み、循環する泥水に混じって出てくる土を採取する

②標準貫入試験

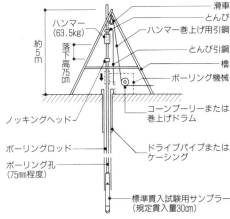

土の性状や地耐力を詳しく調査するために広く行われている試験。ロッドの先端に取り付けた試験用サンプラーをボーリング孔内に挿入し、75cmの高さからハンマーを落下させ、地盤に30cm貫入させるのに要する打撃回数（N値）を測定する

③平板載荷試験

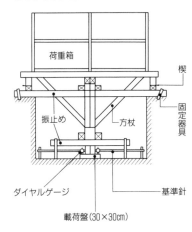

地耐力を詳しく求める場合に行われる試験。基礎を設置する深さまで掘削して基礎に見立てた載荷盤を底に置き、その上に建物の重量に見合う荷重を載荷し、沈下量を測定する

地盤を補強する

軟弱な地盤に対して、建物を安定して維持していくためには、基礎下に木杭や鋼管杭、ＲＣ杭を支持層まで打ち込む方法などがあるが、ここでは、地盤の原土にセメント系固化材を混ぜ合わせ、土質そのものの性質を変え、地盤を安定させる地盤改良について考えてみたい。

軟弱層の厚さが不均一な場合に不同沈下が起こりやすいため、住宅規模では均質な地盤状態をつくることを目的とした地盤改良が最も普及している。以下に示した表層改良と柱状改良がその主な方法である。

（1）表層地盤改良

建物の建て坪より広い面積範囲の軟弱で不安定な地表面の原土に、セメント系固化材を混合・攪拌・転圧して分厚い安定した地層に変えてしまう改良法（**図13**）。地盤の上層1〜2m程度が軟弱な場合には、バックホー（地盤面より低い部分を掘削するショベル）などを使い、表層土にそのままセメント系固化材を粉体で混合攪拌すればよいので、施工方法としては簡便であり、必ずしも専門業者へ依頼しなくても施工そのものは可能といえる（**写真1**）。ただし、専門業者によっては、施工に対して10年保証などの制度をもっており、何らかの地盤に関する問題が起きた場合には安心である。

固化材を混合した土の一軸圧縮強度はその添加量にもよるが、大きな値が出ている（**図14**）。有機成分の含有量など土質の違いによる混合割合などは各メーカーの技術資料を参照し、現場の条件に合った施工法の検討が必要である。

（2）柱状地盤改良

建物の基礎下部位置にセメント系固化材を加圧注入して杭状に固める改良方法（**図15**）。**写真2**は、先に地盤調査したＳ邸（**076頁参照**）のソイルセメント（セメント系固化材）による柱状地盤改良の現場の様子である。Ｓ邸の調査結果からは基礎下1mまでの表層地盤改良が必要との判定であったが、地耐力の弱い地盤が多少不均一な厚さで残ることが気になったことと、安全側で考えようということで柱状地盤改良を採用した（**図16**）。

柱状地盤改良を行う場合、基礎を柱頭位置に正確に載せるためには遣り方を完了し、建物位置（基礎位置）を確定しておかなければならない。特殊形状をした攪拌ヘッドで地面を穿孔し、同時にミニプラント（ミキサー）でミルク状の固化液にしたソイルセメントをヘッド先端まで圧送・注入し、原土と攪拌する。原土は一度液状化されるが、水和反応によって固結して杭状に地盤が改良される。ちなみに、現場では直径600mm×長さ5mのものが正味12〜15分／本程度で施工された。

柱状地盤改良では、固化液の注入量分と攪拌による体積増加分が地表に小山をつくるため、その処理を場外搬出とするのか、場内敷き均しとするのかなどの検討が必要となり、狭い敷地では地盤面の設定に関係するので注意したい。

なお、30kN／㎡未満の軟弱地盤であっても、地層に不均一な硬さのばらつきがなければ、多少沈下はしてもベタ基礎方式によって接地圧を確保するという考えも補強方法の一つである。ベタ基礎については、**084頁**の「基礎」の項で触れることにする。

図13　表層地盤改良（浅層安定処理工法）

建て坪以上の面積を掘削し、その土にセメント系の固化材を混合攪拌して安定処理地盤をつくる。基礎間隔が広い場合は基礎下部のみを改良することもある。掘削深さが増すと柱状地盤改良よりも割高となる

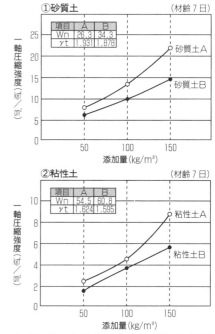

図14　固化材の一軸圧縮強度の例
　　　（粉体混合の試験結果）

注：表中のWnは自然含水比（％）、γtは湿潤密度（g/㎝³）をそれぞれ表している
（住友大阪セメント㈱「タフロック」試験データより）

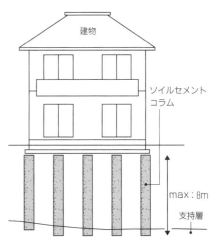

図15　柱状地盤改良（深層安定処理工法）

ソイルセメントを特殊ポンプで地中に圧送し、基礎下部の土と混合攪拌して杭状に固める。コラムの長さは堅固な地盤（支持層）までの深さとするが、杭とは異なるので8m以下、できれば5m程度が望ましい

バックホーで原土とセメント系固化材を混合攪拌しているところ

基礎フーチング部分を深く掘り、その根切り土と固化材を混合攪拌し、再び埋め戻して転圧する

写真1　セメント系固化材による表層地盤改良の例

以上のことから地盤については、私家版仕様書として**表4**のようにまとめた。地盤の確認は、設計段階での検討作業であることを前提とするが、全体を通しての私家版仕様書（010～021頁）では土工事の工事項目に組み入れている。

表4　私家版仕様書【地盤】

地盤	・事前調査：計画敷地は地盤調査前に以下の資料および敷地周囲の状況を調査し、地盤の概要を検討する（設計前調査） 　□地形図　　□土地条件図　　□地質図　　□地盤図 ・地盤調査方式：以下の方法の一つ、または組合せによる 　□素掘り　　□コーンペネトロメーター試験 　□スウェーデン式サウンディング試験　　□表面波探査法 　□ハンドオーガーボーリング　　□ボーリング（＋標準貫入試験） 　□その他（　　　　　　　　　） ※地盤調査の結果により、必要に応じた適切な基礎補強または、地盤補強を行うこと

ミニプラントによって基礎下部にソイルセメントを圧送しているところ

施工の様子。地中には直径600mm、長さ5mのソイルセメントコラムができ上がっている

施工後は写真のように小山ができるため、残土処理するか敷地内に敷き均す

写真2　ソイルセメントによる柱状地盤改良の例

図16　S邸柱状地盤改良計画図

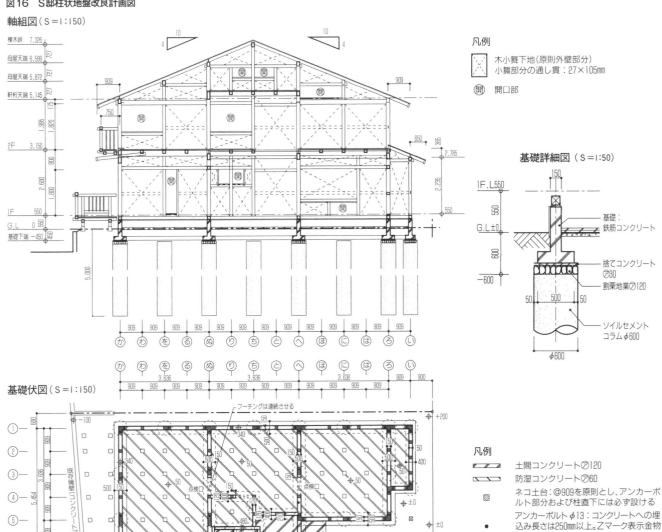

[私家版]仕様書／架構編 2

基礎 | Foundation

基礎は上部構造の荷重を地盤に伝え、風や地震の水平力で建物が移動や転倒しないように地盤とつなぎ、
さらに、地盤の不同沈下や天災などによる地割れなどにも耐えなければならない。
そのためには、まず地盤の特性を十分に把握することが重要である。
基礎の形状は荷重を均一に分散し、一体で剛性の高い構造が望ましい。
布基礎では、構造上の弱点となる上端の欠込みをつくらないなど、
従来の基礎のつくり方に対する再考も必要となる。
通常、地耐力30kN／㎡を布基礎かベタ基礎かの選定の境目とするが、剛性が高く、防湿性能もよいベタ基礎は、
その形状や仕様によっては木造住宅の基礎として、積極的に取り入れてみてもよい。

木造住宅の場合、建築基準法施行令42条（土台および基礎）によってコンクリート（地盤が良好であれば無筋でも可）の布基礎が規定されている。現在では、無筋のコンクリートということはほとんどなく、一体の鉄筋コンクリートによって設計、施工がなされている。

基礎の役割は、基礎より上部構造の荷重を受け、台風や地震時に生じる水平力によって建物が移動したり、転倒しないように地盤につなぎ止め、また不同沈下や地割れなど、地盤の変形に対応することである。ここでは長寿命の木造住宅の基礎として、布基礎とコンクリート工事の関連から床下の防湿処理の考え方、また、ベタ基礎を積極的に用いることの有効性などについて考えてみたい。

基礎の歴史を再考する

柱を地中に埋めて支持する掘立て柱の時代には、基礎は存在しない。伊勢神宮の遷宮の例からも明らかなように、掘立て柱の耐用年数はせいぜい20年程度であり、これが建物の寿命を決定していた。基礎といえるのは、石場建ての礎石からである（**写真1**）。軸組の最下部に据えた自然石または加工を施した石に柱を載せて荷重を地盤に伝えていた。

礎石による石場建ての工法は、柱を地盤面から離し、建物の寿命を延ばすための先人の知恵でもあった。その後、生産性向上の観点から敷土台の工法が採られても、地盤に設けた礎石に土台を据えていた（**写真2**）。しかし、地際であるため湿気や雨の跳ね返りなども多く、部材の耐久性には問題を残していた。さらにその後、敷土台を地盤面から遠ざけるために、切石を敷き並べて基礎（布石）とする方法も生まれたが（**写真3**）、石を積み重ねただけなので、よほど地盤がよくないと不同沈下を生じ、建物が歪んでしまっただろう。

木造の基礎に鉄筋コンクリートが採用されてから、さほど長い時間は経過していないが、現場打ちのコンクリートで一体に基礎が打たれるようになって、建物の不同沈下の問題はいくらか解決された。しかし、布基礎の立上がりを連続して打つことによって床下の通風が乏しくなり、土台や床下、柱の根元などの主要な部材の耐久性に関しては、新たな問題を背負い込むことになってしまった。こうしたことから、基礎については構造と床下部材の耐久性の両面から考えていかなければならない。

現在、木造住宅で用いられているコンクリートの主な基礎には**図1**のような種類がある。

布基礎は梁と考える

長期地耐力が30kN／㎡以上であればフーチングをもった逆T字形の布基礎が

写真1　民家の石場建ての例。基礎の始まりともいえ、自然石の礎石の上に直接柱を建てている

写真2　玉石の形状を敷土台に光付け（写し取り）、密着するように敷土台を削って据えている

写真3　切石の布石を基礎とし、その上に土台を据え付けている

一般的である。構造的には、布基礎は上端などに欠損がなく、各辺が閉じた箱形であることを理想とする。しかし、現実には床下換気口や点検口、玄関や勝手口部分の切り下げによって布基礎の上端が切り欠かれるので、構造的に非常に不利になる場合が多い（**図2**）。そのため、基礎の計画にあたっては、以下のことを原則として設計したい。

（1）布基礎は梁であると考える

原則として布基礎上端に欠損や開口部をつくらない。そのため、従来から多用されてきた床下換気口は設けず、他の方法で床下換気を行う。

木造住宅工事仕様書では、布基礎には4m以内（建築基準法では5m以内）ごとに有効換気面積300cm^{2}以上の床下換気口を設けることとされている。しかし、一般に1階は水廻りなど間仕切り壁で細かく部屋割りされ、その土台下に布基礎を回すことが多くなるため、この方法で床下通気を考えるとその数は意外に多くなる。また、この換気口の高さは150mm程あり、多くの現場では布基礎の上端筋を切って施工している（**写真4**）。補強筋を入れることは当然としても、上端筋の切断は鉄筋コンクリート造の梁であればあり得ないことである。

そうした点を考慮してか、換気口の高さを100mm程度と低く抑え、上端筋を換気口下に設けたり、逆に換気口位置を少し下げて上端筋を通す施工法も目にすることがある（**写真5**）。しかし、立上がりの少ない布基礎（基礎を梁と考えた場合、最低でも高さは450mm以上必要）では100mm分でも構造的には有効に使いたいし、や

図1　主な基礎の種類

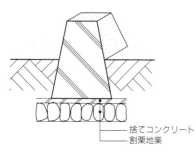

独立基礎

単体で荷重を受ける基礎。上部の荷重に応じて下部の接地面積の広さで対応する

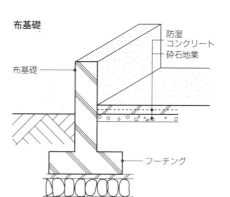

布基礎

一般的に布基礎と呼ばれ、住宅で最も多用されている逆T字形の基礎。建物の規模や地盤の状態に応じてフーチング幅を調整する

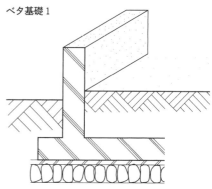

ベタ基礎1

軟弱地盤で用いられる基礎。布基礎のフーチング部分を全体につなげ、一つの面として構成することによって、上部の荷重を均等に地盤に分散する。もともとのベタ基礎とはこの形式であった

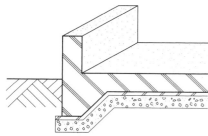

ベタ基礎2（逆スラブ＋立ち上がり）

近年多用されるようになった基礎。使用する材料は増えるが、施工工程数や土工事を少なくできるためコスト面でメリットがある。地面への食込みが少ないので、ベタ基礎1よりは良好な地盤に用いる

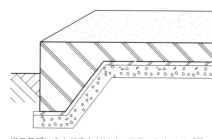

ベタ基礎3（逆スラブ）

逆スラブに立上がりを付けず、フラットなスラブ面に建物を建ち上げていく。基礎の立上がりがないので施工工程数はさらに減るが、地業で十分に転圧する必要がある

写真4　布基礎の上端を切り欠いた床下換気口の開口。基礎の上端筋を切り欠くと強度的に不利になる

図2　天端を切欠きされた布基礎

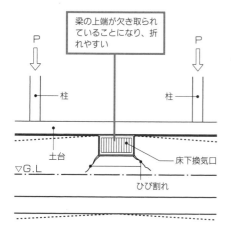

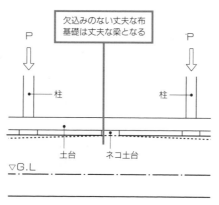

写真5　布基礎のほぼ中央部にあけられた床下換気口の開口。上端筋を切断していない点は望ましいが、基礎高さに対して大きな開口となっている

図3 ネコ土台の仕様

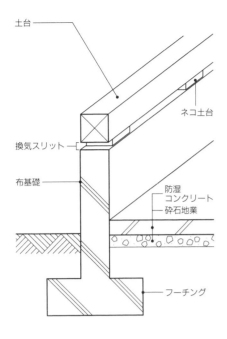

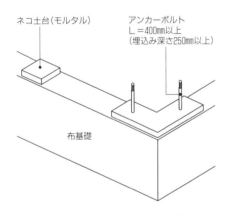

■ネコ土台の配置位置
　①3尺（909mm）間隔　②出隅・入隅位置
　③土台継手位置　④上部柱位置
　⑤アンカーボルト位置

■ネコ土台の材質
　クリ材、モルタル、石、合成樹脂製品、
　金属製品など

基礎と土台の間に挟んだ木製のネコ土台。布基礎には欠込みがないため構造的に好ましく、床下換気にも有効である

はり梁に大きな穴はあけたくない。

その対応策として私家版仕様書では、ネコ土台を標準に考えている（図3）。ネコ土台とは、土台を基礎から浮かせることによって土台下端の通風を可能とし、乾燥状態が保たれるので土台の耐久性を向上させるとともに、床下換気が有効に行えるものである。もともとは、布基礎の強度に関してというよりも、土台の耐久性向上の観点から採用されたものだが、結果的に基礎の高さの確保と、上端に欠損をつくらないので強度を低下させないことにもつながっている。

今では、ネコ土台の考え方も一般的な仕様として定着し、多くの現場で目にするようになっている。ネコ土台については「土台」の項（092頁）でさらに詳しく触れることにする。

(2) 布基礎は閉じる

床下の点検やメンテナンスを考えると、布基礎に点検口を設けると都合がよいのだが、基礎を切断することは構造上避けたい。1階床上で適宜点検口が設けられる場合には布基礎を切り欠く必要はなく、平面計画で対応を工夫する。

たとえば、和室は畳を上げて荒床を外せばよいし、台所では床下収納部の工夫、納戸や押入であれば床に揚げ蓋を設けるなどして床下を点検できれば、その区画の布基礎に点検口の切欠きを設ける必要がなく、区画が閉じた矩形となる（図4）。

(3) 小さな区画は設けない

外周壁や耐力壁などを受ける主要な基礎部分と、それ以外の間仕切り壁を受ける部分とに分けて考え、主要な基礎部分

をある程度のまとまりをもった広さの単純な矩形として完結させることが望ましい（図4）。主要な部分以外は半島形や、場合によっては独立基礎としてもよいだろう。

(4) フーチングは連続させる

布基礎の上端を切り欠かないといっても、玄関や勝手口など数箇所はあるもので、半島形になる部分や独立基礎などは連続性が保てない。そこで基礎としての一体性を高めるためにフーチングだけは必ず連続させる（図4）。

(5) 布基礎幅は150mm以上

木造住宅工事仕様書では、基礎幅は120mm以上となっている。しかし、布基礎の立上がり部分では、配筋の通りがよくないことが現場ではよくある。鉄筋の被り厚さを確実にとるためと耐久性の向上を考えると、基礎幅は最低でも150mm以上は必要であり、フーチングの厚さも同様に考える。

(6) フーチング幅は地盤で決まる

一般に木造住宅では表1・2などが参考となり、さらに安全側の数値で考えておきたい。本来ならば布基礎のフーチング幅については、荷重計算をし、地盤の接地圧から数値を算出して求めることが望ましい。

床下の防湿を考える

床下の地盤から立ち昇る水蒸気はかなりの量で、通気の悪い床下の床板を剥ぐと湿気でムッとすることを経験する。こうした湿気が床下にこもらないようにす

図4 布基礎の配置の考え方

建物外周部のみの布基礎

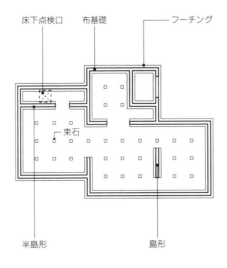

連続した基礎でゾーンを閉じ、単純な矩形でまとめた布基礎

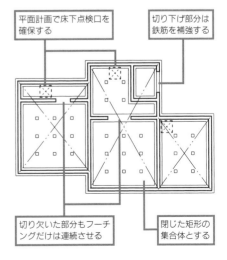

ることがシロアリや腐朽菌の繁殖予防にもなることは周知の通りである。一般に行われている床下防湿および排湿対策には以下のような方法がある。

①床下の地盤からに水蒸気を防ぐため、防湿フィルムの敷込みや防湿コンクリートを打ち、または両者を併用する。
②床下に石灰を撒いたり、木炭を床下いっぱいに敷き詰めるなど、湿気を調節する素材を敷き詰める（図5）。
③床下換気口やネコ土台による自然換気や、換気ファンを用いて強制換気するなど、床下の換気を十分に行って排湿する（図5）。
④床高さをより高くする。湿気の原因となる地盤からの距離を取るとともに、換気口も取りやすくなる。

布基礎の場合、私家版仕様書では084頁図6を最低限の仕様にしたい。防湿コンクリートは防湿性能ばかりでなく、工事中および工事後の床下での作業上都合がよい。また、1階床の一部を取り外せるようにしておけば、そのまま床下を収納スペースとして使えるように工夫することも可能である。

床下は設備の配管スペースでもある。外部から床下へ配管引込みの場所では084頁図7のように将来の補修への対応も考えたい。これは、布基礎にスリーブ（さや管）さえ入れておけば、防湿コンクリートの打設と配管引込みの工程にずれが

表1　布基礎の標準寸法

（単位：cm）

B		12	15	25	30	36	45	60	70	80	90	100
b		12	15	12	12	12	15	15	20	20	20	20
t		—	—	12	12	12	15	15	20	20	20	20
H1	(1)	45以上											
H1	(2)	12以上			24以上		27以上	32以上				
H2	(1)	20以上											
H2	(2)	30以上（枠組壁工法以外は24でもよい）											

注1：(1)は㈳日本建築学会編・刊「木質構造計算規準・同解説」、(2)は住宅金融支援機構監修「木造住宅工事仕様書」による。地盤の弱い場合は、H1は(1)によるのがよい
注2：寒冷地においては、H1を凍結深度より大とするか、または凍結深度まで砂・切込み砂利などで置き換える
注3：鉄筋コンクリート造とする場合はフーチングの厚さ(t)は15cm以上必要になる

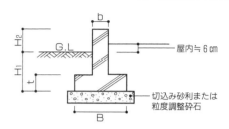

（㈳日本建築学会編・刊「小規模建築物基礎設計の手引き」より）

図5　床下の防湿・排湿の例

木炭などの敷き詰め

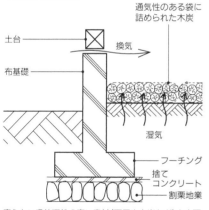

腐らない吸放湿性の高い素材（石灰や木炭など）を床下に敷き詰める。ただし、床下換気を十分に取ることが前提であり、飽和してしまえば調湿できない

床下の強制換気

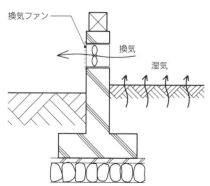

床下を強制的に換気する。既存の建物の改修などの対応に向いている

表2　木造住宅の布基礎フーチングの幅

（単位：cm）

種別		地耐力（長期：t/m²）	基礎間隔 2.7m 大	小	3.6m 大	小	4.5m 大	小	5.4m 大	小
一般地域	平屋	30	45	36	60	36	60	45	70	45
		50	25	25	25	25	30	25	36	25
		100	12※	12※	12※	12※	12※	12※	15	12※
	2階建て	30	80	80	100	90	—	100	—	—
		50	45	45	60	45	60	60	70	60
		100	36※	36※	36※	36※	36※	36※	36※	36※
	小屋裏利用 3階建て	50	60	60	70	70	80	80	100	90
		100	45※	45※	45※	45※	45※	45※	45※	45※
多雪地域（積雪1m）	平屋	30	70	70	90	80	100	90	—	100
		50	36※	36※	45	45	60	45	70	60
		100	36※	36※	36※	36※	36※	36※	36※	36※
	2階建て	50	60	60	70	70	80	80	100	90
		100	45※	45※	45※	45※	45※	45※	45※	45※
	小屋裏利用 3階建て	50	70	70	90	80	—	100	—	—
		100	45※	45※	45※	45※	60	45※	60	60

注1：荷重の大きさは、大＝屋根：瓦葺き（葺上げあり）、小＝屋根：厚型スレート
注2：腰部分にコンクリートブロックを積む場合には幅36cm以上
注3：※印は下図の最小値
注4：多雪地域は雪降ろしを考慮
注5：地耐力の値は 1t/m² ＝ 10kN/m² として SI単位に換算

一般地域平屋　　　　一般地域2階・多雪地域平屋　　　　多雪地域2階・小屋裏利用・3階

注1：図の布基礎の最小寸法は住宅金融支援機構監修『木造住宅工事仕様書』による
注2：鉄筋コンクリート造とする場合はフーチングの厚さは150mm以上必要になる

（㈳日本建築学会編・刊「小規模建築物基礎設計の手引き」より）

あっても対応できるので、現場の工程管理上も都合がよい。

ベタ基礎の利点とコストパフォーマンス

長期地耐力が30kN／㎡に満たないような軟弱な地盤の場合、布基礎のフーチング幅を広げて接地面積を確保するよりも、ベタ基礎のほうが有利である。接地面積を大きく取れるため荷重が分散され、高い剛性も得られる利点をもっている。しかし、ベタ基礎はコンクリート量が多いため自重が重くなり、極端に軟弱な地盤であったり、基礎の下部で不均一な軟弱層がある場合は、地盤改良などの特殊地業の検討も併せて必要となる。

軟弱地盤だからベタ基礎を選択するというより、丈夫で自由な木造架構を考える場合、良好な地盤状態であっても、基礎として剛性の高いベタ基礎を積極的に用いることを考えてもよいだろう。ただし、コンクリート量や鉄筋量が増えるため、コスト面での検討が現場では大きな課題となる。

そこで、ここでは4間（7,272㎜）角の単純なモデルを想定し、布基礎（**図6**）とベタ基礎（現在多く見られるシングル配筋、**図8**）の試算を試みた（**表3**、**図9**）。また、敷地が盛土でコンクリート殻も多く出た不良な地盤のため、構造計算を行い、仕様を決めて施工したT邸におけるベタ基礎（ダブル配筋）の工事費も併せて検討材料としたい。ただし、ベタ基礎といっても、耐圧盤がシングル配筋では曲げに対しての効力が薄く、ダブル配筋の耐圧盤とでは性能が異なるので、構造として一緒に論じるには本来無理があるが、コストの切り口で考えてみたい。

モデルは平坦な敷地で、性状も比較的良好な地盤を想定しているため根入れ深さは浅く、底盤位置も地盤面をあまりいじめない形状としている。しかし、軟弱な地盤の場合は底盤位置を深く設定したり、スラブ厚や配筋などの検討が必要となる。T邸はダブル配筋の耐圧盤による仕様で、モデルより明らかに性能は高い。

地域によりコストに差は出るだろうが、試算の項目のなかでは、土工事や型枠単価がコストに占める割合が大きく、いかにそれらを減らせるか、また、コンクリートの打設回数など、工程数を減ら

図6　布基礎・床下防湿コンクリート標準詳細例

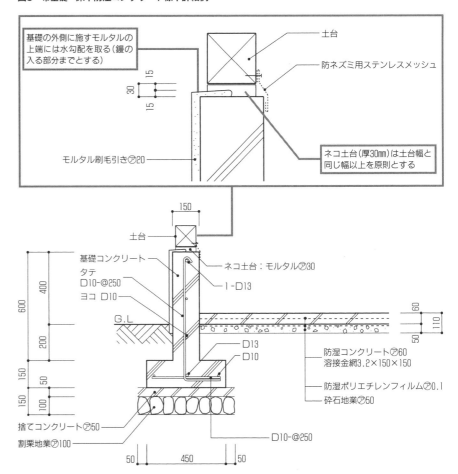

図7　設備配管ピット詳細例

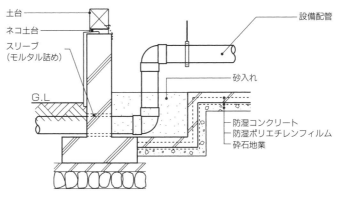

設備配管などの引込み経路については、設計段階で十分に検討し、現場における施工性や将来的な対応がしやすいように考える必要がある。また、スリーブ部分に関しては、補強筋などで十分に補強することが必要である

図8　ベタ基礎標準詳細例（シングル配筋）

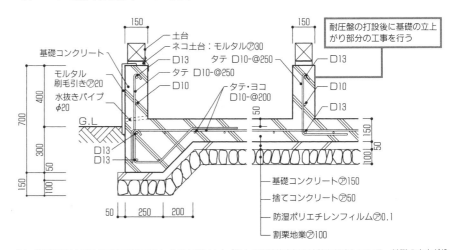

シングル配筋によるこのベタ基礎の図は、地耐力30kN／㎡以上の比較的良好な地盤を想定している。基礎の立上がり部分は布基礎の場合と同様に束立床組になるため、そのスペースで床下利用ができる

す工夫ができるかがコストダウンを図るうえでの検討項目といえる。

モデルの比較では、布基礎よりもベタ基礎（シングル配筋）にコスト的なメリットを見出している。良好な地盤でもベタ基礎を積極的に選択する方向性がある。立上がりをつくるか、フラット面にするかは建物の計画上の検討によるが、ベタ基礎同士を比較すると、T邸では16mm筋を使い、あばら筋など配筋も密なため鉄筋量が面積あたりで2.5倍以上、耐圧盤も厚いためコンクリート量も1.2倍程度と、性能の高さの分、資材量を必要としている。しかし、T邸のベタ基礎の場合は施工工程数を減らせるため、建て坪あたりのコストの差は小さい。

ベタ基礎の配筋をシングルにするかダブルにするかは、やはり地盤の性状と上部構造の問題であり、状況に応じた対応が必要である。シングル配筋の場合は**表4**が参考になるだろう。T邸の場合は構造計算によって必要な配筋、形状を決定している（086頁図10・11）。

ベタ基礎の注意点

ベタ基礎とする場合の計画、施工上の注意点としては以下を考えたい。

（1）地盤特性の確認

ベタ基礎だからよいと考えず、まずは地盤性状（凍結深度、接地圧の確保、表層の腐食土の状態）に対して、根入れ深さや耐圧盤の位置の検討が必要となる。**084頁**

図9｜積算用基礎モデル（基礎伏図）

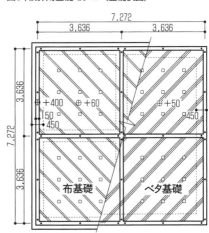

凡例
耐圧盤コンクリート⑦150
防湿コンクリート⑦60
● アンカーボルトφ13
□ 束石
⊕ 設計G.Lからのレベルを示す

で取り上げたモデルの形状と異なることがほとんどであろう。

（2）設備配管への対応

将来的な対応も含めた設備配管スペース、配管経路を十分に検討しておきたい。耐圧盤に配管した場合、将来の配管の取替えなどは難しい（086頁写真6）。そのまま埋め殺し、別の位置から布基礎に穴をあけて引込みを行うことなどを考えておきたい。あらかじめ耐圧盤上での引込みという考えもあってよいだろう（086頁図12）。

（3）耐圧盤下の地業

広い接地面積をもつからといっても、耐圧盤の下を十分に突き固めておかなければ効果が発揮できない。特に耐圧盤と

表3　基礎形式による工事費比較

基礎形状			布基礎（16坪）		ベタ基礎（16坪）		T邸ベタ基礎（22坪）	
項目	単価（円）	単位	数量	金額	数量	金額	数量	金額
根切り・鋤取り	6,000	m³	15.69	94,140	17.50	105,000	25.19	151,140
埋戻し	2,500	m³	7.99	19,975	1.36	3,400	1.69	4,225
残土処理（場内）	2,000	m³	7.70	15,400	16.14	32,280	23.50	47,000
割栗地業	10,000	m³	2.30	23,000	5.47	54,700	12.46	124,600
捨てコンクリート（手間共）	16,000	m³	1.15	18,400	2.73	43,680	4.15	66,400
基礎コンクリート	13,300	m³	6.87	91,371	13.19	175,427	21.95	291,935
防湿コンクリート	13,300	m³	3.17	42,161	—			
コンクリート打設費	1,850	m³	10.04	18,574	13.19	24,402	21.95	40,608
ポンプ車	60,000	回	3.00	180,000	2.00	120,000	1.00	60,000
鉄筋	50	kg	426.28	21,314	624.60	31,230	2,334.00	116,700
鉄筋加工組立て	65	kg	426.28	27,708	624.60	40,599	2,334.00	151,710
溶接金網	1,100	m²	52.88	58,168	—			
型枠損料	4,500	m²	65.44	294,480	40.72	183,240	20.82	93,690
防湿フィルム	300	m²	52.88	15,864	52.88	15,864	52.88	15,864
束石	800	箇所	36.00	28,800	—			
合計（円）				949,355		829,822		1,163,872
建て坪あたりのコスト（円）				59,335		51,864		52,903

土工事の量（根入れ深さ）やコンクリートの打設回数、型枠量がコストに大きく影響しており、ベタ基礎はコスト的にもメリットがあることが分かる。単価は比較のために東京周辺のものを参考として調整している

表4　ベタ基礎の標準配筋表

短辺内法長さ lx (m)	上部構造重量 w (t/m²)	長辺内法長さ		
		ly=lx	lx=1.5lx	lx=2.0lx
2.0	5.0	D10@20cm		
	7.5			
	10.0			
	12.5			
2.5	5.0	D10@20cm		
	7.5			
	10.0			D10@15cm
	12.5		D10@15cm	D13@20cm
3.0	5.0	D10@20cm	D10@15cm	
	7.5			D13@20cm
	10.0			
	12.5	D10@15cm		D13@15cm
3.5	5.0	D10@20cm		D10@15cm
	7.5		D13@20cm	
	10.0	D10@15cm	D10@15cm	
	12.5	D10@20cm		D13@10cm
4.0	5.0	D10@20cm	D10@15cm	D13@20cm
	7.5			
	10.0	D10@20cm		
	12.5	D13@15cm		D13@10cm

注1：表は厚さ15cm、コンクリート（Fc=18N/mm²）、鉄筋（SD30）のベタ基礎とした場合で、長辺・短辺とも同配筋とする。㈳日本建築学会編・刊「鉄筋コンクリート構造計算規準・同解説」による

注2：上部構造重量w（t/m²）の区分は下表による（1階床荷重・基礎の自重は含まない。表中の※印は枠組壁工法で小屋裏を3階に利用したもの）

w（t/m²）	区分
5.0	一般地域の平屋
7.5	一般地域の2階建て、多雪地域（積雪100cm）の平屋
10.0	一般地域の3階建て※、多雪地域の2階建て
12.5	多雪地域の3階建て※

（㈳日本建築学会編・刊「小規模建築物基礎設計の手引き」より）

図10　T邸ベタ基礎詳細図

基礎伏図

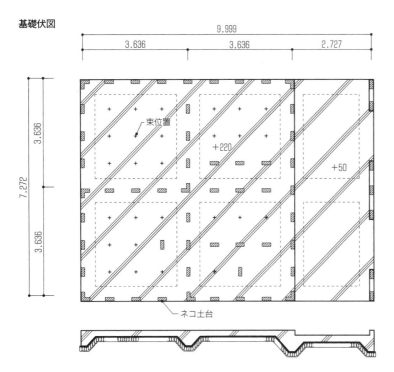

断面詳細図

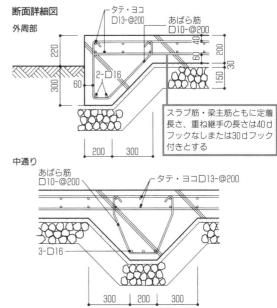

スラブ筋・梁主筋ともに定着長さ、重ね継手の長さは40dフックなしまたは30dフック付きとする

フラットなスラブ面が作業床となる。スラブ上で転ばし根太による床組も考えられるが、ここでは土台を敷き、足固めを併用した束立床組とし、スラブ面から床高を取っている

図11　T邸ベタ基礎の構造耐力

■ベースコンクリートの断面計算
 屋　根：80kg/m²×1.1×(10.6+1.8)×(7.27+1.85)＝9,952kg
 小屋裏：200kg/m²×4.55×7.28＝6,625kg
 2階床：200kg/m²×10.6×7.28＝15,434kg
 玄関・外階段：300kg/m²×1.05×4.55＝1,433kg
 外　壁：90kg/m²×{6×7.3×3＋0.6×2.9＋4.8×(7.3＋5.5)＋2.7²×0.45＋3.6²×0.45×2}
 　　　　＝18,857kg
 1階床＝200kg/m²×10×7.28＝14,560kg
 ベタ基礎(平均厚250mmと仮定)：600kg/m²×10×7.28＝43,680kg

■配筋量などの算定
 建物総重量(Σw)＝110,541kg
 平均接地圧(σe)＝110,541/(10×7.28)
 　　　　　　　　＝1,518kg/m²≒1.5 t/m²
 等分布2隣辺固定2辺単純支持スラブとして(※)
 l_y/l_x＝1.0　t＝20cm
 M＝0.07wl_x^2＝0.07×1.52×3.64²＝1.41 t m/m
 Q＝0.52wl_x＝0.52×1.52×3.64＝2.88 t m/m
 d＝20−7.3＝12.7cm　J＝7d/8＝11.1cm
 D13として、a_t＝1.27cm²　L_t＝2.0 t/cm² (SD295)
 1mあたりの本数nとして
 $n \geq \dfrac{M}{a_t \cdot f_t \cdot J} = \dfrac{141}{1.27 \times 2.0 \times 11.1} = 5.00$本
 ピッチ≦100/5＝20.0cm　→@200
 地中梁　w＝Q＝2.88t/mとして
 $M_B = \dfrac{5wl^2}{64} = 2.88 \times 3.64^2 \times \dfrac{5}{64} = 2.98$ t m
 $M_C = \dfrac{11}{768} wl^2 = 1.81$ t m
 $Q_B = \dfrac{21wl}{64} = 3.44$ t
 右図より上端筋3-D13と考えて
 a_t＝3×1.27＝3.81cm²
 $d_1 \geq \dfrac{8}{7} \times \dfrac{M_C}{a_t \cdot f_t} = \dfrac{8 \times 181}{7 \times 3.81 \times 2} = 27.1$cm
 下端筋2-D16として　a_t＝3.98cm²
 $d_2 \geq \dfrac{8}{7} \times \dfrac{M_B}{a_t \cdot f_t} = \dfrac{8 \times 298}{7 \times 3.98 \times 2} = 42.8$cm
 →梁成50cm
 あばら筋比≧0.2％よりD10として
 a_w＝1.43cm²　b＝35cm
 x≦1.43/(0.002×35)＝20.4cm　→@200
 重ね定着長さ　$2.5 \dfrac{F_t}{F_c} d = 2.5 \times \dfrac{3,000}{180} = 40$ d (フックなし)
 または30dフック付き

※：(社)日本建築学会編・刊「鉄筋コンクリート構造計算規準・同解説　付図10.7」より
注　'00年の建築基準法改正前の内容によるため、現法においては多少過剰設計となっている旨をご了承いただきたい

基礎モデル

スラブ配筋

地中梁配筋

写真6　ベタ基礎の設備配管例。配管はコンクリート打設前に完了しておくが、耐圧盤に埋め込まれるので将来の取替えは難しい

図12　耐圧盤上での設備配管

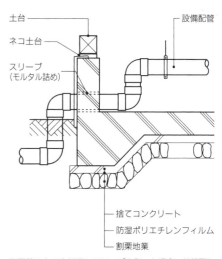

耐圧盤の上で布基礎にスリーブを取った場合、地盤面から設備配管が露出するが、保守や取替えは容易になる

構造設計者の眼
地盤と基礎の構造シミュレーション（フラットベット型ベタ基礎）

馬場淳一＋山辺豊彦

諸条件：
ここでは、ベタ基礎の天端をGL＋300mmに設定した場合のシミュレーションを行う。建物の総重量は15kN／㎡（瓦屋根、外壁ラスモルタルを想定）。スパン割り、断面は下図のとおり。敷地内の各地層の層厚に変化はないものとする（層厚が変化する場合は、特殊な地盤として扱う）。ただし、地盤が凍結する恐れのある場合は、外周部基礎を凍結深度以下まで下げる（延ばす）必要がある。ここでは、①表土から安定した地層となっている場合、②表土部分から軟弱層が続いている場合、③表土部分に腐植土やガラ混じりの埋戻し土が含まれている場合、の3種類を想定する

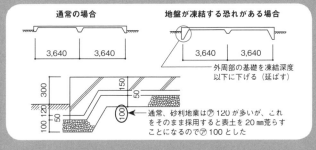

①表土から安定している地盤の場合
建物重量と地反力が各柱下の基礎において釣り合う状態になるので、地中梁は外周部のみでよく、スラブの配筋もシングルでD10-@200程度となる

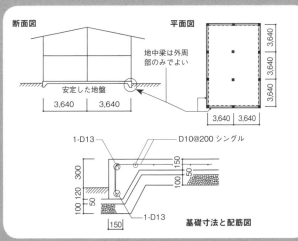

②表土から軟弱層が続いている場合
基礎下を地盤改良（セメント系固化材による浅層改良）したうえで、各スパンごとに地中梁を設けて基礎に剛性をもたせる必要がある

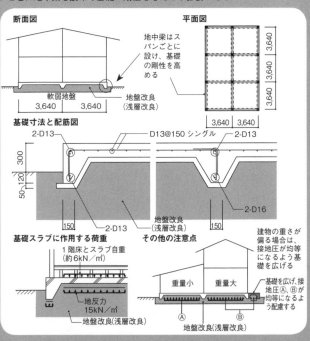

③表土に腐植土やガラ混じりの埋戻し土を含む場合
表土部分は地盤改良（セメント系固化材による浅層改良）する必要がある。その下の階が安定した地盤の場合は①に倣い、地中梁は外周部のみでよい。軟弱地盤の場合は、②に倣ってスパンごとに地中梁を設けて基礎に剛性をもたせる必要が生じる。また、建物の重量に偏りのある場合は、基礎底面の図芯と建物の重心を合わせるようにする

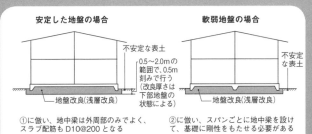

特殊な地盤の場合
A 切土と盛土が混在する場合
直接基礎とすると盛土部分の沈下量が大きくなるので、柱状改良、杭などを併用する。各スパンごとに地中梁を設けて、基礎に剛性をもたせる必要がある。切土に載る範囲が建物長さの2/3以上の場合、切土側からの片持ち形式で支持可能な場合がある。また、切土側を2階建て、盛土（片持ち）側を平屋にする計画も合理的と思われる

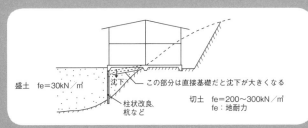

B 軟弱層の厚さが一定でない場合
1）軟弱層の地耐力が20kN／㎡以下の場合は、柱状改良もしくは杭とする。
2）軟弱層の地耐力が30kN／㎡程度の場合はベタ基礎を広げ、接地圧の均一化を図る。いずれの場合も各スパンごとに地中梁を設けて、基礎に剛性をもたせる必要がある。しかし、以前建物が建っていた状況を見て、特に問題のない場合は、これと同程度の重量の建物であれば、杭や柱状改良は必要ない

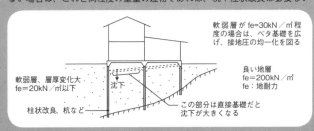

C 元湿地に盛土をして造成した場合
柱状改良もしくは杭とする。各スパンごとに地中梁を設けて、基礎に剛性をもたせる必要がある。この図は、元の地山が良好であると判断した場合であり、地山が良好でない場合も考えられるので、地盤調査にあたっては標準貫入試験を行う可能性も出てくる。慎重に地層構成を判断し、地山が盛土や埋土の重量によって圧密沈下しないかどうか検討する必要があり、そのうえで杭の長さを決定すべきだろう

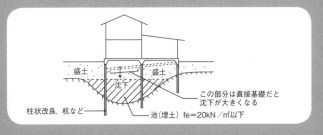

45〜30度の角度をなした切り下げ部分では、土が崩れることがないように注意して突き固めなければならない(**写真7**)。

(4) 捨てコンクリートの打設

型枠の正確な位置出しと、配筋中に切り下げ部分での土の崩れが起きないようにするために、捨てコンクリートを打設する。コスト削減を理由に捨てコンクリートを省略するような現場も見受けられるが、作業性と精度の向上のためには必ず打ちたい(**写真8**)。

(5) アンカーボルトの先付け

コンクリート打設時のアンカーボルトの埋込み作業では、その位置の精度が出せないため、アンカーボルトはコンクリート打設前に必ず先付けする。特に耐圧盤上に立上がりを設けないフラットな形状では、アンカーボルトを埋め込むときの定規となる拠り所もないためなおさらである(**写真9**)。

(6) 定尺寸の型枠の検討

構造上の検討事項をまずは優先するが、コスト面から考えれば、立上がり部分は型枠の定尺寸の高さ(鋼製型枠で主に600mm)以内で抑えることも検討したい(**写真10**)。

アンカーボルトの取付け

アンカーボルトの埋込みは、土台の継手や耐力壁の位置にも関係するため正確に施工したい。また、その位置と同様に埋込みの深さや土台天端からの出寸法が次の施工作業にも影響するため、所定長さの確保や正確なレベル出しをしたい。しかし、多くの木造住宅の基礎工事現場では、アンカーボルトの取付けは、いわゆる植込み式(「田植え」などともいう)で、コンクリートの打設と同時に行われているのが現状ではないだろうか。

植込み式ではその位置の基準は型枠の枠面であったりするが、コンクリート打設により型枠に歪みが出れば心ずれを起こしたり、見えない基礎配筋にぶつかって思った位置に植え込めない(**写真11**)。

アンカーボルトのレベルも、コンクリー

写真7 耐圧盤下の地業の様子。割栗石が一面に敷き均され、この後ランマー(土砂や割栗石を突き固める機械)で十分に転圧される

写真8 打設後の捨てコンクリート。捨てコンクリートは墨出しや外周型枠の設置、配筋などの精度を高める作業床となる

写真9 アンカーボルト先付け。ベタ基礎は一般にスラブに立上がりを設けない基礎形式であるため、コンクリート打設前に所定の位置にアンカーボルトを先付けしておくとよい(写真では溶接で先付けしているが、主筋をはずし番線で取り付けた補強筋に行う)

写真11 基礎に植え込まれたアンカーボルト。水糸(水平を出すために用いられる糸)を張って通りをよく見ながら丁寧に作業しても、基礎心に埋め込むことは意外に難しい

定尺寸の型枠を利用した施工。外周部は高さ600mmの定尺の型枠では、縦筋が飛び出して高さが足りないが、耐圧盤のコンクリート打設後、上にずらして組み直す。内部立上がりは定尺寸で足りる

耐圧盤のコンクリートを打設し、鏝で均していく

内部型枠を立ち上げたところ

写真10 基礎型枠の施工の様子

トが軟らかいうちはうまく固定せずに沈んでしまったり、逆に夏場のように硬化の早い季節では、速やかに施工しないと植込みもできなくなる。必要本数が必要位置に納まっているかなどのチェックをする時間は、まずあり得ない。

アンカーボルトは最も重要であるにもかかわらず、施工は意外に大雑把ではないだろうか。コンクリート打設前に治具を用いたり（図13）、番線（針金）での固定などでもよいから、確実に所定位置に取り付けることが必要である。

基礎伏図にアンカーボルトを描き込むときには、土台の継手位置に注意し、土台伏図と整合させなければならない。しかし、設計意図と墨付けルールに違いがあった場合、土台伏図と現場での番付けでは、継手位置が一致しないことがしばしば起こる。また、設計図の基礎伏図はそのまま施工に用いられることが多い。このため、設計者は土台の番付けの段階で大工棟梁と十分打合せをし、必要に応じて基礎伏図のアンカーボルトの位置や本数を調整しなければならない。アンカーボルトの取付けは、コンクリート打設後のやり直しができない工事であるだけに十分注意したい。

アンカーボルトが所定位置になかったり、後で必要になったりした場合はケミカルアンカー（打設後のコンクリートに穴をあけ、エポキシ樹脂などの化学凝固剤でアンカーボルトを固定させること）などを利用する方法が考えられる。しかし、土台据付け後のコンクリートへの穴あけは手間取ってしまうので行いたくない作業である。

基礎天端の処理

基礎の上に土台が据えられるが、土台を水平に据えるには、基礎の天端を水平に施工する必要がある。ネコ土台を用いる場合は、基礎天端の不陸をネコ土台の厚みの範囲で調整することも可能だが（写真12）、基礎天端はより水平であることが次の作業にとっては望ましい。

構造的には基礎のコンクリートを打設後に、その天端を水平に均すことが好ましいが、施工の逃げが取りにくいため、基礎天端均しの一般的な仕様としては、モルタル金鏝仕上げやセルフレベリング（基礎天端を水平にするために流すモルタルの一種で、天端均しをせずに一発で仕上げられる）によって水平を出している。最近では、セルフレベリングを用いることが多くなったが、基礎コンクリート天端と剥離しないように、打設のタイミングに十分注意したい。

基礎コンクリートの注意点

長寿命の骨組をもつ木造住宅が実現しても、コンクリートの基礎が傷んでしまっては長寿命の住まいとはいえないだろう。コンクリートの寿命は一般的に60年といわれてきたが、中性化による強度の低下が昨今の環境汚染などによって予想以上に早く進み、鉄筋コンクリート造の建物などでも問題となっている。

'97年に改正されたJASS5（鉄筋コンクリート工事）では、構造体の耐久性を考えた項目を新たに定めている。これに

図13　アンカーボルトの固定治具

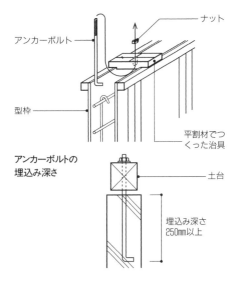

■アンカーボルトの取付け位置
① 2,700mm以内の間隔
②出隅・入隅位置
③土台継手の上木を押さえ込む位置
④耐力壁の両端の柱の近接位置

写真のような固定金物などを用いて、アンカーボルトを所定の場所に取り付けたい（写真提供：㈱カナイ）

写真12　土台を水平に据えるために、クリ材のネコ土台を削って調整しているところ。コンクリートの基礎天端レベル（写真ではスラブ上に土台を据える）が不陸だと次の工程で手間取ってしまう、ネコ土台はその不陸を吸収できる

よれば、建物の用途や規模、重要度、環境などを考慮して選択できるよう、「一般」「標準」「長期」の3つの水準（級）に分けられている（表5）。次の木が育つまでの、おおむね50年を木造架構の最低限の寿命と設定すれば、「一般」の仕様でもよいが、状況が許せば「標準」の供用限界期間100年を採用したい。

鉄筋コンクリートで長寿命の基礎を考えるなら、コンクリートの寿命が基礎の寿命となってしまうことはやむを得ないだろう。コンクリートは強アルカリを呈し、時間の経過に伴って表面から中性化が進み、通常被り厚さが30mmある鉄筋の位置にまで中性化が及ぶと、大気中の酸素によって鉄筋が錆び始める。この状態をコンクリートの寿命とし、ここに至る年数を「中性化速度」という。中性化の速度が遅い、長寿命のコンクリートを得るためには、コンクリート中の水とセメントの重量比である「水セメント比」を

表5　構造体の総合的耐久性（JASS 5）

級	計画供用期間	コンクリート耐久設計基準強度（N/mm²）
一般	大規模補修不要期間：およそ30年　供用限界期間：およそ65年	18
標準	大規模補修不要期間：およそ65年　供用限界期間：およそ100年	24
長期	大規模補修不要期間：およそ100年	30

表7　私家版仕様書【基礎工事】

基礎	・基礎の形式は以下による鉄筋コンクリート造とする。形状・配筋は標準基礎詳細図による 　□ベタ基礎と一体の布基礎　　□フーチングと一体の布基礎 　□腰壁と一体の布基礎　　□その他の形式（　　　　） ・コンクリート強度等 　強度（Fc：N／mm²）　□18以上　□21以上 　□（　　　） 　スランプ（cm）　□18以下　□15以下 　□（　　　） 　水セメント比（％）　□60以下　□55以下 　□（　　　） ・布基礎の場合、点検口などで連続しないときでもフーチングは連続させることを原則とする ・布基礎へのスリーブなど、またはスラブへの開口部には必要な開口補強を行う	天端均し	・天端均しの方法は以下による。基礎との剥離がないよう施工すること 　□モルタル　□セルフレベリング　□（　　　）
		床下換気	・ネコ土台による。材料は以下による 　□木材（クリ）□モルタル　□石　□既製品（　　　） 　厚さ（　　　）mm ・ネコ土台の配置は＠3尺（909mm）内外を原則とし、以下の位置には必ず設ける 　・各コーナー部分（L、T、＋）　・土台継手部分 　・柱下など荷重を受ける部分　・アンカーボルト位置 ・外部に面する部分には、防ネズミ用のステンレスメッシュなどを取り付ける
土間・防湿コンクリート	・形状・配筋は標準断面詳細図による。材料は特記がない限り基礎に準ずる ・引込み配管・配線の立上げなど、設備工事との工程調整に注意すること（ベタ基礎の場合も同様）	アンカーボルト	・品質はZマーク表示品もしくは同等以上とし、径M12以上、埋込み深さは250mm以上とする ・設計図の基礎伏図・土台伏図と木材加工のための板図とを照合し、その埋設位置の確認を行う ・コンクリート打設前に治具などを用いて所定位置に仮止めし、上記の確認事項に従って係員とともに位置の確認を確実に行う。さらに必要と判断された場合には埋設本数を増設する
型枠	・型枠の種類は以下による 　□鋼製型枠　□合板型枠　□（　　　） ・型枠の存置期間（打設後の日数） 　平均気温　　5℃未満　5℃以上15℃未満　15℃以上 　存置期間　　□8日以上　□5日以上　　　□3日以上		

小さくすればよい。

現在一般に用いられているレディーミクストコンクリート（生コン）では、コンクリートの配合計画によって水セメント比は60％前後であろう。この場合中性化速度は、60年程度が想定されている。水セメント比を55％にすると中性化速度は120年となり、45％にすると630年にもなる。

JASS5の解説表（表6）を見ると、鉄筋の錆びる確率（腐食確率）を3％と5％の2通りの条件で示している。前述した「一般」の30年では3％と5％のいずれも水セメント比は65％以上となっている。「標準」の65年では3％の場合は水セメント比が54.8％、5％の場合は58.3％、「長期」の100年では3％の場合は水セメント比が48.5％、5％の場合は52％としている。

また、一般に強度面から見ても、水セメント比を小さくすると強度が上がる傾向がある。水セメント比60％で21N／mm²（以前のコンクリート圧縮強度210kg／cm²）の配合を水セメント比40％にすると圧縮強度は2倍にもなる。

水セメント比を小さくするとよいことずくめのようだが、施工上の問題はある。いわゆる固練りのコンクリートであるため流動性が悪く、現場で流し込むときの施工性がよくない（**写真13**）。AE減水剤（コンクリートの品質改良に用いる混和剤の一種で、コンクリートの水量を減らす効果がある）などの力を借りても施工性はやや改善されるにすぎない。現在のレディーミクストコンクリートは、スランプ値（コンクリートの軟らかさを表すもので、数が小さいほど硬い）で21cmかせいぜい18cmが普通である。筆者の経験では、スランプ値15cmのコンクリートで施工してもらったことがあるが、かなり硬そうだったものの丁寧に打ってもらったので、密実なコンクリートが打てた。現場の施工では、水セメント比50％程度が限界ではないだろうか。

前述のように改正されたJASS5では、時代の要請を受けて建物によって求められるコンクリートの耐久性の区別をつくった。このことは木造の建物にもあてはまるだろう。

コンクリートの品質向上で忘れてはいけないことに養生がある。水和反応で固化するセメントは、打設後の初期の間は水分が必要であり、必要な強度が出るまでは急激な乾燥や凍結の状態にならないようにする必要がある。そのためには型枠の存置期間を指定しておきたい。気温にも左右されるが、最低でも打設後中3日以上は取りたい。

私家版仕様書の基礎工事に挙げる項目は、**表7**に示した通りである。基礎コンクリートの共通仕様に関しては、「木造住宅工事仕様書」あるいは「JASS5」を参照することを前提とし、標準詳細図を添付して指示する必要がある。なお、ネコ土台については092頁の「土台」の項で解説しているが、施工工程上から基礎工事に入れている。

表6　耐久年数とコンクリートの圧縮強度の関係（JASS 5）

期待耐用年数	鉄筋の腐食確率（％）	計算上の水セメント比（％）	水セメント比に対応する呼び強度※ 最大	水セメント比に対応する呼び強度※ 最小
30	3	65以上	18	16
30	5	65以上	18	16
65	3	54.8	24	24
65	5	58.3	21	21
100	3	48.5	30	27
100	5	52	27	24

※各期待耐用年数について、設計被り厚さ40mmにおける鉄筋の腐食確率が3および5％になる水セメント比を計算し、レディーミクストコンクリートの標準配合における呼び強度と比較した。セメントは普通ポルトランドセメントを使用

写真13　ポンプ車によるコンクリートの打設の様子。水セメント比の小さいコンクリートは性能的に優れるが、流動性が悪いため施工性に問題が残る

構造設計者の眼
アンカーボルトのボルトの引抜き耐力の検討

馬場淳一＋山辺豊彦

コンクリート強度とアンカーボルトの埋込み長さによる引抜き耐力について

ここでは、コンクリート強度とアンカーボルトの埋込み長さによる引抜き耐力について考える。
アンカーボルトはコンクリート打設前に基礎の配筋などに固定する。打設後にセットする「田植え」はコンクリートと鉄筋の付着強度を低下させ、所定の引抜き耐力が得られないので行わないようにする。
　引抜き力：10kN または 15kN　　アンカーボルト：φ12
　短期の引抜き耐力 STA＝付着強度 fa ×周長× 埋込み長さ L
　引抜き力÷短期の引抜き耐力≦ 1.0 以上であればよい
下表の結果よりアンカーボルトの埋込み長さは 250 ㎜は必要といえる

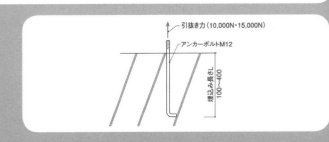

アンカーボルトの埋込み長さによる耐力（ボルト径：φ12）

コンクリート	付着強度 (N/mm²)	周長(㎜)	埋込み長さ (㎜)	引抜き耐力 (N)①	引抜き力 (N)②	②／①	判定
Fc18	1.589	37.68	100	5,987	10,000	1.67	×
			150	8,981	10,000	1.11	×
			200	11,975	10,000	0.84	○
			250	14,968	10,000	0.67	○
			300	17,962	10,000	0.56	○
			350	20,956	10,000	0.48	○
			400	23,946	10,000	0.42	○
Fc21	1.853	37.68	100	6,982	10,000	1.43	×
			150	10,473	10,000	0.95	○
			200	13,964	10,000	0.72	○
			250	17,455	10,000	0.57	○
			300	20,946	10,000	0.48	○
			350	24,437	10,000	0.41	○
			400	27,928	10,000	0.36	○

コンクリート	付着強度 (N/mm²)	周長(㎜)	埋込み長さ (㎜)	引抜き耐力 (N)①	引抜き力(N)②	②／①	判定
Fc18	1.589	37.68	100	5,987	15,000	2.51	×
			150	8,981	15,000	1.67	×
			200	11,975	15,000	1.25	×
			250	14,968	15,000	1.00	○
			300	17,962	15,000	0.84	○
			350	20,956	15,000	0.72	○
			400	23,946	15,000	0.63	○
Fc21	1.853	37.68	100	6,982	15,000	2.15	×
			150	10,473	15,000	1.43	×
			200	13,964	15,000	1.07	×
			250	17,455	15,000	0.86	○
			300	20,946	15,000	0.72	○
			350	24,437	15,000	0.61	○
			400	27,928	15,000	0.54	○

定着板付きアンカーボルトの引抜き耐力について

ここでは、基礎コンクリートに 100 ㎜埋め込まれた定着板付きアンカーボルトの短期許容引抜き耐力を算定する
　埋込み長さ：100 ㎜　　コンクリート強度：21N／㎟
　定着板：六角ボルトφ19　　定着板の支圧面積：A_0 = 2.83 ㎠
　想定するコーン状破断面の有効水平投影面積：A_c = 374 ㎠
　アンカーボルトの軸段断面積：A_B
　鋼材の許容引張応力度：ft
　定着板に対する設計支圧強度：fn ＝$\sqrt{A_c／A_0}$・FC＝21000N／㎠
　（$\sqrt{A_c／A_0}$＞ 10 のときは 10 とする）
以下の破壊個所別による算定式から最も耐力の弱い個所を評価する

A　躯体のコーン状破壊による場合
図の点線部のように定着板の上部から逆円錐状に破壊する「コーン状破壊」の場合について考える。
Pa1 ＝φ1・$\sqrt{Fc}$・A_c ＝ 0.6 ×$\sqrt{210×374}$ ＝ 32,520N
しかし基礎の端部にへりあき不足となる個所があるため、その不足分を考慮する。
c ＝ 7.5 ㎝　ℓe ＝ 10 ㎝とすると
　β＝ 0.43・(c／ℓe)+0.570＝0.43・(7.5／10)+0.57＝0.89
Pa1'＝32,520 × 0.89＝28,943N

B　アンカーボルト自体の耐力による場合
アンカーボルト自体の耐力で決まる場合
Pa2＝ft・A_B＝12000 × 1.5 × 1.13＝20,340N

C　定着板に接するコンクリートによる場合
定着板に接するコンクリートにより決まる場合
Pa3＝φ3・fn・A_0 ＝2／3 × 21,000×2.83＝39,620N

上記 A ～ C の計算結果により、定着板付きアンカーボルトの引抜き耐力は、最も弱い B のアンカーボルト自体の耐力で決まり、その値は 20,340N（20.34kN）となる。アンカーボルトに生じる引抜き力は 10,000 ～ 15,000N を想定しているので、この方法で引抜き力に抵抗することは可能である。
ただし、コンクリートおよび鉄筋の施工が、よほどしっかりしていないと計算式のような期待した耐力と性能が得られないので、注意が必要である

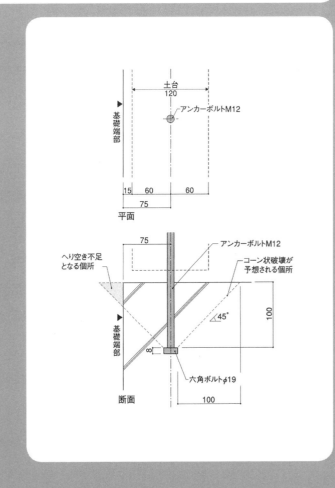

[私家版]仕様書／架構編 3

土台 | Sill

土台は、木造架構の最下部に位置し、
上部の架構で受けた壁や床、屋根などの荷重や外力を基礎に伝達する。
柱の引抜き力や水平力による建物の変形・移動に対処するため、
アンカーボルトで基礎に固定することが現代の考えである。
土台は、木造住宅の寿命に直接関わる重要な部材であるが、
維持管理が不十分で腐朽してしまった例も多く見かける。
建物の強度と耐久性を保持するために、土台の材質や寸法はもとより納まりにも十分配慮したい。

　木造住宅の土台は、建築基準法施行令42条によって「柱を基礎に緊結するか、平屋で足固めを用いる場合を除き、最下階の柱の下部は土台を設け、基礎に緊結すること」とされている。また、施行令49条では「土台を含む構造耐力上主要な部分には、有効な防腐措置を講ずる」とある。長寿命の住宅では、土台を始めとする軸組全体の健全性を保つことが要件の一つとなる。

現代の工法以前

　現在の木造軸組で、当然のように見かける敷土台の手法は古くから行われているが、木造民家に普及したのは18世紀(江戸時代中頃)からという。それも最初は外周の側土台のみで、後に内部の間仕切り壁下の間仕切り土台としても使われるようになり、建物の軸組下のほとんどに土台が回されるのは明治時代以降のことである。この頃の土台は礎石の上に流し、取合いは礎石の形に土台を削り付け(光り付け)で置くだけで建物の固定はしていなかった(図1)。

　それ以前の建物は、柱を礎石の上に直接建てる石場建てで、柱を1本ずつ礎石の高さと形に合わせて光り付けたので手間もかかり、生産効率も低かった。石場建ての建物に土台はなく、太い足固めによって柱間を堅固につないで軸組を構成していた。また、床下地としての大引も重要な構造部材として太い材料で軸組の足元をがっちりと固めていた(図2)。

　そもそも土台は、戦国時代に防衛のための城壁を短時間で築造するために初めて採用されたという。土台を水平に敷くことによって柱の長さが一定になり、前もって柱を加工できるため生産性も上がり、工期は大幅に短縮できる。いわば工法的なプレファブ化がなされたわけである。しかし、敷土台による工法はよいことばかりではなく、生産性の向上と引換えに大きな欠点を背負い込むことになった。土台は地盤面に近い場所に木材を横使いするため、湿気の影響を受けやすい部位として残った。

現在の土台とその役割

　その後、土台を地盤面から遠ざけるために、切石を連続して並べた布石の基礎

図1　礎石と土台

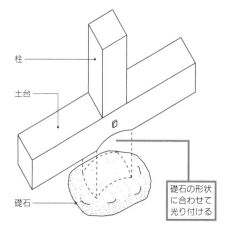

図2　石場建てと足固め

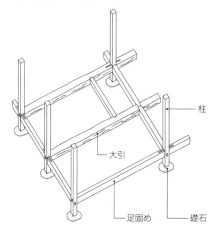

自然石の礎石に光り付けられた土台の例

大原幽学旧居の土台。敷土台以外に間仕切り下にも土台を入れて、足固めと一体に組んでいる。こうすることで柱の自立性は高まる。江戸末期の農業指導者・大原幽学も私家版と同じような架構を模索していたといえる

（図3）として、従来の礎石よりも高い位置に土台を据える工夫もなされ、多少の効果はあったようだが、布石に接した土台の下端は呼吸ができずに傷みやすかった。このことは、コンクリートの布基礎（図4）やベタ基礎の立上がり部分に土台を据えている現在でも解決していない。むしろ、水分の多いコンクリートでは、条件は悪くなっているのではないだろうか。

防火上の要請もあり、土台をふくむ木材を下地とした外壁は大壁で覆われ、下端はコンクリートに接しているので、土台の二面は空気に触れない。加えて湿気の問題もあり、断熱材によっては正確な施工がしにくく、ときには壁体内結露をおこし軸組の最下部にある土台が大きな影響を受けることがある。さらに、通気性のよい建物ならほとんど問題にならないが、室内の気密性を高めた今日の住宅のつくり方では、生活や人の呼吸によって室内で生じた水蒸気は薄い内装仕上げを簡単に透過するので、湿気を壁体内に溜め込むことになる。これを防ぐのに室内に面する壁下地に防湿シートを張りめぐらす仕様もある。

建物の保温性能を向上させるため、軸組内に断熱材を施したが、熱とともに歓迎できない湿気まで閉じ込めて軸組を腐らせ、建物の寿命まで縮めかねない状況を引き起こした。壁体内の湿気を取り去るために外壁側で湿気を逃がす外壁通気工法もあるが、室内側を真壁とすれば壁内の柱が常に空気にさらされることとなる。柱を乾燥状態に保つためには、よい方法であろう。

現在の土台の役割は、前述したように主要軸組部材を介して受けた荷重や、1階の壁や床の荷重の一部も基礎に伝える。建物が地震や風による一時的な短期の水平力を受けたときは、基礎と土台の摩擦と固定したアンカーボルトのせん断応力によって建物の移動を抑え、筋違いなどの耐力壁とした軸組の柱に生じる引抜き力なども、最終的にはアンカーボルトによって基礎に伝達する。

また、土台は建物の木造軸組の平面形の保持と高さの基準となる部材であり、上部の木造架構と同等あるいはそれ以上の寸法精度が必要であることはいうまでもない。建物の平面形を保つ観点からいうと、現在の土台の担う役割は小さく、土台の下の布基礎かベタ基礎の底盤の平面剛性に負っていて、土台はそこに緊結されているにすぎない。現在の一般的な敷土台の四隅に入れる平割材（45×90㎜）程度の火打土台では、取り付ける手間の割には効果が少ないのではないだろうか。

納まりとしての働きは柱を受けるほか、間柱をもつ壁下地の場合には間柱を受け、1階床の大引や根太掛け、ときには根太を介して荷重を受ける。これらの仕事は木材である土台を相手に行う仕事なのでなじみも施工性もよい（094頁図5）。また、筋違いなどの端部を受け、耐力壁の一部となる役割もある。

軸力で考える筋違い形式では、土台もそのトラスの構成部材として、建物が地震などの水平力を受けたことにより筋違いに発生した応力に伴い、土台は応分の軸力を負担する。この場合の土台と取合う柱や筋違いの接合部はピン節点と考える。構造用合板などの面材で変形を抑えるときは、真壁型を除き、土台に面材を被せて固定する（112頁「耐力壁」の項を参照）。

土台の長所と短所

コストの面から木材と手間の割合を考えると、今後もますます手間の比重が増えていくことは間違いない。木造住宅の合理化の提案は、そのほとんどが手間のかかる継手や仕口の簡略化など手間減らしのものであることからも分かる。同じ性能であれば手間が少なく、費用も安いほうがよいに決まっている。ただし、木造住宅における性能とは、強度面はもちろん木材の特性を活かした、長期にわたる耐久性も不可欠であることを忘れてはならない。

かつて、城壁を速やかに築造するために採用された敷土台は、戦略上の要請である工期の短縮を最優先させた。腐りやすい木材を地盤に近い場所で横使いし、耐久性を犠牲にしながら土台から上の木造軸組の生産効率を上げることを選択したのだ。現在一般的な土台を敷く工法は、当時の工法のよい面も悪い面も継承していることに留意すべきである。柱を直接基礎に緊結する方式も選択できるが、現

図3　布石と土台

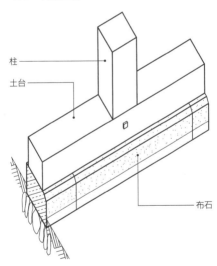

切石を並べて布石の基礎とし、その上に土台を据え付けている

図4　基礎コンクリートと土台

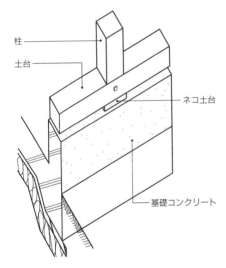

基礎コンクリートの上にアンカーボルトで固定された現代の土台

状では特殊解にすぎず、一般に使えるような方法論も確立していないので、コンクリートの立上がり部分に土台を固定する方法がしばらくは用いられるであろう。

敷土台の工法の長所を整理してみると、以下のようになる。

①生産性が高い

木造工法の流れからみると、土台を採用したことで工事の効率が向上した。水平に敷かれた土台が定規となり（**写真1**）、柱の長さが先に決められるので、木造架構の部材を前もって下小屋で加工でき、現場では短時間に骨組を組み上げることができる。その後速やかに屋根が葺けるので、雨の多いわが国の気候に順応した工事の手順を可能にした。

②異種工事の精度を吸収できる

コンクリートのアンカーボルトの施工においても正確さは当然要求されるが、現場は必ずしも理屈通りにはいかず、木造工事の寸法精度と比べると基礎廻りの施工精度は多少落ちることがある（**写真2**）。理屈通りにアンカーボルトを入れてあれば、わざわざ現場でボルトの位置に合わせて土台に穴をあけなくても、下小屋で土台心にドリルで揉めばすみ、効率もよく、正確な仕事ができる。また、基礎天端レベルのそろいが悪い場合には、土台天端の柱あたり部分を削り、水平を確保することも可能である。しかし、現場でコンクリートを流し込む基礎工事の精度の限界と、町場の鳶や基礎屋が施工することが多い現状をみると、工事上の逃げをもたせていると解釈したい（**図6**）。

一方、敷土台工法の問題点は以下の点が挙げられる。

①敷土台は耐久性に乏しい

現在のコンクリート基礎の立上がりで閉鎖された床下は、かつての開放的な縁の下のように風が通り抜けるつくりにはしにくい。湿気の影響を受けやすい地盤面近くで使う木材は、木口から水を吸い上げないようにすれば、石場建ての柱のような縦使いにしたほうが、敷土台のような横使いに比べて格段に長持ちすることはよく知られている。

最近では、床下の防湿施工が普通に行われるようになったが、露出した床下の地盤面から立ち昇る湿気は意外に多く、床下に湿気が停滞しているような状況に置かれると、さらに腐朽菌が繁殖しやすくなる。そのうえ、壁などの土台上部の構造も密閉型であることが多い今日の木造住宅のつくり方では、土台はさらに過酷な状況に置かれることになる。

②蟻害を受けやすい

わが国で代表的なヤマトシロアリは、養分、空気、高い湿度と温度の条件が揃うと繁殖しやすい。このうちの条件の一つでも取り除けば被害は防げることになる。養分となる土台と空気は、除くことができないので、蟻害を避けるためには温度か湿度を下げることを検討したい。温

図5　土台と他部材の主な納まり

①土台と間柱

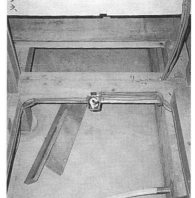

釘で止めているだけなので、前後左右に間柱がずれる可能性がある

間柱／土台／柄差し／大入れ釘打ち／突付け釘打ち

上端揃えで土台に大引を大入れ蟻掛けしている

②土台と大引

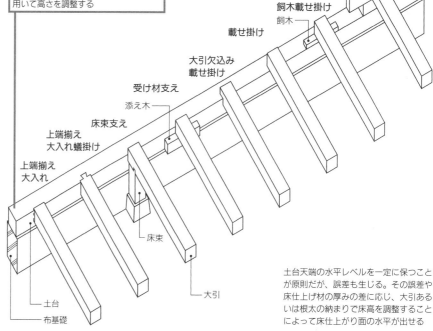

土台よりも大引のレベルが高い場合は、大引受けを入れて納める。床高が600mm内外の場合は土台に直接大引を載せ掛けることが多く、床束や添え木、飼木などを用いて高さを調整する

柱／大引受け／大引欠込み載せ掛け／飼木載せ掛け／飼木／載せ掛け／大引欠込み載せ掛け／受け材支え／添え木／床束支え／上端揃え大入れ蟻掛け／上端揃え大入れ／床束／大引／土台／布基礎

土台天端の水平レベルを一定に保つことが原則だが、誤差も生じる。その誤差や床仕上げ材の厚みの差に応じ、大引あるいは根太の納まりで床高を調整することによって床仕上がり面の水平が出せる

③土台と根太掛け

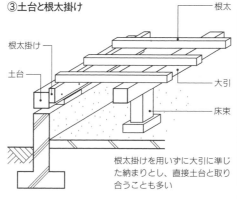

根太掛け／根太／土台／大引／床束

根太掛けを用いずに大引に準じた納まりとし、直接土台と取り合うことも多い

土台に設けた根太掛けで床高を調整している

写真1 土台敷が完了したところ。平面形の剛性はコンクリートの基礎の底盤が担っており、土台は骨組を建ち上げるための定規としての役割が大きい

写真2 基礎の心からずれて植え込まれたアンカーボルト。土台の据付けは、基礎やアンカーボルトの施工精度を吸収している

度は季節や地域によって条件が異なるので、有効な手段としては湿度を下げることである。

現行の法規では、床下換気口の設置が義務付けられており、150×300mm程度の大きさのものを5m以内の間隔で配置する。安全をみて多めに配置しても、部分的な換気口では床下を一様な乾燥状態に保つのは難しく、部分的な湿気の滞留を起こしやすい。機械で強制的に換気する手法もあるが、空気は期待通りに均一には動かないもので、うまく機能しないと問題を起こすことがある。

土台で留意すべきこと

住宅を次の木が育つまでの期間（およそ50〜60年以上）使い続けるためには「土台が腐らず健全でいる」という狭い意味の耐久性だけではなく、長期にわたる建物の精度の確保、また、建物全体の耐久性を確保し続けるための維持管理保全についても配慮しなくてはならない。その要点を具体的に挙げると以下の通りである。

(1) 土台に適した樹種を選択する

腐りやすい環境にある部位のため、腐朽しにくい材料を選びたい。樹種としてはクリ・ケヤキ・ヒノキ・ヒバ・アスナロ（地方によっては「アテ」と呼ぶ）などがよい。たとえば、ヒバに含まれるヒノキチオールはシロアリに対しての忌避作用があり、特に心材にその効果が高いことが知られている。

ここで特に注意したいのは、腐りにくい部分はどの樹種においても心材（赤身）で、辺材（白太）は腐りやすく、ほかの木材とほとんど差がない。地方性や材料の入手の難易度もあり、クリやスギを一般的

図6 土台の施工法

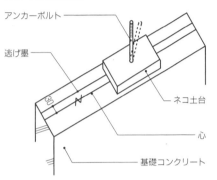

①アンカーボルトのネジを傷めないように真っ直ぐに補正する
②心にはアンカーボルトがあり、墨が打てないので逃げ墨を打つ（心より30mmずらす）

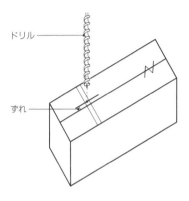

④ドリルで土台の下端から穴をあける（穴あけは現場で行うため正確さに欠ける）

金属パイプを用いてアンカーボルトを垂直に補正しているところ

土台は裏からドリルで穴をあける。土台の裏にはクリ材のネコ土台が仮付けされている

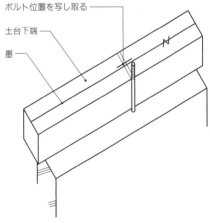

③遣り方に合わせて土台を正確に置き、アンカーボルトの位置を土台に写し取る。ボルトの心ずれの寸法も測っておく（ネコ土台は外しておいたほうがやりやすい）

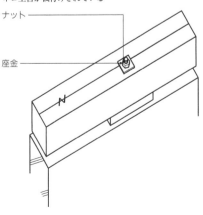

⑤土台をアンカーボルトに落とし込み、座金を入れてナットで締め付ける

構造設計者の眼
ネコ土台とアンカーボルトの検討①

馬場淳一＋山辺豊彦

ここでは、モデル住宅を使ったネコ土台とアンカーボルトに関するシミュレーションを考える。ネコ土台の役割は①鉛直荷重に対して—上部架構の軸力の伝達、②水平荷重に対して—水平力(地震力、風圧力)の基礎への伝達が挙げられる。まず、土台方式としては右図のAとBが挙げられる

A 土台方式
土台がモルタルを介して、すべて基礎に接するタイプ。
荷重に大小の偏りがあっても、土台によって荷重が均されて基礎へ伝わる

B ネコ土台方式
土台がネコ土台を介して基礎に接するタイプ。直下のネコ土台を通して集中荷重で基礎へ伝わるため、鉛直荷重の大きな柱は注意が必要となる

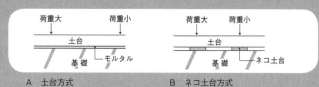

A 土台方式　　　　　B ネコ土台方式

モデル住宅の仕様

ここでは、モデル住宅を設定し、ネコ土台とアンカーボルトについてシミュレーションを行う。モデル住宅の規模、仕様を以下に示す。

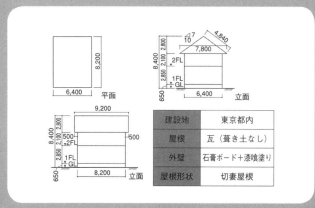

建設地	東京都内
屋根	瓦（葺き土なし）
外壁	石膏ボード＋漆喰塗り
屋根形状	切妻屋根

(1) 仮定荷重
　①建物重量算出用（土台より上部）
　　屋根　1.5kN／㎡（小屋組を含む）
　　2階床　2.4kN／㎡（柱、梁、壁を含む）
　　1階床　2.4kN／㎡（柱、土台、壁を含む）
　　合計　6.3 ≒ 6.5kN／㎡

　②地震力算出用（1階の階高の半分より上部）
　　屋根　1.5kN／㎡（小屋組を含む）
　　2階床　2.25kN／㎡（柱、梁、壁、1階も上半分を含む）
　　合計　3.75 ≒ 3.8kN／㎡

(2) 建物重量（土台から上部で、基礎は含まない）
　①建物面積：8.2 × 6.4 = 52.5 ㎡
　②建物重量：52.5 × 6.5 = 341kN

(3) 地震力
算定式；$Q = Z \times W \times A_i \times C$、$(Z, A_i) = 1.0$、$C = 0.2$
　①地震力算出用建物重量：$W = 52.5 \times 3.8 = 199.5$kN
　②地震力：$Q = 1.0 \times 199.5 \times 1.0 \times 0.2 = 39.9$kN

(4) 風圧力　算定式：$q = 0.6 \times E \times (V_0)^2$
$V_0 = 34$m／秒　地震面粗度区分：Ⅲ $Z_b = 5$m $Z_g = 450$m $\alpha = 0.2$
以下、詳細は省略
　①風圧力検討用：Win(梁方向) = 80.2kN　Win(桁方向) = 36.2kN

(5) 水平力のまとめ（単位：kN）

方向	地震力	風圧力
梁	39.9	80.2
桁	39.9	36.2

ネコ土台の検討

①ネコ土台の必要長さと大きさ

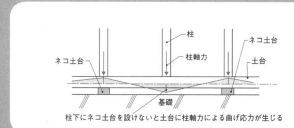

柱下にネコ土台を設けないと土台に柱軸力による曲げ応力が生じる

(1) ネコ土台の必要長さは、上部架構の軸力の伝達により決定される。ネコ土台部分において、土台をめりこみ応力度(全面圧縮応力度)以下とする。土台はヒノキ120mm角とする。
　建物重量：341kN
　ヒノキの長期許容めりこみ応力度：0.9N／㎟
　ネコ土台の必要長さ：$\ell = (341000 ／ 0.9) ／ 120 = 3,157$ mm ≒ 3.2m
(2) ネコ土台の位置と大きさは、上部架構の軸力の伝達により決定される。柱下にはネコ土台を設けることが原則で、その大きさについては個別に検討が必要であるが、モデル住宅仕様において柱の支配面積を 1.8 × 1.8 m として試算する。
　柱軸力：6.5kN／㎡ × 1.8 × 1.8 = 21.0kN
　土台(ヒノキ)の長期許容のめりこみ応力度：0.9N／㎟
　ネコ土台の大きさ：A = 21.0 × 1000 ／ 0.9 = 23333 ㎟
　幅を土台と同じ 120 ㎜とすると、長さは 194 ≒ 200 ㎜

特に計算を行わない場合ネコ土台の大きさは 120 × 200 程度は必要と思われる。また、柱下にネコ土台を設けない場合は、土台に柱軸力による曲げ応力が生じるので、柱下には原則としてネコ土台を設けたほうが望ましい。ただし、上部構造が壁面で、柱を含め一体として扱えるような場合は、必ずしもこの限りではない。

②ネコ土台の摩擦抵抗力
土台より伝わる建物重量と、接する面の摩擦係数により決定され、水平力の基礎への伝達事項の一つと考えられる。
　ネコ土台の摩擦係数：0.5
　建物重量：341kN
　ネコ土台の摩擦抵抗力：341 × 0.5 = 171kN

モデル住宅に生じる水平力は最大で 80.2kN であるので、水平力のすべてをネコ土台の摩擦抵抗力によって基礎へ伝達することも一つの方法であるが、摩擦力は不明瞭な部分があり、また施工状況などによってもその性能は左右されやすい。確実性を期待するのであれば、アンカーボルトによって水平力を伝達すると考えるべきであろう。

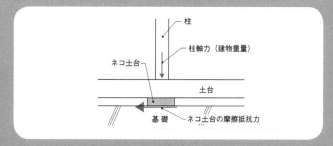

に用いる地域もある。ケヤキなどは今や銘木の部類とされていて高価でクセも強いので、比較的入手しやすいヒバ・ヒノキをお勧めする。

かつては、虫も死ぬが人も死ぬような恐ろしい薬剤を注入、含浸させた土台が出回っていた。さすがに猛毒の薬剤は禁止となったが、別の薬剤を使った防腐土台は流通している。環境と共存すべき私たちの住まいが、たくさんのエネルギーと余計なものを使った土台を使わねばならないのか、きちんと考えてみる必要がある。

他にクレオソート油、ほう酸系防腐塗料、植物系の月桃油などもあるが、クレオソート油は発癌性が懸念されているし、安全といわれているほう酸系防腐塗料や月桃油などは効果が持続しにくいとか、定着性が芳しくないなどの問題点もあるようだ。基本的には薬剤ではなく、樹種や(2)で挙げる施工で配慮することが本筋である。

(2)基礎を高くする

土台の耐久性を高くするために効果のある施工法を考える。「基礎」の項(080頁)と重複するが、まず、できるだけ地盤面から土台を遠ざけるために、基礎の立上がりは高くするに越したことはない。㎡あたり1日に2.5ℓも発生する床下地盤面からの湿気の影響を抑えるために、防湿コンクリートなど防湿施工を徹底して行う。底盤をコンクリートとするベタ基礎も床下の乾燥には有効である。

(3)ネコ土台を用いる

土台への基礎からの湿気を遮るために基礎天端と土台の間に防湿シートを敷き込む例も見るが、土台下端の通気を損うのでネコ土台をお勧めしたい(**図7**)。ネコ土台には既製品もあり、土台幅で厚み20〜30㎜、長さ300㎜程度の耐久性の高いクリなどの木材や吸水しにくい石などを、基礎天端と土台の間の継手や仕口・柱下に概ね3尺(909㎜)以内に敷き込む。こうしてできる隙間は基礎コンクリートからの湿気を防ぎ、土台下端と床下の換気も確保でき、一石二鳥である。

ネコ土台の利点は有効面積の数値以上に、建物の全周にわたりほぼ均一に床下換気が確保される点にもある(**図8**)。閉鎖的で、換気が不均一なため湿気の停滞を招きやすい今日のコンクリート基礎には

極めて有効である。さらには、部分的な床下換気口のための欠込みが入らないので一体性が高くなり、基礎の強度を確保することができる。

(4)可能な限り太い土台を使う

木材の腐朽する早さは、断面積の大きさにほぼ反比例するという。経験的に太いものほど腐朽しにくい傾向があるので、ここでは柱の小径以上の正角材を前提として、4寸(120㎜)角以上の土台を標準にする。また、土台断面は、柱を止める込み栓の効きにも影響する。

(5)維持管理のできる土台

維持管理上の配慮として、土台が傷んだ場合も考えなければならない。現在われわれが目にする古い木造で、当初のまま建っているものは稀である。必要に応じて手が入れられ、ときには部材を更新しながら大切に使われてきた。かの法隆寺でさえ、いく度もの大修理を経て当初材は1/3程度といわれている。

維持管理の第一歩は、まず目で確認することであり、住み手に関していえば、大切に慈しみたくなるような質の建物を提供し、その気持ちと理解をもってもらうことであろう。今日の内外大壁主体の建物では、土台の点検に対しての配慮はなきに等しい状況なのである。

(6)継手は腰入れ目違い鎌継ぎ以上

アンカーボルトによって緊結される土台の継手は、現状では腰掛け蟻継ぎが大半を占めているようだが、この継手はつながっているだけで強さは小さいため、長期間にわたって高い精度と強度を保持できる、金輪継ぎまたは尻挟み継ぎ、追掛け大栓継ぎなど略鎌系の継手をお勧めしたい(**図9**)。

しかし、いずれも加工に手間がかかる

図8 ネコ土台による床下換気計算

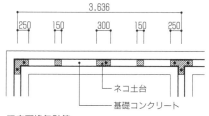

■床下換気計算
300㎠/4m=75㎠/m 床下有効換気面積(「木造住宅工事仕様書」標準値)
363.6−(25×2+15×2+30)=253.6cm
253.6cm×隙間1.5cm=380.4㎠
380.4㎠/3.636m=104㎠/m＞75㎠/m
注：防ネズミ用ステンレスメッシュは有効開口を75%以上とする

図7 ネコ土台

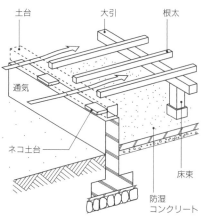

基礎と土台との隙間から床下換気を取ると、従来の換気口よりも床下全体に滞ることなく空気の流れをつくることが可能となる。そのうえ土台も乾燥しやすくなるので耐久性も向上する。ネコ土台の材質はクリやヒバなどの耐久性の高い木材やモルタル、石などでつくる。最近では樹脂製や金属製の既製品も出回っている

クリ材のネコ土台

モルタルのネコ土台

既製品(樹脂製)のネコ土台

ので、予算によっては腰入れ目違い鎌継ぎも可とする。腰掛け鎌継ぎとしないのは、目違いがないと下木の彫込み部分が開くため、長い間に仕上がり精度に悪影響を及ぼすので、目違いを入れて下木の開きを拘束する必要があるからである（図9）。

（7）修理を考えるなら金輪継ぎ

万一、土台が傷んでいて取り替える場合は、応急処置的な修理は別にして、従前と同様な性能をもった修理を前提とするべきだろう。建物全体を持ち上げて行う大修理以外は、傷んだ付近の軸組だけを持ち上げて取り替えることが多い。周りの健全な軸組や仕上げにかかる負担を小さくするために、持ち上げる高さはできるだけ低くするほうがよい。

持ち上げる高さは枘の長さ、継手を外すための高さと作業のクリアランスに、アンカーボルトを外すための高さを加味して決まる。基礎に先付けしたアンカーボルトで、鎌継ぎに柱を長枘として試算すると、クリアランスを30mmとしても420mmも必要で、周りに相当な無理がかかり現実性がない（図10①）。これでは部材の取替えが可能な伝統的な構法の長所を継承しているとはいえない。

土台を取り替えるほどの状況であれば、既存の鋼製のアンカーボルトは使えない状況もあるので、アンカーボルトは撤去して後打ちのアンカーボルトを追加することも考えられる。このときも金輪継ぎなら150mm持ち上げるだけで従前の

図9 土台の継手

①腰掛け鎌継ぎ
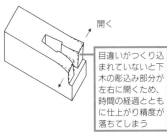
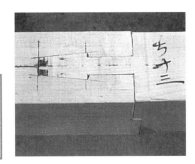

②腰入れ目違い鎌継ぎ
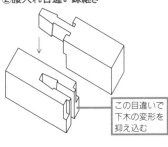
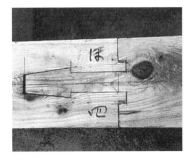

③金輪継ぎ
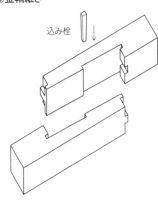

④尻挟み継ぎ
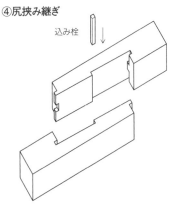

⑤追掛け大栓継ぎ
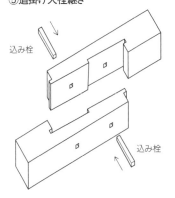

図10 土台の取替え

①現状
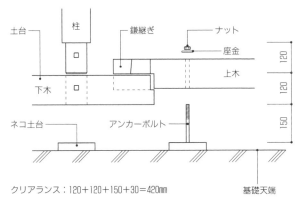

この図ではもっと低くても土台が外せるように見えるが、下木にもアンカーボルトがある（土台長さ≒4m＞アンカーボルト@2,700mm以内）

②金輪継ぎの場合（私案）
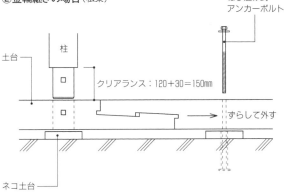

横使いした金輪継ぎは込み栓を抜けば取り外せるが、縦使いでは込み栓が外せない。民家などでは両方の方式がみられる

③鎌継ぎの場合（私案）
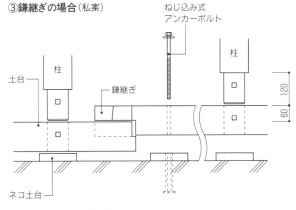

仕様で土台を更新できる。あるいは、当初からアンカーボルトをケミカルまたはメカニカルアンカー的なものとし、ボルトを取外しできるようにしておけば、金輪継ぎのような略鎌系の継手を用いても150mm持ち上げれば土台が取り替えられる（**図10②**）。同様に取外し式のアンカーボルトでは鎌継ぎなら210mm必要となる（**図10③**）。軸組の移動が小さくてすむので、修理を考えると土台の継手は金輪継ぎにしておくとよい。

(8) 土台と土台の仕口

土台のT字形の仕口は柄差し割楔締めが堅固で精度も高いが、引抜き対策のために柱は長柄としたいので、大入れ蟻掛けの仕口とする（**図11**）。土台のL字形の出隅部は、仕口の強度と精度を優先すると、襟輪小根柄差し割楔締め（**図12①**）、化粧土台のときは鬢面留め小根柄差し割楔締め（**図12②**）としたいところだが、柱の柄が扇柄程度では引抜きに対して力がないので、一方を延ばして大入れ蟻掛けとするか（100頁図13）、状況によっては柱を落とす仕様とする（**図14**）。柱が土台よりも大きい場合には柱を落し蟻にする方法もある（**図12③**）。いずれにしても土台出隅部のL字形の納まりでは、柱の引抜き対策には十分留意する必要がある。103頁以降の「柱」の項で触れるが、引抜き防止の太い貫や足固めなどによって、柱の上部で拘束する方法も有効である。

(9) 土台と柱の仕口

「耐力壁」の項（**121頁**）で詳細は述べるが、'95年の阪神・淡路大震災でも縦揺れや横揺れによる外力によって短柄が抜けた例を多く見かけた。筋違いや土壁も同様

図11　T字形の土台の仕口

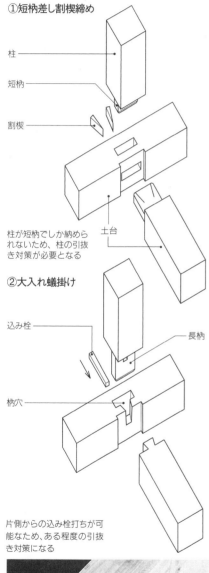

図12　L字形の土台の仕口1

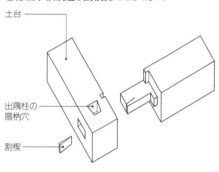

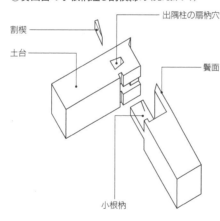

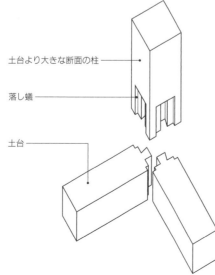

だが、耐力壁の要素を含む軸組の柱脚には大きな引抜き力が働くことを改めて認識させられた。

現在、多用されている平枘は長さ60mmほどで引抜き対策には金物に頼らざるを得ない。そこで、この仕様書では土台の枘穴は打抜きとし、柱は長枘差しに込み栓打ちの仕様とする。変位の量にもよるが、枘が長いことだけでも引抜きに対しては安全側であるし、**121頁表4**の「和風仕口の参考許容耐力」の仕様とすれば、短期で約7kN程度の引抜き力に耐えられる（**図15**）。軸組として耐える引抜き力としては、これに長期の鉛直荷重も加わることになるので、**表1**から大まかにいえば、耐力壁の要素で壁倍率2.5倍程度までのものならこの仕様で足りることになる。

また、**図13**のように土台の片側が仕口で欠損している場合も考えられ、**図15**よりも耐力は小さな値となるだろうが、T字形に直行する土台を効かせるように考えれば、かなりの耐力が期待できる。

木造の建物では、木の性質を考慮すると部分的に大きな力が集中する筋違いなどの形式はそぐわないと感じている。「総持ち」という言葉があるように、過大な引抜き力を生じさせずに分散させる構造

表1　耐力壁およびその部材に生じる応力の目安

軸の高さを2.8mと仮定し、柱間を0.91mの倍数として算出

壁の長さ (m)	0.91	1.36	1.82	2.73
θ (度)	72	64	57	46
sec θ	3.24	2.28	1.81	1.43
tan θ	3.08	2.06	1.15	1.02
耐力壁が負担する水平力 (kgf)				
有効倍率 1.0	118	177	237	355
有効倍率 1.5	177	265	355	530
有効倍率 2.0	237	354	473	710
有効倍率 3.0	355	530	710	1,065
筋違いに生じる圧縮力 (kgf)				
有効倍率 1.0	382	404	429	508
有効倍率 1.5	573	604	643	758
有効倍率 2.0	768	807	856	1,015
有効倍率 3.0	1,150	1,208	1,285	1,523
引張り側の柱に生じる引張り力 (kgf)				
有効倍率 1.0	363	365	365	362
有効倍率 1.5	545	542	548	543
有効倍率 2.0	726	732	730	729
有効倍率 3.0	1,090	1,095	1,095	1,086

(財)日本住宅・木材技術センター編・丸善刊「木造住宅4　構造計画の手引き」より

図13　L字形の土台の仕口2

柱の引抜きを考えた納まり

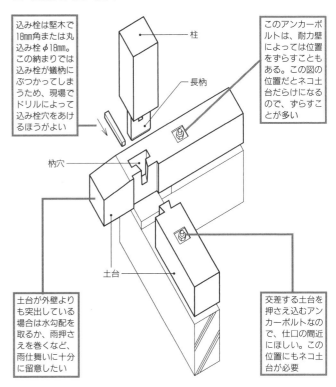

込み栓は堅木で18mm角または丸込み栓φ18mm。この納まりでは込み栓が蟻枘にぶつかってしまうため、現場でドリルによって込み栓穴をあけるほうがよい

このアンカーボルトは、耐力壁によっては位置をずらすこともある。この図の位置だとネコ土台だらけになるので、ずらすことが多い

土台が外壁よりも突出している場合は水勾配を取るか、雨押さえを巻くなど、雨仕舞いに十分に留意したい

交差する土台を押さえ込むアンカーボルトなので、仕口の間近にほしい。この位置にもネコ土台が必要

図14　L字形の土台の仕口3

柱を落とした納まり

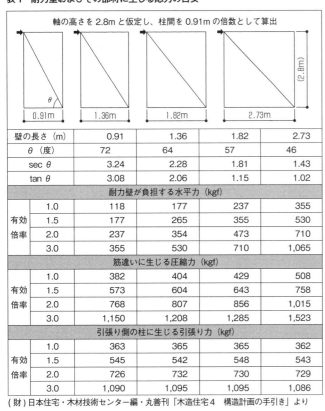

柱は横から滑り込ませる

土台の施工が先行するので、柱は横から建て込むことを想定している。図では片蟻にしているが、このほかにも大入れや柱の逆面から雇い枘などを用いる方法も考えられる

A寸法が小さいと引抜き耐力が小さいばかりでなく、施工に際して割楔を打つ段階で柱の枘穴の下部が割裂を起こしてしまう。150mm以上あるいは柱幅の1.5倍程度以上の長さがほしい

図15　打抜き枘込み栓打ちの試験体

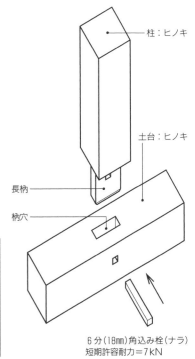

6分(18mm)角込み栓(ナラ)
短期許容耐力＝7kN

計画が前提としてあれば、なじみと経年変化の点で信頼のおける、木を組んでつくった長寿命の住まいを実現できると考える。

私家版仕様書では、**図16**の土台納まり図による内容を基本として、**表2**のように「土台」の仕様書をまとめている。

表2　私家版仕様書【土台】

	樹種・等級・仕上げ寸法	工法
土台	・□ヒバ一等心材 　□ヒノキ一等心材 　□クリ一等心材 ・仕上げ寸法は 120×120mm を標準として、その他は設計図の指示による	・継手：持出し継ぎとし、以下の略鎌系の継手で、渡り長さ300mmを標準とする 　□金輪継ぎ　□尻挟み継ぎ　□追掛け大栓継ぎ ただし係員との打合せにより腰入れ目違い鎌継ぎも可とする ・仕口：T字形に取り合う仕口は大入れ蟻掛けとする。L字形の出隅は襟輪小根枘差し割楔締めとし、見え掛かりは鬢面留め小根枘差し割楔締めとする。あるいは柱を落し蟻とする ・柱との仕口：土台に枘穴を打ち抜き、長枘差し込み栓打ちを原則とする。ただし、出隅の納まりは以下による 　□落し蟻　□扇枘差し　□長枘差し（出隅の土台をT字型で納めるとき） また、柱を落とした部分では柱に土台を枘差しし、あるいは小根枘差しとし、割楔締めとする ※ 柱の引抜き対策が不十分な場合は他の方法を協議する ・込み栓：良質な堅木製で18mm角以上とする（以下同様）。係員との打合せにより既製品の丸込み栓も可とする

図16　土台納まり図

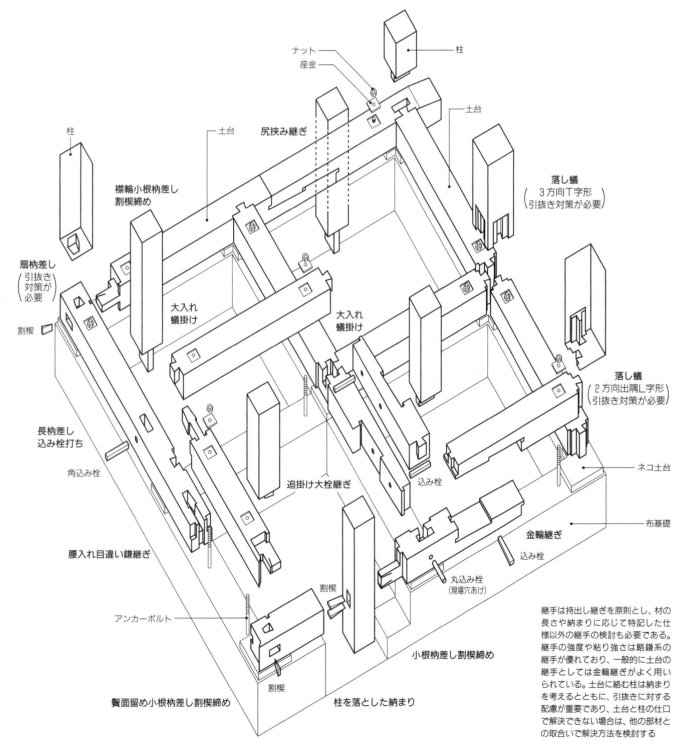

継手は持出し継ぎを原則とし、材の長さや納まりに応じて特記した仕様以外の継手の検討も必要である。継手の強度や粘り強さは略鎌系の継手が優れており、一般的に土台の継手としては金輪継ぎがよく用いられている。土台に絡む柱は納まりを考えるとともに、引抜きに対する配慮が重要であり、土台と柱の仕口で解決できない場合は、他の部材との取合いで解決方法を検討する

構造設計者の眼
ネコ土台とアンカーボルトの検討②

馬場淳一＋山辺豊彦

アンカーボルトの役割は以下のように考えられる。
①鉛直荷重に対して―なし
②水平荷重に対して―水平力（地震力、風圧力）の基礎への伝達と耐力壁脚部の浮き上がりの防止

ここでは、096頁のモデル住宅の条件に基づき、アンカーボルトの必要本数と位置、座金の大きさについてシミュレーションを行う

アンカーボルトの必要本数

アンカーボルトの水平力の基礎への伝達（水平力をすべてアンカーボルトで伝達する場合）から、必要となる本数を検討する。
アンカーボルト：$\phi 12$
　土台：ヒノキ120mm角
土台の短期圧縮応力度よりアンカーボルトに作用する水平力を試算すると、
　　$Q = 13.8\,N/mm^2 \times 12 \times 120 = 19.872\,kN$（165.6N／mm）
この場合のアンカーボルトの水平変位は50mmとなり、値が大きく、現実的とはいえない。
アンカーボルトの水平変位を10mm程度までとすると、アンカーボルトに作用する水平力は5kN程度となる。
アンカーボルト1本に作用する水平力は5kN程度とした場合、モデル住宅で必要となるアンカーボルトの本数は
　　$n = 80.2 \times 1/5 = 16.04 \rightarrow 17$本となる。

実際には水平力伝達要素としてネコ土台の摩擦抵抗力もあるので、アンカーボルトに作用する水平力と生じる水平変位は、これより小さなものとなる。
上記は水平力に対して必要となるアンカーボルトの本数を計算したものである。アンカーボルトはこのほかに土台の継手部、耐力壁端部、建物の出隅部分にも必要となる

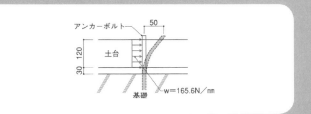

アンカーボルトの位置と座金の大きさ

アンカーボルトの位置が土台にどのように影響するか、また引抜き力により必要な座金の大きさはいくつになるか、土台の樹種、断面の大きさを変えて、シミュレーションを行う。
下図のように不利側（アンカーボルトが片側しかない）となる部分で検討する。
○諸条件
・引抜き力は、10kNと15kNの2パターンを仮定する。
・座金のめり込み応力度は短期応力度と降伏応力度でそれぞれ検討する
※ただし、柱の引抜き力は地震力などの短期荷重によって生じるので、めり込みに対しては降伏耐力で考えればよいと考える

①位置と土台について
・引抜き力が10kNの場合、いずれの樹種、L = 150～300までいずれの位置でもよいこととなる。
・引抜き力が15kNの場合、土台がスギ120mm角で、L = 300の場合、土台が許容耐力を超える。
したがって、土台がスギ120mm角の場合、L = 250以下とする必要がある

②座金の大きさ
降伏のめり込み耐力で判定でき、土台の樹種別に座金の大きさを示す。
・引抜き力が10kNの場合
ヒノキ、クリ：40×40×4.5　スギ：54×54×6.0
・引抜き力が15kNの場合
クリ：40×40×4.5　ヒノキ、スギ：54×54×6.0
下表の判定基準の例を参照されたい

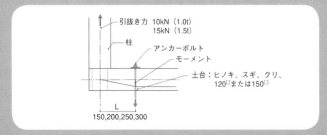

座金の位置と大きさの関係（L = 150　土台寸法120×120　引抜き力：10kN　曲げモーメント（引抜き力×L）　M = 15,000kN mm）

樹種	寸法	Z	σb	fb	σb／fb	判定	①座金40□	②座金54□	③	①／③	判定1	②／③	判定2
ヒノキ	120	288,000	5.2	17.8	0.29	○	6.25	3.43	7.8	0.80	○	0.44	○
スギ	120	288,000	5.2	14.8	0.35	○	6.25	3.43	6.0	1.04	×	0.65	○
クリ	120	288,000	5.2	19.6	0.27	○	6.25	3.43	10.8	0.58	○	0.31	○

凡例①・②：めり込み応力度、③：めり込み降伏強度　L：柱心よりアンカーボルトまでの距離　M：曲げモーメント（引抜き力×L）　Z：断面係数（単位：N／mm²）σb：曲げ応力度（M／Z）　fb：許容曲げ応力度

[私家版]仕様書／架構編 4

柱 | Column

柱には屋根を支え、床を支え、空間を形づくり、
大地に根差して力を伝えるという大切な役割がある。
屋根や床の荷重に耐え、縦横の揺れにも耐えなければならない。
一方、柱は大黒柱に示されるような家の象徴でもある。
架構のなかでも重要な構造材であり、柱を通して建物の力の流れが目に見えることが
住む人にとって安心につながる。
だから、柱はいつも見えるようにしておきたい。

柱の役割・通し柱と管柱

柱は建物の架構のなかにあって、屋根、床などの荷重を大地に伝え、水平の揺れにも耐え得る部材でなくてはならない。古来わが国では、建築材料は一般的に木材が使用され、柱にはヒノキ、スギ、マツ、ツガ、ケヤキなどが用いられてきた。木材は繊維方向に強く、加工しやすい点から柱材として適材であるといえる。

柱は竪穴式住居の時代から、屋根を支えてきた。その地面に直に屋根を伏せた床のない形態は、古民家の遺構に長くその名残りがあったが、時代が下がり、床の発生や2階建ての建物の発展とともに、屋根ばかりでなく、1・2階の床を支える役割をもった。ここで「通し柱」が発生し、「管柱」との違いが出てきたのである。

（1）通し柱の役割

通し柱については、現行では建築基準法施行令43条に「5. 階数が2以上の建築物のおける隅柱またはこれに準ずる柱は、通し柱としなければならない。ただし、接合部を通し柱と同等以上の耐力を有するように補強した場合においては、この限りではない」とある。この記述の通り、一般的には四隅の柱は通し柱にする。つまり通し柱とは、1・2階を貫く一本の長い柱ということであり、建物の四隅は通し柱を通すことで強度を増すという考え方がある。しかし、'95年の阪神・淡路大震災では、通し柱が折れて惨事に至った事例を多く見かけた。

では、現行法で四隅を支える柱として位置付けられている通し柱の役割とは何であろう。ここで、構造設計者の田原賢氏に通し柱に対する自論（以下の4コメント）を展開していただいた。

①もともと通し柱は、下げ振りや大矩（おおがね）しかない頃に、1・2階を通して垂直の基準を必要としたことから発生したのではないか。

②力の流れからいえば、2階建ての場合、1階と2階で壁量や配置の違いから層間変形角が異なり、水平力がかかったときに通し柱が折れることがある。阪神・淡路大震災の際に最も多く見かけた被害がこれにあたる（**図1**）。

③梁の架け方によるが、鉛直荷重からいえば建物の隅を占める通し柱には長期の荷重がかかることは少ない。むしろ管柱に多くの荷重がかかる（**104頁図2**）。

④通し柱を採用するならば、梁や胴差の柄穴（ほぞ）などの欠損を除いた断面積で4寸（120㎜）角と同等の大きさを確保しなければならないだろう。

この考え方でいくと、筆者が用いる5寸（150㎜）角の通し柱でも2方向からの欠損が重なる場合は、寸法が足りないことになる。しかしこの場合は、柱に差し込む柄が柱の内部で重ならないように、胴差と梁の高さを変えることで欠損部分を少なくできると考える（**104頁写真1**）。

以前、移築再生したある町家は、ちょうど築100年の建物であったが、間口4間半（8,181㎜）、奥行4間（7,272㎜）の田の字形プランで、家の中心に9寸（270㎜）角のケヤキの大黒柱、7寸（210㎜）角の同じケヤキの小黒柱を据えて、周囲には2間（3,636㎜）おきに通し柱を建てていた。四隅の通し柱は6寸（180㎜）角で、全体的に実に規則正しい架構となっている（**104頁図3**）。

これは、規格化された木材を効率よく組み上げたことを意味しているのであろう。つまり、2間の梁と20尺（6,060㎜）の柱の組合せと考えていいだろう。この例のように、規格材を効率よく使い廻すことによって施工性を考慮することも通し柱を考えるうえでは大切である。

ところで、通し柱の施工上の知恵とし

図1　胴差の部分で折れた通し柱

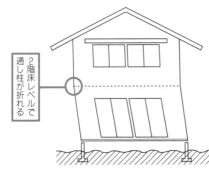

2階床レベルで通し柱が折れる

阪神・淡路大震災で被害を受けた住宅。筋違いが抵抗しきれず、大きな変位のために通し柱が胴差の部分で折れている

て聞いたところによると、京都の町家の架構は、妻側に3尺(909mm)おきに通し柱を建てて、1間(1,818mm)おきに梁を差しているという(**図4**)。そのため、妻側の胴差は省略されているらしい。建込みの際には、通し柱に貫を通して小舞を掻き、荒壁を塗ってから建物の妻側を隣の敷地境界いっぱいに建て込んだという。両側の壁を建てた後に梁を入れて、一気に2階までの架構体をつくった。

この京都の事例は、いわゆる「ウナギの寝床」といわれる間口の狭い敷地に、通し柱を利用して効率的に架構を建て込むためめの知恵といえるだろう。

(2)通し柱の太さ

では、通し柱の太さはどの程度が適正であろうか。太ければ太いほど丈夫なのであろうか。以下は前出の田原氏のコメントである。

図5を見ていただきたい。この図は柱を単純に太くする(曲げ方向に対する成(高さ)を大きくする)と、断面2次モーメントの増大に対して断面係数の増大が追いつかず、かえって危険になる可能性があることを物語っている。つまり、地震時にも通し柱を折らないようにするためには、柱の断面を大きくするのではなく、2次モーメントの発生を抑える必要があるということだ。そのためには、1階と2階の壁量を水平力に対してバランスよく配置し、各層の層間変位が同じになるような構造にすればよいのである。そうすれば、変位差によって通し柱に2次モーメントがかかることもなく、欠損部分で折れることもない。

問題は、各層の耐力壁のバランスであり、バランスのよい建物の場合は、基本的に断面を太くすることによって、構造的に強くなると考えてよいだろう。

図2 出隅部の通し柱と管柱の関係

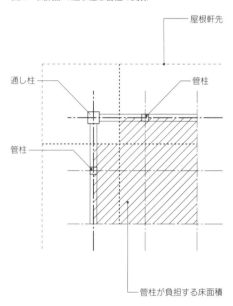

出隅部の通し柱には長期の荷重はあまりかからず、大部分の荷重を管柱が負担している

図3 移築再生した町家の架構概念図

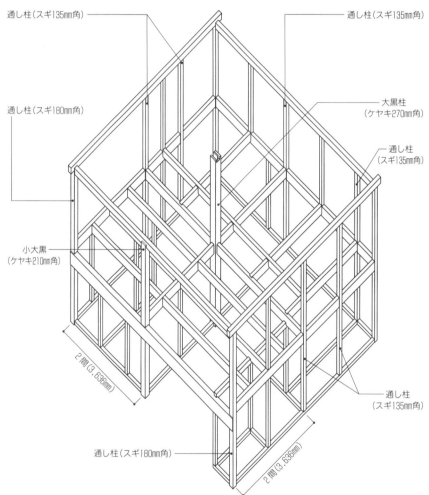

写真1 四方差しの通し柱の例。組み終わる前に通し柱の差し口を見ると、その断面欠損の大きさに驚く。欠損部分をなるべく小さくするように梁をずらして納めているが、通し柱はより太い柱であることが望ましい

移築再生中の町家(明治27年建築)。2間ピッチに通し柱が入る明快な架構となっている。町家の架構でありながら、大黒柱を中心とした典型的な田の字形のプランといえる

筆者は、通し柱の太さを165mm角にしている。その理由は、胴差が集中する柱の断面欠損を少なくすることと、外壁の大壁仕上げを、通し柱のところで真壁にするように納めるためである（**図6**）。ただし、外部真壁構造の場合は、雨仕舞に注意が必要である。

（3）管柱の役割

管柱とは、階ごとに横架材（土台、胴差、梁、桁）に挟まれる柱をいう。管柱の多くは、直接、梁や桁の荷重を受ける場所に配置されるという意味で、構造上重要な柱である。1間（1,818mm）ごとに建てられた管柱は、応力を分散させる役割も果たしている。しかし、荷重に無関係に建てられる場合も荷重を直接は受けないものの、力の流れは分散するのでまったく無関係ともいえない。多くの民家は、そのような知恵と工夫をもっている。

また、管柱は間取りのつくり方と深く関係し、壁を構成したり、開口部をつくる役割を担っているだけに、管柱の太さは真壁通し貫構法で考えるならば、最低4寸（120mm）角はほしいところである（**写真2**）。管柱も通し柱もメンテナンスのことを考えれば、内外どちらか一方でも真壁にして、見えるようにすることが望ましい。

大黒柱のススメ

古民家が100年以上もの長い年月を生きてきた理由の一つに、大黒柱の存在があると思う（**写真3**）。民家と呼ばれる日本の伝統的な木造住宅は、大黒柱によるラーメン構造であり、太い柱に太い梁を貫通させた交点が半剛接合の単純明快な建て方で、日本の気候に適する開放的かつ耐震的構法ではないだろうか。

ちょうど傘を広げたように四方に大きな梁を延ばすには、大黒柱のような太い軸となる柱が必要である。四方の梁は荷重の集中を招くので、大黒柱は太く、差鴨居とともにケヤキのような強い材を使う必要があるが、現在ではケヤキの300mm角となると、一般住宅では価格的に望むべくもない。しかし、スギ材ならば、現在の日本の山側の状況からも中目材（一般に径が240〜260mm程度のもの）のような中径木から太い材まで得られるようになってきている。そこで再び、伝統的な大黒柱

図4　京都の町家の架構断面図

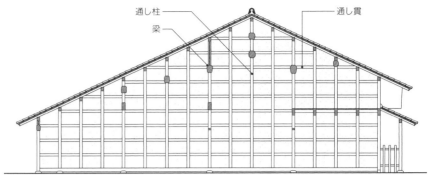

3尺間隔の通し柱を通し貫で抜き通し、土塗りで仕上げられた町家の妻壁。籠を編んだような架構は、平入り方向（建物の長手方向）には粘り強いといえる

写真2　通し貫を建て込んだ軸組の例。1寸（30mm）厚の貫を用いるなら、管柱の断面は最低でも4寸はほしい。管柱を受ける胴差（写真下）の成は1尺ある

写真3　270mm角のケヤキの大黒柱。四方から差鴨居や梁が取り合うが、揺るぎないどっしりとした存在感がある

図5　通し柱の断面と耐力の関係

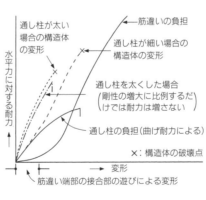

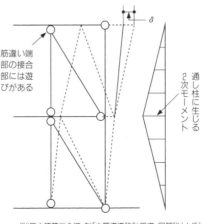

（社）日本建築学会編・刊「木質構造設計規準・同解説」より

図6　通し柱により大壁を真壁に切り換える納まり

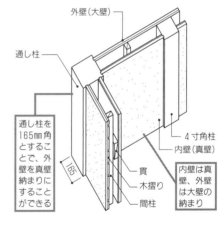

通し柱を165mm角とすることで、外壁を真壁納まりにすることができる

内壁は真壁、外壁は大壁の納まり

165mm角の通し柱と4寸（121mm）角の一般柱の寸法差を活かして外部も真壁納まりとし、力強い柱を表現している

構法を復活させるというのはどうであろうか。

これによって、日本の風土に根差した、開放的で生活の変化にも十分に応えられる、可変的な住宅が実現すると考える。単なるノスタルジーではなく、住宅の耐久性と安全性を確保する技術の復活と考えていただければと思う。ここで、筆者の大黒柱を採用した事例を紹介しておこう（図7）。

事例の建物は「陽明堂（ようめいどう）」という店舗兼事務所建築である。木造2階建ての「せがい造り」で、四隅に通し柱はない。いわゆる「御神楽（おかぐら）」である。中心の大黒柱の樹種はスギ材で、太さは6～7寸（180～210㎜）である。堅木ではない点や、太さがいまひとつのところはあるが、「開放的かつ可変性」を追求しながら、実践しようという現実的なあがきの結果である。

通し貫のススメ

阪神・淡路大震災で倒壊を免れた木造建築のなかには、通し貫を用いた伝統構法の建物がある。通し貫構法による建物の破損の状況は、建物が傾き大変形しながら、粘り強く持ち堪えており、倒壊には至らず、生存空間を確保している点が共通している。

通し貫構法は、部分的には強度が弱くても粘りのある壁を構成し、変形しながらも生存空間を確保できる利点がある。建物の変形角が大きくても倒れず、再度、屋起こしも可能な通し貫構法は、人命救護の観点からも耐震性に優れた構法といえる（**写真4**）。

現在、一般的に使われている筋違（すじか）いを全否定するわけではないが、そもそも筋違いは一種のトラス構造であり、斜材を入れる経験のない日本の伝統的木構造では異種の考え方であった。日本の伝統には、柱と梁の交点に圧縮と引張りと引抜きの3つの力が集中するような、複雑な応力を柱に生じる仕口は存在しなかったと考えられる。

土台・梁・床組との取合い

（1）土台との取合い

柱は原則として、土台に長柄（ながほぞ）で差し、込み栓を打つ（**写真5**）。これは引抜きに抵抗するためであり、柱・土台に用いられる樹種にもよるが、込み栓はナラの18㎜角で5～7kN程度の耐力が確認されている。山形プレート金物（VP）を使った場合、耐力は4～5kN程度であることを考えれば、柱と横架材との取合いは、長柄差し込み栓打ちで十分である。

（2）足固めとの取合い

足固めについても少し述べたい。足固めは、柱の付け根を梁と同等の部材でつなぎ固めるのだが、土台が普及してから

図7　「陽明堂」の架構概念図

写真4　阪神・淡路大震災で被災した通し貫構法の住宅。かなり傾斜しているが倒壊には至っておらず、通し貫構法の特徴である構造の粘りが窺える（写真提供：大平歳男氏）

写真5　柱と土台の納まり。引抜き力に抵抗するために土台に柱を長柄で差し、堅木の込み栓をしっかりと打つ

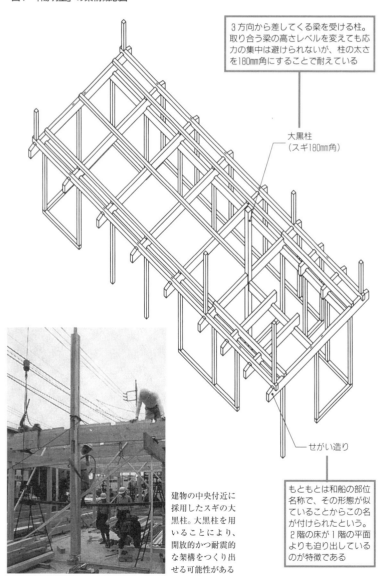

3方向から差してくる梁を受ける柱。取り合う梁の高さレベルを変えても応力の集中は避けられないが、柱の太さを180㎜角にすることで耐えている

大黒柱（スギ180㎜角）

せがい造り

もともとは和船の部位名称で、その形態が似ていることからこの名が付けられたという。2階の床が1階の平面よりも迫り出しているのが特徴である

建物の中央付近に採用したスギの大黒柱。大黒柱を用いることにより、開放的かつ耐震的な架構をつくり出せる可能性がある

は、一般的ではなくなった。土台は施工性はよいが、土台が現れて足固めがなくなってから柱の自立性が弱くなり、軸組みの足元が固まらなくなったように思う。

足固めは、石場建て(092頁図2)の時代に梁とともに足元で柱間をつなぎ、柱・梁と一体になってロの字形の強固なフレームを形づくっていた。フレームの単位はおよそ2間(3,636㎜)四方の部屋ごとに構成され、建物全体は各部屋のフレーム構成の集合体であり、フレームの集合体は強固に足元を固めていたと考えられる。現状の一般的なコンクリート布基礎では、足固めを入れることは難しいが、フラットなベタ基礎にして、土台より上に足固めを入れようとすればできないことはない(**写真6**)。

(3)梁・床組との取合い

出隅部などの柱に差し込まれる梁の端部は、長柄差し割楔締めを標準としている。柱の内部で込み栓を打つ場合や、柄を貫き通して鼻栓を打つ場合などもあるが、強度的には柱の内部で込み栓を打ったほうが強いといわれている。阪神・淡路大震災でも、鼻栓の折れた現場を何箇所か見かけた。鼻栓の場合、柄の余長や厚みが取れないときは、柄が繊維方向に割れる危険性がある(**図8**)。

阪神・淡路大震災では、木造住宅の1階部分が崩れて、2階建てが平屋になってしまった例を多く見かけたが(**写真7**)、これなどは耐震要素が少ないうえに、柱と梁の取合いが不適切であった結果であろう。通し柱の寸法が小さいうえに、胴差や梁が同じ高さに集中し、断面欠損が大きくなったためである。このような場合は、柱の寸法を上げるとともに、胴差と梁を同じ高さに納めないように考えるべきである。

図8　柱と横架材の仕口

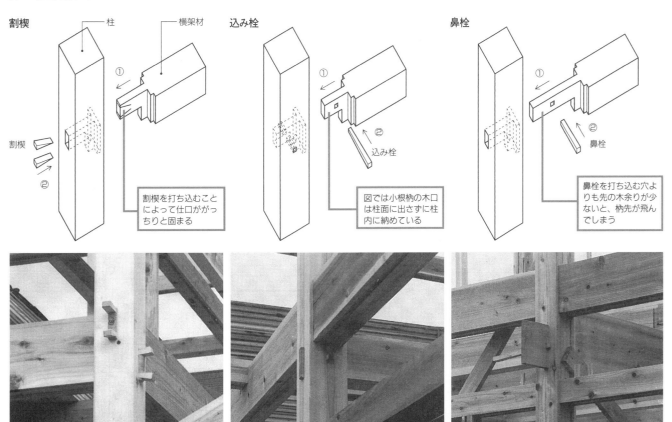

小根柄差し割楔締め　　小根柄差し込み栓打ち　　小根柄差し鼻栓打ち

写真6　足固めの採用例。ベタ基礎上に土台を据え、その上に足固めを入れて軸組の足元をがっちりと固めている

写真7　阪神・淡路大震災の被害状況。1階が崩れたために2階建ての住宅が平屋のようになってしまっている

柱の引抜き対策

柱の引抜き対策については、まず必要以上に引抜きの力がかからないように、中程度の倍率の耐力壁をバランスよく配置することである。壁量不足によって偏った場所に高倍率の壁を配置するなど、応力が集中するようなことは避けるべきであろう。また、通し貫構法のように変形は大きいが、力を分散させて粘り強く、引抜き力も小さくてすむ構法も見直し、改良の検討を進めるべきであろう。

ここでニフティサーブにアップされた、松ぼっくり星人こと構造建築家の稲山正弘氏による、貫を採用した乾式半真壁耐力壁を紹介する(**図9**)。図からは貫と間柱や受け材を併用した耐力壁が、アンカーボルトを最下部の厚み45mmの貫に通すことによって、引抜きにも抵抗する様子がみて取れる。

ここでは、同じ原理で足固めを利用した通しボルトによる脚部の引抜き対策を提案する(**図10**)。また、柱の引抜き対策の一般解は、前述した長柄差し込み栓打ちと考える。軒桁や妻梁などとの取合いでは、割楔を打つことでも引抜きに対応できる工法が従来よりある(**写真8**)。

こんな仕事には注意しよう

次に、柱に関して納まり上問題のある項目について、いくつか述べてみたい。

(1) 断面欠損の大きい四方差し

通し柱の部分でも述べたが、梁や胴差が同じ柱の同じ場所に差し込んでくると悲惨なことになる。竿車知継ぎまたは雇い柄による車知栓打ちの仕口となるが、断面欠損が大きくなりすぎるのだ。まして四方から梁が差さってくるとどうなるか。柱が3寸5分(105mm)角なら四隅の残りは1寸(30mm)しかなく、梁に目違いを入れたりしたらもう残りがなくなってしまう(**図11**)。しかし、間取りによっては四方から梁を通す必要が出てくる。

では、どうすればよいか。一つには、柱を太くして相対的に断面欠損を少なくすること。大黒柱を建てるのと同じ考え方である(**図12**)。次に、梁の高さを変えて交点をずらすことである(**図13**)。さらに、梁の成(高さ)を大きくして、柱の内部で竿同士を交差させることもよい。

(2) 突上げに弱い短柄

阪神・淡路大震災で分かったことは、柱が地震時の突上げによって外れるということである。柱にかかる引抜き力は、実は直下型地震の初期応力ばかりが原因では

写真8 柱と横架材(軒桁・妻梁)の仕口。柱の頂部につくり出された重柄に割楔を打ち込むことによって、柱にかかる引抜き力に抵抗している

図9 壁倍率4.5以上の乾式半真壁耐力壁

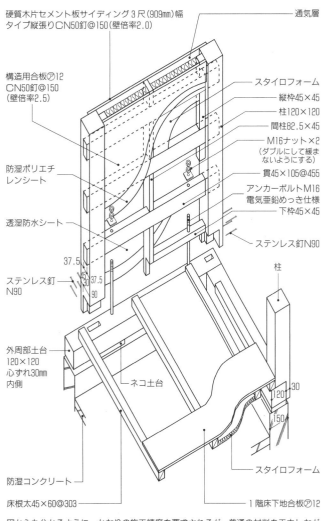

図からも分かるように、かなりの施工精度を要求されるが、普通の材料を工夫しながら用いることによって、高い性能を有する耐力壁が実現できる

図10 通しボルトによる柱脚部の引抜き対策

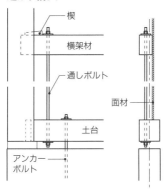

通しボルトをアンカーボルトに連結する納まり
通しボルトを介して引抜き力を直接アンカーボルトに伝えることができる

土台下端から通しボルトを延ばす納まり
通しボルトとアンカーボルトとは縁を切る。ネコ土台の隙間でナットの増し締めができる

窓台(胴梁70×100mm)の部分で柱の引抜きを拘束する。高ナットでアンカーボルトに通しボルトをつないでいる

民家の移築に際し、左写真と同じ方法によって土台とその上部の足固めを拘束し、隅柱の引抜き対策としている

なく、筋違いや耐力壁の強さによっても生じるのである。

こうなると、柱と土台・梁との仕口を短柄で耐えるのは不可であり、長柄に込み栓打ちは最低限必要となる。ただし、込み栓の強度は18mm角のナラ1本あたり、7kN程度しかないため、軸力を考慮してこれを超える力のかからない耐力壁のつくり方を考えたい。それが、通し貫の構法ではないだろうか。

(3) 木の呼吸を妨げる内外大壁

現状の木造住宅の多くは、ラスモルタルやサイディングの外壁にボード貼りビニルクロスの内装の大壁構造であるが、これは多くの問題を含んでいる。第一に、土台や柱がまったく見えないために腐っていても分からない。第二に、内外大壁だとかえって壁内結露を呼ぶ危険がある。そこで、原則としては内外真壁構造、もしくは外壁通気構法をお勧めしたい（**図14**）。柱が見えていることは力の流れが見えていることであり、かつ部材が常に空気に触れて乾燥状態にあることとなり、建物に対する信頼や安心につながる。また、維持管理の際には一目瞭然で、手入れがしやすい。

これからは、木造の建物は耐久性の向上を前提に、柱や土台、梁を見せることを原則にしてはどうだろう。都市部では法規上の制限もあるが、せめて内部は真壁、外部も通し柱と土台は見えるようにしておきたい。

柱に関しては、各部の取合いで考えられる仕様をすべてあげるとかえって混乱を招くため、その主だったものを整理した **110頁図15** を基本として **110頁表** のように柱の仕様書をまとめている。

図11 危険な四方差しの例

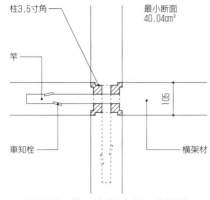

3.5寸角しかない柱で四方差しとするのは危険なので避けること

図12 柱断面を大きくした四方差しの例

6寸角で襟輪による納まり

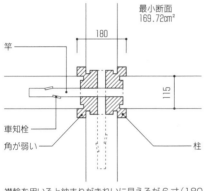

襟輪を用いると納まりがきれいに見えるが6寸（180mm）角の柱でも角が弱々しくなるため、さらに柱の断面がほしい。もしくは梁を小胴付きにする方がよい

6寸角で小胴付きによる納まり

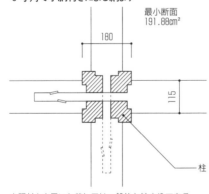

小胴付きを用いた差し口は一般的な納まりである

竿と車知栓による四方差しの納まり。断面の大きな通し柱を用いて、交差する横架材のレベルをずらすことにより、欠損を集中させない

図13 梁の高さをずらした四方差しの例

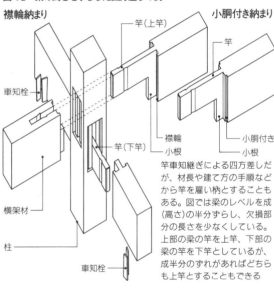

竿車知継ぎによる四方差しだが、材長や建て方の手順などから竿を雇い枘とすることもある。図では梁のレベルを成（高さ）の半分ずらし、欠損部分の長さを少なくしている。上部の梁の竿を上竿、下部の梁の竿を下竿としているが、成半分のずれがあればどちらも上竿とすることもできる

雇い枘による四方差しの例。定尺材では竿がつくり出せなかったため、雇い枘を用いて車知栓締めとしている。交差する梁の高さを成の半分ずらしている様子が分かる

図14 内外真壁造のモデル

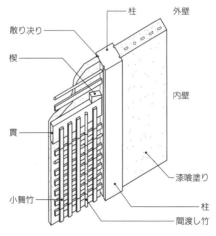

内外壁を真壁とすることにより、柱の呼吸を助けるとともにメンテナンスも容易になるが、雨仕舞いに対する十分な配慮が必要となる

内外真壁造としたせがい造りの住宅（撮影：木寺安彦）

表 私家版仕様書【柱】

柱	樹種・等級・仕上げ寸法	工法	柱	樹種・等級・仕上げ寸法	工法
通し柱	・□ヒノキ特一等 　□スギ特一等 ・□135×135mm 　□150×150mm 　□160×160mm 　□180×180mm 　□　×　mm	・土台との仕口：隅柱の断面が土台より大きい場合は、土台に落し蟻とする。その他の通し柱はネコ土台上端まで以下の仕口により落とし込む 　□長柄差し　　□落し蟻 ・梁・胴差などとの仕口：以下の取合いにおいて、柱の断面欠損が大きくならないように断面に応じた刻みとし、必要に応じて取り合う部材の高さを調整する。各仕口は以下による 　①二方差し（I字型）：竿車知継ぎ 　②二方差し（L字型）：小根枘差し割楔締め 　③三方差し（T字型）：竿車知継ぎ＋小根枘差し割楔締め 　④四方差し（十字型）：竿車知継ぎ 　※1　取合いに応じ、竿や小根枘に代わって雇い枘を用いること。また、締付け方法を込み栓や鼻栓とすることは協議する 　※2　取合いにおいては小胴付きを標準とするが、柱が相当断面ある場合に襟輪を設けて納めるかは協議する ・桁・小屋梁との仕口：それぞれに取り合う場合は長柄差し込み栓打ち、桁・小屋梁と同時に取り合う場合は重柄差し割楔締めとする	管柱	・□ヒノキ特一等 　□スギ特一等 ・□120×120 mm 　□　×　mm	・土台や胴差、桁などには長柄差しとし、必要に応じて込み栓打ちとする ・下屋などの隅柱は土台の項に同じ
			間柱	・□スギ一等　□ ・□45×45 mm 　□　×　mm （貫構法で外部大壁の場合）	・土台・横架材とは上下とも角枘差しとし、斜め釘打ちとする
			大黒柱	・□ヒノキ　□スギ　□ケヤキ ・□特一等　□上小節 ・□180×180 mm　□210×210 mm 　□240×240 mm　□　×　mm	・各取合いは通し柱に準じて協議する
			共通		・壁の付くところには貫穴彫りする（耐力壁・貫による） ・壁の付くところには散り決りする

図15　柱納まり図

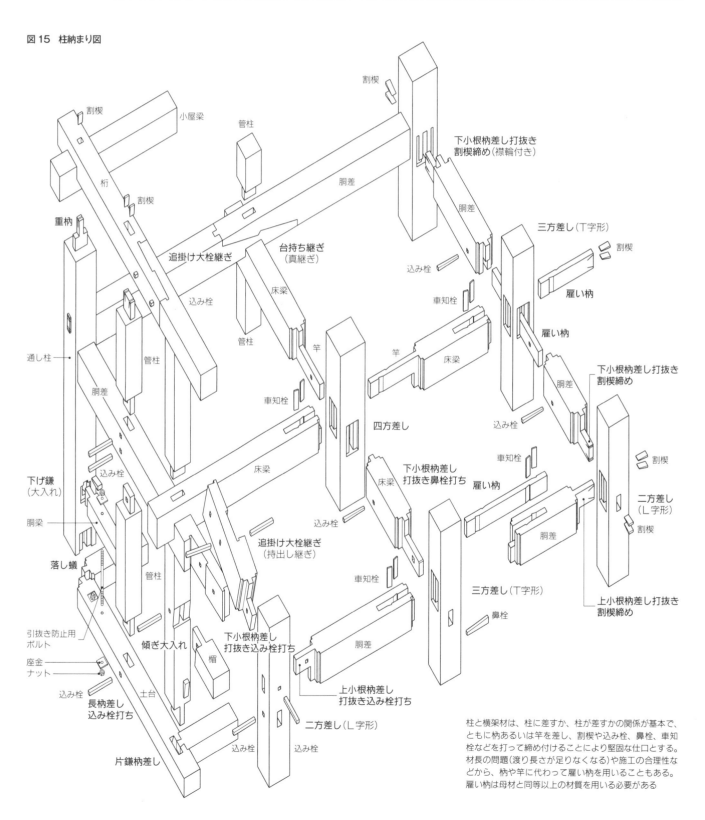

柱と横架材は、柱に差すか、柱が差すかの関係が基本で、ともに枘あるいは竿を差し、割楔や込み栓、鼻栓、車知栓などを打って締め付けることにより堅固な仕口とする。材長の問題（渡り長さが足りなくなる）や施工の合理性などから、枘や竿に代わって雇い枘を用いることもある。雇い枘は母材と同等以上の材質を用いる必要がある

[私家版]仕様書／架構編 5

耐力壁 | Bearing Wall

木造は架構全体で外力を分散し、吸収することが望ましい。
耐力壁の計画にあたってはバランスのよい配置や適切な剛性の検討を心掛けたい。
都市部では間口が狭いなどの与条件によって、
部分的に剛性の高い耐力壁にすることも多いだろう。
この場合、脚部の引抜きに対する検討も忘れてはならない。
真壁は木造らしい架構の表現といえる。
それを可能にする構造用面材による真壁耐力壁は、
伝統的な技術や知恵と現代の技術とを併せもったこれからの構法を予感させる。

耐力壁の役割

(1) 施行令46条の軸組

地震や風による水平力に対して抵抗する、建物の耐力要素の一つが耐力壁である。在来軸組工法の場合、建築基準法施行令46条によってバランスよく筋違いを挿入し、トラス的構造で軸組を固めることが謳われている。これがごく一般的に現場で行われている耐力壁の構成であろう。筋違いは軸部材だが、枠組壁工法のオープン化後、面材によって軸組を固めることの有効性も立証され、現在では、多様な耐力壁の仕様が施行令や告示に示されている（**表1・2**）。

'95年の阪神・淡路大震災で倒壊した多くの木造住宅の原因の一つに、その住宅に見合った耐力壁の量が満たされていない点が挙げられた（**写真1**）。特に、間口の狭い住宅にそれが顕著に現れていた。また、腐朽やシロアリによる軸組木部の劣化によって、建設当初もっていた耐力を出し得なかった例も多かった。

木造建築研究フォラムでの報告（第27回公開フォラム資料）によると、築20年以内の住宅金融公庫仕様の木造住宅の被害に関して、構造的には現行法上の耐力壁（施行令46条）による仕様で施工（旧公庫仕様の住宅の場合）がなされていれば、大きな被害を受けずにすんだ住宅が大多数であったことが報告されている。これは、簡便な壁倍率のよる軸組計算の壁量チェックだけでも、確率の高い安全性が確保されていたことになる。

同報告では、築20年以内の、まだ比較的新しい住宅と考えられる範囲での統計であることと、'81年の建築基準法の改正で壁倍率が強化されていることも、確率的に安全側の要因として働いたものとされている。法における仕様の安全性が証明されたと考えてもよいだろう。ただし、その性能を長い時間にわたって維持できるかが課題である。

(2) 筋違いを用いる場合の注意点

①仕様が告示で明確になった

軸組を構成する筋違いには**表1**にあげる種類があり、板の厚さによって倍率が異なる。以前、その両端部の接合方法は基準法的にはあいまいであったのだが、阪神大震災以降の法改正により、告示1460号では筋違い端部の接合方法、脚部引抜きの対応方法も倍率に応じ明確に示している。筋違い端部は、一部を除き基本的にはプレート系の金物を釘にて固定する。あるいは太筋違いの場合にはボルト接合することになっている。

金物接合は、必要性能を満たせばよいこ

写真1 阪神・淡路大震災における被害状況。老朽化していただけでなく、所要の耐力壁量が足りないために倒壊した文化住宅

図1 筋違い上下端部の納まり

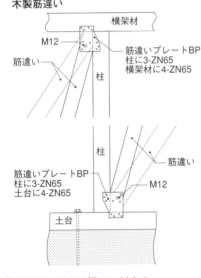

①厚さ30mm以上で幅90mm以上の木製筋違い

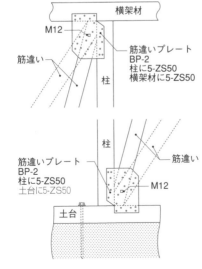

②厚さ45mm以上で幅90mm以上の木製筋違い

旧住宅金融公庫仕様による筋違い端部の納まりには数種類あり、選択の幅があるが、それぞれの性能は異なるはずなので、どの納まりを選択するのか、設計者として自らのルールを明確にしておきたい

表1 軸組みの種別による壁倍率（建築基準法施行令46条）

項目		軸組の種類	接合部仕様（告示1460号）	壁倍率 一方向	壁倍率 たすき掛け	
壁仕上げ	①	土塗壁		0.5		
		木ずり（片面）		0.5		
		木ずり（両面）		1.0		
筋違い	②	厚さ1.5cm以上で幅9cm以上の木材	柱、横架材を欠き込みそれぞれにN65釘5本平打ち	1.5	2.0	
		径9mm以上の鉄筋	材を貫通し三角座金ナット締め、または鋼板添え板CN90釘8本打ち			
	③	厚さ3cm以上で幅9cm以上の木材	厚さ1.6mm以上の鋼鈑添え板を、筋違いにM12ボルト締め、CN65釘3本平打ち。柱にCN65釘3本、横架材にCN65釘4本平打ち	1.5	3.0	⑥
	④	厚さ4.5cm以上で幅9cm以上の木材	厚さ2.3mm以上の鋼鈑添え板を、筋違いにM12ボルト締め、ZS50釘7本平打ち。柱、横架材それぞれにZN50釘5本平打ち	2.0	4.0	
	⑤	9cm角以上の木材	柱または横架材にM12ボルト一面せん断接合	3.0	5.0	⑦
特殊	⑧	国土交通大臣が定めた構造方法（告示1100号）または認定したもの		0.5〜5.0		
併用	⑨	①または②の壁と②から⑤までの筋違いを併用（⑤のたすき掛けは除く）		それぞれの数値との和		

表2 構造用面材を用いた軸組みおよび伝統的な要素による軸組みの壁倍率（昭56建設省告示1100号）

面材張り大壁

告示別表番号	材料 種類	規格	厚さ(mm)	くぎ打ちの方法 種類	くぎの間隔(mm) 外周	くぎの間隔(mm) その他	壁倍率
（一）	構造用パーティクルボード	JISA5908-2015	—	N50	75以下	150以下	4.3
	構造用MDF	JISA5905-2014	—				
（二）	構造用合板 又は 化粧ばり構造用合板	JAS(H15農水告第233号)	9以上	CN50			3.7
（三）	構造用パネル	JAS(S62農林告第360号)	9以上	N50			
（四）	構造用合板 又は 化粧ばり構造用合板	JAS 特類（屋外壁）	7.5以上	N50	150以下		2.5
（五）	構造用パーティクルボード	JISA5908-2015	—	N50	150以下		2.5
	パーティクルボード	JISA5908-1994	12以上				
	構造用MDF	JISA5905-2014	—				
	構造用パネル	JAS(S62農林告第360号)	—				
（六）	ハードボード	JISA5907-1977	5以上	GNF40 又は GNC40	150以下		2.0
（七）	硬質木片セメント板	JISA5417-1985	12以上				
（八）	炭酸マグネシウム板	JISA6701-1983	12以上				
（九）	パルプセメント板	JISA5414-1988	8以上				1.5
（十）	構造用石膏ボードA種	JISA6901-2005	12以上				1.7
（十一）	構造用石膏ボードB種	JISA6901-2005	12以上				1.2
（十二）	石膏ボード	JISA6901-2005	12以上				0.9
	強化石膏ボード	JISA6901-2005	12以上				
（十三）	シージング石膏ボード	JISA5905-1979	12以上	SN40	100以下	200以下	1.0
（十四）	ラスシート	JISA5524-1977	角型亜鉛鉄板0.4以上 メタルラス0.6以上	N38	150以下		

胴縁大壁仕様

告示別表番号	材料 種類	規格	厚さ(mm)	くぎ打ちの方法 種類	くぎの間隔(mm) 外周	くぎの間隔(mm) その他	壁倍率
（一）〜（十四）	面材張り大壁の表の（一）〜（十四）の材料			N32以上	150以下		0.5

受材仕様真壁（床下地材の上から打ち付けたものを含む）

※受材は30mm×40mm以上、くぎの種類はN75、くぎの間隔は（一）120mm以下、（二）〜（三）200mm以下、その他は300mm以下とする。

告示別表番号	材料 種類	規格	厚さ(mm)	くぎ打ちの方法 種類	くぎの間隔(mm) 外周	くぎの間隔(mm) その他	壁倍率
（一）	構造用パーティクルボード	JISA5908-2015	—	N50	75以下	150以下	4.0
	構造用MDF	JISA5905-2014	—				
（二）	構造用合板 又は 化粧ばり構造用合板	JAS(H15農水告第233号)	9以上	CN50			3.3
（三）	構造用パネル	JAS(S62農林告第360号)	9以上	N50			
（四）	構造用合板 又は 化粧ばり構造用合板	JAS 特類（屋外壁）	7.5以上	N50	150以下		2.5
（五）	パーティクルボード	JISA5908-1994	12以上				
	構造用パネル	JAS(S62農林告第360号)	—				
（六）	構造用パーティクルボード	JISA5908-2015	—				
	構造用MDF	JISA5905-2014	—				
（七）	石膏ラスボード	JISA6906-1983	9以上	GNF32 又は GNC32			1.5
（八）	構造用石膏ボードA種	JISA6901-2005	12以上	GNF40 又は GNC40			
（九）	構造用石膏ボードB種	JISA6901-2005	12以上				1.3
（十）	石膏ボード	JISA6901-2005	12以上				1.0
	強化石膏ボード	JISA6901-2005	12以上				

貫仕様真壁

告示別表番号	材料 種類	材料 規格	材料 厚さ(mm)	くぎ打ちの方法 種類	くぎ打ちの方法 くぎの間隔(mm) 外周	くぎ打ちの方法 くぎの間隔(mm) その他	壁倍率
(四)	構造用合板 又は 化粧ばり構造用合板	JAS 特類 (屋外壁)	7.5以上	N50	150以下		1.5
(五)	パーティクルボード	JISA5908-1994	12以上				
	構造用パネル	JAS(S62 農林告第360号)	―				
(七)	石膏ラスボード	JISA6906-1983	9以上	GNF32又はGNC32			1.0
(八)	構造用石膏ボードA種	JISA6901-2005	12以上				0.8
(九)	構造用石膏ボードB種	JISA6901-2005	12以上				0.7
(十)	石膏ボード	JISA6901-2005	12以上				0.5
	強化石膏ボード	JISA6901-2005	12以上				

床勝ち仕様大壁

※受材は30mm×40mm以上、くぎの種類はN75、くぎの間隔は(一)～(三)120mm以下、(四)～(五)200mm以下、その他は300mm以下とする。

告示別表番号	材料 種類	材料 規格	材料 厚さ(mm)	くぎ打ちの方法 種類	くぎ打ちの方法 くぎの間隔(mm) 外周	くぎ打ちの方法 くぎの間隔(mm) その他	壁倍率
(一)	構造用パーティクルボード	JISA5908-2015	―	N50	75以下	150以下	4.3
	構造用MDF	JISA5905-2014	―				
(二)	構造用合板 又は 化粧ばり構造用合板	JAS(H15 農水告第233号)	9以上	CN50			3.7
(三)	構造用パネル	JAS(S62 農林告第360号)	9以上	N50			
(四)	構造用合板 又は 化粧ばり構造用合板	JAS 特類 (屋外壁)	7.5以上	N50	150以下		2.5
(五)	構造用パーティクルボード	JISA5908-2015	―				
	パーティクルボード	JISA5908-1994	12以上				
	構造用MDF	JISA5905-2014	―				
	構造用パネル	JAS(S62 農林告第360号)	―				
(六)	構造用石膏ボードA種	JISA6901-2005	12以上	GNF40又はGNC40			1.6
(七)	構造用石膏ボードB種	JISA6901-2005	12以上				1.0
(八)	石膏ボード	JISA6901-2005	12以上				0.9
	強化石膏ボード	JISA6901-2005	12以上				

伝統的な要素技術による耐力壁

壁の要素	軸組の仕様	告示別表番号	中塗り土	塗り厚(mm)	壁倍率
土塗り壁	厚さ15mm以上で幅100mm以上の木材を用いて910mm以下の間隔で、柱との仕口にくさびを設けた貫を3本以上設け、幅20mm以上の割竹又は小径12mm以上の丸竹を用いた間渡し竹を柱及びはり、けた、土台その他の横架材に差し込み、かつ、当該貫にくぎで打ち付け、幅20mm以上の割竹を45mm以下の間隔とした小舞竹又はこれと同等以上の耐力を有する小舞竹を当該間渡し竹にシュロ縄、パーム縄、わら縄その他これらに類するもので締め付け、荒壁土を両面から全面に塗った軸組	(一)	両面塗り	70以上	1.5
		(二)	両面塗り	55以上	1.0
		(三)	片面塗り	55以上	1.0

壁の要素	軸組の仕様	告示別表番号	木材の見付幅、厚さ	格子の間隔(mm)	壁倍率
面格子壁	木材を右「格子の間隔」欄に間隔で互いに相欠き仕口により縦横に組んだ格子壁を設けた軸組	(一)	見付45mm以上 厚さ90mm以上	90以上 160以下	1.5
		(二)	見付90mm以上 厚さ90mm以上	180以上 310以下	1.0
		(三)	見付105mm以上 厚さ105mm以上	180以上 310以下	1.0

壁の要素	告示別表番号	軸組の仕様 板厚(mm)	板幅(mm)	だぼ又は吸付き桟	接合方法	固定方法	柱間隔(mm)	壁倍率
落とし込み壁	(一)	27以上	130以上	15mm以上ナラ、ケヤキ 又は直径9mm以上鋼製 だぼ埋込長径3倍以上	620mm以下3本以上	柱の溝へ落とし込み	1800以上 2300以下	0.6
	(二)		200以上		500mm以下 900mm毎2本以上	柱、はり溝へ落とし込み 柱:板毎に150mm以下 2-CN75 はり:CN75@150mm以下	900以上 2300以下	2.5
	(三)			24mm以上ナラ、ケヤキ			900以上 2300以下	3.0

とから、金物メーカーからは倍率に応じた認定製品が各種市販されるようになった。111頁図1、写真2で示すようなプレート金物（旧公庫仕様で示されたもの）は肉厚でごついため納まりも悪く、今では見ることはなくなった。

②**筋違いの評価**

筋違いの入れ方は「たすき掛け」「ハの字形」「V字形」のように左右対称形を基本としたい（図3）。軸組計算上、筋違いでは引張り材、圧縮材の違いを考慮しないため、数値の計算上OKであっても、実際にはその半分の効果しかない場合がある。それは、圧縮材が引張り材として効かない場合、またはその逆の場合である。両方に効かせるためには、筋違いが必要断面以上であり、その端部が外れないように固定されていなければならない。

表1②の筋違いは、引張り成分の筋違いで、厚さ15mmと薄く、圧縮材としての効果は期待できない。また、施行令45条では③の筋違いは、厚さ30mmで圧縮筋違いとされているが、これも座屈しやすい断面であると考えたほうがよく、筋違いを使うならば④の厚さ45mmの半割材以上のものを用い、端部を確実に固定することを最低限の仕様と考えたい。しかし、厚さ45mmであっても座屈を考慮すれば、筋違いの中間点で間柱などにビス止めして拘束しておくことが望ましい。

筋違い両端部の金物には、それに対応する釘あるいはビスがセットになっているため、その組み合わせは遵守すること。これらはZマーク金物の認定品であり、そのセットで性能を発揮する（写真2）。

町場の施工現場などでは、金物の取付けの仕様に対する意識に希薄なものも目にすることが多く、現場監理上の重要なポイントとなる。

③**耐久性の問題**

筋違いはその固定端部の性能で決まるといってよく、その部分が腐朽や割れなどで損傷していると、性能をまったく期待できなくなってしまう。大壁であっても外壁通気工法を採用するなど、構造躯体の乾燥状態が保てるように工夫をし、接合部が劣化しにくくするように心掛けたい（図4）。

木は腐るという欠点をもっており、その欠点を補い木造住宅を長持ちさせるために、雨掛かりにしないことや乾燥しやすい状態をつくるなど、少しでも腐りに

図4　外壁通気工法の例

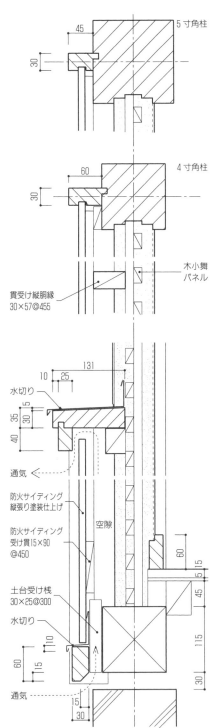

都市部における住宅の外壁の詳細。土塗りの真壁だが庇を張り出せなかったため、雨仕舞いとして1階部分の外壁に防火サイディング（下見板は防火上使用できなかった）を用い、一部を通気工法による大壁とした

図2　圧縮筋違いと引張り筋違い

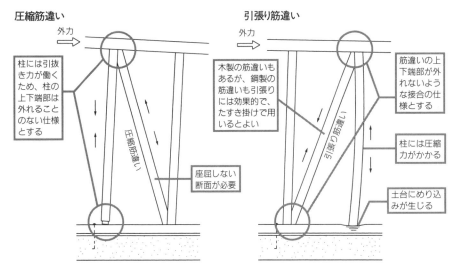

図3　筋違いの入れ方

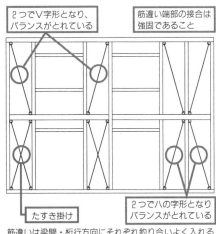

筋違いは梁間・桁行方向にそれぞれ釣り合いよく入れることを基本とする

写真2　Zマーク表示金物の取付け例。中央の胴差と上下の筋違いの端部を筋違いプレート（BP）で固定し、管柱の引抜き対策には山形プレート（VP）を用いている。取り付ける際には指定された釘を使用する

くくする環境を構法的にも工夫しなければならない。また、場合によっては防腐塗料などで補う必要もあるだろう。

現在の木造住宅は大壁造となるつくり方が多く、外部から躯体の傷み具合をチェックすることができない。漏水などが同一箇所で頻繁にない限り、そう簡単に構造材が腐ることはないが、見えないために気にかけないことが、将来大きな問題となってくる(**写真3**)。

(3)構造用面材の利用
①面材は全体でもつ

この仕様は軸組の片面もしくは両面に構造用面材(主に構造用合板を用いることが多い)を釘打ちし、そのせん断耐力で耐力壁とするもので、大壁と真壁による仕様がある。施工は釘打ちだけのため、簡便で、壁倍率も高く、耐力要素として高く評価できる。

大壁仕様の場合、軸組に直接打ち付けるタイプ(直打ちタイプ)と、軸組に胴縁を介して釘打ちするタイプ(胴縁タイプ)とに分けられるが(**112頁表2、図5**)、胴縁タイプは軸組と面材が胴縁で縁が切れるため壁倍率は一律0.5とされる。

外壁の場合、全面に面材を打ち付けることが望ましく、全体が箱のようになって耐力が期待できる。耐力壁に算定しない幅の狭い壁や小壁、腰壁なども余力として働く。構造的には直打ちタイプが有利だが、壁内が密閉されるため湿気が逃げにくく、軸組内で結露する危険性が指摘されている。

最近では、軸組内を通気させる工法が一般化してきており、直打ちタイプよりも胴縁タイプの有効性が見出せる(**図5**)。ただしこの場合、壁倍率が低いため筋違いなど他の耐震要素の併用が必要であろう。

②施工上の注意点

面材を釘打ちする場合、掛かり代が小さいと材端距離が取れず、ボード類などでは割れる危険性がある(**図6**)。また、下地の受け材のほうが割れてしまう場合も

写真3 阪神・淡路大震災でモルタル塗りの外壁が剥落した住宅。竪樋が破損しても放置されていたらしく、その部分の骨組が腐朽している。倒壊は免れたものの保守の重要性を再認識させられる

図6 ボード材端の釘打ち

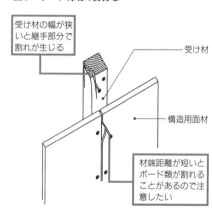

図7 建物の重心・剛心

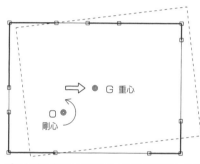

重心と剛心が離れすぎていると建物に回転が生じ、接合部などにも大きな負担がかかって危険度が増すため、バランスよく耐力壁を配置することが重要である

図5 構造用合板による大壁仕様の耐力壁

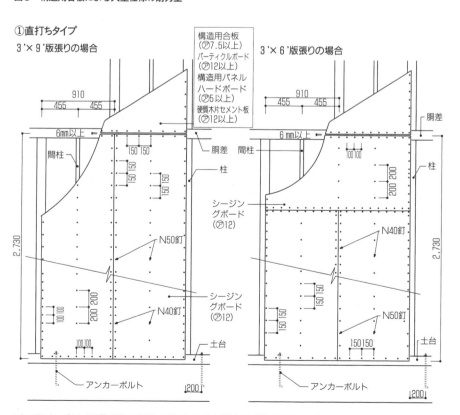

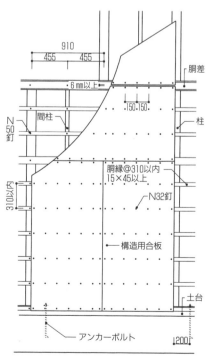

※1:アンカーボルトの位置は柱心より200mm以内とし、なるべく耐力壁の外側に設けたほうがよい ※2:耐力壁の両端の柱は引抜き対応の仕様とする ※3:構造用面材の継ぎ目部分を少なくするために、3'×9'版などの大きな面材を用いることが望ましい

※1:胴縁タイプの壁倍率は0.5 ※2:構造用面材の継手部分の胴縁幅は広めのものが望ましい

あり、その性能を発揮できない。柱や横架材以外の受け材上の面材の継手部分で割れが起こりやすいため、受け材の見付け寸法を大きくするなど十分に注意したい。

（4）バランスのよい壁配置

耐力壁の配置の場合は、建物の重心・剛心によるバランスチェックなどについての検討も心掛けたい（101頁図7）。これは、簡便な軸組計算では必要壁量を満足していても、部分的に偏って壁が配置されていると、全体では力のバランスが崩れ、そこに力が集中したり、建物に回転力が発生したりして、建物全体としてはかえってマイナス要素となってしまうからである。すべての耐力壁が応分の力を受けるようなバランスを考えて、耐力壁を配置しなければならない。

（5）見落としがちな雑壁の効果

さらに知っておきたいことは、この軸組計算では応力計算した場合の壁量の2／3の壁しか確保できていないということである。残り1／3は雑壁（腰壁、小壁、耐力壁と見なされないその他の壁）に頼っていることが前提となっている。つまり、雑壁も少ない建物は、軸組計算がクリアされていても構造上は成り立たないことになってしまう（図8）。

（6）耐力壁はアンカーボルトとペアで用いる

水平力を受けた耐力壁は、その端部が浮き上がって回転しようとする。この回転を拘束することが水平力の抵抗要素となる。特に、基礎と土台を確実に固定するアンカーボルトは、耐力壁の両端付近にあることが重要となる。さらに、壁両端の柱が土台または胴差、桁などの横架材から引抜かれないような接合にしておかなければならない。

真壁の新しい可能性を考える

（1）真壁で考える

建設省告示1100号が改正（最終改正平成12年12月26日「建設省告示2465号」）されたことにより、仕様として追加された、面材による真壁耐力壁について考えてみたい（112頁表2）。

これまで、耐力壁に筋違いを用いた真壁の納まりの場合、薄い壁厚のなかで筋違いを無理やり納めて対処（端部の止付けは不十分）していたのではないだろうか。この告示によって、それまで真壁では構造的に不利であったり、あやふやであったりしていた部分が法令として明確にされた。

軸組の片隅に面材を打ち付ける大壁式の耐力壁は、筋違いによる耐力壁と比べ、面材を釘打ちするだけで簡単に壁全体の剛性を高めることができる。基本的には枠組壁工法と同様で、躯体としての構造材と仕上げ材を完全に使い分ける発想である。この方法でも内部は真壁にして、柱や梁などの構造材を露すことは意匠上は可能である。しかし、一般には内部も大壁にしている住宅が多く見られる。内外を大壁にしてしまうのであれば在来軸組構法にこだわる必然性はないだろう。

そもそも木は見せられる素材であり、見せる使い方をしてきたからこそ、わが国の木造の技術や知恵が蓄積されてきたと考えられるだけに、構造材こそ見せて使いたい（写真4）。

軸組の木材は雨掛かりが少なく、通気があって、乾燥しやすい状態になっていれば、長い間に風化することはあっても腐ることはない。また、木造躯体が目に触れやすい状態にあるということは、傷んでしまった場合に意識的に対応ができるということにもつながる。

必ずしも木を露しにしていればよいというわけではなく、雨掛かりや湿気の多い場所への対応などは行うことになる。下見板張りなどはその一つの答えで、板

図8　水平力を1／3負担する雑壁

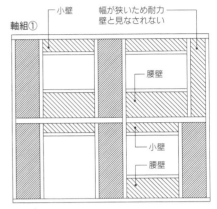

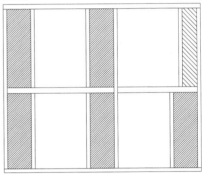

平面は同じでも軸組②は耐力上、雑壁分が期待できないため、ぎりぎりで軸組計算をクリアしても構造的には成り立たない

写真5　エアサイクル工法を採用しているため外壁は防火サイディングによる大壁だが、木造らしい表情に仕上げられている

写真4　軸組がそのまま内外の意匠となっている住宅。隣の住宅は外壁からだけでは軸組工法なのか、枠組壁工法あるいはパネル工法なのか定かではない

同士の隙間から通気でき、かつ雨を防ぐ効果があった。更新可能な部材であるから、長い時間のなかでは張替えも簡単にでき、そのうえ意匠性も高い。

ただし、住戸が密集している都市部では軒も出せず、また防火上の問題もあり、木造躯体をそのまま露(あらわ)すことは難しいため、防火材料による被覆などの工夫が必要となる(**写真5**)。

(2) 構造用面材による真壁耐力壁

「いえづくり'85(建設省)」に提案されたいくつかの案に、軸組の内法に構造用面材を打ち付けた、いわゆる真壁耐力壁が提案された。ひとつの日本の形としての構造を露しにすることによる意匠性と、木が呼吸できる状態をつくることで高い耐久性を確保し、軸部材による筋違いよりも面材を釘打ちして耐力を確保するほうが、施工性と確実性が得られるという提案であった。

それらは、告示1100号の追加項目として改正につながっている。

告示では、受け材タイプと貫タイプに大別されている(**写真6、図9**)。打ち付ける面材も大壁とは違って数が限定され、構造用合板、石膏ボード、石膏ラスボード+石膏プラスター塗り(真壁ならではといえる湿式工法)のわずか3種類で、選択肢が少ない。しかし、これらの仕様は参考になり、他の面材やそれに代わる素材の利用が今後に期待される。

①**受け材タイプ**

軸組のつくり方は大壁の場合と変わらず、間柱の見込みが柱よりも小さい分だけ真壁納まりとなる。外壁の場合、間柱は風圧を考えると横架材の支点間距離にもよるが、成(せい)(高さ)は最低でも2寸(60㎜)は必要だろう。**図9**①では面材の継手位置に胴つなぎを用いている。面材を打ち付

図9 構造用合板による真壁仕様の耐力壁

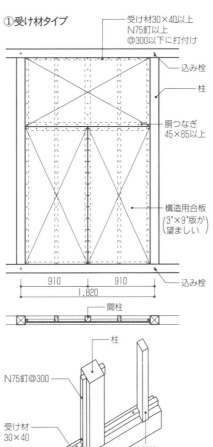

①受け材タイプ

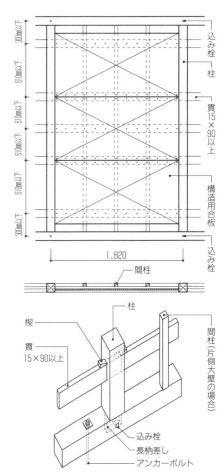

②貫タイプ

図10 真壁耐力壁・貫タイプ（私家版仕様）

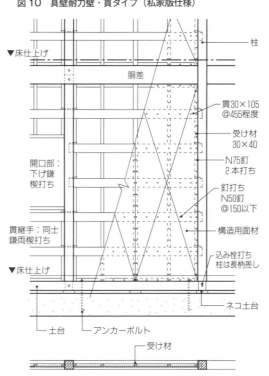

写真6 構造用合板による貫タイプの真壁耐力壁。貫と柱の取合い部分には楔が打ち込まれ、がっちりと固められている

貫のほかに柱・横架材の内法に受け材を取り付け、構造用合板の打付け下地とした仕様

けるために、柱と横架材の内法に30×40mmの受け材を隙間なく打ち付ける。ちょうど軸組の内法がパネル化されたことになり、軸を内側で拘束して剛性を高める仕様である。壁の見え掛かりの納まりは内側真壁、外側大壁となる。内部間仕切りを耐力壁とする場合には間柱成が40mmとなる。

②貫タイプ

貫の仕様は15×90mm以上、いわゆる5分貫以上で、構造というよりは一般に和室の壁下地に使われる厚さである。また、**117頁図9②**のように横架材の上下に隙間をあけているのは、通常、壁の造作としては床下までと天井の懐までは仕上げをしないため、施工上の慣習的な要素を含んでいる。力の伝達が不完全になるので、壁倍率は受け材タイプよりも1.0低減され、1.5となっている。

スパンのある壁の場合は、貫の中間部が面材や仕上げ材の重みで垂れないように、間柱などで補強することなどにも注意したい。

貫タイプの可能性を考える

117頁図9②では貫タイプでも外側大壁、内側真壁の納まりだが、貫を下地とするならば、純粋に両面真壁の耐力壁も可能であろう。外壁の場合でも風圧などに対しては、通常柱間1間(1,818mm)としても貫は支点間距離が短いので間柱よりも有効である。ただし、この場合には貫の厚さは9分(27mm)もしくは1寸(30mm)はほしい。成(高さ)も大きいものが望ましい。貫の断面が増えれば、柱の欠損も大きくなるため、最低では4寸(120mm)角以上の柱はほしくなる。

117頁図10は貫タイプの耐力壁の例である。面材が柱および横架材と接する部分で滑らないように緊結することが、耐力上有利なのは受け材タイプの納まりからも理解できる。この図では、面材を柱間および横架材内法で左右、上下に隙間なく受け材を打ち付け、実質的な耐力向上を目指している。告示の基準からすると貫タイプで、構造用合板打付けの壁倍率は1.5だが、この仕様であれば実質は受け材タイプと同等と考えられるだろう。

構造用合板は継目をつくらないために縦張りで、3'×8'版や3'×9'版を使い

い。また、貫の間隔は1尺5寸(455mm)を基準とし、地貫や内法貫、天井貫などの関係を勘案してその位置を決める。

柱と貫の取合いは、水平力がかかった場合に生じる貫の曲げを、柱と仕口部分でより剛とするために楔を打って固める。しかし、貫にはめ込みが生じるため、貫だけで初期剛性を出そうとすれば柱間や貫間隔を狭めて接点数を増やし、貫材断面のさらなる検討を要する。ここでは貫構造でもたせるというよりは、面材で軸組の剛性を高め、貫(厚貫)＋受け材に力を伝えるものと考える。

貫は通し貫で継手がないほうがよいが、継手が必要な場合は、柱内で同士鎌(程度によっては突付け)とする。柱当たりの端部では下げ鎌(程度によっては大入れ)とし、ともに楔打ちして柱に固定

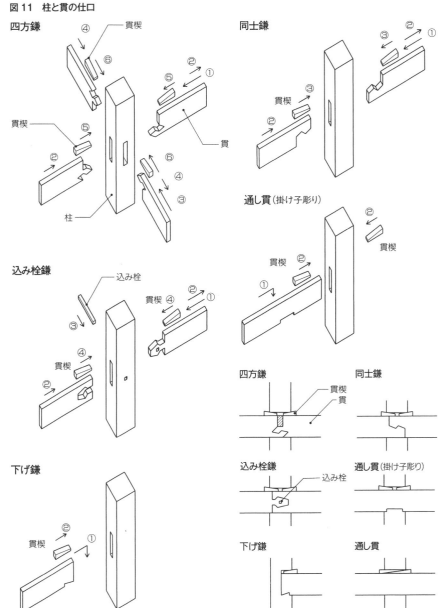

図11 柱と貫の仕口

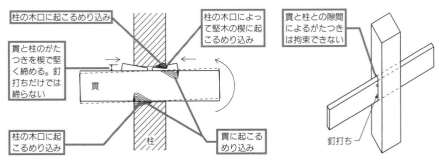

図12 貫への楔打ち

する(図11)。貫を柱に釘打ちで止め付けている現場も見受けられるが、構造的に貫のめり込みを利用することが大切なので、楔打ちしないと貫本来の効果は得られない(図12)。

真壁耐力壁の納まり

(1)面材はどちら側に打つか

外壁の場合、透湿抵抗の大きい構造用合板は、室内側に用いるほうが壁の内部結露の予防には効果的である(図13)。また、内装仕上げ材には木や漆喰の左官仕上げなど吸放湿性の高い素材が望ましく、仕上げ材で室内の調湿を行いたい。この場合、外壁仕上げの納まり上、真壁とするのか大壁とするのかによって、貫に木摺り板打ち(斜め張り)または間柱打ちなどの検討が必要となる。

(2)真壁は納まりの整合性が高い

構造を真壁納まりでつくる場合、柱や横架材の見込み内で構造用合板が納まるため、大引や根太などの床組や入隅での施工上の取合いが無理なく整合する。特に外壁と内部間仕切りの壁の区別なしに納まりのルールは同一となる(図14)。これは逆に、内部間仕切り壁を大壁の耐力壁で計画する場合にも解決できなかったこと(根太上端で合板をカットし、横架材には力が伝達できない納まり)への答えにもなる(図15)。また、開口部廻りの納まりについても取合いのルールは明快である。構造のルールを真壁でつくることは、架構と耐力壁などの構造面と、軸組材露しなどの意匠や耐久性まで整合できるものといえる。防火や雨掛かりなどは仕上げの納まりを大壁で対処すればよい。

図13 構造用合板を張る位置

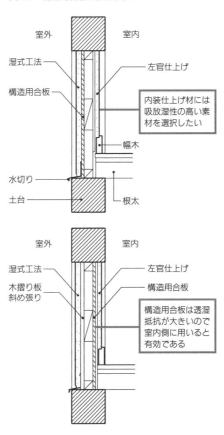

図15 大壁仕様の間仕切り壁納まりの不整合

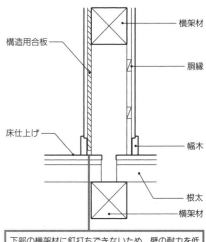

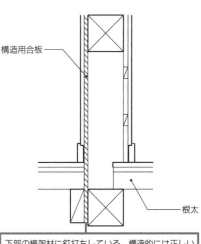

図16 軸組の変形を拘束する面材

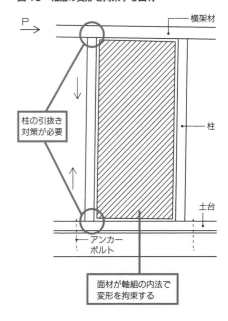

図14 主な真壁の仕様

項目＼種別	内外真壁		内真壁+外大壁
断面詳細	(図)	(図)	(図)
壁の仕様	土壁(竹小舞下地、裏返し塗りをしている)	外：構造用合板+左官仕上げ 内：ラスボード㋾9＋石膏プラスター㋾15	外：防火サイディング(通気工法) 内：構造用合板+ラスボード+左官仕上げ
壁倍率	0.5	1.0、1.5 (告示)	2.5 (1.5＋1.0)	1.5
外壁防火性能	防火構造	土塗壁同等	防火構造
備考	実際は土壁の初期剛性はもう少し期待できるが、土壁の仕様が地域や施工によって異なる。施行令では0.5、告示では仕様を明示し1.0、1.5が与えられた	外壁の仕上げそのものを防火構造にできるため、特定行政庁によっては防火構造と同等と判断してくれることもあるようだ	外壁は大壁だが、基本的な構造は真壁の特徴を活かしたつくり方であり、都市部では有効な仕様である。通気層を設けているのがポイント

図17 柱の引抜き対策案

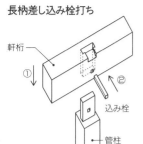
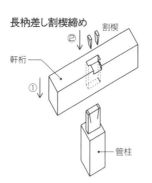
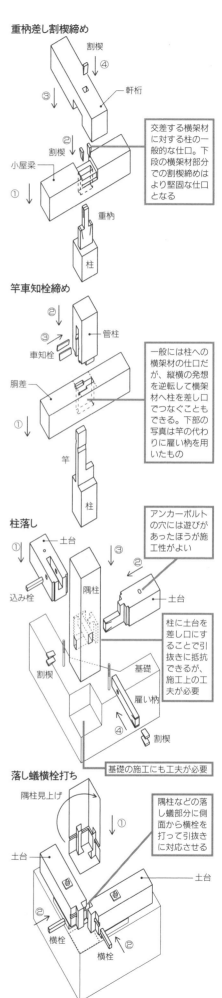
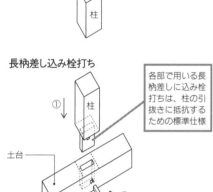
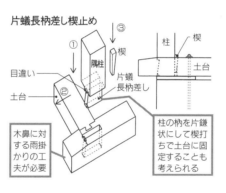

竿車知栓締め。竿の代わりに雇い柄を用いて車知栓締めとした2階管柱

長柄(摺合せ)差し込み栓打ち。荷積みされた中央の2つの材が管柱で、胴差内で上下の柄が摺り合わされる

落し蟻横栓打ち。落し蟻で土台に柱を引き付け、側面から横栓を打つ。直接柱を基礎まで落として余長を確保している。柱・土台とも5寸角の大きな断面である

(3) 柱端部の引抜き対策

真壁耐力壁は水平力を受けると軸組内法に納まっている面材が軸組の変形を拘束し、回転しようとするため、面材の剛性（壁倍率）に応じて脚部の引抜き対策が必要となる（119頁図16）。柱の引抜き対策をまとめた図17では、栓や楔などを効かせ、金物を使わない工夫をしている。ただし、木の特性を考えると壁倍率をあまり大きくすることは望ましくない。

かつての住宅金融公庫の仕様書による真壁耐力壁では、柱の端部はかど金物（CP・T）で対応していたが、木部を露そうとする真壁とこの種のプレート系の金物は、納まりや耐久性上の整合性がとりにくい。この程度であれば、耐力的には**表3・4**からも金物によらない仕様が可能である。外部真壁で土台まで露そうとすれば、柱は横架材に長枘差しとし、堅木による込み栓打ちを標準と考えてよい（**図18**）。

間口の狭い建物では、壁倍率の高い耐力壁の配置によって、少しでも開口部を広く取る計画になることが多い。壁倍率の大きな仕様とすればそれだけ剛性が高くなり、脚部への引抜き力も大きくなる。自重による軸力をも大きく卓越するため、込み栓だけの耐力ではどうしても対処しきれない。解決策としては、ホールダウン金物（S-HDタイプ）などを使用するのも一つの答えとなる。ただし、止付けボルトが柱の背割りなどに絡み、柱の割れにつながらないように現場では注意が必要である。

また、**図19**のようにタイロッド（両ネジ切りボルト）を用いて引抜きに対処する方法も考えられる。アンカーボルトに通しボルトを直接継ぎ足したり、アンカーボルトとは別に土台下から増し締めも可能な方法などもある（108頁図10参照）。

ボルト類は材を引き合う場合に有効な工夫ができるが、横架材はある程度の厚みが必要となる。ボルト類の止付け位置は壁の納まりなどに応じて、地貫・足固め・差鴨居・胴差・桁など都合のよいレベルで検討する。桁まで連結すると効果がある。アンカーボルトに直接つながない方法も考えられる（108頁図10参照）

図18 込み栓とZマーク表示金物

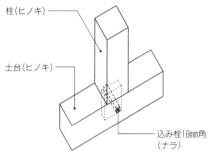

実験による込み栓の短期許容耐力は約7kNだが、計算値よりも大きな値になる傾向にある

山形プレート（VP）の短期許容耐力は約5kN（ベイマツ類）で、この耐力は釘の本数で決まっている

図19 タイロッドによる柱の引抜き対策

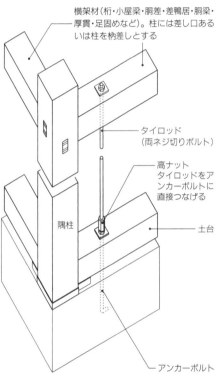

アンカーボルトに直接つないだタイロッドを足固めまで延ばし、ナット締めしている

表3 主な木造住宅用接合金具（Zマーク表示金物）の許容耐力値

名称	記号	短期許容せん断耐力 kN（kgf） ベイマツ類	ベイツガ類	スギ類	備考
かど金物	CP・L CP・T	4.31 (440)	3.87 (395)	3.38 (345)	10-ZN60
山形プレート	VP	5.02 (512)	4.55 (464)	3.92 (400)	8-ZN90
かすがい	C-120 C-150	1.27 (130)	1.18 (120)	1.08 (110)	―
引き寄せ金物 （ボルト接合）	HD-B10 S-HD10	11.38 (1,160)	10.40 (1,060)	10.00 (1,020)	2-M12 または 2-LS12 ※
引き寄せ金物 （釘接合）	HD-N5	7.53 (768)	6.38 (696)	5.88 (600)	6-ZN90
	HD-N10	12.55 (1,280)	11.38 (1,160)	9.80 (1,000)	10-ZN91
	HD-N15	20.08 (2,048)	18.20 (1,856)	15.69 (1,600)	16-ZN92

※：LS＝ラグスクリュー（長さ11cm以上）
（財）日本住宅・木材技術センター編・刊「木造住宅用接合金物の使い方―Zマーク表示金物と同等認定金物―」より

表4 和風仕口の参考許容耐力（短期） （単位：kgf）

	項目 仕口の種類	P_{1mm}	最大荷重 P_{max}	$2/3 \times P_{max}$	$\times 3/4 \rightarrow$ 短期許容耐力
(e)	打抜き枘込み栓 （ヒノキ母材、18mm角ナラ栓）	1,158	1,400	933 ※	700 → 700
(f)	打抜き枘込み栓 （ベイツガ母材、18mm角ナラ栓）	818	983	655 ※	491 → 490
(g)	打抜き枘込み栓 （ベイツガ母材、24mm角ナラ栓）	1,308	1,438	959 ※	719 → 720
(h)	打抜き枘込み栓 （ベイツガ母材、15mm角鋼栓）	1,055	1,499	999 ※	749 → 750

堅木（ナラ）の18mm角込み栓打ちによる仕口は、かど金物・山形プレート以上の耐力が出ている。また、母材の樹種（(e)と(f)の比較）によっても大きな差が出ている
注1：木造仕口実験より導出された仕口の引張り耐力を表している
注2：P_{1mm}（1mm変形時の荷重）と $2/3 \times P_{max}$ の小さいほうの値を採用しており、※ は最低値を表している。3/4 はばらつき係数

（飯塚五郎蔵著・丸善刊「住宅デザインと木構造」より）

通しボルトを用いると、アンカーボルトの埋込み精度を多少吸収できるため現場での対応はしやすいだろう。このほか差鴨居や胴差までボルトを延ばして、引抜きに抵抗させる方法もあるが、ボルトの長さが長くなると初期剛性が低下することは考慮したい。貫をかわしてボルトを立ち上げる場合、ボルトを壁内に納めるには部分的に納まりを大壁にしたほうが無理がないだろう（**写真7**）。

真壁の注意点

(1) 漏水する覚悟

真壁造は躯体の木部を乾燥状態に保てるということから、旧住宅金融公庫の高耐久木造住宅仕様としても取り上げられていた。実際に古い民家などを見れば、構造の基本形は真壁といえる（**写真8**）。また、軸組への雨掛かり対策として、軒を大きく出したり、下見板を張ることで骨組を保護していた。それらは機能面ばかりでなく、それぞれの住宅の意匠上の要素であり、町並みをつくる大きな構成要素でもあった。

下見板は、湿度変化によって適度に変形し、その隙間から壁内部は乾燥状態を維持できるという仕組みである。現状では防火の指定などにより制限を受けるため、サイディングなどによる外壁通気工法が多く見受けられる。

真壁の部分では、稀にある横なぐりの風雨の場合に、軒や庇の出だけでは壁面を保護することができない。柱や梁と壁の散り部分から、また横架材の継手部分などからにじむ程度の漏水は覚悟しておいたほうがよいだろう。散り際や水切りの処理を十分に注意したい（**写真9**）。

軸組に乾燥材を使用していても、木は多少は痩せるため、まず最低限の散り決はしっかり取っておくことだ（**図20**）。散り際をコーキングで処理しているものも見かけるが、長期的には望ましくない。コーキングが切れれば雨水を溜め、かえって弱点となってしまう。このことは施主に理解しておいてもらわないと、思わぬトラブルを招きかねない。これを大きな欠点と考えるかは地域性や設計思想により、判断の分かれるところだろう。

かつては一般的であった土壁の真壁では、漏水して多少内壁が湿っても自然に乾燥するので、十分に高い耐久性をもっていた。外壁側に面材下地を用いた湿式仕上げの真壁の場合も、これにある程度近い性能を有すると思われる。

(2) 設備との取合い

真壁では壁の懐厚がないため、電気設備や機械設備の配線・配管が難しい。最近は住宅に要求される設備機器が多く、管径やその曲がり、ルートなどを十分に検討し、要所にはパイプスペースを確保するなどの対応も必要である（**図21**）。ただし、決して貫に穴をあけたり、欠き取ったりしてはならない。貫は下地材ではなく、あくまでも構造材である。

アンカーボルトにつないだタイロッドを胴差まで延ばしている。壁は木小舞下地

胴差の上までを大壁にしてタイロッドを納めている。もともと大壁は建物下部の雨掛かりを保護するのが目的である

写真7　外壁の一部を大壁にしてタイロッドを納めた例

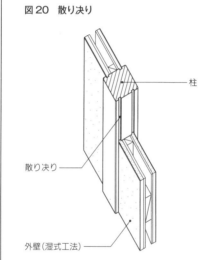
図20　散り決り

コーキングは短期的には効果が期待できるが、長期的には水を滞らせるため弱点となる。雨水が浸入してもすぐに乾燥させることが重要

写真8　真壁の民家の例。大きな軒の出と下見板が軸組や外壁を風雨から守り、建物の耐久性を高めていた

写真9　真壁の水切りの例。真壁と大壁との見切り部分は板金で確実な雨仕舞にしたい。写真では柱に首切りを施し、水切りを差し込んでいる

架構で考える

(1) 耐力壁は耐力要素の一つ

「耐力壁」という言葉からすると、水平力に対して「壁」のみで耐えようと考えがちである。本来は水平力に対する耐力要素の一つが耐力壁であって、むしろ全体の架構を構成する軸組こそ注意を払う必要がある。

耐力壁のみの検討では、単純に半間(909mm)や1間(1,818mm)の耐力壁の部分だけを見た部分的な判断に陥りやすい。その壁が構成要素となる軸組がどのように組まれているのか、軸組全体からの判断が抜け落ちてしまう。

現実には、梁や胴差などは2間物、長物が手に入れば3間物などを一本物で使って軸組を組むが、このような場合、軸組のフレームそのものが回転しようとする耐力壁を抑え込み、浮き上がりを低減するという考え方も成り立つ。もちろん、梁や胴差は軸組の粘りをもたせるだけの成(高さ)が必要となる。これは構造的に有利な見方の一例である(**図22**)。しかし逆に、耐力壁付近に継手が存在していればこの効果は期待できず、軸組としての粘りも小さいものとなってしまう。このため、部分のみではなく全体を見渡す計画が必要となる。

また、一部の接合部に負担をかけないようにするためには、部分的に高倍率の耐力壁に頼りすぎる計画は避けたい。木の接合部はその部分だけでは決して強いとはいえず、全体のバランスでもたせる架構を検討したい。

図21 電気配線における注意点

貫は構造材であり、穴あけや欠取りを行ってはならない。スイッチ類は柱際にあることが多いため、横架材に穴あける場合には仕口を傷めないように穴の位置に注意する

貫をかわすために貫部分のラスボードを欠き取り、縫うように配線している

貫と竹小舞下地による裏塗り前の土壁。仕上がりの程度などにより壁の剛性が異なるが、耐震要素として再評価できる

パネル化した木小舞を軸組に組み込んだところ。この上に土壁を塗り、漆喰で仕上げた

写真10 土壁による真壁構造

図22 梁・胴差による柱の引抜きの拘束

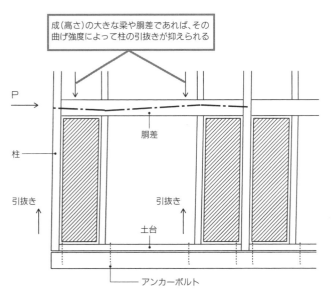

通し柱間に架け渡された成尺(303mm)の胴差。軸組が耐力壁の回転を抑え、柱の引抜きを拘束できることが理解できる

(2) 伝統技術の再評価

伝統的な技術のなかには、耐力要素となる木の特性を活かした多くの手法が見出せる。真壁に用いる貫は柱との接点数が多く、力を分散することによって、貫のみでも軸組を構成することも可能である。住宅の場合、1寸（30㎜）厚の貫を用いれば、軸組の変形は大きいが、粘り強い架構ができるだろう。また、貫には原則として土壁が塗られたり（123頁写真10）、板を落とし込んだり、打ち付けられるなど（**写真11**）、初期の剛性を確保する仕様となっていた。

土壁に関しても、その塗り厚さに対して、水平せん断耐力を壁圧（cm）×50kg程度（壁長1mあたり）と評価する研究者もあり、以前の壁倍率0.5は過小評価ともいえる。これは、地域の土壁の特性や仕様、施工上のばらつきによって一律に評価できないためであり、告示1100号の改正では仕様を限定して1.5の倍率を与えている。

このほかに、大黒柱と差鴨居の関係もラーメン的なフレームであり（**写真12**）、建物の足元を固める足固めも実際には耐力要素となる（**写真13**）。

伝統技術の接合や立体フレームの数値的な解析は簡単ではなく、現状はそれらを解析するための研究が進められている段階とはいえ、そうした先人が考えた多くの技術に答えが見出せることを期待したい。

地震などに対する耐力要素としては、以上のようにさまざまな選択肢があることが分かった。しかし、特別の認定は別として、私家版仕様書では**表5**のように貫を用いた真壁耐力壁を現時点での標準解としたい。実質的に剛性が高くなるような面材の打付け方（両面張りなど）をした場合には、柱に対する引抜きにも十分に配慮し、その対応策は特記あるいは図示する必要がある。また、土壁にする場合には告示仕様とする。

表5 私家版仕様書【耐力壁】

耐力壁	樹種・等級・仕上げ寸法	工法
耐力壁（真壁仕様）	・建設省告示1100号による真壁耐力壁とする 　※別仕様の場合は別途特記による ・特記なき限り貫タイプとし、面材などは以下による 　□構造用合板厚 9mm 以上 　□石膏ボード厚 9mm 以上＋石膏プラスター塗り厚 15mm 以上 　□石膏ボード厚 12mm 以上 ・仕上げを兼ねた耐力壁は以下による 　□土塗り壁 　　□両面　　□片面 　　※仕上げ塗りは左官工事による 　□落とし込み板壁 　樹種（　　）厚さ（　　）mm 　□面格子壁 　樹種（　　）厚さ（　　）mm	・合板は貫に直交に張り、N50釘打ち @150mm 以下とする ・継目を少なくするために 3'×8' 版、3'×9' 版を使用 ・GNF32 または GNC32 釘打ち @150mm 以下とする ・GNF40 または GNC40 釘打ち @150mm 以下とする ・必要倍率に応じた告示仕様に準ずる。納まり等については設計図書による
貫	・スギー等　30×105mm 以上	・貫ピッチは @455mm を標準とする ・継手は以下の工法によって柱心で継ぎ、両楔打ちとする 　□同士鎌　　□突付け ・柱との仕口は以下の工法で継ぎ、楔打ちとする 　□下げ鎌　　□大入れ　　□打抜き ・配線や配管のための穴あけは不可
面材用受け材	・スギー等　30×40(60) mm 以上 （厚さは貫に合わせる）	・柱や横架材の内法にN75釘 @300mm 以下で止め付ける ・貫の間にも縦に @455mm に打ち付ける。合板などの継手部は幅広材で受ける
耐力壁脚部および端部	・□18mm 角込み栓 　□φ18mm 丸込み栓 　□タイロッド（両ネジ切りボルト）M12 以上	・壁倍率が2.5程度までは、柱は横架材（土台、胴差、桁）に長柄差し込み栓打ちとする ・壁倍率が2.5を超える場合は、タイロッドで横架材（土台、梁、差鴨居、胴差、桁、足固め）を拘束する。またはアンカーボルトにタイロッドを高ナットで直接緊結し、上部横架材の上端でナット締めする。横架材はボルト穴をあけても十分に強度の出る断面積とする。また、アンカーボルトも十分な埋込み長さを確保する（設計図参照のこと）

写真12　大黒柱と差鴨居による架構。太い堅木の大黒柱に成（高さ）の大きな差鴨居が差さり、架構フレームとしては大きな耐力要素となる。やはり、柱の太さと仕口の堅固さが重要である

写真11　3尺(909㎜)間隔で建つ柱の間に落とし込まれた板壁の板倉。土台部分には足固めも入れられ、堅固につくられている

写真13　土台と組み合わされた足固め。足固めは建物の足元をがっちりと固め、柱の自立性を高めるが、柱の断面欠損には十分注意したい

[私家版]仕様書／架構編 6

床組 | Plane of structure

架構体の一部としての床組は、丈夫な骨組でかつ生活の変化に対応できる融通性を備える必要がある。
また、床組は鉛直荷重に対して十分な強度・剛性を有すると同時に、
水平荷重を軸組・壁部を通して安全に地盤に伝えなくてはならない。
床組の組み方は柱の位置や間取りに左右され、最も苦労するところだが、
1階と2階の柱列が合致すれば合理的な床組が可能となる。
そこで床組と軸組を一体化するために、1階に軸部を固める足固めや、
2階の梁組の転びを止めながら軸部を固める台輪の効果も取り入れ、
梁組を渡り腮で複層に組み、開放的かつ耐震的な間取りを実現したい。

　木造住宅の計画に際して、毎回苦労するのが2階の床組ではないだろうか。特に施主の要望が多様なうえに、敷地に余裕がない場合などは、過大になりがちな間取りの要求に振り回されて構造が後回しになり、耐久性を備えた合理的な床組が実現し難いと感じることもあるのではないだろうか。

　本来、間取りは構造と同時進行で考えるべきであり、間取りの計画と構造は切っても切れない関係にある。構造と間取りが合致するのが理想的なのだが、現実にはその不一致に苦労させられ、構造的に強く、かつ住みよい間取りをつくることが難しいという悩みがある。

　また、'95年の阪神・淡路大震災で被害の目立った1階部分の崩壊は、壁量の不足や偏り、水平構面の歪みなどが影響したと思われるが、それも間取りと架構の不一致からくる問題といえるのではないだろうか。

　壁量や偏心の問題を床組の項で扱うのには無理があるが、間取りと構造の整合性を突き詰めていくと決して無関係とはいえない。さらに、この仕様書では、長寿命の木造住宅をつくるために「生活の変化に対応する間取りと構造の実現」を目指している。そのためには、開放的かつ丈夫で耐震的な架構体をつくらなくてはならない（**写真1**）。

床組の基本的な考え方

　丈夫な建物をつくるには、軸組が強くなくてはならないのはもちろん、水平面を固める床組も強くなくてはならない。床組には、床の鉛直荷重を支える役目と、地震力や風圧力などの水平力を軸組に伝える役目とがある。床組に歪みのない強い面剛性をもたせることは建物を一体化し、耐力を上げるうえで非常に大切なことである。

　一般的な床組は、1階床組の場合、土台に大引を渡し、根太を掛けていく。大引の間隔は3尺（909㎜）で、床束を介して地盤に力を伝えている。2階床組では、1間（1,818㎜）おきに床梁を胴差に渡して、根太を掛けていく。2階の荷重は柱を通して土台に伝えられる（**126頁図1**）。この場合は1階床組、2階床組ともに、床の荷重を支えることが目的であり、水平力による変形に抵抗するのは、火打梁や床仕上げ材に頼ることになる。

　より強固な架構体を目指す私家版仕様書としては、床組を組みながら軸組と一体になるような、全体として剛性が高く、粘り強い架構体をつくりたい。

足固めと台輪を見直す

　ここで、かつては1階床組に使用されていたにもかかわらず、布基礎の発生に伴って採用されなくなった「足固め」と、胴差とともに2階床組に使用されていた「台輪」の意義をもう一度見直してみたい（**写真2**）。

　足固めは**126頁図2**のように、1階床下にあって柱同士を固めていた。現在の柱

写真1　南側に面した開放的な一室空間の骨組。足固めと梁によってロの字形に囲われた架構で成り立っている

写真2　足固めと台輪を採用した住宅の例。足固め・台輪とも、軸組の柱を自立させるためには有効な手段である　（設計：戸塚元雄）

建ての方法では、柱は土台の柄穴に差し込むだけで建てているが、それに比べると柱を2段の横架材で固定しようとする足固めや台輪の効果は、いかに有効であるかが容易に想像できる。この効果をこれからの木造住宅の床組に取り込めないものだろうか。

足固めのススメ

一般的な1階床組は、土台の上に大引（90×90㎜）を3尺（909㎜）間隔で載せ、その下に床束（90×90㎜）を地盤より3尺間隔で立て、大引の上に根太を掛ける（図1）。根太の大きさは床の荷重によって変わるが、住宅の場合は45×40㎜～60×60㎜の材を303～455㎜の間隔で入れる。

ただし、この仕様だけでは、単に1階の荷重を地盤に伝えるだけである。床面の水平剛性を高めるためには、床仕上げの下地に構造用合板を張るのが最も有効な方法である。

しかし、畳下地の構造用合板では、畳に対して通気性の面で難がある。畳の下はやはりスギ材の荒床で適度に通気したほうがよい。そうなると1階床組を固めるには火打土台の登場となるが、合板ほどの剛性は期待できない。

私家版仕様書としては、1階床組は床面の水平力を伝えながら、より軸組と一体化するように考えたい。そこで、足固めとその効果を見直すことにする。

足固めは、かつて布基礎が採用される以前には、民家などの床組に多く用いられてきた。本来の足固めは石場建て（092頁図2参照）の柱を縫うように入れて直接床を受け、仕口の胴付き部分（柄の根元にある平面部分。この部分が取り合う材に密着するかどうかで仕口の出来栄えが決まる）のめり込み強度などで軸部を固めていた。

ここで提案する足固めを用いた構法は、従来の足固めの役割に加えて、土台と併用することによって軸組の足元をしっかりと固め、柱の引抜きにも抵抗しようとするものである。足固めと土台はアンカーボルトで結ばれ、基礎コンクリートに緊結される。

図1　一般的な床組

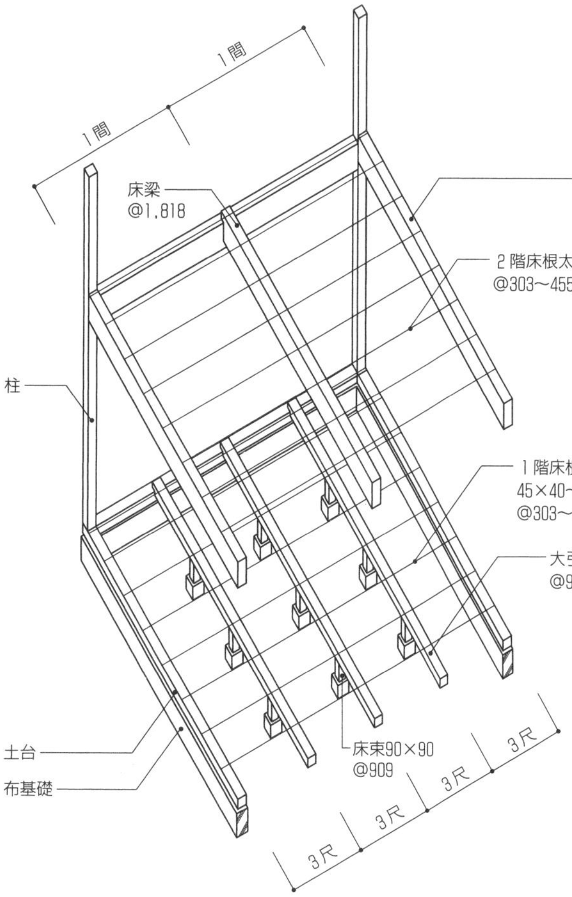

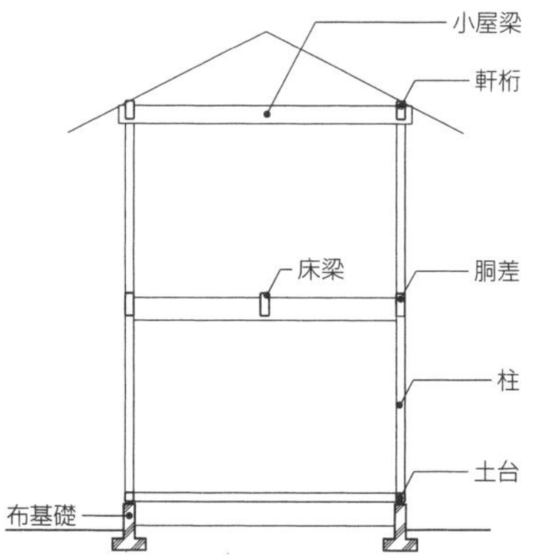

図2　足固め・台輪を採用した床組

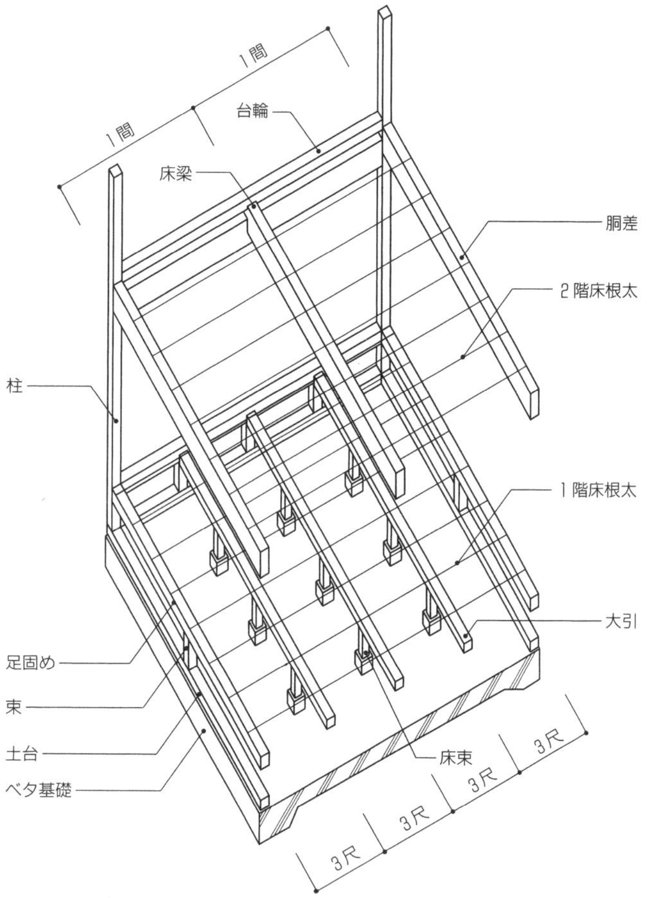

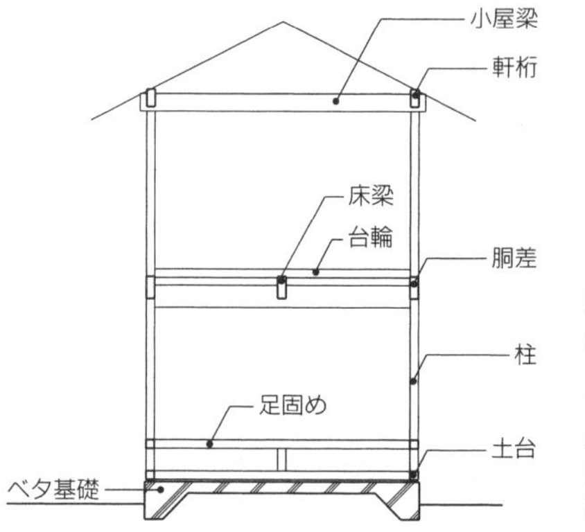

1階床組は土台に3尺間隔で大引を渡し、大引の上に根太を掛ける。荷重は床束を通して地盤に伝える。2階床組は胴差に1間間隔で床梁を渡し、床梁の上に根太を掛ける。2階の荷重は柱を通して土台に伝える

足固めは1階床根太の下部に、台輪は2階床梁の上部に位置し、それぞれ柱同士をつないでいる。足固めは土台と、台輪は胴差と2段になって柱を固定するため、丈夫で剛性の高い架構体となる

図3は最近筆者が試みた足固めである。建物は木造平屋建て(30坪程度)で増築部分に足固めを採用した(写真3・4)。もとの建物は明治～大正年間に建てられた数寄屋であり、開放的な間取りである。今回の増築部分でも開放的な二間続きの座敷をつくる必要から、壁の少ない架構体に対して軸組を固める方法として足固めの採用を決めた。足固めは土台と併用かつ通しボルト締めとし、各部屋ごとに柱を固めながら建物をつくるようにした。足固めと柱の仕口は、竿車知継ぎとしている(写真5)。

足固めと土台は、束を挟んで通しボルトで締め付け、建物の足元を固めるようにする。これによって軸部が固まることと、柱の引抜き対策との両方を兼ねている。基礎はベタ基礎にネコ土台とし、土台はアンカーボルトで緊結している。

「土台のアンカーボルトを省いて、建物は置くだけでよい」という田辺平学氏の説(昭和8年丸善刊『耐震建築問答』)もあり、そのほうが大きな地震力の入力に対し、建物がずれることで免振効果があると説いている。この説は注目すべき指摘であると思うが、残念ながらこの施工法は現行法で認められていないため、ここでは一応アンカーボルトで緊結している。

今回、足固めを採用してみて、足固めを入れたことにより軸組が丈夫になることが実感できた。

足固めの注意点

足固めを採用する際に気付いた点を少し挙げておきたい。実践する場合には以下の3点に注意しないと、せっかくの効果も十分に発揮できなくなる。

(1) 仕口のつくり方

足固めの大きさは柱の寸法と同等以上のものを使い、柱を固定するように据え付けていく。柱に三方差しになったり四方差しになる場合が多いので、柱の断面欠損に注意しながら仕口をつくらないと、せっかく足固めを通しても柱の強度を落としてしまうことになりかねない。そこで、竿の胴付き面は平らに割り、小胴付き(胴付き面の両サイドを欠き取った部分。柱に大入れした場合に柱の表面と取り合う)を付けないほうが断面欠損が少なく、理に適っていると思う。

ただし、床荷重を柱に伝えるには竿のみでは不十分なので、傾ぎ大入れなどの工夫が必要である(128頁図4①)。また、柱に長押を取り付けるような方法や、2枚の材で挟み込む方法も考えられる(128頁図4②・③)。簡便な方法としては、足固めに座彫りを施し、ボルトで縫う方法もある(128頁図4④)。

いずれにしても、柱と足固めの両方の断面欠損が大きくならないように留意し

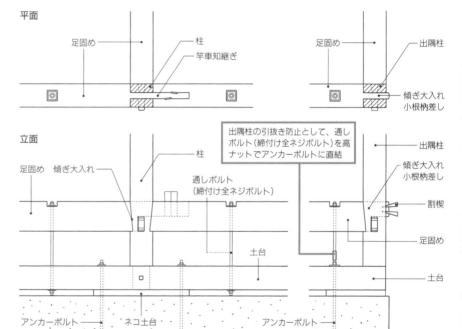

図3 事例の足固めの詳細図

写真3 足固めを取り入れた事例の軸組模型。軸組の足元は足固めが、上部は小壁が固めている様子が分かる

写真4 足固めを建て込んでいるところ。足固めを差した軸組の柱を土台に差し込んでいくが、建込みの手順を間違えると大変組みにくくなる

写真5 竿車知継ぎで納められた足固めと柱の仕口。足固めを用いる場合は柱の間隔や土台との距離、組立ての手順などを考えておかないと施工しづらいことがあるので注意したい

たい。また、筆者の体験によれば、竿車知継ぎの場合、車知栓を締め付けすぎると木の繊維に沿って割れが走ることがあり、足固めそのものの強度に影響が現れるので、最近はできるだけ大入れ通しボルト締めの簡便な方法を模索している。

(2) 大引との納まり

足固めは、敷居の下で床板を直接載せるので、根太の下に回る大引の掛かりが、場合によっては足固めの下に外れてしまうことがある。そこで、足固め下端と大引の上端を二等分して、大引の上端いっぱいの平枘をつくるか、足固めに扇枘差しして片側を扇蟻落しとする。さらに、扇枘と扇蟻落しを1本ごとに互い違いに入れて足固めからの脱落に備える（**図5**）。大引の下には必ず床束を入れて支える方法もある。

(3) 基礎との関係

筆者は126頁**図2**のような形状のベタ基礎上に、床高をある程度確保しながら足固めを入れることをお勧めしたい。この方法だと、足固めを入れても床高が高くなることがないからである。基礎が低いため、土台の地際環境がよくないなどの課題は残るが、その場合は建設省告示第1347号により基礎の立上がり300mmを確保し、さらに土台を見せ、空気に触れさせることで維持管理を心掛けたい。また、足固めと土台の間の柱の部分には、曲げ破壊とせん断破壊が同時に起こるため、横架材の心々で柱の3倍以上の距離を取るようにしたほうがよい（**図6**）。

以上、1階床組には足固めを採用、もしくは足固め効果のある方式を採ることをお勧めする。

一般に2階床組は、梁を1間（1,818mm）間隔に架け渡した上に2階根太（105×45mm）を掛け、2階の荷重を受ける。この場合、梁の大きさは梁にかかる荷重と梁間によって決まる。梁材は一般にマツ材仕様とすることが多い（**表1**）。

梁間は木造住宅の場合、原則として2間（3,636mm）を最大梁スパンとしている。2間以上の梁スパンでは成（高さ）が大きくなりすぎ、木材の自重で梁が垂れ下がるからである。ただし、丸太材の場合は別である。また、床の張り方としては厚材の床材を使い、根太を介さずに梁と梁に直接床を掛ける場合や、踏み天井（根太天井）のように根太を甲乙梁並みの大きさで掛ける場合もある。

住宅の2階床組のたわみについては、従来から「スパンの1/300かつ2cm以下」が制限といわれてきたが、構造家・飯塚五郎蔵氏の著作「住宅デザインと木構造」（丸善刊）によれば、床のたわみの快適限度は「1/600以内かつ7mm以下」であり、一般の中級以上の家の床板や根太の断面寸法は、これを満足しているという。この場合、中級程度といわれても寸法を特定できないのだが、私家版仕様書では**表1**の寸法をひとつの目安としたい。

図6　足固めの取付け位置

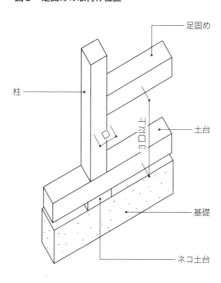

図4　足固めの納まり

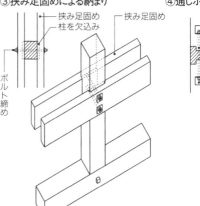

図5　足固めの大引の納まり

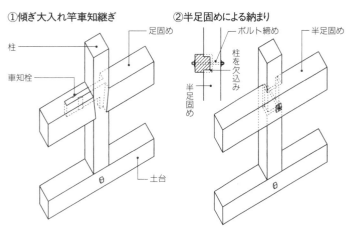

表1　梁間と部材の関係　　　　　　　（単位：mm）

部位	部材	間隔	梁間 909	1,818	2,727	3,636
2階床組	根太	303または455	45×40以上	100×45以上	—	—
	胴差	軸組による	240×120〜300×120（ライフサイクルに対応するために同寸法とする）			
	台輪	軸組による	120×120内外			
	梁	909	120×120	180×120	240×120	
		1,818	150×120	240×120	300×120	
		2,727	—	—	270×120	330×150
		3,636	—	—	—	360×150
1階床組	根太	303または455	45×40以上	—	—	—
	大引	909	90×90			
	足固め	軸組による	120×120以上（柱寸法と同等かそれ以上）その他工夫による			
	土台	軸組による	120×120以上（ヒノキ、ヒバ）			
	床束	909	90×90（もしくは鋼製束）			

注：部材はマツ材を原則とする

単層梁と複層梁

床組は1階床組と2階床組に分けられるが、どちらも間取りの取り方、つまり柱の位置に深く関係している。特に2階床組は、1階の柱の頂部が2階を支える梁を結ぶので、1・2階の柱列が揃えば梁の通りもよく、単純で合理的な床組が実現する。ところが、2階柱の列が1階柱の列から外れると梁の通りが悪くなり、煩雑で不合理な床組となる。

そこで、図7を見ていただきたい。このように梁が直接2階床を受けて、一層の梁で床組が構成できる場合を、ここでは「単層梁」と呼ぶ。1階の柱列と2階の柱列が揃った場合に可能で、少ない材で合理的な床組が可能になる。

図8は直接床を受ける梁では階下柱列につながらないため、下にさらにまた梁があり、複合的に組まれている。このような梁組をここでは「複層梁」と呼ぶ。梁と梁の仕口は渡り腮で組まれており、単層梁の場合よりも床組を固めるには有利であり、床仕上げ材と合わせて床面の剛性が期待できる。

複層梁の場合、2階柱列が1階柱列と違った場合も2階を受ける梁を野物材（見え隠れに用いる材）とすることで、その化粧の梁を1階天井に露出させ、美しい梁組を見せることができる。ただし、複層梁は構造的な知恵を使うし、材積も多く必要とする。だからといって、天井の懐に不整合のままに床組を隠し込んでしまうより、架構のなかを流れる力を見せることが軸組構法の醍醐味だと考えている。

図7　単層梁概念図（柱列が揃っている場合）

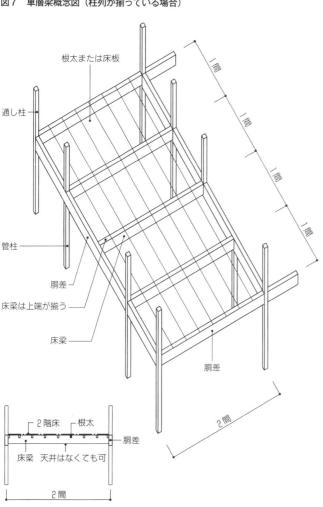

図8　複層梁概念図（柱列が揃わない場合）

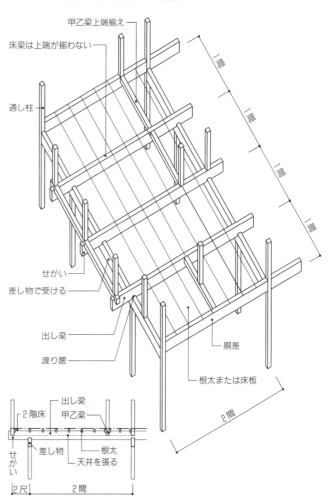

単層梁で組んだ住宅の例。甲乙梁と梁との仕口は大入れ蟻掛けとし、床梁の上端を揃えている

複層梁で組んだ住宅の例。2階床を受ける出し梁を建て込んでいるところ。出し梁と差し物の仕口は渡り腮

単層梁・複層梁の納まり

次に、単層梁・複層梁のそれぞれの納まりについて述べたい。

(1) 単層梁の納まり

単層梁は、一層の梁で2階床を受けようとするのだから、1階柱列と2階柱列が揃うような、間取りと架構の一致が前提となる。鉛直荷重に対しては、根太を掛けて床を張るなど一般的な方法で対応する。水平荷重に対しては、たとえば民家では、3尺(909mm)おきに甲乙梁並みの根太を掛け、床材に厚板を使うなどの工夫がみられるが、そのような踏み天井(根太天井)が単層梁の場合の床組では合理的といえる(図9)。この場合、床材に水平面の剛性を負担してもらうのが効果的といえる。

(2) 複層梁のコツ

複層梁の架け方の図解を試みた(図10)。以下、本文の番号順に図を読み進めていただきたい。

①平面計画で1・2階の柱列がまったく不整合である(1階に大部屋、2階に個室など)
②階ごとの柱列を少し整理し、梁方向を決める。1階梁は最大2間(3,636mm)まで
③2階床梁は規則正しく1間(1,818mm)おきのルールに従う
④1階天井に見える梁組は、見上げた場合に美しい配置になるように決める。ここでは井桁に組むことを考えた
⑤1・2階の梁組をお互いに構造的に無理のないように組み込む
⑥不合理な柱や足りない部材の修正・補強を行う。階段脇の桁などに留意する
⑦床組の完成

(3) 複層梁の納まり

間取りが不一致の場合は、複層梁にするのが合理的である。2階柱列はとにかく1間おきの梁に載せ、1階柱列を2階の床梁受けになるように組み上げる(図10)。筆者としては、複層梁は材積が多くなるが、1・2階の間取りが一致しない場合の床組としては合理的であり、水平荷重に対しても効果的であろうと考えている。何よりも床組の際の渡り腮の粘り強さに期待している。

実際に、建物の建込みの現場で鳶職から聞かされるのが「渡り腮で組み上げた梁の上に載っても揺れが少ない」ということである。このことだけで即、面剛性にまで話を飛躍させるつもりはないが、渡り腮にある程度の期待を抱かせる証言であろう(写真6)。

渡り腮のススメ

渡り腮は、横架材を十字に組むときに使われる仕口である。複数の渡り腮が2

図9 踏み天井の納まり例

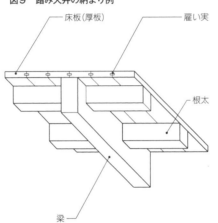

床梁に甲乙梁を大入れ蟻掛けで上端揃いに納め、决り込んだ部分に厚板を落とし込んで踏み天井とする

構造設計者の眼
足固めの役割

馬場淳一+山辺豊彦

足固めの役割	事例にみる問題点と解決策

鉛直荷重に対して
a. 1階床荷重の柱への伝達

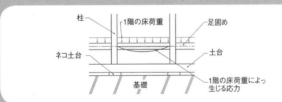

水平荷重に対して

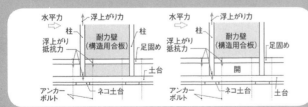

a. 耐力壁端部の浮き上がりを防止する
b. 水平力(地震、風)を、アンカーボルトを介して基礎へ伝達する
足固めより下の部分に構造用合板を打ち付けない場合(下を開けた分、耐力壁としての壁倍率は低下するので注意)上記に加えてもう一つ役割をもつ(下記c参照)
c. 耐力壁を有効に効かせるための枠梁※となる(この場合、柱への差し込み部分が抜け出さないことが重要となる)

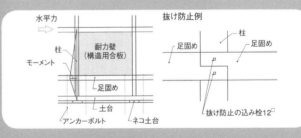

足固めと柱の取合いは、長柄、短柄ともに柱へ差すため、柱は断面欠損する。耐力壁部分において、土台まで構造用合板を打ち付ける場合はよいが、足固めより下の部分を開けた場合、以下のような問題個所に対する処置が必要となる
①モーメントは、柱~足固めの仕口部分で最も大きくなる
(解決策)
・柱が120mmの場合、断面欠損を最小限とする仕口(10mm大入れ、柄なしなど)にする
・柄差しする場合、柱の断面寸法を180mm角以上にする
②耐力壁を有効に効かせるために、足固めは枠梁としての役割をもつことになる。そのため柄差しでは、仕口より抜け出してしまう
(解決策)
・仕口より抜け出さないための抜け防止を設ける。この部分が動くと、耐力壁は期待した効果を発揮しない

※ 枠梁:構造用合板などの面材を囲む柱や横架材などを指し、面材を押さえる役割をもつ

階床組を構成する複層梁を考えれば、少なくとも建物の歪みは止めてくれるであろうし、水平力の伝達にも役立つと思う。前述したように、ここでは2階床梁の組手に渡り腮を採用することで、2階床面の剛性を期待している。面剛性を確保する一要素として渡り腮の効果をお勧めしたい。

渡り腮の仕口にはいくつかの留意点があるので、以下に整理しておこう。

(1) 切欠きは1／4まで

梁と梁を組む渡り腮の場合には、曲げ応力のかかる材料を切り欠くことになるので、応力が集中することによって材に割裂が生じる。そこで、有効断面を確保しながら切欠きの大きさに注意しなければならない。

「木質構造設計規準・同解説」((社)日本建築学会刊)によれば、「切欠きを材成(高さ)の1／4以下とし、有効断面係数としては正味断面係数の60％」としている(**図11**)。よって当然のことだが、渡り腮では上端も下端も揃うことはない。現場でよく留意して加工していただきたい点である。

(2)「島」を付ける

渡り腮の下木には「島」と呼ばれる加工を施し、上木はその島にまたがるように渡る。さらに島の中央には「太柄」を入れることもある。このとき、島の側面に多少の勾配を付けておくと仕口の締まりがよくなる(**図12**)。

現場の棟梁から聞いた話によると、この勾配のつくり方にコツがあって、木の硬さや木目の読み方によって変わるものだという。

(3) 継手はつくらない

渡り腮の場合、床梁の途中に継手があるとそこで強度が落ち、水平力の伝達に不利になることから、梁には継手をつくらずに、長物の1本で通すことを原則とする。やむを得ず継手をつくる場合は、追掛け大栓継ぎや金輪継ぎなど、略鎌系の継手で対応する。

(4) 束立てはしない

渡り腮に限らず木組の基本ともいえる留意点であるが、梁同士を組む際には、上木と下木を互いにからみ合わせることで丈夫な組手になることから、2材の間に束が立ったり、飼物が入っては面として

図10 複層梁の架け方

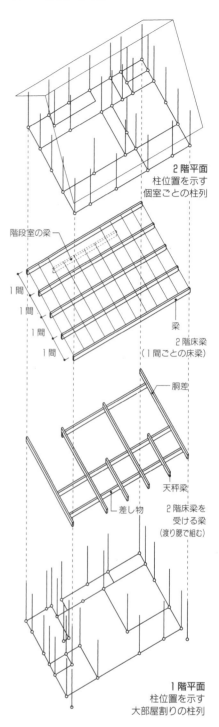

図11 横架材の切欠きの制限

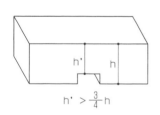

引張り側の切欠きは曲げ材の成の1/4以下に制限する((社)日本建築学会刊「木質構造設計規準・同解説」による)。床梁などの曲げ材のスパン中央部にあたる部分の下端の切欠きがこれに該当する

図12 渡り腮の仕口の加工

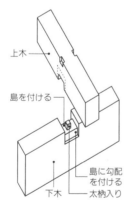
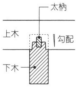

写真6 渡り腮による2階床組

2階から見た渡り腮の仕口の様子。下木には島が付けられ、その中央部に太柄が打ち込まれている

1階からの見上げ。中央の出し梁が渡り腮で差し物に架けられている。写真の奥では天秤梁となっている

固まらない。束に差すことはあっても載せてはならない。

台輪・根太・胴差との納まり

(1)台輪との納まり

渡り腮で組む床組は、上端も下端も揃わないと述べた。上端が揃わないと、成(高さ)の大きな梁を入れた場合に梁が転ぶおそれがある。そこで、梁の上端を押さえる材「台輪」が必要となる。さらに、台輪は2階管柱の下端にあって、通し柱を縫うように仕掛ければ、1階床組での足固めに相当する役目を果たすと考えられる(図13)。つまり、2階軸部を固めることになるだろう。

(2)2階根太との納まり

2階床組の根太を止める場合、床梁の上に載せ掛けるだけでは、床を固めるには極めて不十分といえる(図14)。むしろ危険であるといったほうがよいかもしれない。

阪神・淡路大震災でも倒壊した建物に見られたのが、2階根太をただ床梁に載せ掛けて釘で止めただけという不十分な工法であった。これでは2階の水平力を軸組に伝える前に、2階の根太が梁から滑って建物が捩れてしまう。それが、建物の倒壊につながってしまいかねない。

2階根太は必ず2階床梁に大入れ蟻掛け、もしくは根太彫りのうえに相欠き大入れするなど、渡り腮で組むことを心掛けてほしい。さらに、床材に剛性の高い面材や版となる材を使用し、床板と根太や梁が一体となって複合効果を発揮するようにつくりたい(図15)。

(3)胴差との納まり

架構体が長寿命を保つためには、生活のサイクルに対して融通性をもたなくてはならないことは、何度か繰り返して述べた。人の一生と建物の関係は、人の成長と間取りの取合いに置き換えられる。住宅の場合、間取りの変更は容易なものではないと考えられているが、柱の抜替えが自由になれば、生活の変化に対応することは十分可能であろう。

そのためには、梁や胴差が2階の荷重に対して十分な断面をもつこと以上に大きな断面を有し、柱の抜差しが自由にできることが必要になる。そこで、建物の腰の部分を固める胴差は、ライフサイクルに対応するために、少なくとも8寸(240㎜)以上の成(高さ)のもので、すべて同じ大きさの部材を回しておきたい(図16)。

図13 台輪の納まり

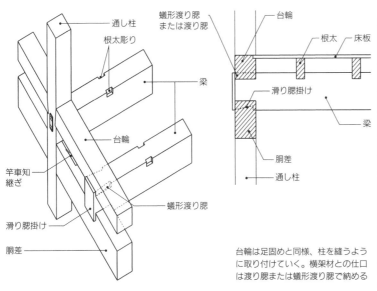

台輪は足固めと同様、柱を縫うように取り付けていく。横架材との仕口は渡り腮または蟻形渡り腮で納める

通し柱を縫うように固め、2階管柱を支える台輪(設計:戸塚元雄)

図14 2階根太の載せ掛けの禁止

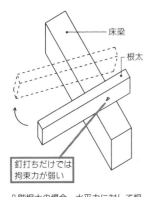

2階根太の場合、水平力に対して根太が滑るような納まりでは健全な床組とはいえず、特に根太を梁に載せ掛けるだけでは危険である。阪神・淡路大震災では、建物の偏心による捩れに対して抵抗できない2階床組が、水平力を柱に伝達できずに被害を大きくした

1階床組の載せ掛け根太。1階の根太は土台・大引に載せ掛けて釘打ちする程度だが、2階床組では粘り強さのないこの掛け方は禁じ手である

図15 2階根太の納まり

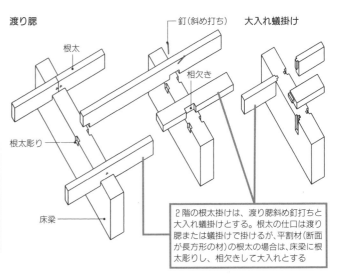

2階の根太掛けは、渡り腮斜め釘打ちと大入れ蟻掛けとする。根太の仕口は渡り腮または蟻掛けで掛けるが、平割材(断面が長方形の材)の根太の場合は、床梁に根太彫りし、相欠きして大入れとする

床組の仕様書としては、1階床組と2階床組に分けてそれぞれの取合いでまとめている（**表2**）。特に2階の梁や胴差など、断面の大きな横架材同士の取合いは矩計による梁の断面欠損の大きさを考えなければならないことに注意したい。また、仕様書の納まり図（134頁図17・136頁図18）で示した接合法は木組の一例にすぎず、その場所に応じた応用は検討したい。

なお、この仕様書では床組を固める火打に関する内容は、水平構面の項（138頁）で取り上げている。

図16　長寿命の架構体の概念図

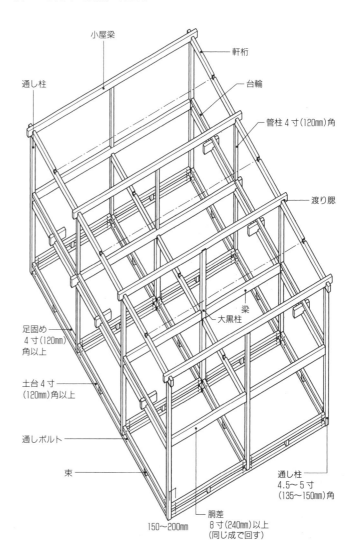

建物の腰部分を固めるために回された胴差（成8寸）。将来の間取りの変更にも対応できるように胴差はすべて同寸法で入れたい

表2　私家版仕様書【床組】

1階床組	樹種・等級・仕上げ寸法	工法	2階床組	樹種・等級・仕上げ寸法	工法
束	・スギー等 105×105mm	・@909mmで大引きに短柄差しし、束石立てとする ・鋼製束などの使用については係員の承諾を得る	胴差 床梁 甲乙梁	・□アカマツ　□クロマツ □スギ ・□特一等　□一等 ※設計図に指示があるものはそれによる ・幅は120mm以上を標準とし、その他は設計図の指示による ・胴差は120×240mm以上を標準とする	継手：材の成が同寸の場合は金輪継ぎまたは追掛け大栓継ぎなどの略鎌系の継手とし、継手の渡りの長さは成の2.5倍を標準に市販の定尺寸さも考慮しながら打合せにより決定する。また、成が異なる場合は、腰掛け鎌継ぎまたは目違い竿継ぎ込み栓打ち、あるいは目違い竿車知継ぎを原則とする ・甲乙梁の継手は梁上で継ぎ、大入れ兜蟻で見付け突付けとし、転び止めに目違いを入れる。梁への落ち掛かり代が45mm以下の場合は、大入れ兜蟻で上端に鎌継ぎを併用する
大引	・スギー等 105×105mm	・@909mmで土台もしくは足固めに大入れ蟻掛けとする。ただし取合い高さにより、腰掛けまたは載せ掛けとし、N75釘2本斜め打ちとする ・大引が土台、足固めより低い場合は枘差しし、下部を添え木で補強し、N75釘2本斜め打ちとする			
根太	・□マツー等 □ヒノキ □スギー等 □その他（　） ・□45×54mm □　×　mm	・畳床の場合は@455mm内外。その他の場合は@303mm内外とする ・継手は受け材心上で突付けとし、N90釘平打ちとする ・土台・大引には置き渡しとし、N75釘2本斜め打ちとする。足固めには大入れし、N75釘斜め打ちとする	根太	・□アカマツ等　□ヒノキー等 □スギー等　□その他（　） ・見え掛かりの根太については設計図による ・寸法は以下を標準とする | スパン | 寸法 | |---|---| | 1.0m以内 | 45×54mmまたは60mm | | 1.5m以内 | 45×90mm | | 2.0m以内 | 45×105mm |	・仕口：横架材同士の仕口については渡り腮を原則とするが、状況に応じて滑り腮掛け、兜蟻掛け、大入れ蟻掛けなどを打合せにより決定する。また、上下に柱のない渡り腮などの仕口には雇い太枘（堅木30mm角、長さ120mm前後）を施す ・見え掛かりの渡り腮の上木の下端と下木の彫込みには勾配を取り、隙間なく納まるように心掛ける ・根太は指示のない限り@303mm以内に配置し、設計図の指示する高さに従った渡り腮を標準とする。梁と根太の上端が揃う場合は大入れとし、N75釘2本斜め打ちとする
足固め	・□ヒノキ等 □スギー等 ・□105×105mm □　×　mm	・足固めと土台の間隔は柱の3倍以上を原則とする ・柱との取合い部の仕口は、竿小根枘差し車知栓締めもしくは傾ぎ大入れ短枘ボルト締めとする ・足固めと土台は通しボルトで締め付け、柱の引抜きに対応する ・足固めは2間四方内外で四辺を囲うように配置し、中間部に束立てする ・その他は打合せによる			

図17　1階床組納まり図

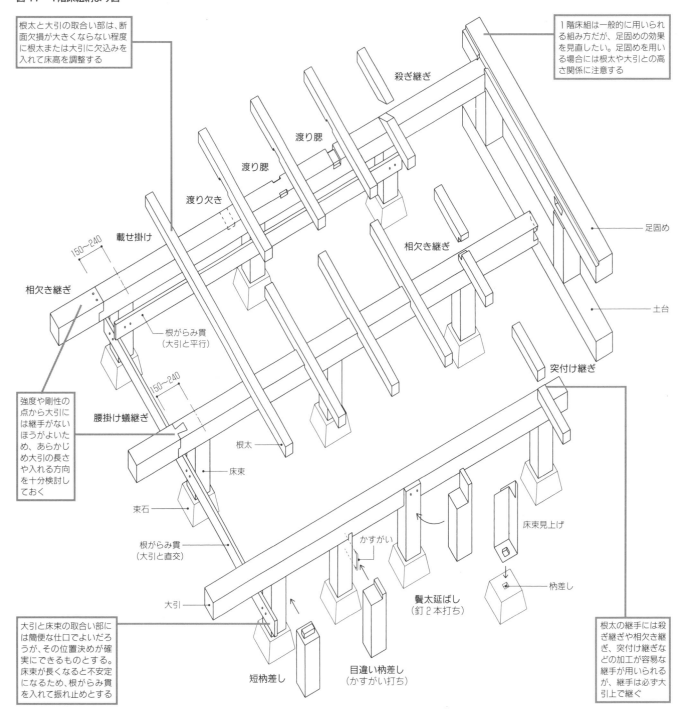

- 根太と大引の取合い部は、断面欠損が大きくならない程度に根太または大引に欠込みを入れて床高を調整する
- 1階床組は一般的に用いられる組み方だが、足固めの効果を見直したい。足固めを用いる場合には根太や大引との高さ関係に注意する
- 強度や剛性の点から大引には継手がないほうがよいため、あらかじめ大引の長さや入れる方向を十分検討しておく
- 大引と床束の取合い部には簡便な仕口でよいだろうが、その位置決めが確実にできるものとする。床束が長くなると不安定になるため、根がらみ貫を入れて振止めとする
- 根太の継手には殺ぎ継ぎや相欠き継ぎ、突付け継ぎなどの加工が容易な継手が用いられるが、継手は必ず大引上で継ぐ

図中ラベル: 殺ぎ継ぎ、渡り腰、渡り欠き、載せ掛け、相欠き継ぎ、足固め、土台、根がらみ貫（大引と平行）、突付け継ぎ、腰掛け蟻継ぎ、根太、床束、束石、根がらみ貫（大引と直交）、かすがい、床束見上げ、枘差し、大引、短枘差し、目違い枘差し（かすがい打ち）、鬚太延ばし（釘2本打ち）

大黒柱に絡む足固めである。四方から柱を支えるように差してくる。耐圧盤から延びたアンカーボルトが足固めを引き付けることによって、地震時の引抜き力に抵抗する

土台上に足固め貫（幅70mm程度）を用いた例。土台固定用のアンカーボルトに高ナットと全ネジボルトによって、足固め貫を固定し、柱の引き抜きを拘束する考え方。脚部の足固めは軸組みを固める要素としても考えてよいだろう

構造設計者の眼
足固めの引抜き耐力シミュレーション

馬場淳一＋山辺豊彦

足固めが引抜き力に対してどのような耐力をもつか、中間部と端部の2カ所において構造シミュレーションを行う。
なお、アンカーボルトの位置と座金の大きさについては本書102頁を参照されたい。

位置と土台について

①部分の耐力（左右方向含む）
　せん断耐力：$Q_1=30 \times 120 \times 1.2 \times 2=8,640N$
　めり込み耐力（降伏耐力）：$M_1=30 \times 30 \times 6.0 \times 2=10,800N$
　この部分の耐力はせん断耐力で決定する。
②部分の耐力
　せん断耐力：$Q_2=3629N$
柱の引抜き力は、地震力などの短期荷重によって生じるので、めり込みに対しては、降伏耐力で考えればよいと判断する。
全体としての引抜き耐力：$_AT = Q_1 + Q_2 = 8640 + 3629 = 12,269N$
引抜き耐力としては 12,269N（1,227 kg）で、これを超える引抜き力が作用する場合、ホールダウン金物などを使用する必要がある

引抜き耐力を増すには

柱と足固めをスギ→ヒノキに、②部分の込み栓を18□→21□に替える。
①部分の耐力（左右方向含む）
　せん断耐力：$Q_1=30 \times 120 \times 1.4 \times 2=10,080N$
　めり込み耐力（降伏耐力）：$M_1=30 \times 30 \times 7.8 \times 2=14,040N$
　この部分の耐力はせん断耐力で決定する。
②部分の耐力
　せん断耐力：$Q_2=4,939N$
全体としての引抜き耐力：$_AT = Q_1 + Q_2 = 10,080 + 4,939 = 15,019N$
引抜き耐力としては 15,019N（1,500 kg）で、これを超える引抜き力が作用する場合、ホールダウン金物などを使用する必要がある

端部の引抜き耐力

①部分の耐力（直交方向含む）
　せん断耐力：$Q_1=30 \times 120 \times 1.2 \times 2=8,640N$
　めり込み耐力（降伏耐力）：$M_1=30 \times 45 \times 6.0 \times 2=16,200N$
②部分の耐力
耐力は込み栓の位置と引抜き耐力の項目で検討するが、直交方向の土台を納める必要から土台の有効断面は 1/2 となる。したがって、ここで土台の耐力を 1/2 に低減して検討する。
　土台のせん断耐力：$9828/2 = 4,914N$
　枘のせん断耐力：$4,536N$
　込み栓のせん断耐力：$3,629N$
　この部分の耐力は込み栓のせん断耐力で決定する。
　　$Q_2 = 3,629N$
全体としての引抜き耐力：$_AT = Q_1 + Q_2 = 8,640 + 3,629 = 12,269N$
引抜き耐力としては、12,269N（1,227 kg）で、これを超える引抜き力が作用する場合、ホールダウン金物などを使用する必要がある

引抜き耐力を増すには

柱と足固めをスギ→ヒノキ、土台はヒノキ→クリ、②部分の込み栓を18□→21□に替える。
①部分の耐力（直交方向含む）
　せん断耐力：$Q_1=30 \times 120 \times 1.4 \times 2=10,080N$
　めり込み耐力（降伏耐力）：$M_1=30 \times 45 \times 7.8 \times 2=21,060N$
　この部分の耐力は、せん断耐力で決定する。
②部分の耐力
耐力は込み栓の位置と引抜き耐力の項目で検討するが、直交方向の土台を納める必要から土台の有効断面は 1/2 となる。したがって、ここで土台の耐力を 1/2 に低減して検討する。
　土台のせん断耐力：$13500/2 = 6,750N$
　枘のせん断耐力：$5,166N$
　込み栓のせん断耐力：$4,939N$
　この部分の耐力は込み栓のせん断耐力で決定する。
　　$Q_2 = 4,939N$
全体としての引抜き耐力：$_AT = Q_1 + Q_2 = 10,080 + 4,939 = 15,019N$
引抜き耐力としては、15,019N（1,500 kg）で、これを超える引抜き力が作用する場合、ホールダウン金物などを使用する必要がある

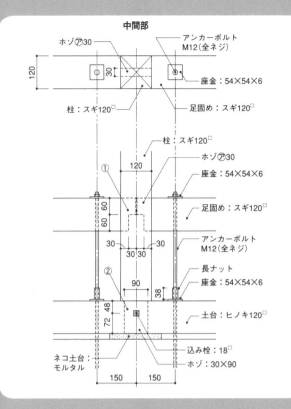

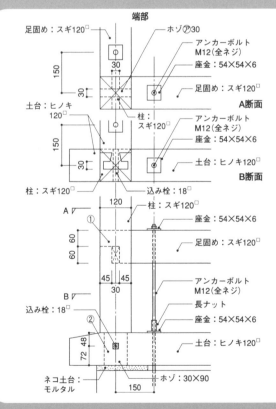

図18 2階床組納まり図

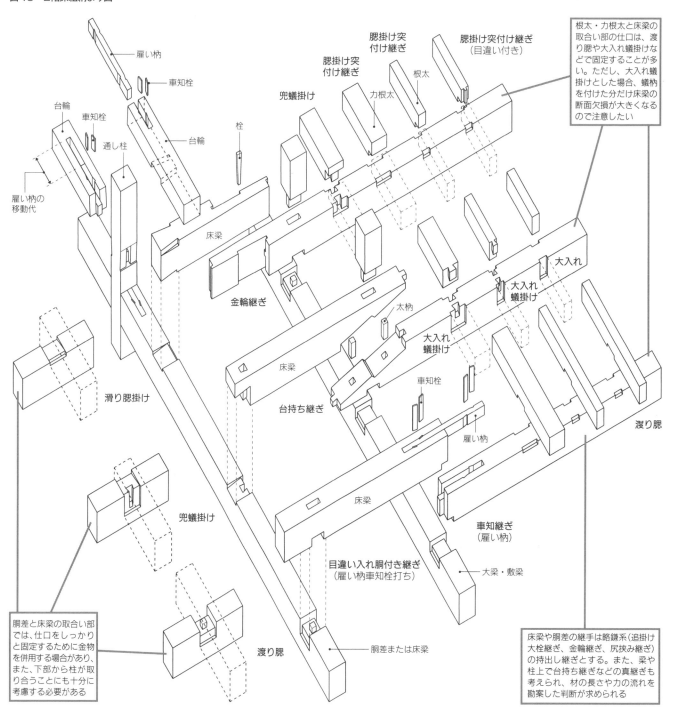

根太・力根太と床梁の取合い部の仕口は、渡り腰や大入れ蟻掛けなどで固定することが多い。ただし、大入れ蟻掛けとした場合、蟻柄を付けた分だけ床梁の断面欠損が大きくなるので注意したい

胴差と床梁の取合い部では、仕口をしっかりと固定するために金物を併用する場合があり、また、下部から柱が取り合うことにも十分に考慮する必要がある

床梁や胴差の継手は略鎌系(追掛け大栓継ぎ、金輪継ぎ、尻挟み継ぎ)の持出し継ぎとする。また、梁や柱上で台持ち継ぎなどの真継ぎも考えられ、材の長さや力の流れを勘案した判断が求められる

床梁の継手部分。台持ち継ぎで真継ぎとなっている。上から小梁を受けることなどもあり、下では柱だけで受けるのではなく、肘木風に受け材を設けた例。梁と肘木の間にはダボを入れている

大黒柱を中心にした梁組みがわかる。梁間方向と桁行き方向で天端高さを変えて、大梁同士をかみ合わせることが木組みの原則である。甲乙梁などは蟻落としとし、これらの梁と天端合わせということは考えられる

構造設計者の眼
床組の仕口によるせん断耐力

馬場淳一＋山辺豊彦

図A　　　　　　　　　　　　　　　　　　　　　　　　　　　　　図B

渡り腮仕口をもつ床組のせん断耐力

図Aのような床組を仮定し、面内せん断耐力試計算を行う。検討には、木造軸組工法住宅の許容応力度設計・(財)日本住宅・木造技術センターの式を使用する。ただし、この計算にあたっては、材は乾燥により収縮しないこと、仕口には緩みがないことが前提となる。

図Bのモデルに1/150rad時の変位（2.4cm）を与えて解析する。
部材A×B＝210×120、回転剛性KR＝136.4kNm/rad、1/150 rad＝360/150＝2.4 cm

$Q = 1 + 1 = 2kN(2,000N)$
長さ1.0mあたり2,000/1.8＝1,111N/m
床倍率にしてα＝1,111/1,960＝0.57となる。（※　床長さ1mあたり1,960Nのせん断耐力を負担できる床を床倍率α＝1.0とする）
ここでスパンが3.6mの場合に換算すると、
長さ1.0 mあたり2,000/3.6＝555N
床倍率にしてα＝555/1,960＝0.28
渡り腮による回転剛性がここでの耐力要素であるため、スパンが長くなると床倍率が低くなる。また、ほかの床の仕様と比べると下表のようになる。

床の仕様	床倍率	1mあたりの許容せん断耐力（N）
構造用合板24mm厚以上、根太なしN75釘＠150川の字打ち	3	5,880
スギ板幅180mm・12mm厚以上、根太＠340以下、N50釘＠150以下	0.39	764
渡り腮掛け（本シミュレーションによる、スパン1,800mm）	0.57	1,111
渡り腮掛け（本シミュレーションによる、スパン3,600mm）	0.28	555

大入れ蟻落とし仕口をもつ床梁のシミュレーション

右図のような大入れ蟻落としの仕口をもつ梁を想定し、これを下図に示すような単純梁モデルへと置換して、梁材、仕口、たわみについてそれぞれ許容荷重を算出する。

①許容曲げ応力度から求められるPの値
　$M = PL/3$
　許容曲げ応力度σb＝M/Z＝$8.14N/mm$（$8.14N/cm^2$）
　許容荷重P＝3・fb・Z/L＝3.814・1.058・270＝9,573N
②許容たわみから求められるPの値
　ヤング係数：E＝$70×10^4 N/cm^2$、たわみδ＝5・P・L3/162・E・I
　居住性を考慮して$\delta \leq L/600$（0.45cm）とすると、
　P＝162・E・I/600・5・L2
　　＝162・70・104・12.473.1/600・5・2072＝6,448N
③仕口の長期許容せん断耐力 P_L
　仕口の実験より短期基準接合部耐力 P_t＝7,790N
　これより仕口の長期許容せん断耐力 P_L＝P_t・1.1/2＝4,285N

①～③のうち最も小さな値は③の仕口の耐力（4,285N）である。このことは梁部材が許容応力に達する前に仕口部での耐力で頭打ちとなることを示している。
大入れ蟻落とし仕口を使用し、ピアノなどの荷重の重い物が載る場合や、梁のスパンが2間（3,640mm）を超える場合には、大入れ部分を15mm→23mmに変更する（受け梁の幅がその分大きくなる）か、梁受け金物を使用するなどの処置が必要となる。また、実際の使用に関しては、乾燥収縮やクリープ変形などにより大入れ部分が抜け出さないように乾燥が特に重要となる。

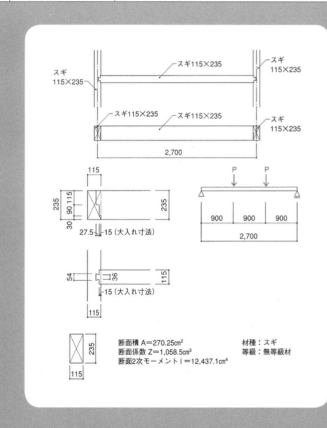

断面積 A＝270.25cm²　　材種：スギ
断面係数 Z＝1,058.5cm³　　等級：無等級材
断面2次モーメント I＝12,437.1cm⁴

水平構面 | Foundation

[私家版]仕様書／架構編 7

木造架構が地震や風などの水平力に抵抗するには、
垂直構面（耐力壁）に力が偏らずに流れることが重要である。
そのためには、床組や小屋組などの水平構面が強度的にそれらに耐え、
かつ歪むことなく下層へ力を伝達しなければならない。
現状はより堅固な構面であることが望まれるが、全体のバランスが大切である。
正しく理解されて用いられた火打はその効果をもっているものの、
必ずしもそれが最良ではない。
骨組をしっかりと組み、その上を大きな版で固めることも、より有効な方法である。

水平構面の目的

木造の架構が受ける地震や風などの水平力は、各水平面（1・2階床組、小屋梁、屋根レベルなど）が受け、それらを下階の耐力壁（垂直構面）に応分に伝達しなければならない。現在の耐力壁による考え方は、床組や小屋組などの水平要素が構面として水平力に耐え、かつ歪むことなく計画されることが前提となっている。

水平構面が柔らかいと、**図1**のように一部の耐力壁に計画以上の外力が集中してしまい、その耐力壁が負担し得る力を超えて大きく変形し、破壊する。逆にほかの壁は、本来負担しなければならない外力に対して、その働きをしていないことになる。

一般に吹抜けや階段部分など床面に開口部があったり、部屋の面積が広く、耐力壁間の距離が大きくなると構面の変形も大きくなりやすい。構面の変形が大きいと、それを構成する梁や桁などの軸部材の仕口や継手部分への負担も大きくなるため、構面の変形は小さく抑えなくてはならない。

軸組工法の場合、水平構面に関して、建築基準法施行令46条3項で「床組および小屋梁組の隅角部には火打材を使用する」ことが仕様として規定されており、但し書で「構造計算または実験によって構造耐力上安全であることが確かめられた場合において」は他の工法でも可能であるとされている。

多くの木造住宅の現場では施工事例に見られるように、各隅角部に火打を組み入れて固めようとしている（**写真1**）。かつて火打は、旧住宅金融公庫の仕様書でも波線扱い（旧住宅金融公庫の建設基準に関わる部分。原則的に改変が禁じられており、改変すると融資を受けられない場合がある）とされており、構造上も重要な扱いであった。

しかし、水平構面を変形しにくい構造とするための方法は何も火打ばかりでなく、面材やトラスなどの方法も考えられる。そもそも火打はどの程度の働きをしているのか、現場では、その効果を発揮できるような仕様となり得ているのかなど、現状における疑問点も多い。

火打で構面を固める

火打は隅角部を三角形に組み、剛な接点とすることで一種のラーメン構造的に水平面を固めようという考えである。しかし、現在の木造住宅に用いられている火打だけでは、構面全体を固めるという考えには向かないため、面としての剛性や耐力にはあまり期待しないほうがよいだろう。その接点付近を固める要素程度

土台に用いられた一般的な45×90mmの火打土台。鉄筋コンクリートの堅固な基礎となった現代では、その効果が疑問視されている

2階床組に用いられたZマーク表示の火打金物。多くの住宅で使われている

小屋組に用いられた正角材（断面が正方形の材）の火打梁

写真1　火打を使用した例

に考えておいたほうが無難だと思う。施行令に規定されている火打には、その区画される面積の規定はないが、用いる場合は2間（3,636㎜）角（8畳）程度の広さを上限の目安としておきたい。

水平力がかかった場合、火打材には圧縮力あるいは引張り力が生じ、それらに抵抗するためにはなるべく断面の大きな材であること、各仕口を堅固につくることが重要である。また、梁や胴差などには曲げが生じるため、それに十分耐えられる必要がある。火打の用い方としては**図2**に示す納まりが一般的だろう。

火打の用い方で注意しなければならないのは、火打の入る隅角部付近で横架材に継手を設けないことである。これは曲げが生じるためにその部分に力が集中しやすく、継手の部分が弱点となってしまうからである（**図3**）。しかし、梁や桁などの横架材は4mなどの定尺材を使うことが多く、2間間隔で持ち出して継手を設けることになり、多くの場合、その付近が火打を入れる部分となる。

火打の効果を考えた場合、横架材が直交する交点部分で堅固な仕口をつくるには、床組では、通し柱として仕口で納める方法がある。小屋組では、桁は柱上で真継ぎとし、台持ち継ぎなどを用いることになろう。しかし、桁は持出し継ぎとすることが一般的で、火打とは整合させにくいことになる（**図4**）。

間取りや材の長さなどを考えると、横架材の継手と火打の取付け位置の関係を整合させることは意外に厄介であり、現場での調整も難しく、設計段階での検討が重要となるが、火打に対しては至って曖昧に判断されているのが現状で、火打を形式的に入れているだけの現場も多く見受けられる。火打近くに横架材の継手がきてしまった場合には、添え板や重ね梁などの方法で補強することが現場での対応策となるだろう（**図5**）。

1階床組の火打土台については、入れる必要があるのだろうかという話をよく聞く。それは、鉄筋コンクリートの基礎にアンカーボルトで土台をしっかり固定してあれば土台は歪むことがないので、火打土台は必要ないという意味だ。形式的に45×90㎜の火打土台を傾ぎ大入れで釘打ちするより、強固な基礎にアンカーボルトで止め付けたほうが土台レベルは

図1　内面剛性の低い水平構面の場合の耐力壁の変形

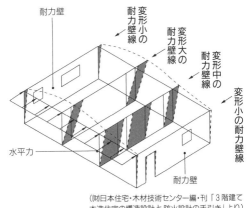

（財日本住宅・木材技術センター編・刊「3階建て木造住宅の構造設計と防火設計の手引き」より）

図3　火打近傍の横架材の継手

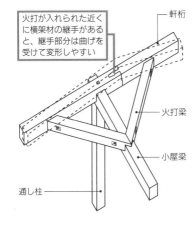

図2　火打の基本的な納まり

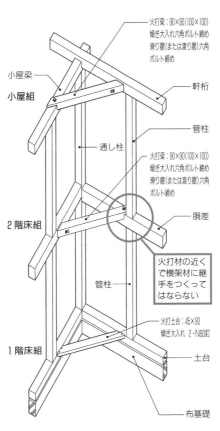

図4　火打の近傍を真継ぎで納めた例

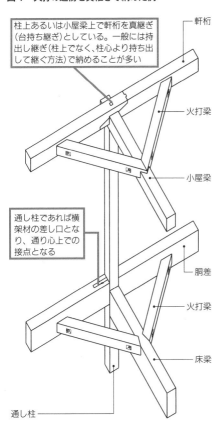

図5　横架材の継手部分の補強方法

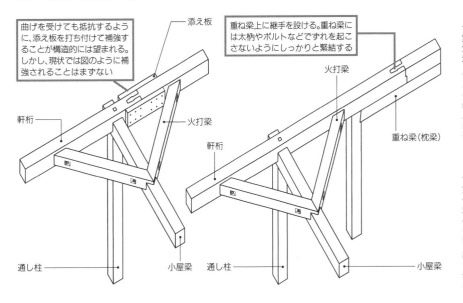

確実に歪みなく固定されるだろう。要は火打土台を入れることが目的ではなく、建物の足元に歪みが生じないことが大切であり、そうした対策がなされていれば構造的には十分なのである。

しかし、長寿命の木造住宅を目指すのであればコンクリート基礎に頼るのではなく、1階の土台レベルのみで歪みのないように考え、火打を用いるのであれば、2階床組の方式で、正角（断面が正方形のもの）以上の材を用いるくらいの考えでありたい。

実験結果から分かること

さてここで、建築基準法でも規定されている火打が実際にどの程度の効果があるのかを考えておきたい。2つの実験があり、実験1は2間（3,640mm）角の試験体（図6）、実験2は2間×4間（7,280mm）の試験体（図7）による床構面のモデルである。仕様や試験法が異なるので同列に考えるのは多少無理があるが、総じて共通性の高い結果となっている。

実験1からは、火打なし③＜四隅火打⑦＜合板⑩＜四隅火打＋合板⑪で剛性が高くなっていることが分かる。その耐力の比較は1／200radの場合、四隅火打⑦を基準とすると、0.16:1.0:2.2:3.4となる。火打を入れるか入れないかで確実に剛性は増すが、面材を用いるほうが火打の2倍の効果を生み、有効に床の剛性を確保できることが分かる。また、両者を組み合わせることでさらに剛性の向上が見られる（図6）。

実験2では、製材床板張り仕様で火打梁なし（い）／あり（ろ）、および合板張り仕様で根太の欠込みなし（は）／あり（に）の結果が出ている。この床板張りは実際の現場でよく用いられる仕様の実験ともいえるだろう。変形が1／300radの場合の火打梁あり（ろ）の耐力を基準とすると、火打梁なし（い）は0.58:1.0となり、6割弱の耐力しか期待できず、火打の効果が分かる。また、合板仕様（は）と（に）の耐力比較では1.0:1.3:1.7となり、合板を張るだけで3割アップの効果が得られ、さらに、下地となる根太の欠込みと梁の組み方による効果の違いも読み取れる（図7）。

これらの実験から水平構面の剛性と耐力を高める方法としては、合板で構面を構成することが有効であり、また、火打は単独よりも仕上げ材と複合することでその効果をより発揮することが分かる。さらに、単に製材の床板材を釘打ちしただけでは、板同士が滑るため剛性・耐力ともに小さく、板と板の間で力を伝達する工夫が必要なことが分かる。

構造用合板で構面を固める

従来の火打で構面を固める方法では、水平力の伝達が不十分で、施工上でも不確定な要素が存在していることが分かった。木造3階建てが法的に可能になる過程で、剛床の概念として構造用合板による水平構面が明示され、剛床であれば各階平面全体の水平力を下階の耐力壁に応分に伝えられるとした。同時に剛床でない場合（柔床）は、耐力壁で区画された部分ごとの検討による安全を確認することになった。

すでに、枠組壁工法によって釘打ちされた面材による水平および垂直構面（ダイアフラム）は、高い耐力と剛性を有していることが知られている。また、在来軸組工法への応用として、実験などを通して構造用合板に代表される面材打付けによる構面の剛性の高さも確認されている。その構造的な特性を軸組工法に採り入れたものが115頁で解説した面材による耐力壁（建設省告示1100号）であり、剛床の水平構面である。

水平構面におけるダイアフラムはI型梁にたとえられる（図8）。床面に張られた面材がウェブ材で、横架材（胴差、梁、軒桁など）がフランジ材である。全体としてスパンの短い梁とみるとウェブに生ずるせん断力、つまり面材がそれを負担することになる。ここで注意したいのは、フランジには圧縮力や引張力が働くため、横架材同士の継手や仕口部分は十分に堅固にしておくことである。

面材が負担するせん断力は、一般には釘の耐力で決まるため、面材の外周部に打たれる釘の太さと打付け間隔の確認が現場では重要となる。表1、142頁図9・10が現在、剛床の仕様とされている一例であり（142頁写真2）、厚合板などの仕様も出てきた。

前述した実験2では（図7）、合板下地直張り（枠組壁工法仕様）は、外周の横架材に直接合板を打ち付けることで剛性が他の仕様と比べて相当大きいことが分かる。では、どの程度の剛性を水平構面にも

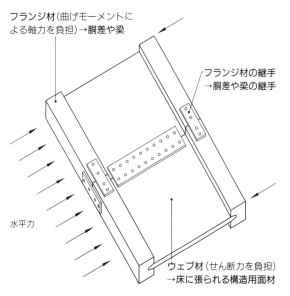

図8　I型梁にたとえた水平構面
フランジ材（曲げモーメントによる軸力を負担）→胴差や梁
フランジ材の継手→胴差や梁の継手
水平力
ウェブ材（せん断力を負担）→床に張られる構造用面材

表1　剛床と柔床の考え方

種類	剛床	柔床
張り方	・構造用合板⑦12mm以上。3'×6'版以下に細切れにしない ・構造用合板の長手方向は根太に直交させて千鳥張りし、根太上で突付けて継ぐ。継目の下には受け材（45×45mm）を入れる	・構造用合板または挽板など⑦12mm以上
釘打ち	・N50釘@150mm。床根太または床梁、胴差などに平打ちし、合板の四周辺は確実に打ち付ける	—
床組	・床根太45×105mmを標準とし、@455mm以下 ・床梁105×105mm以上とし、@1,820mm以下	・床根太45×105mmを標準とし@455mm以下 ・床梁@1,820mm以下 ・火打梁（耐力壁線で囲まれた隅角部）
床梁・胴差の仕口補強	・柱と床梁・胴差、床梁と胴差の仕口は、木組みもしくは金物・ボルトによって十分に緊結・補強する	

注：剛床とするためには、打ち付ける面材が構造用合板であることと同時に、釘の種類と釘打ち間隔を明確にする必要がある。表の剛床仕様によれば構造的には火打材を取り付ける必要はない

図6　火打に関する実験1

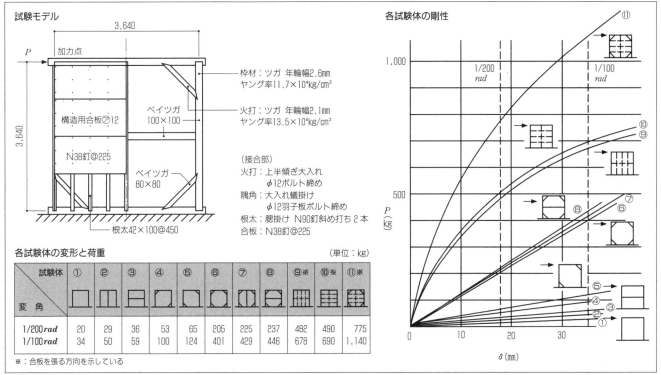

（飯塚五郎蔵著・丸善刊「住宅デザインと木構造」より）

図7　火打に関する実験2

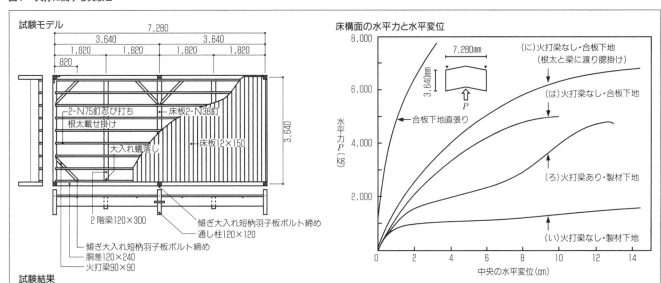

試験結果

仕　様	P_{max}(kg)	$P_{1/300\,rad}$	比	破損状況
（い）火打梁のない床	2,900以上	695	1.0	ほとんど損傷なし
（ろ）火打梁を設けた床	4,850	1,190	1.7	引張り側通し柱割れ、羽子板ボルト貫通
（は）（い）の床板の代わりに合板厚12mmを用いた床	5,180	1,580	2.6	根太接合部ずれ
（に）（は）の床根太を渡り腰掛けにした床	7,090	2,050	3.3	短尺金物破断
枠組壁工法	9,990	5,100	8.0	―

床の最大辺長比

仕　様	屋根	3階床	2階床
火打梁なし・製材下地	―	―	―
火打梁あり・製材下地	―	―	1.1
火打梁なし・合板下地	―	―	1.2
火打梁なし・合板下地（根太に渡り腰掛け）	1.3	1.2	1.6
枠組壁工法	1.8	1.7	2.3

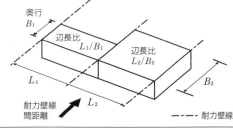

下の表（床の最大辺長比）はこの実験によって示されたものと、「3階建て木造住宅の構造設計と防火設計の手引き」（財日本住宅・木材技術センター刊）には解説されている。数値が大きいほど耐力壁線で囲まれた床は長方形に近い形でよく、細長い敷地に対して奥行方向に耐力壁を細かく入れなくてもよい可能性を示している。必要壁量を満たしていることを前提にすると、比が1.6の場合、間口2.5間（4,545mm）では奥行4間（7,280mm・20畳）の間に耐力壁を設けなくてもよい。逆に比が1.1の場合では約2.5間（12.5畳）間隔に耐力壁を設ける必要がある。間口と奥行の構造的なバランスの指標としたい

（「床の最大辺長比」の図表は、財日本住宅・木材技術センター刊「3階建て木造住宅の構造設計と防火設計の手引き」、それ以外は財日本住宅・木材技術センター刊「木造軸組構造法等の開発業務報告書　床剛性向上設計手法の開発」より）

たせたらよいのか。一つには水平面だけの問題でなく、架構形態全体や間取り、床高さの納まりなども考え合わせなければならない。さらに、耐力壁の剛性やその配置との関係もあり、要素は複雑である。構造的にはより剛性が高いほうが望ましいとされている。品確法のなかでは、床倍率という概念により、耐力壁とのバランスを求めている。

図10に梁間方向と桁行方向で梁を組むと、部材の高さが揃わない床組の仕様が示されており、現場ではこの納まりの応用が多い。注意点としては、直接構造用合板を打ち付けられない横架材に受け材を介して力を伝えるため、受け材を十分強固に止め付けることである。

実験2（141頁図7）から、同じ合板下地でも根太を梁に渡り腮掛けしたほうが高い剛性となっている。変形が1／300rad時で、耐力は単なる合板張りよりも約3割程度アップしている。やや話がそれるが、このことから木を組むことによって「固まる」ことが確認できる。もちろん、その組み合わされた接点だけで3割アップしているのではなく、面材との複合効果によるものであろう。

補強金物がなければ骨組としても成り立たない住宅と、その場所に応じた仕口や継手によって堅固に組まれた住宅とでは、建て方の段階で明らかに建物の揺れ方が違うことを経験する。前者は仮筋違いを入れないとグラグラしてしまい、後者は骨組だけでもがっちりとしている。そうした確実に施工される仕事に対して評価する基準がないのが現状である。

厚板で構面を固める

構造用合板による水平構面の構成が、有効な方法であることは認識できた。しかし、一般的にこれはあくまでも下地材としての使い方である。ここではムクの挽板材を使って水平構面をつくれないかということを考えたい。

これは、製材という工業的にあまり手のかかっていない材による可能性と、国産材の有効利用の観点から、板材を造作材や単なる仕上げ材としてだけでなく、構造材としても捉えたいと思うためである。また、厚板を利用すれば、そのまま意匠にも使え（踏み天井や床板など）、単純に素材そのもので構造と意匠が完結する魅力をもつ（図11）。さらに質感はもとよりその調湿機能も発揮され、室内の空気の感じ方は心地よい。つくり方によっては部品化するなど施工工程数を減らすこ とも可能である。特に、厚板ならば火災に際して抜け落ちるまでに時間がかかり防災面の効果も期待できる。

踏み天井というと、上階の音や電気配線など構造以外の課題はあるが、ここでは単純に水平構面を固める方法として考えてみたい。前述した実験2（141頁図7）からは、板を床組に釘打ちしただけでは、構面として剛性の低いものしかつくれないことが分かっている。剛性が小さい理由としては、1枚の板幅の狭さのなかで釘打ちしただけでは板を拘束しきれず、その部分で回転してしまうこと、また、板同士が滑っておのおのがずれてしまい、全体に大きな版としての構面にな

写真2　剛床仕様とした在来軸組木造の2階床組。胴差と床梁、根太の上端を揃えて構造用合板を打ち付ける

図9　剛床の基本的な納まり

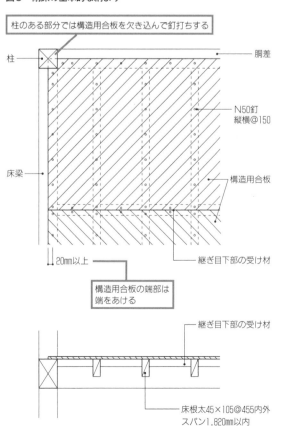

図10　剛床の取合いの高さ

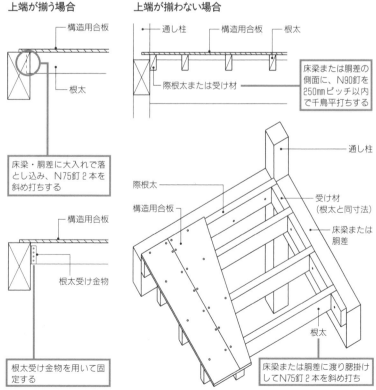

（図9・10とも財日本住宅・木材技術センター刊「3階建て木造住宅の構造設計と防火設計の手引き」より）

りにくいためである。

厚板を用いて床の剛性を高める仕様として、以下の(1)～(5)に挙げるものはすでに試みられている実践例である。

(1) 厚板の斜め張り

床組に対して斜め張りにすると横架材とトラス的な効果を生むため、床を固めるのに有効である（図12）。ただし、バランスのよい張り方をしないと横架材に曲げを発生させる。

(2) 太枘や雇い実で板の滑りを拘束する

板同士の滑りを拘束することが、厚板を用いて剛性を高めるために有効であり、単純には実部分に接着剤や太枘などを併用して釘打ちすることが考えられる（図13）。1枚1枚の釘打ちとなるが、長尺材で張る方向に一体となった版をつくることができる。また、数枚接ぎ合わせてパネル化することも可能であろう。

樹種に応じて止付け釘の耐力で決まるため、その本数の検討が重要となる。また、厚板そのものがせん断耐力をもたなければならないため、樹種の検討も必要となる。釘は脳天から打つことが有効だが、ある程度の厚さをもった板であれば実部分からの釘打ちも可能であり、仕上げ材としても工夫できるだろう。さらに、板が厚いほうが太枘も入れやすくなる。

注意点としては、材が十分乾燥していないと接着剤を使った場合、接着面以外で割れを起こしやすいことで、乾燥材であっても接着する枚数の検討はしておきたい。また、湿度による膨張収縮の逃げを取る必要もある。

(3) 雇い材で甲乙梁に拘束する

板に直交する床組材（甲乙梁など）との間に雇い材を流して板のずれを拘束する。厚板を使うことで根太を省略することができ、板の実部分から釘打ちすれば上下で仕上げともなる（図14①・②）。これは釘のせん断や引抜きに頼るのではなく、雇い部分での木のめり込みで抵抗させようという考え方である。現場では、厚板への精度の高い溝切りが重要となるが、正確な墨出し（加工に必要な基準線や

図11　2階床・1階天井仕上げの例

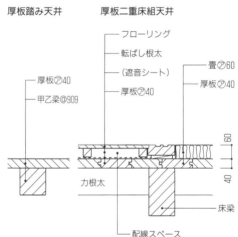

図12　厚板の斜め張りによる床の固め方

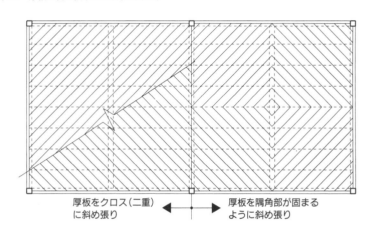

図13　厚板による床版の工夫

図14　厚板の納まり例

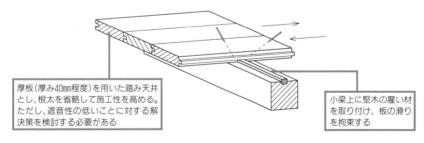

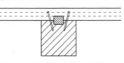

厚　板：長尺材（床仕上げ板）
小　梁：@909㎜　上端に堅木の
　　　　雇い材を止付け
納まり：本実部分に釘2本

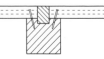

厚　板：短尺材（床仕上げ材・小梁の間隔）
小　梁：@909㎜　上端に堅木の
　　　　雇い材を止付け
納まり：本実部分に釘1本

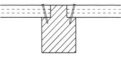

厚　板：短尺材のパネル化（床仕上げが必要）
小　梁：@909㎜　上端に欠取り
納まり：上部から釘打ち

厚み40㎜の厚板を用いた天井仕上げ。写真の手前が踏み天井で、2階床の下地となっている。写真奥の天井は下屋部分の野地板を露しとしている

寸法、印などを付ける作業)とカッターを用いれば難しくはない。(2)と併用することでさらに効果を増すだろう。

(4) 厚板のパネル化

床組の横架材間(梁、甲乙梁、胴差)にパネル化した厚板を落とし込むことで変形を拘束する。この方法では、あらかじめ厚板を接ぎ合わせたパネルを下小屋で製作しておけば施工性もよい(**写真3**)。パネル化することでそれ自体の変形はほとんどないため横架材を拘束しやすいが、梁間に落とし込む場合のはめ込み精度が剛性に影響する。この方法も床根太を省略でき、下階からは天上仕上げとして使えるうえ、現場では梁間に置くだけで作業床にもなる。

床の仕上げとしては、**143頁図14③**のような方法が考えられるだろう。また、厚板をパネル化したものは野地板としても応用できる(**写真4**)。

(5) 台形集成材

スギ、ヒノキ、カラマツなどの間伐材の有効な利用方法の一つとして台形集成材があり、工業製品であるだけに幅広の版の入手が可能である。板材というよりは面材と捉えることができ、構面を固めるには有効な材料である。ムク材に近い製品としてはJパネルなども有効な面材といえる。床板や野地板としても利用され、応用範囲の広い可能性ある材といえるだろう(**図15**)。

厚板の可能性を検討する

ここでは、構造家の田原賢氏の協力を得て、構造計算により厚板で構面を構成する場合の検討を行ってみよう(**図16**)。

(1) 検討の前提

現時点では、構造用合板による仕様の考え方を前提とし、大きな版を構成するために厚板を釘打ちして止め付ける方法で考える(釘頭は見えることになる)。

厚板は確実に四周の梁に止め付けられ、横架材などの各接合部は堅固に接合されているものとする。また、ここでは単純な2間(3,640mm)角モデルにおける地震力の検討のみとするが、実際には風圧力の検討も加えなければならない。さらに、実際の設計では2間角のグリッドはX・Y方向に拡大していくが、2間角の各通りの延長線上には、確実に床の力が伝えられる耐力壁が存在すると考える(**図16②**)。

(2) 何を確認するのか

①全体を版として構成するために、板同士が滑らないように拘束する。ここでは板の接合は太柄(だぼ)または接着剤とし、その部分にかかるせん断力などを検討する(この方法の各種仕様の検討が、厚板の可能性を広げるものと考える)。

②止め付ける釘の太さと打付け本数の検討。樹種による釘のせん断耐力によって検討する。

図15 台形集成材

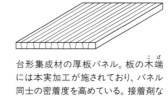

台形集成材の厚板パネル。板の木端(こば)には本実加工が施されており、パネル同士の密着度を高めている。接着剤などとの併用も効果的である

ヒノキの台形集成材(厚み40mm)を野地板として用いた例。ここでは2階の床板にも台形集成材を使用している

写真3 あらかじめ下小屋や工場でパネル化した厚板を梁や胴差、甲乙梁の欠込み部分に落とし込んでいく。釘打ちはパネルがなじんでから行うとよい

写真4 数枚接ぎ合わせてパネル化した厚板を野地板として施工しているところ。2階の天井はこのパネルがそのまま露しの仕上げとなる

図17 厚板の釘打ち仕様例

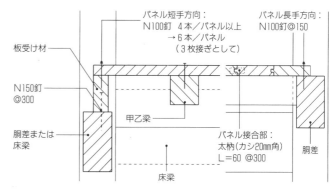

厚板は3〜4枚程度が接着剤などで接ぎ合わされ、パネル化されたものとする。また、実際の計画では平面および立面形状、耐力壁の配置などによって検討することが必要

（3）検討結果

板は3～4枚接合せで幅450mm程度としている。単位要素を大きくすることが版を構成するうえで有利となるためである。検討上は1枚ごとでかまわないが（接合せ部分のせん断耐力が確保されればよい）、パネル化したほうが施工性が上がる。この接合せは太桟でも接着剤でもよいが、工場加工と考えれば接着剤のほうがよいだろう。接着剤はせん断力によって母材より先に破壊しないものとする。また、厚板は十分に乾燥したものでなければならない。

太桟の断面と本数は板の間にかかるせん断力で決まるため、カシ7分（20mm）角で2間のなかに12本以上必要（半間＝909mmで3本以上）となる。

釘長さは板厚の2.5倍は必要であると考えるとN100以上となる。厚板や胴差、甲乙梁をスギとした場合の釘のせん断耐力によって、450mm幅のパネル短辺に4本／箇所以上（パネルを構成する板1枚あたりに2本打ち。その場合6～8本／箇所）はほしい。長手方向に対してはN100釘を150mmピッチで打ちたい（**図17**）。

表2　私家版仕様書【水平構面】

樹種・等級・仕上げ寸法	工法
・水平構面の仕様は以下の方法による □火打を用いる 　スギ等正角材 　105×105以上 □構造合板を用いる 　厚さ12mm以上 □厚板を用いる 　樹種（　　　　） 　厚さ（　　　　）mm	・各階床組および小屋組、屋根面において水平構面を構成する各軸組部材にあっては、堅固な継手・仕口を選択する ・使用箇所　□1階　□2階　□小屋組　□屋根面 ・横架材との取合いは以下もしくは同等の接合とする 　　□傾ぎ大入れボルト締め　□木製羽子板（設計図参照） ・使用箇所　□1階　□2階　□小屋組　□屋根面 ・梁と根太などの高さ関係は設計図による ・長手方向を根太あるいは垂木に直交させて千鳥張りする ・継手は根太上で突付けで継ぎ、面材の継目部分には受け材を流す ・N50釘@150mm以下で面材の四周および床組などの構造部材に平打ちする ・使用箇所　□1階　□2階　□小屋組　□屋根面 ・厚板同士が滑り合うことのない仕様（接着剤、太桟など）とし、構造部材の組み方を考慮して構造計算により釘打ちの仕様を決定する 　　釘の種類（　　　　）　打付け間隔（　　　　）mm以下 ・梁などの上端の高さの違いに応じて堅固に受け材を取り付ける ・釘の長さは板厚の2.5倍を目安とし、釘打ちでは板に割れが起きないようにあらかじめ呼び穴をあけておく

現場での釘打ちは厚板の割れを配慮し、ドリルで木口際に釘径より小さな呼び穴を釘長さの2／3以下程度あけておくことが望まれる。なお、板受け材の梁への止付けは、N150釘を300mmピッチで打つことになった。

歪みのない水平面をつくるための方法として仕様書では、火打・構造用合板・厚板を用いた仕様を選択できるようにした（**表2**）。ただし、火打の仕様で木製羽子板を用いたものを挙げているが、詳細は**151**頁の小屋組の項で示している。

ここで注意したいのは、厚板の使用に関して厚板だから感覚的に強いと考えず、釘の種類や本数、厚板の滑りに対する拘束方法、木材のめり込み強度の活かし方など、水平構面としての構造上の検討を行う必要があることである。

図16　厚板の性能の検討

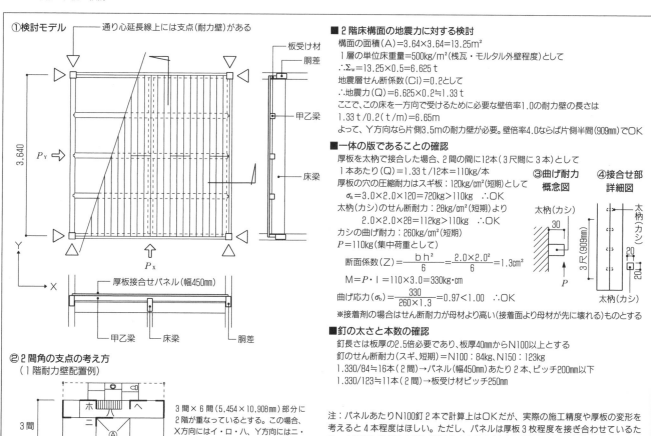

構造設計者の眼
床のシミュレーションと考察

馬場淳一＋山辺豊彦

床の性能に対する試計算

A-1：釘一列打ち、A-2 釘二列打ち、雇い、B-1：雇いのみ、B-2：雇い＋接着剤、C：落とし込み
試計算は、下図のスパンを想定して行う。

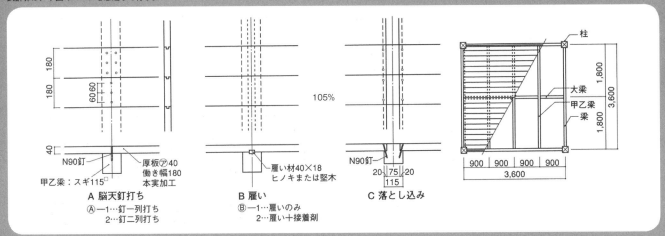

床倍率について

　床 1.0m あたり 1,960N の耐力を負担できる床を、床倍率 1 とする。

試計算について

　A〜Cのなかで、試計算が可能なものは A のみである。
B については雇いの部分が、C については落とし込みの部分の回転剛性（板がずれようとするのに抵抗する力）などが不明なため、試計算ができない。
　したがって B と C については、その形や実験結果から判断して、コメントする。

『木造軸組工法住宅の許容応力設計』[注]4.6　水平構面の許容耐力と剛性の算定によって計算を行う。

計算にあたっての仮定条件
・釘（N90）の、せん断剛性 K は、板厚 27 mm の値を代用する（板厚 40 mm のデータがないため）。

(1) A-1（釘一列打ち）

（詳細な計算内容は省略する）
計算の結果、各定数は以下のようになった。

$IxY = 0.06$
$ZxY = 0.008$
$CxY = 1.000$

上記定数を用いて計算した結果、床の耐力は 3.26N/cm となった。床長さ 1.0m(100cm) あたりの耐力は 3.26×100 = 326N
これを、床倍率に換算すると、326 ÷ 1960 = 0.17 となる。

(2) A-2（釘二列打ち）

（詳細な計算内容は省略する）
計算の結果、各定数は以下のようになった。

$IxY = 0.09$
$ZxY = 0.015$
$CxY = 1.000$

上記定数を用いて計算した結果、床の耐力は 4.33N/cm。
床長さ 1.0m(100cm) あたりの耐力は 4.33×100 = 433N
これを、床倍率に換算すると、433 ÷ 1960 = 0.22 となる。

A-1、A-2 ともに細かな間隔の根太がなく、釘の本数が少ないので床倍率は小さめの値となった。

(3) B-1（雇い）

　雇いと床板、甲乙梁の間には、隙間があるので、この隙間の分だけスリップを生じ、初期剛性（力が作用してすぐの状態）は低いとは思われるが、変形がある程度生じてからは耐力を発揮すると考えられる。

(4) B-2（雇い＋接着剤）

　接着剤を併用することで、一体性が増すのでスリップ現象はなくなり、耐力、剛性、（固さ）ともに向上すると思われる。
　このように剛性の高い（固い）床の場合、床板の四隅の梁接合部が抜け出さないようにすることが、床全体を固めるポイントとなる。

(5) C（落とし込み）

　当事務所の実験によれば、耐力は長さ 1.0m あたり 2,304N、床倍率換算で 1.2 程度の耐力は有する結果となっている。

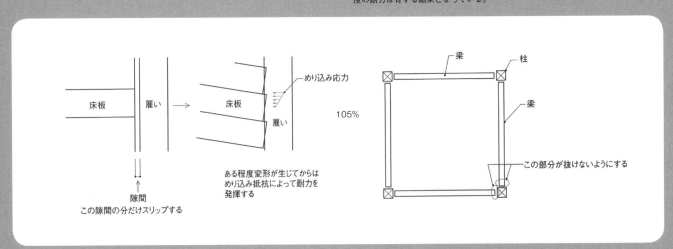

注　『木造軸組工法住宅の許容応力設計』（（財）日本住宅・木造技術センター編・刊）P45 〜 P85 参照

[私家版] 仕様書／架構編 8

小屋組 | Roof truss

「甍の波と…」と童謡にも謡われるほど、
風景としての住まいは屋根に象徴されるのかもしれない。
雨の多いわが国では、降った雨を速やかに建物から遠ざけることが鉄則で、
勾配をもつ屋根はその必要性から生み出された形である。
葺き材によって屋根勾配が定まり、統一感のある風景を創り出す。
材料が多種ある今日では、屋根は多様な形態を見せてはいるが、
それを支える小屋組は軸組との取合いにも留意して、
強く、耐久性の高いものを目指したい。

ここでは、気候風土や地域性を考えると重要な要素となる、屋根の形を決める小屋組を考える。小屋組では2階床組のような床仕上げ材がない分、水平面で剛性を確保するうえでは不利なので、変形しないような配慮が必要となる。

意識の外に追いやられた小屋組

現在の在来工法のなかで、最も普通に採用されている和小屋組（図1）を中心に話を進めてみたい。在来工法を始め、現在建てられている木造住宅の多くは、小屋組の下で水平に天井を張ることが前提となっており、このことが小屋組への構造的な関心を薄れさせた一因とはいえないだろうか（148頁写真1）。

和小屋組では、軒桁や妻梁を外周部に配置して、内部は母屋を受けるために、田舎間のモジュールでいえば、6尺（1,818㎜）以内の間隔で梁が飛び、屋根の形に応じた長さの小屋束を3尺（909㎜）間隔に立てて母屋を渡し、垂木を流せば、屋根下地組ができる（148頁図2）。そのとき、多くの場合、間取りはほとんど意識されていないのではないか。言い換えれば、間取りを考えながら同時に屋根形を考えることは少ない。それでも何とか格好がつくのは、大工技術の優秀さと束立和小屋組の特徴に負うところが大きい。

軒桁と、その高さでほぼ水平に架け渡された「地廻り」ともいわれる小屋梁組は、構造として一応は完結していて、それより上の小屋束や母屋、垂木などは屋根下地の構造部材であるが、少なくとも主架構体ではない。天井の上で多少無理をすればどんな平面形でも地廻りは成立するので、屋根形はいかようにも対応できるということになり、注意深く計画された建物以外は、小屋組はほとんど意識されなくなってしまった。

図1　和小屋組の主な種類

束立小屋組

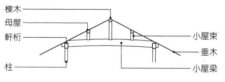

地廻りの上に小屋束を立て、その上に垂木を並べた小屋組。梁間が2〜3間程度の屋根に使用される

二重梁小屋組

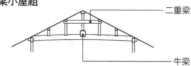

地廻りの上に梁を架け渡した小屋組。小屋束を受ける中央部分には断面の大きな梁（牛梁）が用いられる

投掛け小屋組

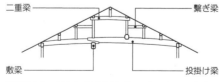

梁間が大きい場合（4間前後）に用いられる小屋組。左右から架け渡した投掛け梁を敷梁の上で継ぐ

三重梁小屋組

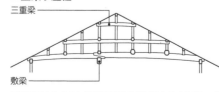

二重梁の上にさらに梁（三重梁）を架け渡した小屋組で、梁間が大きい場合（4間以上）に用いられる

和小屋組の現状

小屋梁は、材の強度と利用効率を考えると価格も安い丸太が最もよいのだが（148頁写真2）、墨付け（木材を工作するための基準となる線や記号、符号などを付けること）と加工に若干手間がかかるた

与次郎組

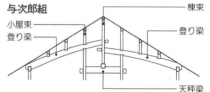

天秤梁に支えられた棟束、または地棟に支えられた真束（与次郎束）に登り梁を左右から段違いに差した小屋組。小屋梁の位置が高いので小屋裏を利用しやすい

二重梁小屋組。太い小屋梁（丸太）の上に母屋を支える二重梁が見える

投掛け小屋組。投掛け梁は台持ち継ぎによって敷梁の上で継がれている

め、今日では、手間賃の削られた仕事では嫌われている。丸太と比べると、墨付けと加工が少し楽な太鼓挽き（丸太の左右を製材した、断面が太鼓形のもの）の丸太もあるが、同様の理由で敬遠されている。現在は、小屋裏で見え隠れとなる野物材であっても手間のかからない挽角材（断面が正方形または長方形の木材）を用いることが多く、ましてやプレカットの機械を使うとなると、丸太の類はほとんどなじまない。太鼓挽きも同様だが、曲がりのある丸太は輸送コストのうえでも不利なので、ますます使いにくい状況になってしまっている。

施工手間も含めた経済性で判断すると、挽角材が選択される。小屋組の地廻りの梁や桁は上端を揃えることが多く、しかもほとんど挽角材で組まれている。その理由は、基準となるレベル（水墨）を桁や梁の上端と同一にすると墨付けが楽になり、生産性が上がるからである。さらに、地廻りの材の成（高さ）は同寸法にすると、柱の上端も一定で長さも揃い、加工が楽になる。こうした方法は、コンピュータで制御するプレカットに最適である。もちろん、技術的にはもっと複雑なことも可能だろうが、データを入力するのは人手で行うため、この作業性の良否も生産側の経済性からみると重要なのである。

小屋組に限らず、作業内容を整理して単純化し、工数を減らすことは作業の煩雑化を避け、間違いの可能性を減らし、コストダウンに寄与することなどの利点があり、常に心掛けたいことではある。しかし、必ずしも生産性や経済の効率に重点を置いた選択が、われわれの目標とする、丈夫で耐久性のある架構形態の最適解になるとは限らない。小屋組の形式を決定するとき、手間も含めた建設時のコストのみがその決定要因になっていないだろうか。

丈夫で美しい小屋組

茅葺きの古民家でみられる叉首形式の小屋組は（**図3**）、束立小屋組とは多少異なり、地廻りと叉首は構造的にはまったく縁が切れていて、その仕口も鉛筆の先のように削られた叉首が、地廻りの梁や桁に載っているだけである。元来は職種も違い、地廻りまでが大工の仕事であった。したがって、時の棟梁はいく重にも、あるいは縦横に太い梁を組んで、架構の強さと耐久性を確保するように工夫をしていたに違いない。

和小屋組の水平構面に関しても、定量化はできていないようだが、屋根勾配が5寸程度以下なら、野地板のつくり出す平面と火打梁とで固めているということになるようである。地廻りの小屋組に期待する水平構面の剛性は、それなりにということであろう。

叉首の小屋組ほどの立派な梁組にして、

古い商家の土間の小屋組。小屋梁や小屋束、小屋貫などによる架構は実にダイナミックで、大きな空間を覆っている

小屋組の形状をそのまま室内に取り込んだ居間の吹抜け

写真1　小屋組を露しにした例

図2　和小屋組の構成

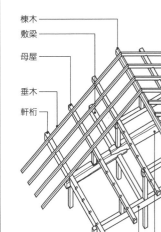

棟木／敷梁／母屋／垂木／軒桁／火打梁／小屋束／二重梁／投掛け梁／妻梁

丸太梁の加工現場。丸太は平角材と違い、1本1本の形が異なるため、寸法の押さえに手間を必要とする

丸太梁を用いた小屋梁。丸太梁の自然なむくりからは、どっしりとした力強さが伝わってくる

写真2　丸太による小屋組

木組だけで水平面の剛性をもたせなければならない、などというつもりはない。しかし鉛直荷重のみで定めた太さの部材で、金物に頼った現在の小屋組と比べて、ある程度の太さで組まれた地廻りがもっていた強さには、われわれが継承すべき、小屋組の耐久性を高めるための工夫が潜んでいるのではないだろうか。

小屋組の注意点とその納まり

和小屋組の基本は、地廻りレベルで水平に固めるということである。鉛直荷重は梁の曲げ応力で受け、単なる単純梁ともいえるが、それ以外に梁や桁が組み合わされたレベルでは、ある程度の強度をもった水平構面を構成する効果もある。粘り強く、耐久性に富む架構体の小屋組について考えてみる。

（1）柄は長柄か重柄にするとよい

柱と桁の取合いなど、平柄でかど金物が多いが（**図4①**）、金物を用いるにしても長柄のほうが仕口が固まる。すべての仕口で柄穴を打ち抜き、長柄にするなら、全体で架構を固めることになる。ここまでやれば、ドリルでの穴あけ手間は羽子板金物も同じで、丸込み栓の既製品もあることなどを考えると、かえって込み栓のほうが簡単である（**図4②**）。柱の柄に楔道を付けておき、上端に割楔を打つのもよい（**図4③・図5**）。初めから補強金物を前提とせずに、なじみのよい木でできるなら、木で考えるという選択で考えたい。

桁と梁が重なる部位は、重柄にするとよい。この場合は、材の成（高さ）と重なりにもよるが、引抜きに対応する固定は込み栓でなく、2材を貫いた柄の先に割楔を打ち込む方法もある。

このときに注意しなければならないのは、仕口の堅さである。同じようなことをしても緩いと効果がない。単に堅いだけだと組みにくいし、無理がかかって仕掛けを壊してしまうこともある。そこには、まさに職人の絶妙な按配があった。

建て方は、地方によっては大工だけで行うこともあるが、他の職人が応援する地方もある。木組への理解の薄い手が入ると、組みやすい緩い仕掛けを歓迎し、掛け矢で叩いて入れるような仕事は嫌われるともいい、どうせ金物を使うのだから仕掛けは緩いほうがよいと誤解されている。架構の強度と耐久性を考えると由々しき問題である。

（2）渡り腮は有効な手法

小屋組の軒桁と妻梁の取合いで、現在最も多い納まりは、軒桁と妻梁を挽角の同寸法にして上端を揃える形式だろう。この場合、柱と桁の取合いは平柄差しで、梁は桁に蟻掛けとして羽子板ボルトを使う（**図6①**）。節点としては成立していると

図3　叉首による小屋組

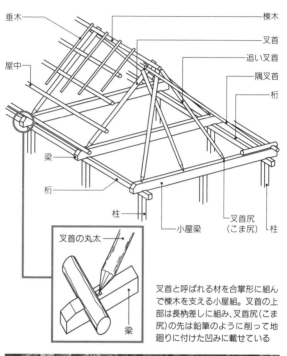

叉首と呼ばれる材を合掌形に組んで棟木を支える小屋組。叉首の上部は長柄差しに組み、叉首尻（こま尻）の先は鉛筆のように削って地廻りに付けた凹みに載せている

古民家の叉首による小屋組。現代の住宅では見かけないが、叉首組は小屋裏を有効に使えるという利点がある

図4　柱と桁の納まり

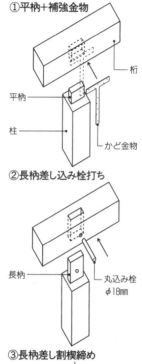

図5　柱と桁・梁の納まり（上端揃え）

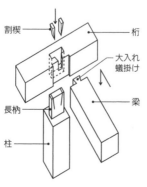

軒桁に間仕切り桁を大入れ蟻掛けで上端揃えにした例。引張り力には弱い仕口なので、場所に応じた使い分けを検討する必要がある

図6　軒桁と妻梁の納まり

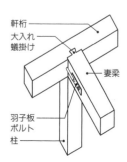

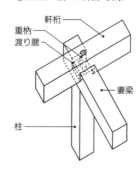

考えるのだろうが、桁材の乾燥が進むと羽子板ボルトが緩む。仕口は外れはしないだろうが、もともと蟻は力のない仕口なので、水平方向の変形に対してはほとんど無力である。これに対して十字に渡り腮で組まれた仕口は、蟻と比べると変形に抵抗する力が大きいことが経験的にいえ、現代でも十分利用できる手法である。先述した軒桁と妻梁との取合いでも高さの工夫をすれば渡り腮にできる（図6②）。

軒桁と小屋梁も渡り腮で組める。この部位では「折置組」と「京呂組」とがあり、京呂組よりも折置組のほうが安定している。その理由を考えてみる。

折置組は柱が小屋梁を受け、その上に軒桁が載るという組み方で（写真3）、仕口を渡り腮で重枘差しとすると効果が高い（図7①）。平枘差しにした場合を考えてみると、渡り腮の効果はあるが、桁と梁のつなぎは雇い太枘か金物になる（図7②）。引抜きに対して雇い太枘は力が小さく、金物が有利となるが、どちらも重枘と比べて枘の長さが短い分、変形に対する拘束力は劣り、架構の粘りに貢献する度合いは小さい。

京呂組は軒桁の上に小屋梁を載せる形式で、その仕口は兜蟻掛けなどにするのが一般的である（写真4）。折置組の梁の仕口には上から桁を介して屋根荷重がかかるが、兜蟻掛けの梁には途中の小屋束で受けた屋根荷重は加わるものの、仕口の部分には直接荷重はかからない。下部に柱があるときは平枘が多く、長枘にはできるが、兜蟻掛けや蟻の仕口の場合は重枘にはできない（図8①）。

京呂組でも渡り腮で納める方法もあり、長枘にはできるが、枘の位置は垂木彫りで梁に欠損があるので重枘にはできな

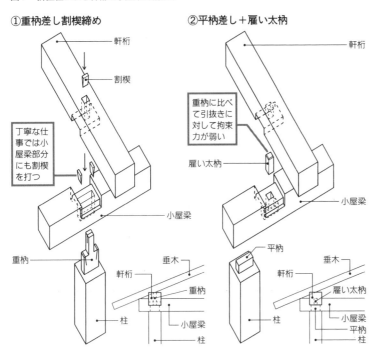

図7　折置組による軒桁と小屋梁の納まり
①重枘差し割楔締め
②平枘差し＋雇い太枘

写真3　折置組の例
小屋梁の上に軒桁を渡り腮で載せ掛けて納めている
柱の重枘で小屋梁と軒桁を抜き通し、上部から割楔で緊結している

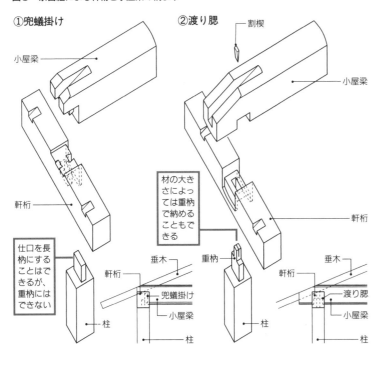

図8　京呂組による軒桁と小屋梁の納まり
①兜蟻掛け
②渡り腮

妻梁（写真奥）は折置組、登り太鼓梁（写真中央）は京呂組で納められている

軒桁に兜蟻掛けで納められた小屋梁

写真4　京呂組の例

い(図8②)。渡り腮だけでも兜蟻掛けの仕口よりは変形に強い。また、材積は増すが、鼻母屋を設ける形式とすれば、京呂組の渡り腮でも下部に柱のあるときは重枘にすることができる(図9)。桁に渡り腮で梁が載り、その上に鼻母屋が渡り腮でかかる。梁の成(高さ)にもよるが、細くなった枘が長いと欠けやすいが、重枘は鼻母屋まで通したほうがよく、建て方時には丁寧に扱う必要がある。この方法ならば、折置組との差はほとんどないのではないか。つまり、折置組か京呂組かということではなく、木をどう組むかが大切なのである。

小屋組に関する試みと提案

実例として取り上げたのは、筆者が住む町の駅前にある小さな木造の公衆便所である(写真5)。2つの便所にそれぞれの平面に応じた方形屋根が載り、福祉トイレと公衆電話を取り込んだ雨宿りのできる切妻屋根との単純な構成で、既存駅舎跨線橋の柱脚を避けてアルコーブをつくった。角垂木のピッチを2尺(606㎜)として間取りをし、上屋の女子便所は14尺(4,242㎜)角、男子便所は10尺(3,030㎜)角で、下屋の切妻部分も2尺モジュールの間取りとしている。

(1)羽子板込み栓打ち火打梁

この建物の主要な構造は、なるべく金物を用いないで考えた。火打梁も例外ではなく、木で納める方法を試みた。現在の火打の納め方を前提に、5寸(150㎜)の桁に4寸(120㎜)の火打梁を傾ぎ大入れで落とし込んで、堅木の羽子板を打ち込み、桁と火打梁それぞれに上から込み栓を打ち込んだ(図10①)。下屋は折置組なので、一方は渡り腮で上端に込み栓打ちとした(図10②)。

(2)角垂木の固定法

上屋は矩勾配(45度勾配)の方形で隅木は蕪束(小屋組の中央に集中する隅木を受けるための短い束)で受けた。垂木の滑り出しに対処するために152頁図11①のような仕口とし、吹上げを考えてラグスクリューボルトで固定した。この場合は、敷地いっぱいなので軒は1尺(303㎜)しか出せないためこの納まりでよかった。後に同様の納まりで大きな軒の出の建物を計画したが、垂木を傷めない図11②の

写真5 写真左手に見える方形屋根の建物が火打梁を採用した公衆便所。工事中の写真だが、木造部分の架構はほぼ分かる

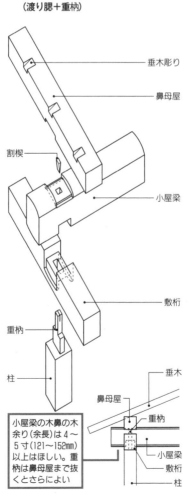

図9 鼻母屋のある京呂組の納まり(渡り腮+重枘)

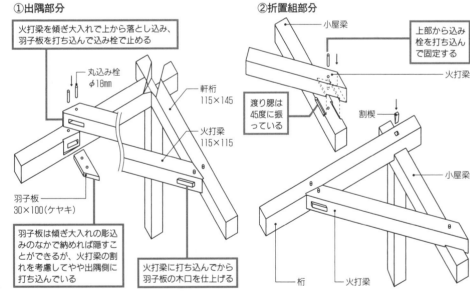

図10 事例の火打梁の納まり

出隅部分の火打梁。羽子板は打ち込む際に傷むため長めに木取りし、見え掛かりは後で仕上げる

折置組部分の火打梁。桁と小屋梁の高さが異なるため、納まりを工夫している(小屋梁と取り合う火打梁を渡り腮で納めた)

ようにすればよかったと反省している。

平割材の垂木の場合は、ラグスクリューボルトでは太すぎるのでビス仕様でよいだろう。現在比較的多いのは、釘でひねり金物を取り付ける方法だろう。この方法も有効であろうが、工事の段取りが二度になる。ビスならば段取りが一度ですむし、野地板の水平剛性を小屋組に伝達するにも固定度が高いので有効に機能すると思う。

小屋組の形態はさまざまに考えられるが、それぞれに応じた各部位の仕様を検討しなければならない。小屋組の仕様書として、ここでは、**図12・13**に示す程度の各部位に対する最小限の記述に留めている（**表**）。注意したいのは、風の吹上げに対する垂木の納まりや、必要以上に材の断面欠損を大きくしない納め方の検討である。

図11　事例の垂木の納まり

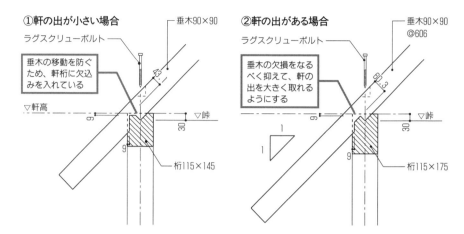

図12　小屋組納まり図（地廻りの納まり）

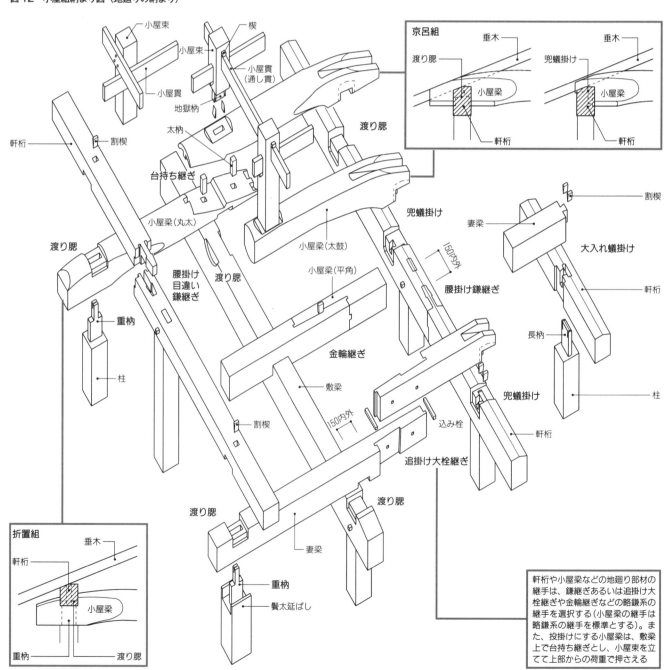

表 私家版仕様書【小屋組】

小屋組	樹種・等級・仕上げ寸法	工法
小屋梁 軒桁	・□アカマツ　□クロマツ　□スギ　□ヒノキ ・等級は特一等とする。ただし、設計図に指示があるものはこの限りではない ・部材寸法、丸太の樹種は設計図の指示による	・折置組の場合：渡り腮で木余りは120mm以上を確保する。柱との取合い部は重枘差し割り楔締めとする ・京呂組の場合：兜蟻掛けまたは渡り腮とし、雇い太枘を原則とする。下に柱がある場合は、長枘差し込み栓打ちに雇い太枘を原則とするが、詳細は打合せによる ・軒桁の継手は柱上で持ち出し、以下の継手とする 　□腰掛け継ぎ　　□追掛け大栓継ぎ　　□金輪継ぎ
棟木 母屋	・□アカマツ　□クロマツ　□スギ　□ヒノキ ・見え掛かりは特一等、見え隠れは一等とする ・寸法は設計図による	・棟木は棟の葺き材なども考慮して余裕をみた材寸とする。上端は鎬削りとし、垂木は大入れを原則とするが、係員との打合せにより、載せ掛けで拝み合わせも可とする ・母屋の垂木当たりには垂木彫りを施す。屋根勾配が5寸未満の場合は母屋上端と峠を揃え、5寸以上の場合は峠を母屋上端から9mm上がりを標準とし、口脇が30mmを超えないように係員と協議する ・棟木と母屋の継手は揃えずに乱になるように心掛け、束から持ち出し、以下の継手とする 　□腰掛け鎌継ぎ　　□追掛け大栓継ぎ　　□金輪継ぎ
束	・□アカマツ　□クロマツ　□スギ　□ヒノキ ・見え掛かりは特一等、見え隠れは一等とする ・□120×120mm　□　×　mm	・小屋束は上下とも横架材に長枘差し込み栓打ちを原則とし、二重梁の場合は重枘とする。補強のために見え隠れでは貫を小屋筋違いとしてたすき掛け釘打ち、見え掛かりは送り梁や通し貫など設計図の指示による
垂木	・□アカマツ　□クロマツ　□スギ　□ヒノキ ・見え掛かりは特一等、見え隠れは一等とする ・寸法は設計図による	・幅60mm未満の垂木はビス止めとし、成に応じて斜め打ちあるいは脳天打ちとする。幅60mm以上の垂木はラグスクリューボルトまたは大栓を脳天打ちとする ・垂木の継手は母屋上端で殺ぎ継ぎとし、釘2本打ちとする。配置は乱になるように心掛け、定尺長さなどの理由から困難な場合は係員の指示による。断面が大きな場合には腰掛け鎌継ぎなどの継手とする ・垂木の間隔は設計図による

図13　小屋組納まり図（寄棟の納まり）

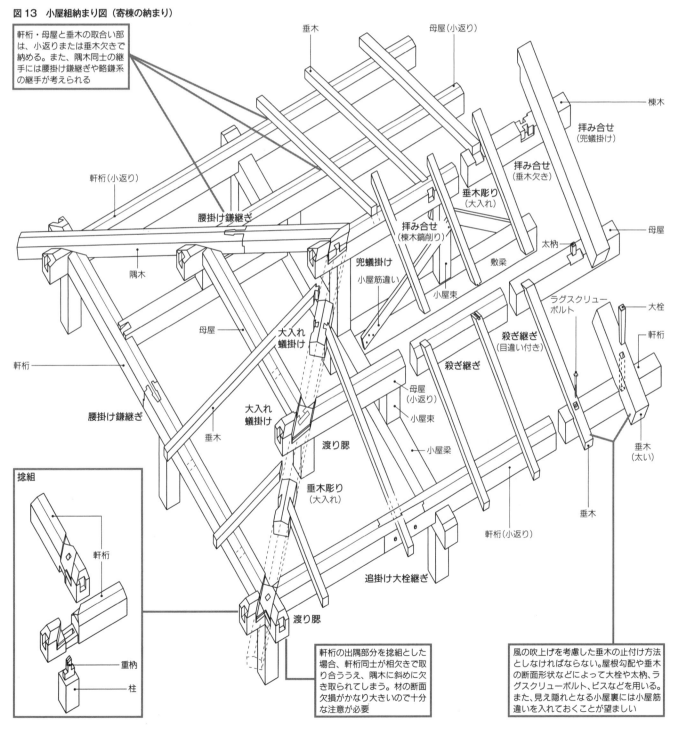

構造設計者の眼
京呂組と折置組の強度比較

馬場淳一＋山辺豊彦

本書137頁で行った床梁のシミュレーションと同じ条件で京呂組と折置組の強度比較を行う。同じ条件としたのは、床梁の仕口が大入れ蟻落としであり、それとの比較も可能とするためである。

仮定条件
材：スギ115×235（無等級材）
たわみ制限値：$\delta = L/600$
小屋梁の場合、たわみ制限値は一般的に$\delta = L/400$程度とすることが多いが、このシミュレーションの場合、**123頁**の床梁と比較を容易にするため$\delta = L/600$と仮定している。また、小屋組による居室への影響を考慮し、居室同等と考える。
①曲げより求められるP
　P＝9,573N
②たわみ制限より求められるP
　P＝6,448N

京呂組
①仕口の耐力
　大入れ蟻落としの仕口であるので、この部分の耐力は4,285Nとなる

②桁梁に載る部分の耐力
A部のせん断力で決まり、その値は3.5×6.0×66×2＝2,772Nで大入れ蟻落とし部分より小さい。
したがって、京呂組とした場合の耐力は仕口部分で決まり、その値はP＝4,285Nとなる。

折置組
①仕口の耐力
　柱の上に載る形なので、仕口の耐力としてはB部分のせん断耐力またはC部分のめり込み耐力で決まる。
B部分の耐力：11.5×20.5×66＝15,560N
C部分の耐力：106.75×220＝23,485N
したがって、折置組とした場合の耐力はたわみ制限で決まり、その値はP＝6,448Nとなる。
また、この場合にたわみ制限の仮定を$\delta = L/400$程度に設定すると、耐力は曲げで決まり、その値はP＝9,573Nとなる。

考察
シミュレーションの結果は以下のようになった。
京呂組　P＝4,285N
折置組　P＝6,448N（たわみ制限がL/400の場合、P＝9,573N）

京呂組とした場合、小屋梁の耐力は仕口部で決まり、折置組とした場合は部材寸法で決まる。
京呂組を採用し、かつ瓦葺きなど積載荷重が重い屋根で、梁のスパンが2間（3,640㎜）を超える場合は、大入れ部分を15㎜→23㎜に変更するか、梁受け金物を使用するなどの処置が必要となる。
また、実際の使用に関しては、乾燥収縮やクリープ変形などにより大入れ部分が抜け出さないようにする必要があるため、特に乾燥状態が重要となる仕口である。

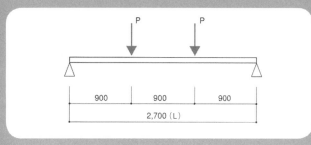

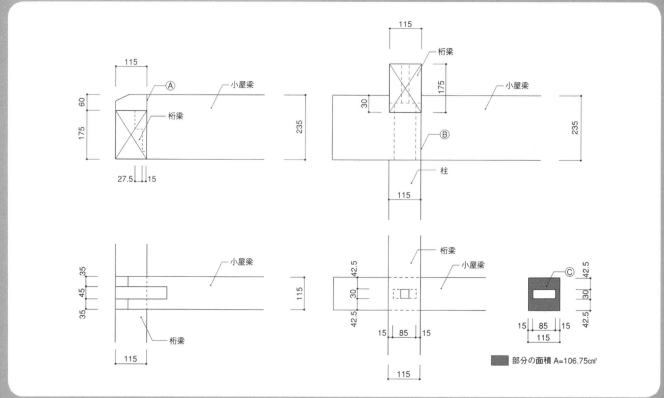

[第4章] ［私家版］流 現場監理術

- 157 　0｜木造住宅の現場監理のコツ
- ・　　　［現場監理］チェックポイント
- 158 　1｜基礎設計のチェック
- 160 　2｜木の手配のチェック
- 162 　3｜木ごしらえのチェック
- 164 　4｜墨付け・刻みのチェック
- 168 　5｜地縄張り・水盛り遣り方のチェック
- 170 　6｜基礎コンクリート打設前後のチェック
- 172 　7｜関連工事のチェック
- 173 　8｜土台据付け時のチェック
- 174 　9｜建て方・建入れ時のチェック
- 178 　10｜上棟前後のチェック
- ・　　　禁じ手
- 165 　1｜継手位置を揃える
- 167 　2｜短材で継ぐ
- 169 　3｜捨てコンを省く
- 171 　4｜アンカーの田植え
- 172 　5｜基礎の後穴あけ
- 173 　6｜継手にアンカー
- 178 　7｜載せ掛け2階根太
- 178 　8｜火打梁近くの継手

CheckPoint 0
木造住宅の現場監理のコツ

(1)現場監理の目的
ここでは、日頃、木造住宅の現場監理に携わる設計者に向けて、実際の現場で起こる監理上の問題点とその対処方法を、各工種別に事例を交えて解説する。

木造住宅にかかわらず、建築における監理業務の目的は、設計図書に描き込まれた内容と現場の工事内容との齟齬をなくし、建物の品質を向上させることである。一般的に現場監理とは、建物が設計図通りに建設されるようチェックすることをいい、設計図では表現できない納まりや予測のできない事柄について、その都度、設計の意図に照らし合わせながら、臨機応変に解決することを含んでいる。つまり、監理とはよりよい建物を実現させるために、現場と図面のギャップを埋める作業でもある。

「監理」と「監督」は間違われやすいが、現場監督が行う作業は「現場管理」と呼ばれ、監理とは区別している。現場管理は建物のための材料や作業員の手配を含めた施工者側の現場対応であり、監理とは別の仕事である。ここでは、それらを踏まえたうえで、設計者から見た現場監理のコツを述べたい。

(2)監理の必要性
現場監理に、手抜き工事の見張り役を期待されることもある。たしかに業務の範囲ではあるが、すべてではない。手抜きをする業者は論外だが、現実には存在するため、信用の置ける業者でなければ頼まない、建売りであれば買わない、というのが筋であろう。工事中あるいは買う前にしかるべき専門家に依頼し、必要な措置を講じればよい。必要な費用を惜しんで「安物買いの銭失い」にならないようにしたいものだ。

結果的に手抜き工事を存在させないのが、現場監理である。施工者が設計者の意図によって工事を行うつもりでも、現場では勘違いや誤解をしてしまうこともある。設計の意図を正確に現場に伝え、適正な施工を実現してもらう。現場でのチェックは施工の確認作業と考えたい。

設計も同様で、完璧な設計図のつもりでも、現場を見て図面通りではなく、他の施工のほうがよいと感じることもある。仮に完璧な設計図があっても、図面が実際の物に変換していく施工過程で確認する必要がある。設計と監理は一体のもので、連続した作業である。

(3)監理の心得
一軒の家をつくるまでには、多くの素材と各職方たちの手仕事の積み重ねが必要である。そのため、素材の選別や養生には細心の注意を払い、精度の高い手仕事のしやすい最善の環境をつくるように協力したい。また、現場は職方との人間関係の場でもあるから、原理原則ばかりでは図れない対人的な要素も多くあることを心得ておく必要がある。困難な問題に直面した場合などには、監督はもとより職方にも相談のうえ、十分に現場の意見を取り入れた解決策を考えたい。

したがって、「とにかく、図面通りに施工してくれ」というだけではなく、柔軟に取り組むことが大切である。設計図よりも仕様が落ちるのは問題だが、現場では経験に裏打ちされた前向きな提案も数多い。こちらの意図を正確に伝えて、現場の人たちと積極的に対話することは、お互いに創るものに対しての理解を深め合うよいチャンスである。

(4)監理以前に行うこと
①敷地の観察
現場監理は、設計の端緒から始まっていると考える。敷地の形状から地勢を読み取り、現場工事に対する大まかな予測を立てることも大切である。たとえば、敷地の形状や高低差など既存建物が存在している場合などでは、敷地図と現況との確認がしづらいため測量をする必要も出てくる。また、敷地の入口が狭くて資材の運び込みに苦労しそうな場合には、あらかじめ構造材の長さを限定して設計することもある。当然、間取りや構法への影響も考慮する必要があるだろう。

②設計意図の説明
現場監理では、各職方たちとコミュニケーションが大切なことはいうまでもないが、職方に対する建物の説明も精度が高い仕事の一助として重要である。設計者の描いた図面はすべてが表現しきれているとは限らないため、各職方たちにその設計意図が伝わるように詳細に説明するべきであると考える。むしろ、場数を踏んだ職方からよりよい提案を引き出すことが、図面以上の建物の内容につながることを忘れてはならない。

③材料の手配先に留意
監理の業務は、当然、材料の確認や検査を含めて考える。現場は、性能の安定した工業生産品のような規格材ばかりでできているわけではない。そこで、カタログから簡単に選択できない木材や左官材、石材などの材料については、手配の都度検査を行い、材料の品質を保つように心掛ける。さらに、手配先の産地や流通などについての知識をもっていれば、なおのこと製品管理がよくなる。産地と素材についての情報収集と学習を怠らないようにしたい。

建て方の様子。建て方は図面に従って行われるが、現場での作業を円滑に運ぶためには、建て方以前の周到な打合せによる現場監理が重要となる

CheckPoint 1
基礎設計のチェック

(1) 地盤調査の必要性

木造住宅は、鉄筋コンクリート造や鉄骨造の住宅に比べて建物が軽いため、地盤に関係なく一律に布基礎がよいとされている。しかし、地盤の支持力が不足すれば、どんなに軽い建物でも致命的な欠陥になりかねないことは、'95年に発生した阪神・淡路大震災や、不良住宅の数々の欠陥事例を見れば明らかである。

私家版仕様書では、木造住宅といえども、基礎は地盤を十分に知ったうえで計画的に設計されるべきであると考えている。

(2) 地盤調査の必要な場所
①地名・地形から類推する

地耐力の確認を必要とする場所は、当該地の地名や地形に現れるので、敷地を見る際には十分に注意を払うべきである。地名に「川」や「河」「沼」「谷」「潟」などが付くようなところは、湿地であった可能性が高い。

また、河川敷の近くや崖地、田んぼの埋立地なども地形や周辺の状況を見れば明らかであろう。こうした場所はたいてい軟弱な地盤であり、十分な注意が必要である（**写真1**）。

②敷地の履歴から類推する

地名や地形から判断できない場合は、敷地の履歴から判断することもある。たとえば、敷地が昔から台地であったりすれば、地盤は安定していると考えられるが、最近造成された土地などの場合、切土か盛土かによっては地盤の支持力にかなりの違いが生じる。切土で地山が荒れていなければよいが、盛土では地盤が滑りやすく、安定していない場合もあり、要注意である。

以前、造成地内の敷地で、一見きれいな土地に見えたにもかかわらず、造成業者によってガラを捨てられていたことがあり、地盤の支持に苦労した経験がある（**図1**）。表面からは見えないだけに、造成地とはいえ油断はできない。

(3) 地耐力の確認方法

市街地内の場合は該当する行政担当機関に尋ねて、現地付近の非木造の確認申

新たに宅地造成された分譲地。かつて、そこがどのような土地であったのかを調査したい

河川敷に造成された分譲地。切土や盛土の状態、擁壁の構造などを確認する必要がある

写真1　地盤調査の必要な場所

図1　盛土造成地の例

盛土の造成地で実際にあった例だが、スウェーデン式サウンディング試験の際、転石に当たったように途中で止まったり、ガラの中空部に落ち込んだりと難儀した。後で一部を掘り返したところ、ガラの存在が確認できた

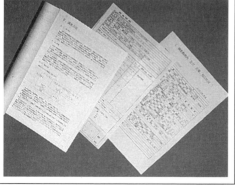

↑スウェーデン式サウンディング試験による地盤調査の様子

↗表面波探査法の装置を設置しているところ

➡調査会社から提出された地盤調査報告書。調査を行った数ポイントの結果をまとめたグラフから、敷地の地盤状態を類推する

写真2　地盤調査

請物件から類推することもできるが、地盤調査を行うことが確実である。地盤調査の方法としては、075～077頁で解説した調査方法が挙げられる。

調査方法のなかでも、スウェーデン式サウンディング試験（SS試験）や表面波探査法が、調査費用などの面からも行いやすい。これらの調査から得られた地盤調査報告書をもとに、基礎もしくは地盤に対する計画方針を検討していく（**写真2**）。

（4）支持地盤の深さの確認

地盤調査の結果によるが、基礎の接地深さは地山があるところまで掘り下げることが原則である。しかし、一律に想定した基礎深さ以上に掘り下げなければならない場合には、予算の関係などからも工法の検討が必要であろう。

地盤改良までは必要がないと判断できれば、ラップルコンクリート（直接基礎で、フーチングの下部などに打たれる嵩上げ用コンクリート）などで部分的に地山まで達するような簡便な接地方式も考えられる（**図2**）。

（5）地盤改良の検討

軟弱層が不均一であったり、支持地盤が深くて地耐力も低い場合は、地盤改良による地盤補強が必要である。セメント系固化材による地盤改良には表層改良や柱状改良などがあり（**078頁参照**）、地盤調査の結果から工法を検討する。

地盤改良専門の施工業者からは、施工前に「工事計画書」、施工後に「工事完了報告書」を提出してもらい、工事内容を十分に把握し、どれだけの性能をもった改良か知っておくことが重要である（**写真3**）。

（6）基礎の決定

基礎の形状の決め方は、地耐力3 t／㎡（≒ 30kN／m²）を目安に布基礎あるいはベタ基礎の判断をすることが多い。現在の判断では自重が大きくなる面では不利だが、広く荷重を分散し、かつ剛性の高いベタ基礎が耐震的に考えるならばよいだろう（**写真4**）。

木造住宅については、標準的な基礎の配筋の仕様例が住宅金融支援機構の仕様書などにも示されており、軟弱でない地盤の場合では、それらを参考として経験的な判断で設計が進められている。しかし、地盤特性や上部構造のつくり方などによっては構造計算を行い、その仕様を確認しておくことも求められる。

図2　ベタ基礎に用いたラップルコンクリートの例

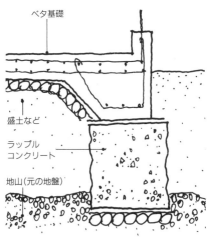

ラップルコンクリートは基礎躯体が受けた荷重を支持基盤まで伝える役割を担っており、基礎躯体に比べて強度の低いコンクリートを使用する。ラップルコンクリートを用いる場合は、地盤改良などとのコストを比較したうえで経済的に採用したい

◤表層地盤改良。バックホーでセメント系固化材と原土を混合攪拌しているところ

↑セメント系固化材による柱状地盤改良の様子

←地盤改良工事の工事計画書と工事完了報告書。工事の内容を確認し、訂正や補足が必要な場合には十分に打合せを行う

写真3　地盤改良

写真4　布基礎を立ち上げないベタ基礎の例。写真左が配筋の様子、写真右が打ち上がったところ。軟弱地盤であったためこの事例ではベタ基礎を採用しており、構造計算によって安全性を確認し、耐圧盤の配筋はダブル配筋とした

CheckPoint 2
木の手配のチェック

(1) 天然乾燥材にこだわる

木材の乾燥は、構造材としての強度を保つ意味でも、竣工後の部材の割れや歪み、反りなどを最小限に抑え、カビやシロアリの発生を防ぐ意味でも大変大切なことである。しかし、大壁構造の建物が主流となっている現在では、一般の流通材に乾燥度を期待することが難しく、嘆かわしい現状にある。

木肌を見せる真壁構造は、和室廻りに限られることが多いのが昨今の傾向で、ムク材の欠点を嫌うために、集成材の柱が使われることも多くなった。これでは、残念なことに数年後には木が枯れたように脂気がなくなり、木の味わいも失せてしまう。

木の本来の持ち味は、ムク材の呼吸による調温湿作用であり、建物が住み手とともに時代を重ねる経年変化のよさである。木造住宅の人気が根強い理由はそこにある。そのためにも乾燥には十分に留意し、使用する材は乾燥材が前提となる。天然乾燥材の入手には、柱の発注から丸太の調達、製材、乾燥など納材までに時間が必要となるため、余裕をもった入手の仕組みを設計段階から検討しておくことが大切で、場合によっては山側とのやりとりも必要であると考えたい(**写真1**)。

(2) 簡便な乾燥度の確認法
①片手で持って分かる乾燥度

木材の乾燥程度の簡便なチェック方法として、入荷した材を片手で持ち上げてみると分かりやすい(**図1**)。ずっしりと重ければ水分が多く、逆に軽ければある程度乾燥していると考えてよい。これはスギ材などでは顕著である。特に黒心の材など(**写真2**)、もともと乾燥しづらい性質の材は、同程度の期間では乾燥が不十分であるため、手で片方をもち上げて確認したほうが早い。

②重なり部分の湿り具合で分かる乾燥度

乾燥の不十分な木材を積み重ねて置くと、空気に触れない重なり部分は湿気を帯びてさらに乾燥しにくい。本来、乾燥させるためには、木材を重ねて置かないほうがよい。木材の重なり部分に触れてみると、その湿り具合が乾燥度の分かりやすい目安となる。湿気っているようでは乾燥は不十分な場合が多い。

(3) 桟木の入れ方と木口立て

現場に納材された乾燥の悪い材でも、墨付けする前に桟木を入れて風通しのよいところで少しでも乾燥させるなど、現場対応で手当てしたい(**写真3**)。

桟木は製材の断面積によって大きさを変える必要があり、大きな断面の製材には、風通しをよくするために大きめの桟木を入れ、小さな断面の製材には小さめの桟木を入れる。急激な乾燥はかえって木肌に干割れを起こすことがあるので、留意しなければならない。また、梁材などの場合には木口立てにしたり、桟木間隔などに注意して、梁にたわみなどのクセが付かないように留意したい。

(4) 天然乾燥材の入手

木材の乾燥方法には、天然乾燥と人工乾燥とがある。年月をかけて天然乾燥した木材は木のクセが無理なく出て、割れも少ない。材の入手は山側(森林組合や製材所など)への直接の交渉となろうが、時

図1 簡便な乾燥度の確認法

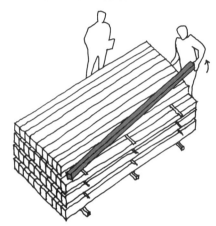

材料検査の際に材の片側を持ち上げてみる。木材あるいは同じ樹種でも重さには多少の違いがあるが、スギの4寸角で3m物の場合、含水率が30%を切っていると約10kgの力で持ち上がる。これが含水率100%では20kg弱、含水率200%になると25kg以上の力が必要となる

写真2 スギ材の黒心。心材の色が黒みを帯びて黒色になったもので、含水率が極めて高いために乾燥しにくく、狂いも大きい

製材所の土場の様子。写真手前が皮付きの丸太で、その奥がこれから製材される皮剥きされた丸太

大径木を製材しているところ。大径木の丸太は必ず背を下にして製材される

柱材を桟積みで天然乾燥している様子。十分に狂いが出たところで所定の寸法に二度挽きされる

写真1　木材の入手

間を必要とするため、工事の工程と材調達までの時間調整に課題が残る。また、構造材で含水率を25%以下（D 25）にまで低下させるには多くの時間を要する。製材後何カ月かの桟積みで、どの程度の含水率になっているのか、統計値を乾燥元に確認しておく必要もある。

人工乾燥にはいくつかの方式があるが（**045頁参照**）、D 25以下までに下げることが目標とされる。人工乾燥材は流通もしているし、木材乾燥している業者への指定材の乾燥も可能であるため時間を読みやすいが、露（あらわ）しとして用いる材では脂が抜け落ち、色艶に乏しい。さらに、最近のデータでは、構造的に内部割れがおきてもろいことが分かってきたので、人工乾燥材は基本的におすすめできない。

木材の理想的な含水率は気乾状態（含水率は概ね18％前後）であることを承知しておきたいが、この乾燥度の材料で揃えることは現状ではかなり困難である。

(5) 葉枯らし材の入手

最近では、昔からの葉枯らし乾燥が見直され、国有林や民有林でも普及し、品質のよい構造材も一般流通で手に入るようになった。

葉枯らし材は、山のなかで伐り倒した丸太を切り旬（伐採に適した時期）の秋口から冬にかけて枝葉を付けたまま山中に放置し、丸太のなかの水分を葉の蒸散作用によって放出させるもので（**写真4**）、生材（なまざい）での含水率が高いスギ材に対して効果的な手法である。ただし、葉枯らし乾燥したスギ丸太の製材時の含水率は50～60％程度であり、葉枯らしはあくまでも予備乾燥であるため、葉枯らし材＝乾燥材でないことに注意したい。

(6) 二度挽き

製材は二度挽き（修正挽き、八面挽きなどともいう）を原則とする。丸太から製材された材は、桟木を挟んで乾燥し、捩れや反りを十分に出して、もう一度所定の寸法に二度挽きする（**図2**）。チェックポイントは、二度挽き前の乾燥度と分増しした材（6㎜程度大きめに挽いた材）であったかどうかの材寸法の確認である。材の分切れ（所定寸法に満たないこと）が大きい場合には、設計図の意図に反するかなどを検討することになる。

(7) 材の取替えもあり得る

乾燥の度合いにも程度はあるが、構造材や造作材に限らず、ずぶ濡れの生材では狂いや割れが必ず発生し、竣工後にトラブルの原因になるのは必至である。このような木材では、いかに誠実に施工したとしても、現場では対応しきれない。

工務店だけでなく、木材の納入業者にも建物の意図に対する理解を徹底し、勇気をもって木材を取り替える交渉をしなければならない。コストの関係で対応の難しい場合もあるだろうが、将来に大きなリスクを残すことは、結局大きなコストのツケが回ってくることを忘れてはならない。建て主、設計者、施工者の三者が不幸な思いをすることになるので、取替えが必要と判断したら躊躇（ちゅうちょ）してはならない。

顔の見えにくい流通材の場合には特に注意が大切で、乾燥が不十分な木材に対しては工程をにらみ、乾燥に時間をかけるなどの応急対策の検討も必要になる。

図2　二度挽き

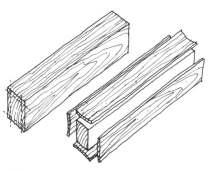

丸太のままよりも乾燥が進みやすいので、速やかに荒挽きを大きめに行う。目標の乾燥状態になったら材の狂いを取って正規の材にするために二度挽きを所定の寸法で行う。この修正を1回でできる四面モルダーもあるが、捩れた材は捩れた状態のまま揃えてしまう鉋盤もあるので注意が必要

写真3　製材所の下小屋で材を乾燥しているところ。乾燥が不十分な場合には、写真のように立て掛けたり、桟積みするなどして十分乾燥させたい

写真4　葉枯らし乾燥の様子。伐採した木は切株の上に載せ、梢を山側に向けて倒す。伐らずに残した葉の蒸散作用によって辺材と心材の含水率の差が少なくなり、材の色や艶もよくなる

2～3年間天然乾燥し、狂いを出したマツ（平角材）の二度挽き。5分（15㎜）程度分増しして製材された材を所定の寸法に挽き直す

二度挽き後の木材。全体に色がくすんでいた材面が、挽き出されて再び生き生きとした表情を取り戻しているのが分かる

CheckPoint 3
木ごしらえのチェック

（1）背割り

「背割り」は、心持ち材（樹心を含む木材）を使う場合に、乾燥に伴う心割れのひびを材面に出さないようにするために施される（図1）。さらに、製材の乾燥による捩れや反りなどの狂いをあらかじめ出して建築後の材の変形を抑えたり、背割りの面が外気に触れることで乾燥時間を早めたりするための工夫であった。したがって、背割りは化粧となる心持ち材には必要だが、構造的には必ずしも入れる必要はない。樹心を含まない心去りの製材品には背割りは必要なく、一般には心持ちの柱材（正角材）に背割りが入れられる。真壁造で、梁などを露す場合は、心持ちの平角材などに背割りを入れることも考えられる。

写真1は梁に入れた背割りの例だが、竿差しや柄差しなどの仕口をつくる場合に背割りは好ましくないため、仕口部分には背割りを入れない手間をかけた仕事であり、割れのない材面を保つための工夫である。材は葉枯らし材で、製材後に数カ月、天然乾燥したものを用いている。生材で同様のことをしても狂いが大きいため、仕口部分にがたつきが出てしまい意味をなさない。

（2）丸太の木ごしらえ

今日では、断面を矩形に製材した木材で、主要構造のほとんどを組み立てている。かつては、見える部位に化粧として用いたのを始め、天井裏などの見えない部位の梁などには丸太材が多用されていた。昨今の住まいでは、天井裏に隠れてしまう梁でも、断面が長方形の平角材を架け渡すことが普通になっている。

プレカットによる骨組では、機械加工するシステムに乗らない丸太材は敬遠され、つくる側の都合のみによって正角材や平角材を加工して構造部材を刻み出している。また、手刻みの場合でも、町場の工務店の多くが、平角材ばかりで骨組をつくるようになってきている。

このような状況になったのは、①機械化によって製材品が比較的安価に入手できる、②「丸太3倍」といわれてきたように、丸太材は墨付け・刻みとも手間がかかるので、手間の少なくてすむ平角材が選択される、③小屋梁に多用されてきたマツ材が、環境の悪化などによって病虫害を受けやすくなり、地物（地場産）の丸太材が入手しにくくなった、などの理由が考えられるだろう。しかし、平角材への変更はよいことなのだろうか。木の使い方からすれば、せっかく育った木をわざわざ製材し、小さく弱くして使うのはもったいない。多少手間がかかるのは承知で、丸太を有効に使い、丈夫な骨組をつくりたい。

比較的手間をかけずに丸太を用いる工夫も考えたい。樹皮を剥いて表面を磨き上げた「磨き丸太」は、木の強さを使いき

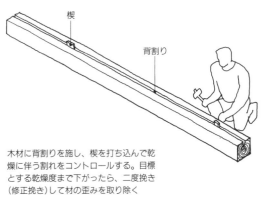

図1 背割り

木材に背割りを施し、楔を打ち込んで乾燥に伴う割れをコントロールする。目標とする乾燥度まで下がったら、二度挽き（修正挽き）して材の歪みを取り除く

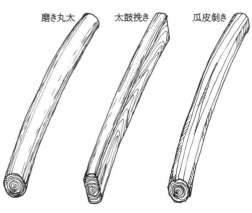

図2 丸太の木ごしらえの工夫

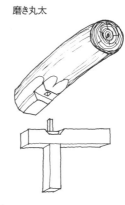

図3 丸太の仕口を簡単にする木ごしらえ

写真1 梁に入れられた背割りの例。梁材の見え掛かり面に割れが出ないように背割りを施し、仕口部分には入れない工夫をしている（香川県高松市・六車昭棟梁の背割り方法）

瓜皮剥きに仕上げられた丸太梁。この後の墨付け・刻み作業では、反り具合や背・腹などを見極めて1本1本調整される

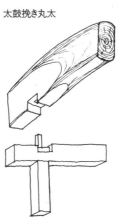

るという意味では最も健全な使い方である。また、木ごしらえに手間をかけて墨付けしやすいように「太鼓挽き」したり、鉞や釿で粗く八角形に斫って「瓜皮剥き」にする手もあり、木の断面は多少損うが、平角材よりはかなり強い使い方である（**図2**）。丸太では、仕口の光り付け（形状を写し取ること）などに手間がかかるので、磨き丸太や太鼓挽き丸太の場合は、仕口になる部分を角形状に加工すると、墨付け・刻みが比較的楽になり、手間もそれほどかからない（**図3**）。

（3）木配り

捻れや反り具合などのクセや背・腹（**図4**）、木裏・木表（031頁参照）、材面の善し悪しなど1本1本の木の特徴を見極め、その木に合った使用場所に配置する（**写真2**）。一般には施工者に任される部分であり、大工棟梁の経験や感性が物をいう。構造材を見せて使うには、その空間にふさわしい材の選定が求められ、設計意図を十分に理解してもらう必要がある。たとえば、節だらけの梁や柱は納戸や重要性の低い場所に使い、居間には少しでも材面のよいものを選ぶことは意匠的に重要である。また、実際の梁や柱は図面とは異なり、厳密に通直な材は少ないため室内側にはらみ加減に使い、長期にわたって骨組の精度を保てるよう、背・腹や木のクセを見極めて使い分けることが構造上の重要なポイントとなる。

（4）番付け

番付けには、「下がり番付け」「向い番付け」などいくつかの種類があり、大工棟梁によっては使い方が違うので、あらかじめ打ち合わせておくとよい。一般に番付けは、設計図をもとに1／50程度の縮尺で描き直される。設計者はよく英文字やアラビヤ数字を主な軸線だけに使うが、現場の大工はほぼ3尺（909mm）ごとに、横軸に仮名文字、縦軸に漢数字で番付けを振るのが一般的であり、詳細に打ち合わせる場合にお互いに齟齬がなくてよい。共通の言葉が現場では便利なため、設計図にも、その姿勢が読み取れる表現があるとよいだろう。

この番付けを描き込んだ板図が、墨付け・刻みから建て方まで、木材を扱う現場における基本図となる（**写真3**）。仕口や継手の種類や向き、材長、建て方の手順などがこの番付けで検討される。部材に振る「い一」などの番付けは、位置を表すだけでなく、その描き込み面が材の向く方向にも関係しており、建て方ではこれで確認しながらの作業となる（**図5**）。

（5）分合せ

挽き立てられた材は多少なりとも捻れや反り、寸法ムラがあるもので、それらを基準寸法に揃え直ししておくことが、後の作業性と仕上げの胴付きのよさなどの精度を高めることにつながる。この分合せは、構造材を露して用いる場合には特に重要な工程で、分合せを行わないとそれぞれの接点ごとに光り付けをしなければ納められない。

この作業では自動鉋盤や電動鉋などを用いて平らな材面を求め、それを基準に捻れを取って直角出しをする（**写真4**）。分合せは、墨付け・刻み前に意外に手間のかかる木ごしらえの作業であるため、より機械化することが求められるのではないだろうか。直角二面モルダーや四面モルダーなどの鉋盤があると作業性は格段に向上するため、これらの加工機械をもつ製材所やプレカット工場などで分合せを行うことも考えられよう。

図4　梁の背と腹の使い分け

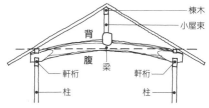

一般に上部の荷重を受ける梁は、垂れ下がらないように材の背を上向きにして用いる

図5　番付けの方向

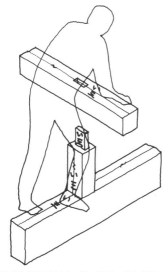

柱材や横架材（土台、梁、胴差、桁など）に直接描き込む番付けは、見え隠れとなる材面や柄などに振られるが、組み立てる際に材の向きが分かるようにする決まりがある

写真4　自動鉋盤や電動鉋などで材の捻れや反り、ムラ取りをし、材の直角を出すとともに寸法を揃える

写真2　木配りの様子。土場に材を広げ、木のクセや表情を見極めながら材の位置と方向を決めている

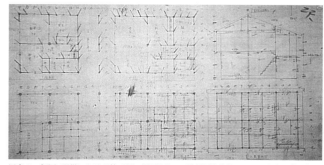

写真3　板図。現場における施工側の図面として、設計図をもとにベニヤなどの薄い板に描かれる。大工はこの図を描きながら建物を頭に刻む

CheckPoint 4
墨付け・刻みのチェック

(1) 板図の確認

墨付け・刻みは大工棟梁の独壇場であり(**写真1**)、特に構造を露しにした真壁造の私家版仕様書の建物では、その経験と感性が仕上がりに大きく影響する。そのためにも設計者との密度の高いやり取りと、信頼関係こそがいい仕事につながっていくものである。

この工程では、材面に打たれた墨に従って木材を切ったり、穴を彫るなどの加工をするので、後でやり直しはできないと心得、念入りに監理する必要がある。私家版仕様書の架構の出来栄えはこの段階でほとんど決定してしまう。

まず初めに、板図(**写真2**)や矩計棒などの定規類が設計意図を正確に反映しているかを確認しておきたい。この際、材配置や継手などの接合位置が設計図と異なる場合には、その理由を棟梁に尋ねる。設計段階では気付かなかった材の絡みや力の流れ、揃えられる材の長さ、組む手順など、施工側の判断が必ずあるはずで、設計意図と判断の違いがなければよいが、違いがある場合には両者で十分に検討し、最適解を導き出したい。

設計趣旨を説明し、棟梁の意見を聞くやり取りのなかで得たものは多く、お互いに共通の認識をもてるうえ、新しい知識や知恵を教えてもらう最良の機会でもあり、この機会を設けない手はない。

土台伏は基礎工事とも関係するため、特に注意しておきたい。工程の組み方によっては、すでに基礎工事が始まっている場合もあり、継手とアンカーボルトの位置関係が問題となることが多いため、確認を急ぐ必要もある。

(2) 矩計棒の確認

建物の高さ関係の施工上のすべての情報が描き込まれた矩計棒は、その工事の基準の定規であり、重要なものなのでぜひ確認したい。この棒には、設計で指示した事柄を棟梁が読み取り、理解した内容が表現されている(**図1**)。矩計棒には各階の高さ、内法などの造作関係や構造材同士の掛かり代、天井板の決り込みの位置、根太や床材の高さ関係など重要な情報が記入されているので、図面と照合して確認しておく。

図1 矩計棒

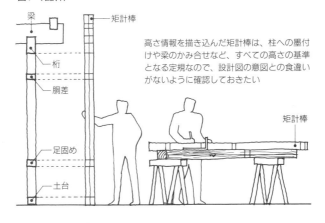

高さ情報を描き込んだ矩計棒は、柱への墨付けや梁のかみ合せなど、すべての高さの基準となる定規なので、設計図の意図との食違いがないように確認しておきたい

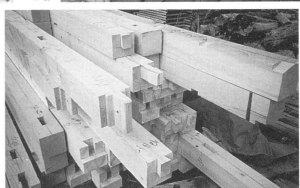

作業場となる下小屋の様子。墨付け・刻みは工務店あるいは材木店の下小屋で進められるが、打合せは直接材料を見ながら行いたい

曲尺をあてて、通し柱の差し口部分の小胴付きの深さを確認しているところ

梁材の墨付けをしているところ。曲尺や墨壺、墨刺などが細部墨付けの道具である

刻みを終えた木材。鎌や蟻、柄などの継手がつくり出されているが、使用場所に応じて適切な継手を選択することが重要

写真1 墨付け・刻み

また、図面指示の材断面の材料が揃わなかったときなど、入手した材に応じた寸法で、高さ関係の変更を検討するのも矩計棒で行うと分かりやすい。

設計図ではメートル表示することが多いが、曲尺を用いる場合には尺寸で材料を考えることが一般的であり、寸法の誤差が生じるため、この誤差が納まりに影響しないように調整しておく。

図面がメートル法表示だと、きちんとメートル単位の施工をしてくれる大工もいるので、念のため確認しておきたい。また、1.82mを6尺に置き換えて施工する大工もいて、設計者も尺寸の感覚を身に付けておく必要があるだろう。

(3)継手の確認

必要な長さに満たない部材では継手をつくる必要がある。継手はその使われる場所に応じて選択されるが、構造材に用いられる継手は蟻、鎌、略鎌（追掛け大栓継ぎ、金輪継ぎ、尻挟み継ぎ、台持ち継ぎ）などが主で、その数もわずかであり、この順番で耐力も大きくなる。ならば、継手は、略鎌にすればよいのだが、継手の渡り長さが長いために材の長さが足りない場合や、他の継手よりも多少刻みに手間を要する理由などから、場所に応じて鎌を用いることもある。刻みは慣れによって作業性が異なり、墨付けも同じ継手を多用する場合には、型板をつくっておくなどの工夫もできる（写真3）。

継手は、あくまでも構造上の問題を優先し、材の長さが定尺材で足りないからといって短材を継ぎ足すことなどはせずに、必ず長尺材を手当てする。蟻は、構造材の継手には弱いので絶対に用いてはならない。

継手は応力の集中しない位置に設けることが原則で、一般に持出し継ぎの場合、支持点から5～6寸（150～180㎜）程度持ち出した位置で継手をつくっているが、これは理に適っている（図2）。

(4)仕口の確認

仕口も場所によって使い分けるが、肝心なのは、応力の流れに対して部材の役目に沿った仕口になっているかどうかである。木造の場合、木と木を組むことで一番難しいのが、木材同士が引き合うようにすることであり、引き合う仕口さえしっかり配置できれば、金物に頼る必要はないのである。

図2｜持出し継ぎの継手の位置

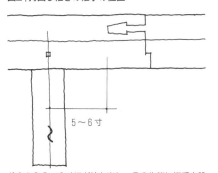

柱心から5～6寸ほど持ち出し、その先端に継手を設けるのが一般的。ここは他に絡む材があまりない部分でもある

禁じ手1　継手位置を揃える

継手を設けた材は、継手のない材に比べると格段に耐力が落ちる。そのため、隣り合う通りで同じ位置に継手があると、接点として弱い部分が並んでしまい、力を受けた場合に弱点となる。これを避けるため、通りに応じて継手位置を乱に設けることを原則とする（図）。特に桁や母屋、棟木、垂木などに注意したい。

支持部材の配置と市販の定尺材の関係などから、原則通りにいかないことが多いのだが、原則を踏まえて対処することが重要である。

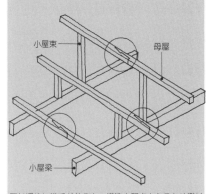

同じ通りに継手が並ぶと、構造上弱点となるため避けなければならない。実際の現場で目にすることが多いだけに、板図による継手位置の確認が必要となる

引き合う仕口は、渡り腮や長柄、竿に込み栓・鼻栓・割楔・車知栓などに限られる（写真4）。これらは組み合わせたり、打ち込む際に互いに引き合うよう、滑り勾配などの角度を付けるといった細工が施されている。ただし、材を切り欠いたり、彫ったりするため、材の重ね代や高さ関係などに注意し、必要以上に断面欠損が大きくならないように、図面と矩計棒を見ながら検討する必要がある。

写真2　原寸図から描き起こした板図で、部材の取合いを検討する

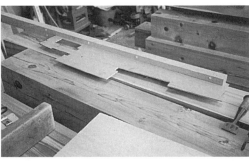

写真3　継手用の型板。略鎌系の継手形状と、目違いを付けた鎌継ぎの形状が合板にかたどられている

写真4　柱に横架材を引き付けている鼻栓。テーパーが付いているため、打込み勝手に柄を引き寄せている様子が分かる

写真5　仕口が渡り腮の場合は、木余り（余長）の長さと刻み込みの深さの関係に注意したい。建て方時には掛け矢で打撃を加えるため、気を付けないと先端が飛んでしまうことがままある。胴差に床梁を渡り腮（渡り蟻欠き）で組んでいるが、胴差の上端の欠込みが大きくならないように先端側の成（高さ）を小さくすることで、相対的に木余り量も確保することになる

(5) 木余りを十分に取る

引き合う仕口をつくるには、材端部に木余り（余長）が必要となる。この木余り部分でしっかりと材を押さえ込み、引張りに対する反力を保つのである。木余りがないと材端が割れ飛び、材は引く力を失って離れていく。特に、折置組や梁端部の渡り腮では、木余りの取り方に注意しなければならず、材の先端が飛んでしまっては組手にならない。（165頁写真5）。木余りの長さは材の幅と成（高さ）にもよるが、4寸（120㎜）角材の場合では、最低5寸（150㎜）以上の木余りは必要で、多いほどよいが意匠、材長も考えて決定する。

(6) 作業上の留意点

①刻みの精度

木を切り組む際に、固く組み上げることが建物としては望ましい。ただし、柄などを固くつくりすぎると組めなかったり、建て方の際に柄穴をもつ材を引き裂いたりすることがあるので、仕掛けの固さは棟梁の按配に任せることになる。

仕掛け墨（継手や仕口の仕掛けをつくるために打たれる墨）の内側（墨切り）、あるいは外側（墨残し）を刻むのかどうかなどは（図3）、材料を直接手に取り、その質やクセを読みきって判断する大工職の考えひとつであり、設計者としては、杓子定規に教科書的な方法を押し付けずに、目標の設定が同じになるような対話を図ることが大切である。

現在では、手道具よりも電動工具による刻み作業が多くなってきている。いかに機械化するのかは重要なテーマで、電動工具や工作機械を有効に活用し、目標とする性能をもった骨組を効率よく実現できるように工夫したい（写真6）。

②建て方をにらんだ検討

建て方手順を考えて仕口を決めていかないと、建て方に際してうまく組むことができず、無理をして材や仕口を傷めたりすることもある。

通し柱が多く、差し口の多い仕事では、その納まりを考えておくことが必要で、

図3　墨切り・墨残し

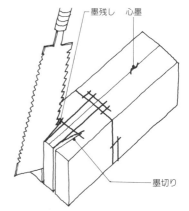

墨付けされた墨の線上、あるいはその内側か外側かを刻むのかによって、継手や仕口の締まり具合が異なる。木材の樹種や乾燥度などから硬さや捩れ、痩せ具合を見極めて刻まれる

写真6　電動工具や工作機械による刻み作業

写真7　雇い柄

柱部分での竿車知継ぎなどでは横架材の端部につくり出した竿が長いため、柱間を一時的に広げないと組めない。土台あるいは胴差に差したまま柱を広げると、すでに差しておいた枘を変形させて仕口を弱めてしまうし、柱間を平行に広げることができないので、竿の仕口も無理をして組むことになる。この場合は、差し物のある通りの軸組を一時的に引き抜いて柱間を平行に広げ、胴差などの差し物を組んでから再度軸組を落し込むことになる。

こうした納まりが各所にあると、建て方の際に無理が出たり、余計な時間がかかったりすることがあるので、組み上げる段取りを考えて、一部の竿を雇い枘に代えるなどしておくと無理が少なくなる。出隅柱などでも小根枘を雇い枘に代えるなど、その場に応じた判断が求められる（写真7）。

③建て方前の準備

1寸（30mm）厚の貫は、軸組を組む際に組み込んでおかないと入れられなくなることがあるので、必要本数を建て方前までに刻み終えておく必要がある（写真8）。また、割楔や込み栓などの補助部材も、必要となる数量以上を建て方前に用意しておくとよい。

建て方時でないと気付きにくいが、楔幅と枘幅は同じ寸法であることに注意しておきたい（写真9）。楔を挽き出す材の寸法が足りないときれいに見えない。

（7）地組による確認

垂直材と水平材との取合いだけでなく、屋根勾配によって斜材との取合いが出てくる小屋組では、納まりが複雑になることもあり、建て方前に地組を行い、部材相互の納まりなどを確認・調整をする必要もある（写真10）。設計図や板図、矩計棒からだけでは読みきれなかった納まり、勾配なりに高さが変化することによって生じる納まり、登り梁などでは材端部の納まりと、背後に立つ小屋束の長さの違いなどを確認する。

建て方に際して、手直ししながらでは時間をロスしてしまうため、手直しをしなくてもすむように事前にチェックし、修正が必要な部分が生じた場合には、つくり直しをしなければならないこともある。地組を行う場合には設計者も立会い、納まりや加工上の見落としなどがないかを確認しておきたい。

（8）仕上げに関するチェック

構造材を露しにする場合、建て方以降

禁じ手2　短材で継ぐ

定尺材で送り送りで継いでいくと、残り3尺（909mm）程度であれば、その桁部分がうまく継ぎ足せるような場合がある。しかし、3尺程度の短材で継ぎ足すことは構造上望ましくない（写真）

一本は長尺材を用いて、継手の数を減らす方向で考える。長尺材は価格も上がるが、継手をつくる加工手間は逆に減る。まずは、構造を優先した考えに徹底することが大切である。

梁間4間半（8,181mm）の建物の小屋梁部分。定尺材の木配りで、半間（909mm）分足りない部分に短材を付け足している。この部分は見え隠れになるとはいえ、見た目にも力の流れに対して不安定である

ではやりにくい、仕上げに影響する加工は、刻みの工程で行っておく必要があり、注意しないと見落とすこともあるので、各図面内容を現場に伝えて、十分に理解してもらうことが重要である。

柱の散り決りや板決りを始め、戸当り決りの小穴、天井が梁に絡む場合の板決り、差鴨居の鴨居溝、見切り枠などを構造材に取り付ける場合にはその小穴突きなどがあり（写真11）、この段階では、各所の納まり図をもとに打合せしておくことが、建て方以降の現場作業で手戻りを少なくすることになる。

鉋仕上げの程度は、超仕上げ程度を標準として、場所に応じて手鉋仕上げとする。また、場所によってはプレーナー掛け程度でよいと判断できることもあり、その範囲は打合せであらかじめ決めておく必要がある。

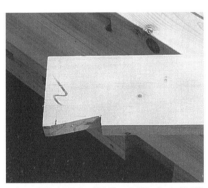

写真8　柱止まりとなる貫先端の下げ鎌の加工。貫は建て方前までに必要箇所分の本数を刻んでおく

写真9　割楔の幅は枘幅（一般に30mm）と同寸法でないと、見た目にもきれいに納まらないので注意したい

写真10　下小屋で地組された小屋組。垂木の通りや小屋梁と軒桁・繋ぎ梁と母屋とのかみ合せ、小屋束の長さなど、各部材同士の取合いを建て方前に確認している

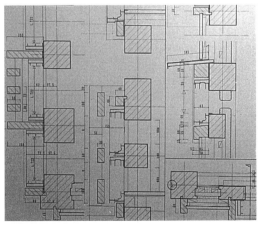

写真11　仕上げ関係の詳細図の例。枠廻りや柱・梁際の詳細図は、遅くとも刻みの前までに用意しておかないと、納めるために必要な決りや溝彫りが下小屋の刻み工程でできない。現場施工になってしまうときれいに納められないなど、後の作業に問題を残してしまう

CheckPoint 5
地縄張り・水盛り遣り方のチェック

(1) 建物位置を地縄で確認

まず、敷地における境界を境界杭などで再確認する。水盛り遣り方に先立って、地鎮祭が行われることが多いが（**写真1**）、よい機会なので、このときに合わせて地縄を張り、施主に確認してもらうと効率も都合もよい。

境界杭がない場合や、既存のブロック塀の心もしくは面が境界なのかなど、施主の立会いのもとに必ず確認しておきたい。同様に、地縄によって建物の位置の確認も施主立会いで行い、説明して建物の雰囲気をつかんでもらうとよいだろう。法規制ぎりぎりの設計では、北側斜線や道路斜線に触れる可能性もあるので、特に慎重な確認が必要である。

設計図と照合しながら、建物の基準ポイントを境界線から測定して敷地に落とし、地縄を張る（**写真2**）。基準の直角出しの定規には、トランシットなどの測量器具のほか大矩などを用いる。

(2) 建物寸法などの確認

建物寸法については、敷地に対してぎりぎりに建つ場合などは、特に注意しなければならない。地縄を基準に境界からの建物各面の離れの確認、軒先やバルコニーの先端、出窓や庇、外階段などが越境していないかを確認し、設計図にも事前の敷地情報と寸法のずれがある場合に記入しておき、官公庁への申請関係や現場調整の記録とする。

この段階では、敷地に隣接する建物の様子がよく分かるので、風呂釜や冷暖房機の室外機などの位置、排気方向に問題が生じないかなどの確認や、窓の位置関係などの再確認もしておきたい。

先述した軒の出や庇などは、建て方が終わるまで気付かないこともあるので、敷地からはみ出さないように十分に注意しなければならない。正確な建物の位置は遣り方で出されるので、地縄とのずれがあるのかなどの確認もしておく。

(3) 基準地盤高さの決定

敷地の内外の動くことのない構築物に、高さの基準とするベンチマーク（BM）を印す。一般的には、地盤の高さは前面道路の高さから勘案するので、道路との段差がなく、不陸も少ない地盤ならば、道路から100mm上がり程度（L形側溝の天端など）をベンチマークにするとよい。ベンチマークを基準に敷地の高低差を測定して平均高さを求め、設計G.Lと勘案して基準地盤高さを決める。

道路と敷地との段差が激しい場合や斜面の場合などでは、地盤の流水が建物に影響しないように建物を上げる必要があるため、建物の最も低い床高から地盤の高さを決めることが多い。その場合、基礎の根入れ深さや玄関・ポーチの高さ関係などの検討が必要となることもある。また、設備の排水勾配や桝の深さ、排水の接続先の深さなども確認・勘案して、慎重に検討したい。

写真1　地鎮祭の様子。工事の着手に先立って執り行われる式典だが、地鎮祭の際に施主の立会いのもと、境界線などを確認しておきたい

写真4　外周部の切込みとスラブ部分の鋤取りをしたベタ基礎の根切り

写真2　地縄張りの様子。建物の形状に沿って地杭を打ち込み、縄やビニールの紐などでその形状を敷地に落としていく

レベルを用いて水杭に水貫の天端を印し、それに合わせて水貫を打ち付ける

写真3　水盛り遣り方の様子

水貫に建物の通り位置を印しているところ

基準地盤高さから基礎の上端(うわば)高さが割り出され、水盛り遣り方の水貫高さ(**写真3**)はそれよりもいく分上げた位置で定め、建物の高さ基準とする。一般的には、遣り方の水貫下端(したば)を基礎天端高さとすることが多いようである。

(4)基礎高さの確認

基礎地盤高さから、設計図の指示による基礎天端の押さえでよいかを確認する。布基礎高さで敷地の高低差を吸収できるのか、整地することで解決できるのか、根切りを深くするのかなどの検討をする。ちなみに、建築基準法の最低基準では、地盤から300mm上がりを基礎天端と謳(うた)っているので、布基礎を用いるのであればこ高さ以上は必要と考えたい。

(5)土量の確認(搬出土を考える)

土の移動には意外に費用がかかり、敷地に余裕がない場合は、いったん根切り土は搬出することになる。搬出土はできるだけ少ないほうが環境にもよいので、できれば根切りの際に出た土は、現場で敷き均すことが望ましい。敷地の規模や形状、周辺の状況などを勘案して、設計G.Lに対する現場判断が求められる。

(6)根切り深さの決定

基礎の根入れ深さは、設計の段階で決定されることが一般的だが、設計時に決めた根入れ深さは、現場の状況に応じた対応とすることが望まれる。

支持地盤とする地山の深さは、敷地の場所によってまちまちである。根切りの際に少し深く試掘してみるのもよい。想定した深さに支持地盤がなかったり、軟弱層が想定以上に多い場合には、根入れを深くしたり、基礎幅を広げるなどの現場対応が必要である。逆に良質な支持層が浅い場合は、地盤を乱すことは望ましくないので、現場の状況を見て、再度、基礎根入れ深さや割栗石の省略などを検討する必要がある。それらに応じて根切り深さが決まってくる(**写真4**)。

(7)地業工事

基礎の地業は、一般には根切り底に割栗石を小端立(こば)てに一層に敷き並べ(**写真5**)、隙間には目潰し砂利を詰めてランマー(土砂や割栗石を突(つぶ)き固める機械)などで突き固める。突固めの高さと馬鹿棒(水杭に基準の高さを落とす場合などに用いる、小割材などで現場でつくられる簡単な物差し)で確認し、不陸のないように均一な高さにする。

この上に捨てコンクリート打ちとするが(**写真6**)、その天端基準としてD10の鉄筋などをレベル杭として打ち込んでおく。捨てコンクリートは基礎墨出しの基準になるので、レベル杭を定規にして木鏝(こて)などで水平に均す。

禁じ手3 捨てコンを省く

遣り方間に張る水糸だけを頼りに、鉄筋の立上がり位置を決めるのでは鉄筋の通りの施工誤差が大きく、また、目潰し砂利上では型枠の設置基準墨も出せないので、さらに誤差が大きくなる。このため、鉄筋の被り厚の確保もままならない。基礎工事に対する意識の薄さからか、木造住宅の地業に捨てコンクリート(以下、捨てコン)打ちの施工をするようになってきたが、これもさほど古くから行われてきたわけではない。

基礎の墨出しをする際、捨てコンは直接その上に墨が打てるので精度の高い墨出しが行える。このため、型枠位置の固定や鉄筋位置の正しい取付けが可能となり、また、スペーサーの設置や鉄筋の番線(針金)による結束などの作業床としても安定している。捨てコンに対する意識の差からか、捨てコンを現場サイドで省略してしまうことも、まだ見受けられるが(**写真**)、捨てコンを打つ意味を十分に伝え、必ず施工するように意識の徹底を図ることが必要である。

捨てコンを省略し、基礎コンクリートを直に打設している

ベタ基礎の割栗地業。丁寧に割栗石を小端立てにして敷き並べている

布基礎の割栗地業。割栗石を敷き並べ、隙間に目潰し砂利を詰めて突き固める。突き固める際には根切り土が崩れないように注意したい

写真5 地業の様子

写真6 捨てコンクリート地業

ベタ基礎の捨てコンクリートの様子。捨てコンクリートの上は墨出しや配筋・型枠の固定がしやすいため、精度の高い基礎工事が行える

ろ 布基礎の捨てコンクリートを施工し終えたとこ

CheckPoint 6
基礎コンクリート打設前後のチェック

(1) 配筋検査

基礎は鉄筋コンクリートが前提で、コンクリート打設前の配筋検査が重要であるため、図面通りに配筋がなされているか、以下の点を必ずチェックする。

① 捨てコンクリート上に墨出しした心墨の通りと型枠位置
② 各部鉄筋径、配置間隔
③ 重ね継手、コーナー部分の補強筋
④ 各所の配筋の定着長さの確保(**表1**)
⑤ スリーブや開口部の補強筋
⑥ フックの有無
⑦ 被り厚さの確保(**表2**)
⑧ 鉄筋同士の結束の良否(**写真1**)

現在では簡便な現場組立式で、布基礎用にユニット化された鉄筋が利用されることも多くなったが、上記と同様の確認は必要である。特に継手部分には、定着長さを確保した補強筋を立ち上げ、フーチングの横筋すべてに入れる。

ユニット化した既製配筋は、縦筋・横筋とも溶接されているためフックは付いていないが、現場配筋の場合はフックを付けることを原則とする。フックの有無は、現場段階では状況的にやり直しができないので、鉄筋加工前に確認しておくことが重要である。

建物外周部にポーチやテラスなど土間コンクリートが取り付く場合には、差し筋の取りつけなども忘れないようにする。しかし、最近はスチール型枠が多いため、ホールインアンカーなどを用いて後付けするほうがよいケースもあろう。この場合は、コンクリートの設計強度が出た後に施工することを原則とする。

配筋完了後に立上がり筋の通りに、ぶれや転びがないかを最終確認する。鉄筋の規格や品質はミルシート(鋼材検査証明書)によって確認する。

(2) アンカーボルトの取付け位置の確認

アンカーボルトの取付け位置は、図面上で以下を確認し、現場で照合する。
① 図面指定位置
② 柱付近設置の場合は、柱心より150mm内外
③ 耐力壁の両端部
④ 土台継手の上木固定位置

現場では土台の心を外さないように、アンカーボルトがセットされなければならない。そのためには、アンカーボルトを先付けすることを原則としたい。

土台継手とアンカーボルトの位置関係は、実際に土台の刻みのもとになっている板図と調整しておかないと、思わぬ位置にアンカーボルトが飛び出してくることがあるので注意したい(**写真2**)。また、アンカーボルトの基礎からの出寸法(土台成(高さ)+ネコ土台厚+座金ナット厚が最低必要)と、埋込み深さ(250mm)が確保されているかも確認する。

(3) コンクリート強度・配合計画

仕様書にはコンクリート強度、水セメント比、スランプが指示されているが、木造住宅規模では、現場コンクリート打設前にこの確認を行うことは、これまでおろそかにされていた。この確認は、鉄筋コンクリート造の建物では当然行われていることである。

レディーミクストコンクリート(生コン)を用いることが多い今日では、コンクリートプラントから直接出荷される場合、提出されている調合計画書と現場でのスランプ値などの品質の確認、配合表の提出などを、施工者ともども習慣づけていくことが必要である。

写真1 ベタ基礎の耐圧盤の縦・横配筋の結線。スペーサーブロックで鉄筋下の被り厚さを確保している

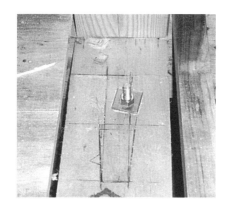

写真2 土台継手の鎌首部分に出てしまったアンカーボルト。こうした場合にはアンカーボルトの位置をずらし、ケミカルアンカーなどを用いて対応するしかない。問題のあるままで施工しないように対応することが重要であり、写真のようにならないためにも施工前に十分に確認する

表1 配筋の定着長さ (JASS 5 より抜粋)

鉄筋の種類	コンクリートの設計基準強度 (N/mm²)	定着長さ 一般 (L_2)	定着長さ 下端筋 (L_3) 小梁	定着長さ 下端筋 (L_3) 床・屋根・スラブ
SD295A SD295B SD345	18	40d 直線または 30d フック付き	25d 直線または 15d フック付き	10d かつ 150mm 以上
	21〜27	35d 直線または 25d フック付き		
	30〜45	30d 直線または 20d フック付き		
	48〜60	25d 直線または 30d フック付き		
SD390	21〜27	40d 直線または 30D フック付き		
	30〜45	35d 直線または 25D フック付き		
	48〜60	30d 直線または 20D フック付き		

注1:末端のフックは定着長さに含まない
注2:d は異形鉄筋の呼び名に用いた数値とする
注3:耐圧スラブの下端筋の定着長さは、一般定着 (L_2) とする

表2 設計被り厚さの標準値 (JASS 5)

部位			設計被り厚さ (mm) 仕上げあり[※1]	設計被り厚さ (mm) 仕上げなし
土に接しない部分	床スラブ 屋根スラブ 非耐力壁	屋内	30	30
		屋外	30	40
	柱 梁 耐力壁	屋内	40	40
		屋外	40	50
	擁壁		50	50
土に接する部分	柱・梁・床スラブ・壁・布基礎の立ち上がり部分		50[※2]	
	基礎・擁壁		70[※2]	

※1:耐久性上有効な仕上げがある場合
※2:軽量コンクリートの場合は 10mm 増しの値とする

（4）コンクリート打設

現場ではまず、コンクリート打設前にゴミや崩れた土などの除去を徹底し、次に、コンクリート打設時に型枠が歪むことのないようにセパレーターや支保工、控えなどを十分に設けているかを確認する（**写真3**）。

コンクリート打設にはポンプ車やホッパーが用いられているが（**写真4**）、固練りコンクリート打ちの場合には、ホッパー打設のほうが適していると思われる。ポンプ打設の場合は、打設しやすいようにワーカビリティ（施工軟度）を優先し、耐久性を犠牲にした水セメント比が大きく流動性の高い、いわゆる「シャブコン」となってしまうだろう。また、ホースを引き擦ることにより、スペーサーブロックで被り厚さを確保していたスラブ配筋が乱されてしまう危険性もあるため、どちらの打設法を採るかを検討したい。

ベタ基礎の耐圧盤や防湿コンクリートを打設した場合は、外周部に向けて水勾配を多少付けて均しておくとよい。このとき、基礎の立上がり部分に水抜き用のパイプを入れておくと、施工途中の大雨対策や竣工後の万一の漏水などの確認もできる。

（5）コンクリートの養生

コンクリート打設から型枠を取り外すまでの存置期間は、気温にも影響を受けるが4～6日間は最低確保しておく（**表3**）。夏期など好天で高温が続くような場合には、散水やポリシートで覆うなどの手当ても必要になる。

木造だからというか、大工によっては、コンクリートを打設してから2～3日程度で土台を敷き始める人もいるが、養生期間が短いために硬化も不十分で、脆い状態の基礎に仕事をすることになり、好ましくない。適切な養生期間を確保した、無理のない工程を組む必要がある。

（6）天端均し

基礎天端に不陸があると、その上部の木造架構に影響し、柱と梁の胴付きが付かないなどの不具合が出てくる。一般には、基礎天端はモルタルで天端均しを行い、コンクリートの不陸を調整する。布基礎の場合は型枠を取り外し、天端に定規を固定して金鏝で水平に均す（**写真5**）。

現在では、セルフレベリングを流しこんで天端均しすることも多い。セルフレベリングを用いる場合は、型枠が存置している状態で施工し、剥離しないようにコンクリート天端のゴミや油、レイタンス（微細な粉末を含んだ泥分層）などを除去してから流し込む。ただし、セルフレベリングだからといって過信は禁物で、必ず水平を確認しながら施工したい。

ある程度のコンクリート天端の不陸ならば、ネコ土台で調整も可能な場合がある。特にモルタルでネコ土台をつくるのであれば、基礎天端均しの要領で水平出しができる（**写真6**）。

禁じ手4　アンカーの田植え

最近では少なくなってきたが、アンカーボルトの取付けが、コンクリート硬化前のわずかな時間内に行われている現場もまだある。これでは、いくら丁寧に施工しても、季節によっては必要な本数を所定位置や深さに正確に取り付けるのは難しく、所定の耐力も得にくい（写真）。

アンカーボルトの取付けという工程をコンクリート打設前に必ず設け、時間に追われることのない状況で正確に施工できるよう考える。治具を用いたり、溶接や番線で固定するなど状況に応じて対応したい。

アンカーボルトの田植え風景。図面を見ながら開き止め金物をガイドとして植え込んでいるが、正確な施工はかなり難しい

表3　型枠の存置期間（JASS 5より抜粋）

項目 平均温度	コンクリートの材齢（日） 普通ポルトランドセメント 高炉セメントA種 シリカセメントA種 フライアッシュセメントA種
20℃以上	4
20℃未満10℃以上	6

注：平均気温が10℃未満では気温や調合強度、水セメント比などによって所定の強度に達する材齢にかなりの差が生じるため、表のような単一な日数は規定できない

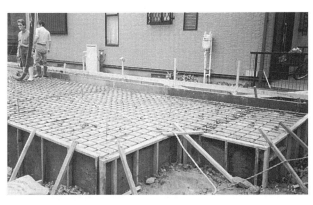

写真3　ポンプ車による上端がフラットな耐圧盤のコンクリート打設。圧力が型枠にかかるため、控え（写真下）を確実にしておかないと型枠がはらんでくるので注意したい

写真4　ホッパーを用いた耐圧盤のコンクリート打設の様子

写真5　天端均しを終えた布基礎。布基礎の天端に定規を固定し、金鏝で丁寧に均していく

写真6　ベタ基礎の天端に左右から定規を水平に固定し、モルタルでネコ土台をつくっているところ

CheckPoint 7
関連工事のチェック

（1）設備配管に注意

布基礎などの場合、設備配管のスリーブ穴には、あらかじめ計画された位置にボイド（紙製のスリーブ）を入れ、穴径に応じて配筋補強する。ベタ基礎では、あらかじめ配管位置に先行配管しておく必要があり、施工業者間の工程調整が必要である（**写真1**）。

床下の配管は、可能な限り最短ルートで、曲がりの箇所を少なくしたいため、配管ルートについての調整も、設計図をもとに施工側が施工図を作成するなどして、確認することが望ましいが、町場ではその習慣がほとんどないので、設計者が調整しなければならない。

基礎伏図にスリーブ位置が分かる図面を用意しておくのもよい。図面もCAD化が進んでいる現在では、レイヤ（同一図面を階層に分けて描く機能）分けで配管図に平面図と基礎伏図を合成し、打合せに応じた図面で調整することも容易であり、設計者にとっても意匠と構造と設備計画の確認作業になるだろう。

（2）狭い敷地の場合は設備が先行

狭い敷地では足場を外すまで配管工事ができず、また、足場を架ける前に、他の仕事よりも先行して工事するほうが工程を組みやすいので、事前に現場との調整を図っておきたい。最終の追込みの段階で、異業種が同時に工事している最中、建物廻りの土を掘り起こしていては建物を汚すことにもなりやすい。特に、浄化槽など大きな土工事を伴う設備は、基礎工事よりも先に施工しておくこともある。先行した設備の配管や桝類は、損傷しないように養生しておく必要がある。特に建て方の際には、大きな重量のある材料が扱われるので注意したい。

（3）構造を傷める設備工事に注意

建て方終了後の工程になるが、真壁造の場合、壁内に通す配管や配線によって構造躯体が傷付かないように注意したい。設備配管は径が太いものが多く、ルートも見えやすいため、設計段階から気を付けてパイプスペースなどを設けたりしている（**写真2**）。しかし、電気配線の場合は、見えにくいうえ、壁や天井、床の懐内を縦横に走っているので、現場に入って思わず驚くことも経験する。

天井や床は懐が多少あれば配線上問題ない。これに対して壁の場合は、内部に貫が通っており、その上下には横架材、横には柱が位置しているため、配線用の貫通し穴が必要になるが、このとき絶対に貫に穴をあけたり、欠き取ったりしてはならない（**写真3**）。貫は構造材であるという

禁じ手5　基礎の後穴あけ

設備で必要な配管ルートの上に、基礎コンクリートなどの障害物がある場合には事前に穴あけ位置を確認し、スリーブを入れておくことを原則とする。技術的にはコア抜きなど（図）、後から穴あけも可能だが、鉄筋位置の確認も難しく、段取り上もうまく調整できていないことに、むしろ問題がある。コンクリート工事前に、関連工事担当者と十分に打合せをしておくことが大切である。

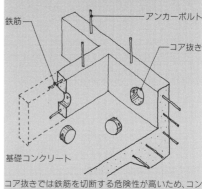

コア抜きでは鉄筋を切断する危険性が高いため、コンクリート打設前に調整を行う必要がある

認識を徹底しておく。施工上納まりに無理があれば、ケーブル厚分を胴縁などで確保することなども検討したい。

また、穴あけは横架材や柱に集中しないようにする。このとき注意したいのは、柱際にスイッチボックスがくる場合、配線を上に延ばして梁に穴をあけることになるが、その場所に継手があれば、継手を避けた位置まで配線を送って穴あけをすることである。現在では、電気施工者が真壁造の工事に慣れていないことも多いため、十分に打合せをしておきたい。

写真1　ベタ基礎の設備配管の様子。あらかじめ設備配管を埋め込む必要がある場合には、各職方の工程調整も必要になる

写真2　天井の一部をふかして設備配管を2階に引き廻した例。設備配管は立上げ位置やルート、見え隠れにする方法などを検討して計画する

写真3　貫を欠き取って配線している悪い例。写真のようにならないためにも、施工前に十分に打合せをする必要がある

CheckPoint 8
土台据付け時のチェック

（1）墨出しの確認

土台据えの前に、水平に均された基礎の天端に土台を据え付けるための墨を打つ。水盛り遣り方の心墨と基礎を確認しながら心を出すが、実際の心にはアンカーボルトがあるので、通常は心と平行な逃げ墨を打って仕事の基準にする（**写真1**）。職人によって心から逃げる寸法は異なるが、1寸（30mm）の場合が多いようだ。遣り方の寸法が正確であれば必要はないといえるが、軸組の基準となる大切な墨なので、是非とも念をいれて確認しておきたい。

（2）アンカーボルトの位置の確認

基礎工事の段階で、アンカーボルトの位置は確認しているはずだが、土台据付けを念頭にいれて、もう一度確認しておきたい。位置とともにアンカーボルトの出寸法も確認する。不慣れな現場だと、ネコ土台の厚みを計算に入れるのを忘れてしまい、アンカーボルトの基礎からの出寸法が不足していることもある。この場合はあまり好ましくないが、土台を彫り込んでアンカーボルトの座金とナットを取り付けることになる（**写真2**）。

万全のつもりでも間違いは起こりかねないのが現場でもある。アンカーボルトが必要な箇所になかった場合は、ケミカルアンカーなどで後付けするしかないだろう。余分に入ってる分には、固定という面から考えれば問題はないともいえるが、継手に当たった場合は切ってしまうしかない。ただし、切って不足するようなら、継手を避けた位置に後付けのアンカーボルトを追加する。

（3）ネコ土台の位置の確認

ネコ土台の位置も確認しておく。モルタルなどでつくり出す場合は、この段階ででき上がっているので、現状を確認すればよい。石や樹脂製の場合は、土台の墨出しが終わった時点で据え付けることが多く、木製の場合は土台の下端に先付けすることもある。いずれの場合でも仕様書にあるように、3尺（909mm）内外で、かつ柱と継手の下とアンカーボルトの位置に設けていることを確認する。

アンカーボルトは定められた間隔以内にあり、かつ耐力壁要素で引抜きを受ける柱の足元近辺にも必要であるから、ネコ土台は柱の付近に、少なくとも2カ所並ぶことになる。ネコ土台は現場で意外に数多く必要なので、必要数を不足なく準備することも指示しておきたい。

（4）水平の確認

基礎の水平は、その上部に位置する軸組の精度にも影響するので、念を入れて確認しておきたい。モルタルのネコ土台の場合は、水平になるように調整されているので問題は少ない。

ネコ土台を据える時点では、高さの調整のきかない石や樹脂製のネコ土台の場合、基礎の天端の精度が土台の水平の精度となるので、土台を据える前に必ず確認しておく。木製の場合は少し削ることも可能だが、基礎が低いときに下にパッキンを入れるのは好ましくないので、くれぐれも基礎工事の段階で水平の精度を上げるように心掛けたい。

以前、建て方の際に、2階の平角材の小屋梁と丸太の牛梁が交差する部分が2分（6mm）ほど透いて困ったことがあった。いくら上から叩いても密着せず、大工本人も困惑していたが、次の日に現場に行ってみるとぴったり付いていた。原因を聞くと、下の基礎の水平が悪く、土台が下がった分だけ透いていたためで、土台を水平にしたら直ったそうである。筆者もそこまで微妙なものとは知らず、土台の水平の重要性を再認識した。

禁じ手6　継手にアンカー

図面、墨付け、基礎コンクリートのアンカーボルト設置の各段階で、土台の継手などの施工を検討して現場に反映すれば、起こるはずがないのだが、情報がどこかで滞ると写真のような不幸な状況を招くことがある。

土台は通常4mの定尺材を使うため、ほぼ2間（3,636mm）ごとの柱の近くで継ぐことになる。柱が耐力壁などで引抜きを受ける場合には、その近くにアンカーボルトを設置するのがルールだから、現場では、どうしても継手とアンカーボルトは接近した関係になりやすいのである。このことを考慮に入れて、アンカーボルトの位置は継手を避け、かつ柱の近くになるように心掛けるべきであり、だいたいこの辺と決めるとしばしば継手にぶつかってしまう。継手に関していえば、上木が下木に載るので、上木にアンカーボルトがくるようにすると、継手を押さえ込むことになるので望ましい。

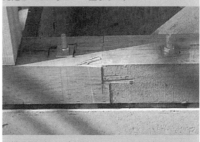

腰掛け鎌継ぎの上木側でアンカーボルトが押さえ込んでいるのがせめてもの救いだが、継手部分に直接アンカーボルトが位置しているのが実にまずい。本数が多くても「過ぎたるは及ばざるが如し」で、左側はカットしたほうがよかっただろう

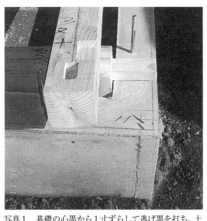

写真1　基礎の心墨から1寸ずらして逃げ墨を打ち、土台据えの基準とした例。土台裏にアンカーボルト位置を写し取り、ドリルで穴をあけて土台を据え付ける

写真2　アンカーボルトの出寸法が土台天端よりも低い場合には座彫りをする。この現場では5寸（150mm）の土台で1寸厚のネコ土台を入れたため、通常のアンカーボルトでは埋込み長さが足りなくなったので、あえて写真のように施工した

CheckPoint 9
建て方・建入れ時のチェック

(1)差鴨居の溝

建て方のときは、あらかじめ刻まれた部材が段取りよくうまく組み上がることを願って、見守るしかない。組み上がってから問題が見つかると、あたふたして建て方も遅れるので、設計者としては現場に積まれた材を見て、万一、間違いがあれば平らな場所で直せるように先回りして指摘するとよい。

ときおり現場では、差鴨居などの溝を突き忘れていることがある(**写真1**)。組んでからも溝は突けるが、無理な姿勢で仕事をすることになるので、労の多い割には仕上がりが落ちる。前もって下小屋で加工するのが最もよいが、組み上げる前に平らな場所で作業できれば問題は少ない。理想をいえば、棟梁の先回りをして、設計者の目で組み上げられる前の部材の加工をチェックしたい。

(2)貫の入れ方(楔、打締め)

通し貫を入れる際には、刻みのときに決定した方法で施工されているかを確認する。厚い貫の場合は、軸組が立ち上がってからでは入れられないため、建込み入れをしなければならないこともある(**写真2**)。この場合は、平らな場所で軸組を組みながら貫も入れ、通りごとに建て起こすようにすれば作業もしやすく、確実な施工ができる。これを怠ると、後で厚い貫を入れようにも入れられなくなっていたり、想定している仕口にできずに、格好だけの通し貫になってしまうことがあるため、事前に施工法を確認することが重要である。

楔の材質と木理の方向にも注意する。材質は堅木であることが望ましく、少なくとも貫と同材である必要がある。木理は**図1**のような方向で使わないと入りにくいし、あまり効かないようだ。また、楔の形状はなるべく勾配の緩いほうが、効果が高く、**図2**のような形状では繰り返しの揺れで抜けやすいといわれている。

(3)耐力壁

耐力壁要素の引抜き力がかかる柱脚では、長枘差しに込み栓打ちなどの必要な仕口が施工されていることを確認する。通し貫に土塗り壁も例外ではないが、耐力壁の種類を問わず、柱脚に引抜き力が発生するときは、その力に耐え得る納まりになるように留意したい。

たとえば、長枘差し込み栓打ちの仕口の場合、込み栓自体が千切れて破断することが望ましいだろう(**図3①**)。柱の長枘や土台が割裂してしまうと、修復の際には、柱や土台を取り替えなければならない(**図3②・③**)。込み栓が破壊されただけであれば、主要部材は交換せずに、込み栓を新たに打ち直すことで修繕も可能である。長寿命の架構を目指すなら、万一のときにも修繕可能な方策を考えて壊れ方を想定しておくべきだろう。

やむを得ず、壁倍率の高い耐力壁仕様とする場合、留意しないと柱脚から破壊することが多く、その効果を期待できない。なるべく大きな引抜き力に耐えられるような仕口を工夫しなければならない。

(4)柱の養生

化粧として露しにした柱などは、通常

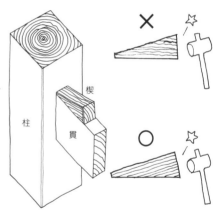

図1 楔の木理

楔は木理の方向を見てから打ち込む

写真2 建込みに際して通し貫を組み込んでいる様子。通し貫が厚い場合は建込み時でないと入れることができない

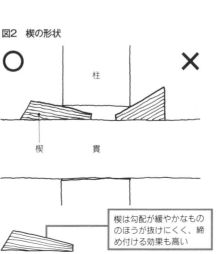

図2 楔の形状

楔は勾配が緩やかなもののほうが抜けにくく、締め付ける効果も高い

写真1 差鴨居の溝。大物の差鴨居の溝突きを忘れることは少ないが、正角程度の材の場合、鴨居や敷居の溝突きの忘れは結構あり得るので、現場では注意しておきたい

適正な木理の方向で貫に打ち込まれた楔。手元(まだ経験の浅い大工職)が楔を打ち込む場合など、注意が行き届かないこともあるので、現場では十分にフォローしておきたい

は紙を巻いて養生することが多いが、これも善し悪しである。差鴨居などの差し口がある場合、建て方時に養生紙を破って組むことになるが、養生紙をそのままにしておくと、柱が日焼けして後まで色違いが取れずに困るため、養生紙を使う場合は、建て方後に速やかにすべての養生紙を取り去るようするとよい（**写真3**）。ある現場で、丁寧に扱うことを条件に養生紙を省略して施工してみたが、施工者が注意深く施工してくれたせいか、何ら支障がなかった。

(5) 掛け矢打ちの注意

本来ならば、この項目は監理者が注意する問題ではないが、現場で困った経験があるのであえて触れておく。

化粧となる露しの部材が多い建て方の場合には、化粧部分に傷を付けないように細心の注意を払わないと取り返しのつかないことになる。建て方で部材を組み上げる際、見え隠れの部分だけで叩いて組むわけにはいかないため、化粧となる部分を叩くこともあるが、そのときは必ず当て木をして掛け矢で叩き、部材に傷を付けないようにする（**写真4**）。また、見え隠れとなる部分であっても、掛け矢の打撃で部材を傷めないように当て木をする程度の気は遣いたい（**写真5**）。こうした仕様の骨組に慣れていない職方も多いので、設計者としても現場では、部材に対する気遣いを促したほうがよい。

最近では緩めの仕口が多いそうだが、鳶（とび）などが建て方に加わった場合、私家版仕様の木組では長い枘やきつめの仕口が多いため、桁や梁を落とし込むときも均等に落とさないとうまく組めないし、仕口を傷めてしまうことにもなる。特に長い材では姿勢を正しくして、タイミングを合わせて均等に落ちるように、よく状態を見ながら掛け矢で叩くようにしなければならない。また、仕口の枘や渡り腮（あご）の木余りの部分が建て方時に欠けないよう、丁寧に扱うことはいうまでもない。

(6) 仮筋違いの注意（打ち方、外す時期）

私家版仕様の木組では、仮筋違いを入れなくてもしっかりと組めることが多いのだが、建て方時には軸組の歪みを補正するために必要となる。仮筋違いを入れる場合、化粧材が多いときには注意が必要である。

通常、仮筋違いは176頁図4のように入れるが、土台はよいとしても、上部の桁や胴差が化粧となる場合は釘跡が残るので、たとえば天井仕上げの小穴があるときには、その見え隠れとなる部分に釘を打つ（176頁図5）。柱では壁の懐となる部分に釘打ちし（176頁写真6）、すべての材

写真3　写真左が通し柱の差し口の養生紙を取り外したところ。写真右が日焼けによりムラになった状態。養生紙が長く付けられているほど、すでに剥がされた部分との日焼けによる色ムラの差が激しくなる。時間が経過しても色の調子が揃いにくいため、色ムラがひどい場合には薬剤で洗うこともある

写真4　当て木を用いた掛け矢打ち。掛け矢で打つ場合は必ず当て木をし、部材が傷まないように養生する。梁の上端など見え隠れとなる部分でも掛け矢で直接打撃すると凹んでしまい、側面から見えることもあるので注意したい

写真5　あらかじめ梁の上端に板を打ち付けた養生。この養生方法だとある程度掛け矢で叩いてもほとんど部材は傷まない

図3　土台と柱の仕口

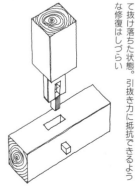

①込み栓の破断

引抜き力に対して込み栓の枘や土台が傷まないので修復しやすい

込み栓が破断した状態。柱の枘や土台が傷まないので修復しやすい

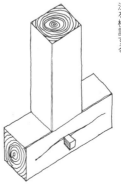

②柱の枘の割裂

込み栓の耐力が大きいために、柱の枘が割裂して抜け落ちた状態。引抜き力に抵抗できるような修復はしづらい

③土台の割裂

込み栓と柱の枘は破壊されなかったが、土台が割裂した状態。土台の傷み具合によって修復方法を検討する

堅木の込み栓が破断して枘が抜けている。耐力壁実験の柱脚部の込み栓の様子。この柱の枘は片鎌状にしており、せん断破壊されていることが分かる。枘の込み栓穴部分の損傷が少ないため柱は再利用できるが、土台には割裂が入ってしまっている

が化粧となる場合には、見えにくい上端部分に当て木などを取り付け、その側面に仮筋違いを止めるとよい(**図6**)。

仮筋違いは、軸組が耐力壁で固められて歪むことのない状態になったら取り外すが、取外しはできるだけ早いほうがよい。仮筋違いが柱や梁に斜めに被っている部分は日焼けしないため、部材に日焼けのムラができてしまうからである。

(7)栓の打ち方

この項目も本来は職人の領域だが、監理者として知っておいたほうがよい。込み栓の形状には丸と角とがあるが、施工の段取りが大きく違ってくるので注意が必要である。また、耐力面では、同じ太さでも丸と角では断面積が大きい分、角のほうが強いので、設計で考えている込み栓の強さを事前に確認しておくとよい。

万一、込み栓を忘れていた場合、丸込み栓ならばドリルで下穴があけられるので、現場でも対応が可能である。ただし、あらかじめ材を引き付け合うように、引き勝手に込み栓を打つことは困難なので承知しておきたい。

角込み栓の場合は、建て込んでからでは込み栓ドリルが使えないと鑿で穴をあけるしかないので難しい。妥協できないなら、角込み栓で施工するしかないが、もし可能ならば、現場では強さは劣るが施工性のよい丸込み栓を検討する(**写真7**)。

ちなみに、追掛け大栓継ぎの込み栓の打ち方にもルールがある。梁成(高さ)にもよるが、この継手には最低2本の込み栓を打つ。このとき片側だけから打ってはいけない。仕口につくり出した目違い部分が欠けにくいように、両面から込み栓を打つのが常識とされている(**図7**)。

(8)台付けワイヤーの取扱い上の注意

現在の建て方では、クレーン車で部材や組んだ軸組を吊り上げることが多いが、それを吊るための台付けワイヤーには布製のものを用いて、部材に傷を付けにくくする(**写真8**)。また、必要に応じて毛布などで養生することも検討したい。

建入れ時にウインチで軸組を引き付けるような場合でも、この布製の台付けワイヤーやロープが使われるが、ウインチの引付け力は非常に強く、布やロープであっても部材の角を傷めることがあるので、それらがかかる部材は養生するなど十分に気を付けたい(**写真8**)。

(9)建入れの確認

主要な骨組が組み上がったところで建物の垂直を確認し、修正する建入れを行

写真6 柱に打ち付けられた仮筋違い。釘打ちされている部分は内部に隠れてしまうため、釘跡は見えなくなる

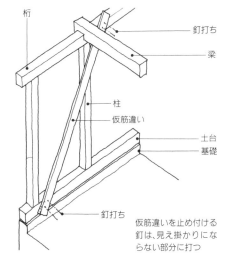
図4 仮筋違いの入れ方
桁／釘打ち／梁／柱／仮筋違い／土台／基礎／釘打ち
仮筋違いを止め付ける釘は、見え掛かりにならない部分に打つ

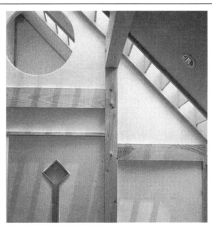
耐力的な面もあるが、見え掛かりには角込み栓のほうが意匠的にもよいだろう

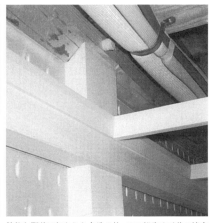
管柱と胴差に打たれた丸込み栓。この部分は天井の懐内に隠れる

写真7 込み栓

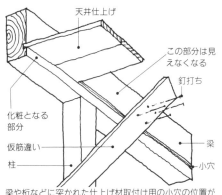
図5 天井仕上げの小穴のある場合の仮筋違いの打ち方
天井仕上げ／この部分は見えなくなる／釘打ち／化粧となる部分／仮筋違い／柱／梁／小穴
梁や桁などに突かれた仕上げ材取付け用の小穴の位置が分かっている場合は、その見え隠れとなる部分に釘を打つ

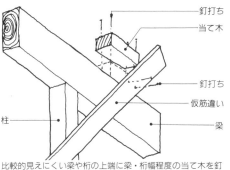
図6 すべての材が化粧となる場合の仮筋違いの打ち方
釘打ち／当て木／釘打ち／仮筋違い／柱／梁
比較的見えにくい梁や桁の上端に梁・桁幅程度の当て木を釘止めし、当て木の側面に釘を打って仮筋違いを固定する。これにより梁や桁の側面には傷が付かず、仮筋違いを取り外したときに残るのは上端の釘穴だけである

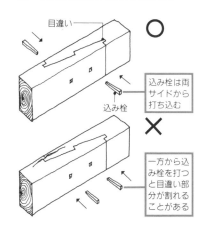
図7 追掛け大栓継ぎの込み栓の打ち方
目違い／込み栓／○／×
込み栓は両サイドから打ち込む
一方から込み栓を打つと目違い部分が割れることがある

う。各軸組通りごとに正直(桟木を縦横に組み合わせて錘などを取り付けたもので、柱に設置して垂直を調べる)などを用いて柱の垂直の確認をする。曲がっている場合はウインチなどで修正し、仮筋違いで固定しておく(**写真9**)。仮筋違いは建物が固定されたら取り外す。

建入れの際には、通し貫の楔は締めすぎないようにしておく。締めすぎると、軸組が修正できないほどに効いてしまうため、建物の垂直を確認してから締めるようにするとよい。したがって、通し貫の楔は都合3回以上締めることになる。最初は建て方時、それに続いて建入れ時、さらに工事中にも材料が乾いていくことがあるので、楔が工事で隠れてしまう前に楔をきつく締めておきたい。

(10) リカバリー

建て方は、各工程のなかでも重要な位置を占めており、いつも和やかな棟梁も、建て方が始まる前には緊張の色を隠せない。それほど真剣に取り組んでも人間のやることなので、間違いがないとはいいきれない。設計者としては、高さを変えて木を組み上げることに留意しているが、やたらに高さを変えるわけではない。施工で間違えにくいように、なるべく単純なルールを決めている。それでもときには、柱の長さを間違えることもある。「やり直せ」というのは簡単だが、そうしたときに心掛けているのは、誠実に取り組んでくれた仕事なら、なるべく被害の少ない代替えのリカバリーを一緒に考えることである。

たとえば、柱が5寸(150mm)ほど短かったときは構造的にはそう重要ではなかったため、肘木様の受け材を考えて、後で足したこともある(**図8**)。現場ではこうした即決をするアドリブも必要だと思う。また、束の柄の向きを間違えたこともある。その場で納めようと思えば、柄を1寸(30mm)角に切って納めることもできるかもしれない(**図9**)。しかし、これでは差してあるだけで弱いため、現場にあった余分な材でつくり直してもらった。

建て方時の間違いは対応しにくいことが多いので、墨付け・刻みの段階で、十分に打合せを行い、相互の理解を深めておくことが肝要である。

(11) 清め洗い

建て方は数日にわたることがあり、好天の日が続くとは限らない。小雨程度であれば作業する場合もあるだろう。組み上げる前の部材を養生はもとより、骨組にもシートなどを被せてできる限り養生するように、天気をにらみながら打合せしておく必要がある。また、こうした場合にはどうしても部材が汚れてしまうものである。少しでも早い段階で、水拭き程度でもよいから、汚れを一度取り除いてもらうように調整したい。足袋や靴の跡が部材ついているのは現場としても好ましいものではない。

図8 柱が短かった場合の対処例

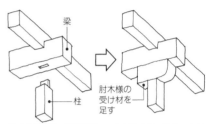

建て方の段階で材長が短いことが分かり、現場で対応しなければならないこともある。時間的にも材料の手配も可能であれば材を交換してもらうこともできるが、現場でのちょっとした機転や工夫で対応することもひとつの答えであろう

出し梁を受ける柱が短かったため、肘木様の受け材を組んでリカバリーした例

梁材に布製の台付けワイヤーをかけて吊り上げている様子

軸組の胴付きを密着させるために布製の台付けワイヤーを柱にかけ、ウインチで引き締めているところ。当て木をして柱を養生しているのが分かる

写真8　台付けワイヤー

写真9　斜めにかけ渡したロープをウインチで引っ張り、軸組の歪みを補正する。柱の垂直が補正の基準となるため、柱に取り付けたタテピタ(垂直度を確認する器具で「タテピタ」は商品名)で垂直の程度を見ながらウインチの引き加減を調整して建入れる。垂直が決まれば仮筋違いを打ち付けて軸組を固定する

図9　柄の向きを間違えた場合の対処例

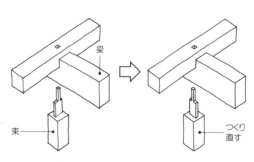

原則としてつくり直してもらわなければならない。もとの柄の角は残して両側を切ると柄の向きが変わって差し込むことができるが、仕口の強度は弱くなってしまう

CheckPoint 10
上棟前後のチェック

(1) 2階根太の入れ方

矩計棒で確認したように、床梁に根太彫りがなされているかを確認する。根太の載せ掛けは、水平構面を固める効果が期待できないので禁じ手としたい。

(2) 垂木の打ち方

垂木は、1本物で足りない場合は継ぐことになるが、継手位置が揃うと屋根面として弱くなるので、継手は乱に配置することが原則である（図）。

現場では、長さ3m・4mなどの定尺材で施工することが一般的なので、継手を乱に配置することは難しい場合も多い。輸入材であれば長物の材も比較的容易に入手できるが、国産材で特注の長さの材は入手しにくい場合が多い。長物材は割高になることが多いため、使用する場合は見積り以前の設計図書の段階で指示しなければならない。特に、国産材は早めに方策を検討しておかないと、入手できないか、あってもズブ生材しか揃わない。

垂木を固定する方法は、ビスでも釘でもよい。私家版仕様書では、近年用いられているビスあるいはコーチボルトとしているが、ビスは固いが脆く、釘は粘りがあって一長一短なので、現場とよく相談して決める。

(3) 野地板（構造用合板のJASマーク確認）

本来、野地板にはムクの板類を用いることが望ましいが、合板を使用する場合は完全耐水合板（タイプⅠ）の製品であることを確認する。「コンパネ」は名前の通り、コンクリートの型枠用合板で、一時的な使用を目的としており、完全耐水合板とは異なるので使用しないこと。

止付けにはN50釘を使用し、150mm間隔で打ち付ける。釘打ち機を使う場合は、打抜きやめり込みなどを起こさないように指示しておきたい。また単に野地板を釘打ちしただけでは、屋根面の水平構面を固める効果は大きくないので、これを補い、水平構面の剛性を確保する方策を併用するなどの配慮も必要となる。

(4) 火打と水平構面の考え方

私家版仕様書では、火打梁や合板などの面材によって水平構面を固めるが、それぞれの仕様に従った施工がなされているかを確認する。火打梁を用いた場合は、火打梁が入っている部位に継手があると、火打梁としての効果がないので禁じ手としたい。

(5) 間柱の入れ方

間柱の入れ方は、私家版仕様書では部材の固定度の高い上下短柄差しを標準としている。施工後に指示しても遅いので、間柱の納まりについても墨付けの打合せの段階で十分に確認し、理解を得ることが大切である。上下短柄差しの工法は当然他の簡便な工法よりも手間がかかるため、見積り以前に設計図書で指示しておく必要がある。

これで、架構までのひと通りの現場監理を終えるわけだが、真壁造で露しの仕事が主な私家版仕様書の木造住宅は、建て方以前の監理が最も重要であり、建て方の時点では、でき上がる建物の質がほとんど決定してしまっていることを理解してもらえたと思う。

未だに、建物の質は建て方以降の仕上げなどの化粧や、設備機器の豪華さで決まると考える人には理解できないかもしれないが、物の本質をきちっと見据えて、丈夫で長寿命な住まいを実現したいものである。

図　垂木の継手位置

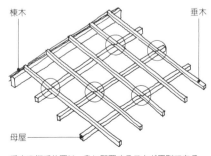

垂木の継手位置は、乱に配置することが原則である。実際には母屋位置の関係などからうまく乱に配置できない場合もあるため、継手部分を補強することなども検討しておきたい

禁じ手7　載せ掛け2階根太

近頃の木造住宅の2階床組では、施工の手間を減らすために床梁を3尺(909mm)程度の間隔で架け渡し、その上に一般の1階床組と同様、成(高さ)が2寸(60mm)ほどの根太を流す工法が増えてきたように思える。この場合の根太は、釘かビスを脳天に1本打つか、両脇から2本打って固定する。1階床組は、足固めの構法を採用したとき以外は主要な架構の要素とは考えない。一方、2階床組は、2階床の水平構面を固める主要な構造と考えられるため、軸組とともに重要な部位である。

根太を大入れまたは渡り腮にし、その上に合板などの面材を施工すれば、梁と取り合う各部分が変形に対して効果的に抵抗して働く。根太を載せ掛けた場合は、水平力が加わったときに、梁と根太の接する部分が滑って回転するため、建物の平面形を保つ根太上の面材に力が伝えられない（図）。

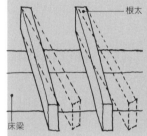

載せ掛けの釘打ち根太では、水平力がかかると根太が滑ってしまい、架構を拘束する効果が小さくなる。わずかな掛かりでもよいから床梁に渡り腮としたい

禁じ手8　火打梁近くの継手

単純にいえば、火打梁には、梁や胴差からなる平面で四角形の骨組が平行四辺形に変形するのを拘束し、当初の平面形を保持する機能が期待されている。四隅に配した火打梁と横架材でつくる直角二等辺三角形が変形しないことで、四角形全体の構面をつくると考えられている。

実際の骨組では、平面を構成する四辺の横架材に継手が存在しないことのほうがむしろ珍しく、平面形を保持するには継手は弱点となる。まして、隅の直角二等辺三角形の辺の一部に継手があるとしたら、隅の直角を保てず、平面形の変形を拘束する効果はほとんど期待できなくなる（写真）。

火打梁(鋼製)近くに設けられた継手。火打梁を入れても、これでは変形を拘束する効果が極めて低い

[第5章]

木造住宅[私家版]仕様書 仕上げ編 外部

- **葺く**｜屋根
- 180 屋根の仕様は性能から決める
- 182 屋根下地・下葺きの種類と選定
- 184 瓦の種類と選定
- 186 瓦屋根の葺き方
- 190 金属屋根の葺き方
- 194 [私家版]流現場監理術1｜屋根工事
- **張る**｜板/外壁
- 196 見直したいムク板張りの外壁
- 198 板壁の下地のつくり方
- 200 断熱材の入れ方
- 201 竪羽目板の張り方
- 202 下見板の張り方
- 203 板の継手の納め方
- 204 開口部廻りの納まり[木製建具]
- 205 開口部廻りの納まり[アルミサッシ]
- 206 出隅の納まり
- 208 入隅の納まり
- 209 軒廻りの納まり
- 210 腰廻りの納まり
- 211 裾廻りの納まり
- 212 [私家版]流現場監理術2｜外壁板張り工事
- **塗る**｜外壁/内部
- 214 風景のなかの左官仕上げ
- 218 左官の下地
- 225 左官の仕上げ
- 229 [私家版]流現場監理術3｜左官工事

[私家版]仕様書/仕上げ編[外部]1

[葺く] 屋根

かつて屋根は、身近にある素材の草や板などで葺かれ、
素材に応じた屋根の形がその地域の建築の特色を示していた。
また、これらは定期的に葺き替えも行われていた。
木組みの架構を深い軒で被う瓦屋根は、日本の町並みのシルエットとして、強く印象深いものである。
また、軽快なデザインとしての金属屋根も現代の家づくりには欠かせない素材である。
現在の屋根葺き材には、高い耐久性と防火性が求められる。
日射や雨、風などの厳しい自然環境から建物を守るためにも
屋根に必要な性能を確保し、素材の特徴を理解した使い方によって、その形態をデザインしたい。

屋根の仕様は性能から決める

[葺く]というのは屋根葺き材で小屋組を囲い覆うことである。その文字をみると草冠を戴いているが、かつては屋根葺き材として草が一般的に用いられていたと想像できる(**写真1**)。茅や葭、藁などは最も身近にあって入手しやすく、補修交換も容易な材料であり、その施工には地域内の互助システムが確立していた。

また、針葉樹は繊維に沿って薄く割りやすいため、栩板(厚さ9～30mm、幅90～150mm、長さ630mm以下)や木賊(厚さ4.5～6mm、幅105mm、長さ330～360mm)、柿板(厚さ3mm、幅90mm、長さ300mm内外)などが葺き材として利用されてきた。

今でもかろうじて民家や社寺などにみられる草や木の屋根葺き材だが、現在は防火上の理由から、都市部で住宅に用いることは原則、なしである。

しかし、そうした素材特性を活かしたかつての美しい形態には学ぶべきものが少なからず残っているように思われる。今日の課題である環境に対する負荷を考えても、土に還元される自然素材であり、その条件を満たす。屋根材に限らず建築素材を考える場合、これからの設計者のもつべき視点を示唆しているようにも思う(**写真2**)。

瓦は、飛鳥時代に渡来した材料であり、防火性と耐久性に優れ、江戸中期頃から一般市民にも使用が許されるようになり、現在まで受け継がれている。各地域で特徴をもった工業製品として発展しており、184頁図1に示すように地域ごとに「一瓦」と呼ばれるような地瓦が生産されてきた(**写真3**)。燻し瓦や赤瓦など産地固有の瓦の色彩はその地域の町並み景観上の大きな要素となって今なお残っている。単に和形の形状ばかりでなく、バラエティーに富んだ製品が近年使われるようになっている。天然スレート(玄昌石、**写真4**)や鉄平石、大谷石などの石素材も屋根葺き材として用いられている。特に、その産する地域では地場材として古くから使われていた。天然スレートなどは防火性もあり、経年変化にも質感を失わず風格ある素材といえる。板幅の狭い葺き板であれば曲面形状の屋根にも対応できるなど多様なデザイン性をもっているといえよう。意匠的に天然物に似せたセメント系のスレートも、イニシャルコストの優位性からか住宅の屋根葺き材として多く使われてきたが、経年の色褪せや劣化による汚れの点で天然素材に劣り、保守の方策を講じておく必要がある。

また、鉄鋼産業の発達は、屋根葺き材の選択肢を大きく広げたといえるだろう。軽量で長尺(ロール材)の生産が可能な材料は、現代の建築になくてはならないものとなった。メッキや塗装技術、合金化などの進歩により錆や劣化に対する克服技術も進んでいる。これらの金属板葺き材料は高価なものから安価なものまで価格の幅が広い(**写真5**)。

以上述べたような屋根葺き材の多様さは、図1の分類に見る通りである。

屋根葺き材に求められる性能

屋根という部位は、自然環境に晒され、建築のなかで最も厳しい状況に位置する。降雨、降雪、日射、強風、高温低温などの温度変化にも抵抗し、それが覆う骨組を保護しなければならない。また、耐震性、遮音性、断熱性などの性能も必要で、それらを長期的に維持できる耐久性や修復のしやすさなども持ち合わせている必要がある。また、外観上もその建物を決定付ける重要な要素となるため、その選択は慎重に行いたい。

しかし一方で、限られた予算の現場にあっては、コスト面との兼合いから、葺き材と工法を選択することが最も現実的な対応となっている。

屋根葺き材に応じた屋根勾配

屋根勾配は建物の外観デザインを大きく左右することになり、その検討こそデザインといえるだろう。しかし、葺き材料にはそれぞれに適応した勾配があり(**図2**)、その範囲内で検討していくことが望まれる。その範囲も流れ長さに応じて勘案したり、気候条件による地域性などを考慮することを原則とする。適応範囲から外れても、特に緩い勾配の場合などは下葺き材での対応などで対処するこ

写真1（左） 草葺きの曲がり屋（岩手県遠野）。合掌の小屋組に分厚く葺かれた茅。急な勾配と茅の厚みで雨の浸入を防ぐ

写真2（右） 板葺きに石置き屋根（長野県妻籠宿）。葺き板を風から守る置き石が置かれた、木の産地ならではの町並みである

写真3（左） 山陰の影響を受けた赤瓦による町並み（岡山県吹屋）。同質の屋根材により町の統一感がとれている

写真4（右） 天然スレートによる菱葺き（長野県小野宿）。この地域では珍しい屋根材がかえって目立っていた

写真5　金属板葺き（東京・目白の自由学園明日館）。戦後の諸事情により、当初の銅板から亜鉛鉄板葺きに葺き替えられていた

図1　屋根葺き材の分類

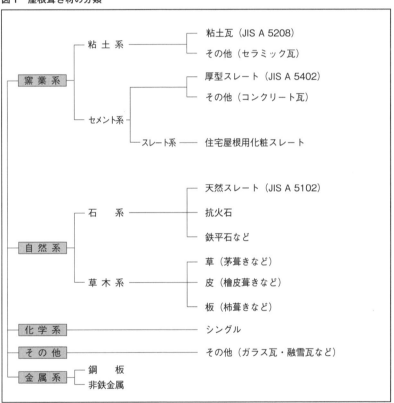

図2　主な屋根葺き材料と勾配の目安

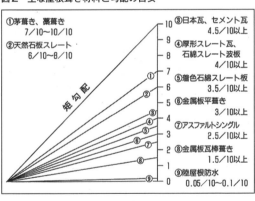

とも可能だろうが、いたずらに形態やデザイン優先で勾配を操作するのは避けるよう心掛けたい。

屋根の勾配や形態を検討する場合には、要件として、法規上の斜線制限や日照条件、小屋裏利用の有無、隣地住戸屋根との兼合い、地域色のある形態の影響などが挙げられる。また、6寸勾配以上の屋根では施工上の安全性、作業性のために屋根足場が必要となることも忘れないでおきたい。

屋根の防水性能は下葺き材で決まる

屋根の葺き材で建物の外観の印象は大きく変わるが、屋根材の機能としての防水性は、葺き材もさることながら、その下の下葺き材で決まってくる。

風雨の激しいときなど、特に瓦やスレートのような成形された半製品の部品の場合、必ずその材同士の重ね合わせのわずかな隙間から雨水が裏漏れすると考えておいたほうがよく、下葺き材でその雨水の内部側への浸入を防ぎ、外部に排出しなければならない。そのため、葺き材や屋根勾配に応じて、その材料品質の選択や二重張りにするなどの施工法にも注意したい。

ここでは、屋根葺き材の仕様としては、最も身近で一般的な和形桟瓦葺きと金属板葺き（平葺き・瓦棒葺き）について考えることにした。

CheckPoint 1
屋根下地・下葺きの種類と選定

下葺き材の種類と選び方

屋根仕上げの葺き材は多様にあるが、葺き材のみで風雨や日射による高温から建物を保護し、快適性を獲得できるものではない。葺き材の下の防水性や断熱性も重要であるし、また、小屋裏の換気方式なども検討しておくとよいだろう。

屋根の下葺き材には、アスファルト系や合成高分子系のルーフィング類が一般的に用いられるが、葺き材の種類や屋根勾配に応じた防水性能の高いものを選択したい（**写真2**、**図1**）。これらは浸入した雨水が下葺き裏に回らないように軒下まで流し切ることを目的とし、釘やタッカー釘などの貫通部分でのシーリング性が求められる。また、施工時に破損しにくい強度や温度変化の激しい屋根にあっての寸法安定性、長期間における変質や劣化に耐える品質であることも注意したい。下葺き材としてはほかにスギ皮などの樹皮や柿板（こけら）などもあるが（**写真1**）、現在ではほとんど使われない（**表**）。

施工に当たっては下葺き材の重ね代を十分に取るようにして緩みなく敷き、壁際などの立上がり寸法も多めに確保する。また、必要に応じて二重に敷くようなことも考えておきたい（**図1・2**）。

瓦葺きでは瓦桟を流れに対して直角に打ち付けるので、雨水が浸入した場合、その部分に滞ることになり好ましくない。そこで瓦桟を下葺き材より浮かせるために、厚さ3mm程度の縦桟木（木摺り）を流

表　下葺き材の種類

種類	形状・寸法・材質
アスファルトルーフィング	長さ21m、幅1m、重量22kg(940)、30kg(1280)、35kg(1500) ※通常は22kg
アスファルトフェルト	長さ42m、幅1m、重量20kg(430)、30kg(650) ※通常は20kg
合成高分子系シート	メーカー・製品により異なる
柿板	長さ300mm内外、幅90mm内外、厚さ3mm内外、スギ・ヒノキ・サワラ・ヒバなどの機械剥ぎ板
樹皮	長さ600mm、幅300～600mm、スギ・ヒノキ・サワラ・ヒバなどの樹皮

写真1　今では見ることの少なくなったスギ皮による下葺きの様子

写真2　アスファルトルーフィング940を用いた瓦屋根の下葺きの様子。瓦桟を浮かせるために縦桟木（写真では樹脂製品）を打ち付けている

図1　一般的な下葺き工法

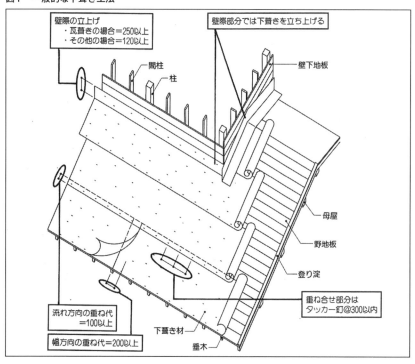

図2　ルーフィングの増し張りの方法

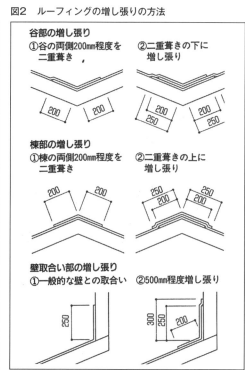

すことが望ましい（図3）。縦桟木には木製のものや既製の樹脂製品などがあり、垂木間隔に打ち付ける。なお、浮かせた瓦桟は、桟瓦の重みでたわむのを避けるために断面は大きいほうがよい。

最近では、表面に凹凸を付けて縦桟木の効果をもたせ、施工性と機能性を向上させた下葺き材も使われるようになっており、仕様として検討してみる価値はあるだろう（写真3）。

断熱材と屋根換気・屋根通気の方法

屋根の断熱は、小屋裏あるいは天井懐がある場合には、天井仕上げ材の直上面に断熱材を施すことが原則である。その種類と断熱性能は地域ごとに検討する必要がある。木造住宅工事仕様書における基準が一つの目安であろう。

これまで私家版仕様書研究会では、厚野地板をそのまま露し仕上げとし、天井懐なしの仕様なども展開してきた。このような場合には、厚野地板それ自体の断熱性能も期待できるのだが、さらにその外部側での断熱効果を考えたい。断熱材としては環境負荷の点などから、断熱性能が多少低くても炭化コルクボードや軽量化した土塗り、杉皮を繊維状にほぐしてつくったフォレストボードなどによる仕様が考えられる（図4）。

屋根通気は、野地板の上の断熱材のさらに上に通気層を設け、屋根面の熱を逃がす方法である（188頁図4参照）。小屋裏の換気は小屋裏結露を防止する意味からも重要である。切妻の形状であれば軒先〜妻での換気が可能であるが、寄棟では棟換気を考慮しておきたい。各種製品が市販されており、瓦葺きに対応できるものも多い。

表　私家版仕様書【屋根工事／下地・下葺き】

材料	□炭化コルクボード⑦（　　）mm □軽量土塗り⑦（　　）mm □フォレストボード⑦（　　）mm □（　　　　）⑦（　　）mm	材料	□アスファルトルーフィング940（22kg／巻）以上 □合成高分子ルーフィング 　メーカー・商品名（　　　　　　　　　　）
下地工法	・厚野地板の上に、屋根勾配なりに流れ桟（幅36mm）を@455mmで斜め釘打ち。垂木当たり部分では平打ちでも可とする。釘の長さは厚野地板を貫通しない程度とする。流れ桟の成は、断熱材の厚さの21mm増し程度とし、通気層とする ・流れ桟の間に断熱材を隙間なく落とし込む。湿式の場合は、厚野地板上に防風シートなどで水気による汚染対策を施す ・スギ挽板（⑦12mm以上）を二重野地板として、流れ桟当たりN38釘を2本平打ちとする。継手は流れ桟上で突き付けとし、数枚ごとに乱張りとする ・上部野地板は、棟頂部で棟通気が可能なようにし、隙間を確保した張り仕舞いとする。納まりは棟換気金物などとの取合いによる	下葺き工法	・アスファルトルーフィング ・野地板面に水下から敷き込み、重ね合せは流れ方向100mm以上、左右200mm以上とし、タッカー釘などで止め付ける ・棟、谷部分では重ね400mm以上の二重葺きとする。ただし、棟換気をする部分では納まりを調整する ・壁面との取合い部では、瓦葺きで250mm以上、そのほかで120mm以上の立上がりを取る ※合成高分子ルーフィングなどは、メーカー仕様による

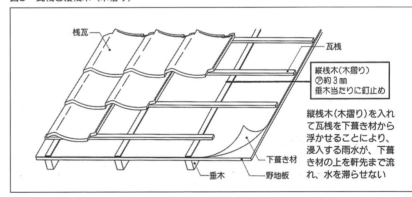

写真3　表面に凹凸の付いたルーフィングの例（商品名：「セーフティーチャンピオン」※）

図3　瓦桟と縦桟木（木摺り）

縦桟木（木摺り）を入れて瓦桟を下葺き材から浮かせることにより、浸入する雨水が、下葺き材の上を軒先まで流れ、水を滞らせない

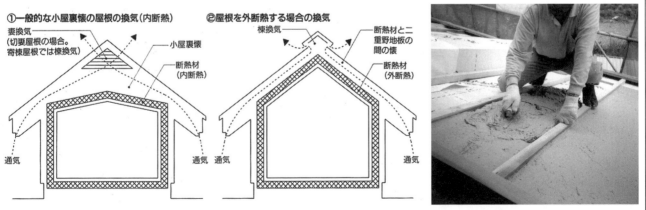

図4　屋根換気の方法

②のような、小屋裏の懐がない野地板露しの空間デザインの場合でも、断熱材の外側で通気を取ることにより、野地板や小屋組部材の乾燥状態を維持することが期待できる。特に夏場の排熱は断熱性能の向上につながる。屋根葺き材に合わせて棟換気金物を利用すると効果的である。写真は、屋根の外断熱として、壁土を野地板の上に塗り付けている例。軽量化と断熱性の向上を図るため、荒木田土に珪藻土やパーライトを混ぜ合わせて嵩比重を減らすとよい

※問合せ先：㈱チャンピオン http://www.champion-hp.info/

CheckPoint 2
瓦の種類と選定

瓦の選定方法

一口に瓦といっても、粘土、石、セメントほか、さまざまな原料のものがあるが、ここでは粘土瓦について考えたい。

粘土瓦の歴史は古く、6世紀に大陸より渡来して以来、国内のさまざまな地域で生産されてきた(図1)。地域ごとにさまざまな特色が加えられて発展してきた建築材料である。

現在は、製品開発力や生産力の向上、品質の安定化、宣伝効果、物流の発達などにより、三州(愛知県)、淡路(兵庫県)、石州(島根県)が三大産地となって生産量を伸ばし、大きなシェアをもって全国展開している。一方、他の地域にも地域性を活かした特徴のある瓦はあるが、近隣周辺を販路とする程度で、生産量もそれほど多くない状況にある。

表1に示す通り、粘土瓦は形状、使用目的および部位、製造法、色などの項目で分類できる。特に形状や色、寸法については新製品の開発が盛んで、設計の際には製造所の資料が有効である。

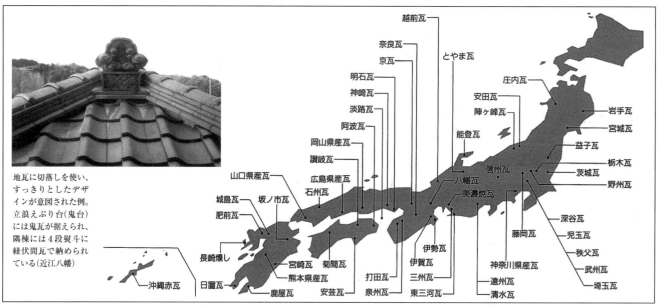

図1 主な瓦の生産地

地瓦に切落しを使い、すっきりとしたデザインが意図された例。立浪えぶり台(鬼台)には鬼瓦が据えられ、隅棟には4段熨斗に紐伏間瓦で納められている(近江八幡)

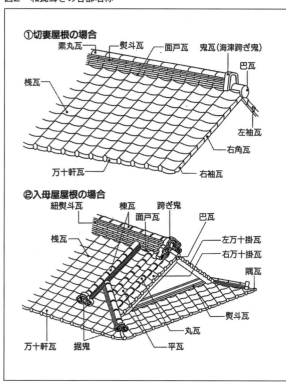

図2 和瓦葺きの各部名称

表1 粘土瓦の分類

分類項目	形状	使用部位		製造法		色
		地瓦	役瓦			
瓦	本葺き形	平瓦 丸瓦	軒瓦、袖瓦、角瓦、隅瓦、掛け瓦、冠瓦、冠止瓦、巴瓦、鬼瓦など	無釉系	燻し瓦	燻し瓦は銀色、塩焼瓦は赤褐色、そのほかは素材色もしくは焼成加工色
	和形、S形、フランス形	桟瓦			無釉	素焼瓦 練込み瓦 窯変瓦
	スパニッシュ形	上丸 下丸		釉系	釉薬瓦	釉薬瓦 還元瓦 塩焼瓦

表2 粘土瓦の規格 (JIS A 5208より抜粋)

(寸法 mm)

形状寸法による区分		長さ	幅	働き寸法		山の幅	開き	許容差	谷の深さ	1坪当たり葺枚数(概数)	1㎡当たり葺枚数(概数)
				長さ	幅						
和形桟瓦	49	315	315	245	275	-	-	±4	35以上	49	15
	53A	305	305	235	265	-	-			53	16
	53B	295	315	225	275	-	-			53	16
	56	295	295	225	255	-	-			57	17
	60	290	290	220	250	-	-			60	18
	64	280	275	210	240	-	-			65	20
S形桟瓦	49	310	310	260	260	145	25		50以上	49	15

備考 S形桟瓦の長さは320mmも認める

JISは、これまで産地ごとに特徴のあった形状をもとに決められている（表2）。しかし、現状では53形（坪当たりに53枚葺く）が用いられることが多い。規格寸法は瓦の割付けに影響するため、確実に把握しておかなければならない。また、規格の許容差も大きいため、製造所を特定するような場合は、あらかじめ製造寸法を確認しておくほうがよい。

　役瓦については、図面表記のうえからも設計段階で種類を指定しておくことが望ましい。意匠上の意図を明確にすると同時に、それに伴う部材価格、施工のグレードを決める意味でも重要となる。

　図2・3を見ると分かるが、屋根の大部分を占める平瓦に対し、屋根形状による各部位の納まりに応じてさまざまな種類のものが用意されなければならない役瓦では、その概略程度は知っておきたい。

　たとえば軒瓦、袖瓦といってもその種類や納まりは多様で、意匠的にも趣が異なる。万十や紐が付くのか、一文字なのか、などといったことは施工の際に逃げがきくきかないにも影響し、手間を考慮した判断も必要となる。

　特に、棟や傍軒（蟇羽）の納まり、鬼瓦の形状などにみられる伝統的意匠は多種多様であり、単にカタログなどの範囲からの選択だけではなく、計画段階から製造所あるいは施工店と打合せを行っておくことが、デザインの幅を広げることにもつながるだろう。

　燻し瓦であれば渋い銀色と決まっているが、釉薬瓦なら釉薬によってさまざまな色彩が可能である。また、焼きムラを付けた窯変瓦や還元焼成による還元瓦など、素材感を活かした製品も開発されており、多様な形状や色彩など、粘土瓦の選択肢は豊富である。

図3　瓦の種類

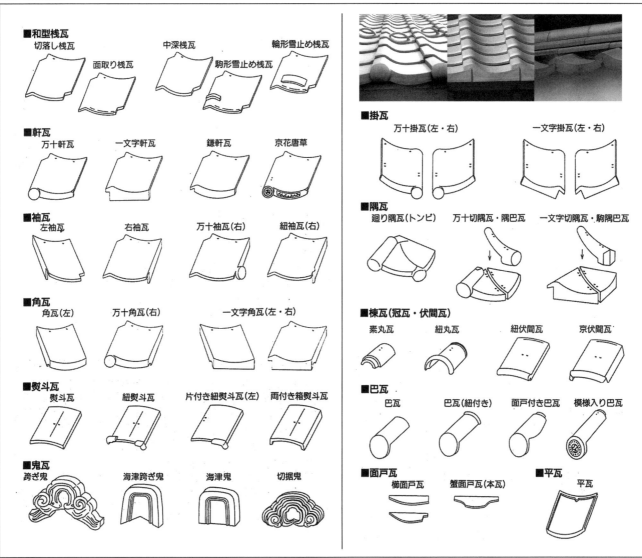

表3　私家版仕様書【屋根工事／瓦葺き】

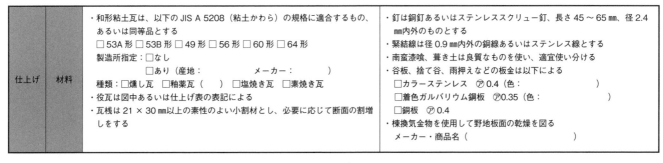

CheckPoint 3
瓦屋根の葺き方

瓦葺きの一般的な施工法

ここまで述べてきたように、単に瓦葺きといっても多様な材料・工法があるが、ここでは和形瓦の一般的な施工法について考えてみたい。瓦葺きの工法には**図1**に示すように大きく2通りある。

土葺き工法は、葺き土に粘着性があり、瓦の形状になじみやすいため、手づくりの瓦形状にバラツキの多かった時代には、調整に融通がきいたと思われる。葺き土による断熱性や遮音効果なども期待できただろう（**図1①**）。しかし、葺き土で屋根荷重が大きくなるため、しっかりした骨組の建物であることが前提とされたはずである。ところが、地域によっては土葺きの格式を重んじたり、工法自体に一般性が高く、形式化して、脆弱な骨組の家にも構わず土葺きで屋根を施工した結果、構造上の配慮不足から、地震に際して重い屋根が骨組を押し潰すという問題も起こしてしまった。

引掛桟瓦葺き工法は、瓦桟に桟瓦を引っ掛け、釘か緊結線で要所を固定する

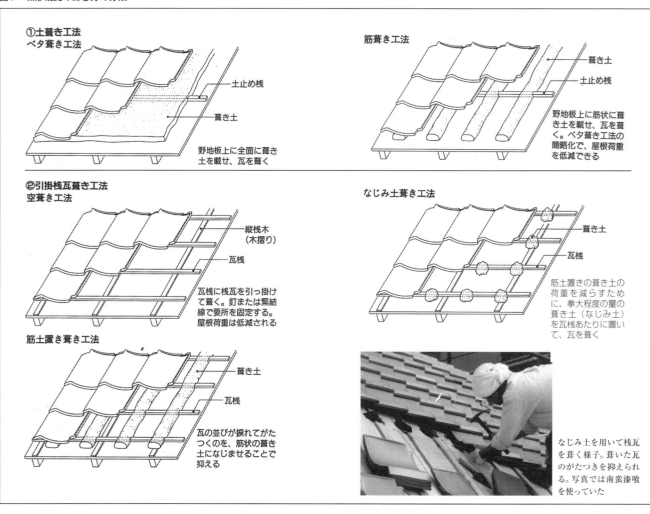

図1　和形桟瓦の葺き方の分類

写真1　緊結線は0.9mm（20番）以上の銅線を標準とする。太い1.2mm（18番）以上のものを使えばなおよい。被覆銅線を用いることもある

方法であり、土葺きに比べて屋根の軽量化と施工性の向上が図られている。しかし、瓦は曲面形状をしているので、桟木に引っ掛けるだけでは野地板上でがたつきがある。これを嫌う施工店では、野地板や瓦同士へのなじみをよくするために葺き土を少量用いる工法を採用し、安定性を高めている（**図1②**）。

現在の住宅では、屋根の軽量化や施工性を考え合わせれば、引掛桟瓦葺き工法が一般仕様といえよう。しかし、その地域の気候風土に配慮した施工法を選択できるはずなので、瓦施工店の意見を必ず聞き、望ましい仕様を求めたい。

瓦葺きの補助的な材料

釘や緊結線など、瓦を固定するための補助的な材料にも耐久性が要求される。これらの材質は銅やステンレスとし、特に釘は引き抜けにくいスクリュー釘が望ましい。棟の補強金物などの品質もステンレスなどとする（**写真1、図2**）。

桟瓦葺きでも、棟や壁際に用いる瓦の積み上げには、葺き土や南蛮漆喰が用いられる（**図2、表**）。南蛮漆喰は吸水性が少ないため面戸を塞ぐ際にも使う。これらは袋詰めされた既調合品を使うことが今の現場では多いだろう。

瓦の割付け

瓦葺きでは、軒、棟、破風など、大工工事とも関連する各部納まりを確認して割付けを行うことが大切である。

まず、規格寸法による働き寸法を確認し、流れ方向では鼻隠しあるいは瓦座からの出を押さえ、棟位置でも瓦桟に必ず桟瓦が引っ掛かるように軒の出を決める。左右の流れ長さが異なる場合などは軒の出で微調整も検討したい。桁行方向の場合、破風板、登り淀からの瓦の出を押さえて割付け、破風板の位置を決める。縋るのある場合には適宜調整が必要となる（**図3**）。

図2　瓦の緊結

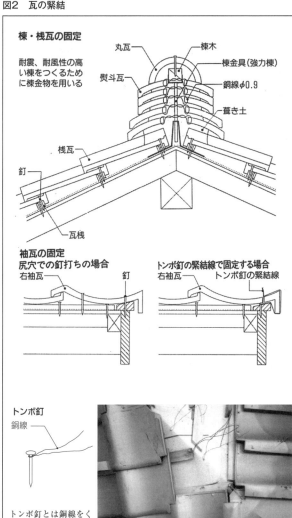

表　南蛮漆喰の場合　　　（『JASS12 屋根工事』より抜粋）

材料	分量
消石灰	1.0 ℓ
砂	0.4 ℓ
麻スサまたは藁スサ	60g
角叉（つのまた）類	62.5g
植物性油	適量
備考	着色する場合は適量の顔料を混入する

図3　瓦の割付け

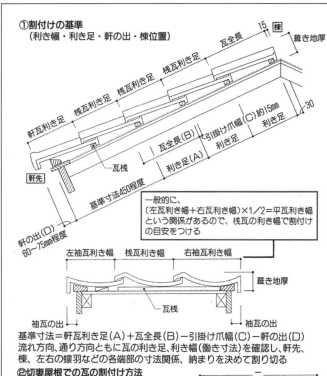

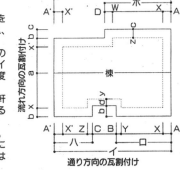

[私家版]流瓦屋根の設計

[私家版]流とはいうものの、ここに示す瓦屋根の各部納まりはまったく標準的なものであり、やや拍子抜けかもしれない。しかし、屋根は家全体を覆うものであり、性能・機能の確保が最優先されるため、むしろ、すでに完成されている納まりを再確認し、誤りなく現場に伝えることが大切ではないだろうか。

意匠面で特殊な納まりを考えるなら、役瓦の特注などを検討する必要もある。しかし、ここでは標準的な屋根形状に対する瓦葺きを考えており、次頁の仕様書も一般的な施工法を踏まえた内容としてまとめた。

厚野地板による通気工法

木造架構では骨太の木材を使うことを本書では前提とするので、ここでは、野地板に厚板を使い、室内側に露しとする仕上げについて考える。野地板がかなり厚ければ、それ自体を断熱材と考えることもできるが、40mm程度の厚さでは、野地板上に断熱層を設けた外断熱工法で納めるのが効果的である。本旨からいえば、断熱材の材質は自然環境にも優しいものが望ましい。

また、廃熱と、万が一漏水が断熱層まで達した際の乾燥促進、平時の乾燥状態維持のために、断熱層の上に空気の流れ道をつくる通気工法も併せて考えておく。棟や軒先、破風板の納まりにも、それに応じた通気の工夫が必要となる。

瓦葺きでは、瓦と野地板との間、瓦同士の間に隙間ができる。その点、遮熱・廃熱効果や下葺きの乾燥機能をもともと備えた、優れた工法ともいえるだろう。

図4 棟・軒先の納まり詳細

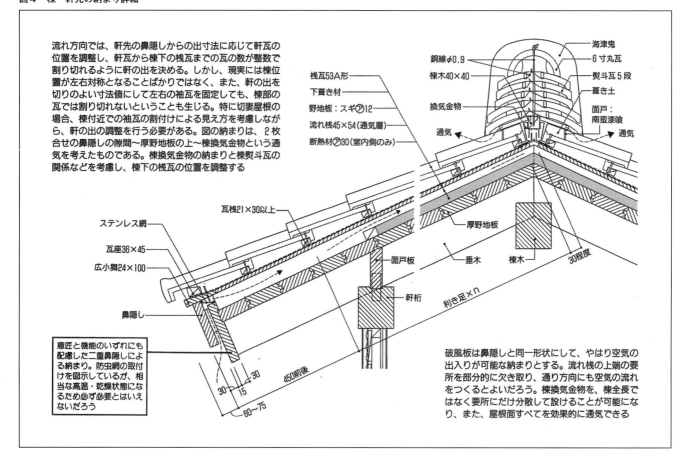

図5 螻羽（けらば）納まり図

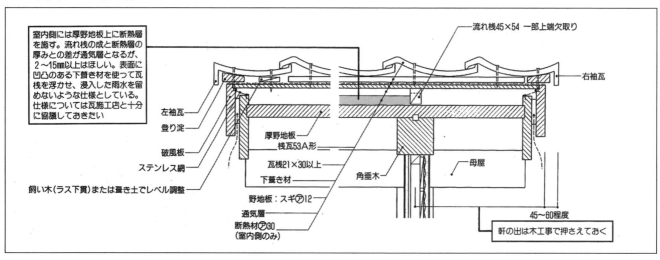

標準断面と軒先・棟の納まり

厚野地板には、縦に流れ桟木を打ち付け、さらにその上に瓦を載せるための下地(ここでは「二重野地板」と呼ぶ)を打つ。この場合、流れ桟木の成(高さ)の分、断熱層と通気層ができる(**図4・5**)。軒先から入った空気は通気層を通り、棟部の換気部品から排出される。瓦屋根の棟換気用部品は各種販売されており、雨水の逆流がないか、換気量はどの程度かなどを、各メーカーの性能表から検討できる。換気部品の選び方は、熨斗瓦を使った棟の納まりか、冠瓦のみの棟の納まりかといった点でも変わってくる。

二重野地板の上には、表面に凹凸をもつ下葺き材の敷設を標準とし、その上に瓦桟打ちの仕様とする。

壁との取合い・谷部の納まり

差掛け屋根と外壁との取合い部では、2段の割熨斗に板金で雨押えとする(**図6、写真2**)。

流れ方向では瓦割りの都合による半端材の入り方、捨て谷の立上げや返しに注意する。屋根の通気が外壁の通気層へつながる納まりが望ましいが、外壁に通気層を設けない場合でも、**図6**のように割熨斗の手前に換気部品を用いて通気する方法がある。谷部(**図7**)など、板金工事が絡む際は工程に注意する。

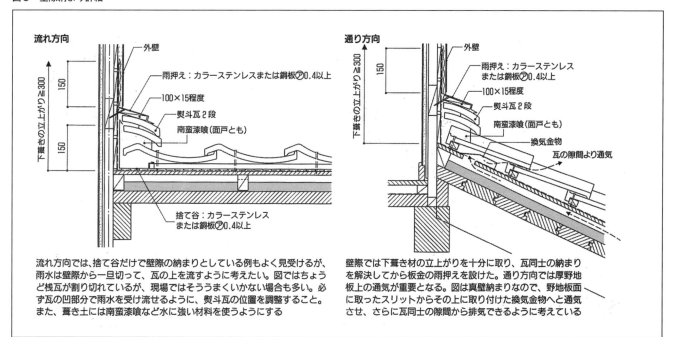

図6　壁際納まり詳細

流れ方向では、捨て谷だけで壁際の納まりとしている例もよく見受けるが、雨水は壁際から一旦切って、瓦の上を流すように考えたい。図ではちょうど桟瓦が割り切れているが、現場ではそううまくいかない場合も多い。必ず瓦の凹部分で雨水を受け流せるように、熨斗瓦の位置を調整すること。また、葺き土には南蛮漆喰など水に強い材料を使うようにする

壁際では下葺き材の立上がりを十分に取り、瓦同士の納まりを解決してから板金の雨押えを設けた。通り方向では厚野地板上の通気が重要となる。図は真壁納まりなので、野地板面に取ったスリットからその上に取り付けた換気金物へと通気させ、さらに瓦同士の隙間から排気できるように考えている

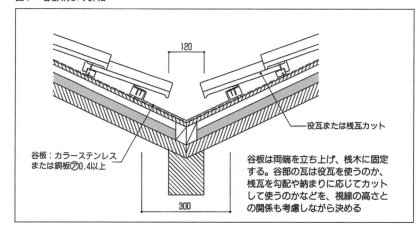

図7　谷部納まり詳細

谷板は両端を立ち上げ、桟木に固定する。谷部の瓦は役瓦を使うのか、桟瓦を勾配や納まりに応じてカットして使うのかなどを、視線の高さとの関係も考慮しながら決める

写真2　二重張りにした下葺き材の1枚目は水上から軒先まで一枚物で通すが、谷板も一枚通しとし、両側の桟木に止め付ける

表　私家版仕様書【屋根工事／瓦葺き】

仕上げ	工法	・葺き方は引掛桟瓦工法とする。なじみ葺きなどの工法については係員と協議のうえ決定する。 ・止め付けは要所を釘あるいは緊結線で固定する。工事前に係員と協議し、その工法の確認を行う ※標準仕様としては以下の仕様書などを参考にする 　住宅金融普及協会刊『木造住宅工事仕様書』 　　(粘土がわらぶき) 　愛知県陶器瓦工業組合刊『屋根マニュアル』(注)	・壁際での取合いは、通り方向、流れ方向ともに2段熨斗瓦とし、板金雨押えで押さえる。熨斗の施工には南蛮漆喰を用いる ・各部面戸は南蛮漆喰塗りとする ・捨て板・谷板 　・壁との流れ方向の取合い部の捨て板は、立上がり150 mm以上、平面幅120 mm以上とする 　・谷板は、幅300 mm以上を確保する

注　問合せ先：愛知県陶器瓦工業組合　TEL0566-52-1200

CheckPoint 4
金属屋根の葺き方

金属板葺きの材料と工法

屋根を銅板で葺くことの起源は古代ローマにまで遡るといわれるが、現在では非常に多様な金属板が用いられている。金属屋根は瓦屋根に比べて軽量であり、骨組への影響が小さいため構造上有利とされ、葺き材の材質によっては耐久性も非常に高い。一方、断熱性や遮音性などマイナス面もあり、下地などで対応することも必要とされる。意匠面では重厚な表現から軽快な表現まで幅広くできるが、住宅では軽快さを求めることが多いようだ（**写真1～4**）。

金属屋根の主な葺き材には、**図1**に挙げるような材質のものがある。特にメーカー指定しなくてよい種類もあるが、図中では一般名称による表記を採っているため、設計に当たっては具体的なメーカー名や商品名、表面処理の方法などを確認して、仕様に反映させたい。

金属板で注意したいのは、異なる種類の金属同士だと接触面に水分がある場合に電食を起こすことである。そのため、釘

写真1 一文字葺き。軒先をシャープに繊細な納まりでまとめられる。銅板で葺くと緑青を吹くが、都市部では黒ずんでしまうことも多い

写真2 菱葺き。一文字葺きとは屋根の表情が大きく異なる。軒先や螻羽（けらば）側を部分的に一文字葺きとするデザインも考えられるだろう

図1 主な金属屋根材料の分類

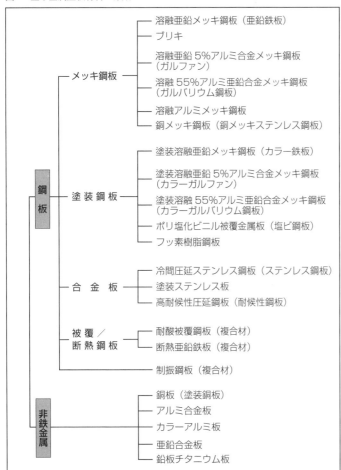

図2 金属屋根の主な葺き工法

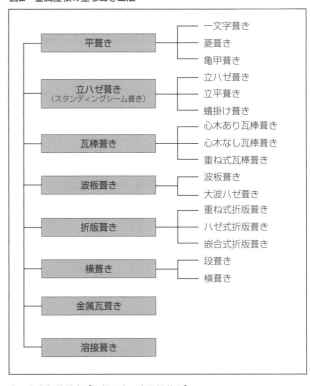

表　私家版仕様書【屋根工事／金属板葺き】

仕上げ	材料	・葺き板の材質はJIS規格品あるいは同等品とする 材質（　　　　　　　） 色　（　　　　　　　） 厚み　☐ 0.35 mm　☐ 0.4 mm　☐ 0.5 mm メーカー・商品名（　　　　　　　　　）

や止付け金物、役物には同一素材を用いることが原則となる。

図2にみるように、金属屋根の葺き工法にはさまざまな種類があるが、基本的にはハゼのかみ合わせで葺き板同士の継手を一体化し、雨水の浸入や強風による吹上げにも対処できるよう、各部に吊子や役物を用いて野地板や広小舞、淀などへ固定する方法である。役物の板厚は、屋根材と同じ厚さか1ランク上のものを使うことが原則である。住宅で用いられる代表的な工法は以下に挙げる3つである。

①平葺き(図3)

小さな矩形の葺き材の四周にハゼをつくり、それらを引っ掛け合わせてつないで屋根を葺く工法である。葺き材は、継手のハゼに吊子を掛け合わせることにより、屋根下地に固定する。

②立ハゼ葺き(図4)

ロールの長尺板を用いて、溝板の流れ方向に継目をつくらず、左右の立上げを吊子と一緒に巻きハゼとして葺き上げる工法。施工方法によっては1寸勾配程度の屋根でも可能である。一次曲面への追従も比較的容易であり、繊細な表現が可能な工法といえる。

③瓦棒葺き(図5)

1寸勾配程度の屋根でも可能で、心木を用いる方法と用いない方法とがある。ともに長尺板の溝板を吊子とキャップで巻きハゼに納めて葺き上げる。

錺り金物

各部の水切り、雨押え、見切りなどの板金工事(錺り金物)については、詳細図などでの納まりの図中表記を原則とし、材料は屋根材と共通のものを使うことも多いが、材質に関しては具体的に仕様書に表記するようにしたい。また、樋については注文製作物から多様な既製品まで幅広く、設計意図を示す程度の表記でよいだろう。

写真3 立ハゼ葺き。事例は小規模公共施設だが、シャープな軒先が現代的な表現となっている。曲面屋根にも対応できる工法がデザインの幅を広げる

写真4 瓦棒葺き。切妻屋根に片流れの換気窓を設けた心木ありの瓦棒葺き。心木の断面形状、鼻先の処理などを工夫すると表情も変わる

図3 平葺き

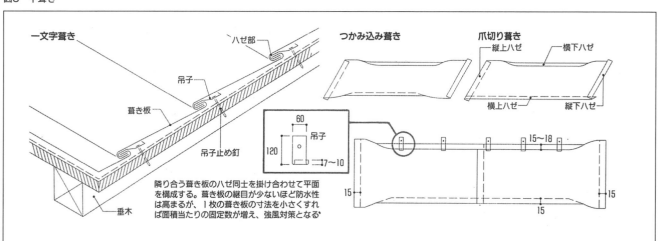

図4 立ハゼ葺き

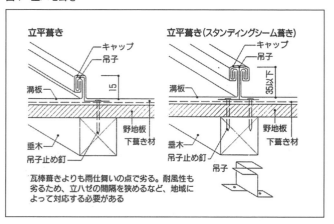

図5 瓦棒葺き

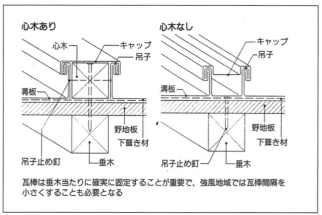

写真4撮影:奈良岡忠

金属板葺きの納まり

ここでは、一文字葺きと心木なし瓦棒葺きの標準的な納まりを例として考えてみる（**図6・7**）。一般に軽量である金属板葺き屋根は、強風に抵抗するために、葺き板は吊子や付子、唐草などにハゼ、あるいはつかみ込みで確実に止め付けて固定することが基本となる。棟では棟板を下地として棟包みを被せ、葺き板を立ち上げたり、唐草を用いるなどして止め付ける。軒先と螻羽（けらば）は、唐草をつかみ込むことで同様に納めることができ、あるいは通し付子を使うことも考えられる。壁際では、下葺き材と雨押えの壁への立上げを十分に取るようにする。また、雨押えなどの下地を設け、壁際端部で葺き板を確実に固定することが求められる。

図6は部位別のごく一般的な標準図である。そのほかの部位や納まりのバリエーションはその都度検討してほしい。

金属板葺きの納まりや施工方法はすでに完成されたものといえるため、現場に「一文字葺きで仕上げてくれ」と伝えるだけでも、滞りなく工事が進むケースも多いだろう。しかし、計画に当たっては必ず詳細図を作成して、設計者としての意図を明確にすることも忘れてはならない。

現場における確認作業の基準とする意味でも重要である。そのため、私家版仕様書についてもそうした図面を参照することを前提に、施工者との打合せを重視する内容にしている。

また、私家版仕様書では、関連工事のなかでも各部水切り・雨押えや樋に関する事項を明記している。特に樋は性能的な仕様という意味だけでなく、軒先や落し口の位置が外観の重要なポイントとなるため、図面などで十分に検討しておく必要があろう。現場監理のなかでも、施工前にそれらの位置や引き回しの方法を確認しておかないと、設計意図とは異なる納

図6　一文字葺きの部位別納まり詳細図

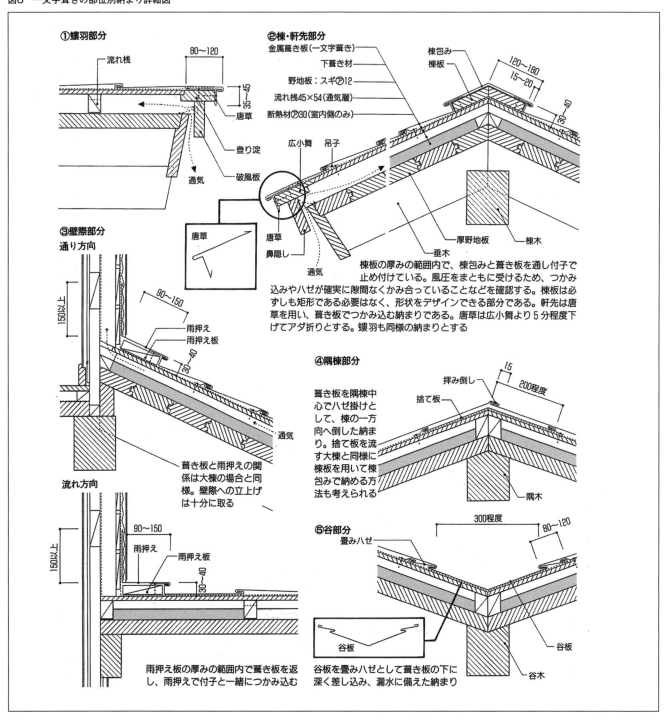

まりになってしまう可能性もあるので注意したい。

下地構成の考え方

野地板など下地の構成は、瓦葺きの場合と基本的には同様である。ただし、大棟からの立ち上がりの小さな棟換気についてはあまり肯定できない。軒先、破風は同様の納まりで、通気層はつながっており、棟の前後の気圧差による通気も可能ではないかと考えるからである。棟換気のほうが効果的であるのは明らかだが、既製品を用いる場合などは屋根材料と電食を起こさないような素材でなければならず、注意したい。

木造の骨組に対しては各部位ごとに空気の流れをつくり、木の乾燥状態を維持できるように考えたい。外壁が大壁の差掛け屋根の例では、外壁の通気層へ空気の流れをつなげ、排気は軒下で行う。

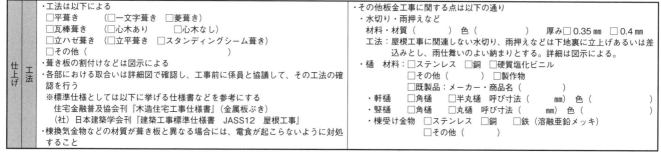

表　私家版仕様書【屋根工事／金属板葺き】

図7　瓦棒葺きの部位別詳細

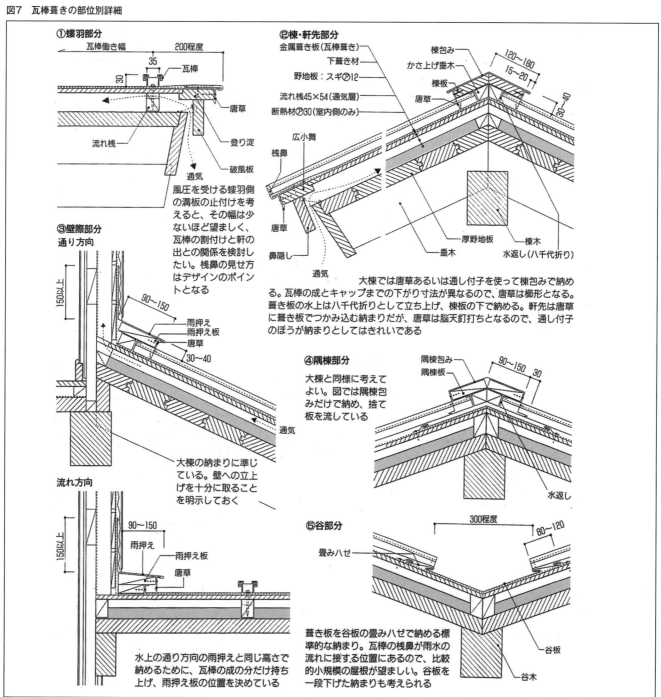

[私家版]流現場監理術 1
屋根工事

チェックポイント①
下葺き材は防水の要

屋根の漏水予防対策として、葺き材の仕様だけではなく下葺き材についても、品質の確認、重ね代の十分な確保、壁際などにおける十分な立上げや、谷・棟部での増し張りなど、確実な施工が重要となる。

また、施工途中の強風雨などによる破損を防ぐために、下葺き材はしっかりと止め付け、仮に破損した場合には張り替えや重ね張りを施す。季節によっては雨天が続き、屋根がなかなか葺き上がらない可能性もある。そのような場合には、下葺き材が十分乾燥してから屋根工事を再開すべきである(**写真1**)。

チェックポイント②
瓦葺きの施工方針の確認

施工業者によって工事に対する考え方が異なることも多い。仕様書もしくは図面に細かく意図が示されていても、葺き土や止め付け釘の仕様などは、設計者が施工前に再度確認しておきたい(**写真2**)。

施工計画の確認・調整を行う場合に基本となるのは設計図だが、細部までその内容を理解し、不明点がある場合(多くは複数部位間の取合いで問題が生じやすい)には、事前に解決しておく。

仕様内容に関する調整は施工価格にも影響する。工事見積り以前に行うことが望ましいが、そうもいかない場合のほうが多く、経験がものをいうことになる。

チェックポイント③
施工区分および工程の確認

下葺きに関しての注意事項ですでに触れたように(**182頁参照**)、瓦桟は軒先と棟の納まりを考慮し、瓦寸法によって割り付けられなければならない。また「縋る」などの袖瓦納まりを考慮して破風板位置を決め出さなければならない点などは、取合いにも関係する。

一般的な施工区分では、下葺きや瓦桟の施工は屋根工事に含まれるが、実際には大工工事として、大工職の手になる現場が多い(008頁のフローチャートでは、屋根職の範疇に入れている)。そのような場合には、瓦の割付け図を瓦施工店から事前に提出してもらうとよいだろう。また、捨て谷や雨押え、水切りなどの板金工事(**写真3**)との絡みも出てくるため、現場での各職方間の意思疎通を図り、事前に打合せを行い、施工区分や工程を確認し合うことが重要である。

チェックポイント④
瓦桟は浮かせる

瓦の裏まで回った雨水が下葺き材の上を溜まることなく流れ落ちるように、必ず瓦桟と下葺きとの間に隙間をあける。そのため、縦桟木(木摺り)を流した上に打ち付けることが原則となる。現在では樹脂でできた既製の縦桟木も市販されているので、活用したい(**写真4**)。

縦桟木は一般に垂木当たりに打ち付けるが、その間隔が1尺5寸(455㎜)程度もある場合には、瓦の重みで瓦桟がたわんでしまうこともある。そのようなときには、瓦桟には断面が大きめの材を指定して強度を保つ。

現在では、下葺き材自体の表面が凹凸状に加工され、瓦桟を直接打ち付けても浸入した雨水の流れを阻害しないような製品(**183頁写真3**)もある。縦桟木の工程が省略でき、瓦桟を止め付ける釘の間隔も狭くなるので安定性もよいだろう。

チェックポイント⑤
端部の納まりの確認

瓦屋根の各端部、すなわち棟・軒先・袖・鬼などの役瓦については、形状や仕様の確認を十分に行いたい。役瓦の用い方は屋根の意匠性に直接影響し、重厚な表現にも軽妙な表現にもできる(**写真5**)。また、壁際の雨押え部分での割熨斗の納まり(**写真6**)などは、見え掛かりばかりでなく、性能上も重要といえる。

瓦は波打つような状態に葺かれるため、各種面戸や雀口などの取合い部分で隙間が生じる。こうした隙間を処理するための仕様も、意匠・性能上で重要といえるだろう。

面戸部分などには葺き土の表面に南蛮漆喰や漆喰を面戸鏝で塗り付け、防水性を

写真1 野地板の上に葺かれたアスファルトルーフィング。工程が天候に左右されるが、破損などにはくれぐれも注意したい

写真2 桟瓦なじみ葺きの施工の様子。葺き土を用いない空葺きも多く見受けられるが、施工業者と事前に施工仕様の確認を行いたい

考慮した仕様を指定する。あるいは、面戸瓦（**写真7**）を指定することも考えられる。

チェックポイント⑥
棟下の瓦は必ず瓦桟に引っ掛ける

屋根の流れ方向の葺上げ最上部に葺かれる桟瓦が必ず瓦桟に引っ掛かるように、屋根全体の瓦割付けを行うことが原則である。寸法上、割付けがうまくいかないようなケースも生じるだろうが、瓦の切込み深さを大きくして割付けを調整するなどして、見栄えよく対応することも考えられる（**写真8**）。

チェックポイント⑦
瓦棒先端の納め方

住宅規模の金属屋根工事なら、平葺き、瓦棒葺き、立ハゼ葺きなど、葺き方さえ決定すればある程度は現場任せでも納めてもらえるだろうが、各端部の取合い程度は確認をしておくべきだろう。

写真9は、瓦棒の先端小口を唐草部分に収束させ、シャープな軒先の納まりとした事例である。

チェックポイント⑧
関連工事（板金工事）

屋根の仕上げに限らず、一般的に各部の水切り（**写真10**）や雨押えなどの雨仕舞いは板金で納める。立上げや返し、見付けの寸法など、詳細は図面に表現しておく。人が触れる可能性のある場所で板金を切りっ放しにしたり、ピン角の折曲げを放置したりすると非常に危険であり、監理者としても特に気を配りたい。

写真3　板金工事の範疇である壁際の捨て谷（写真上）と谷板（写真下）の取付けは、瓦葺き工程の前にすませる

写真4　下葺きから瓦桟を浮かせる木摺り（樹脂製のもの）。軒先雀口には面戸板が取り付けられている

写真8　最上部の桟瓦は、瓦桟に引っ掛けるために切込みをさらに深く欠き取り（写真左）、葺き足の調整をしている。写真右では、上から2列目の葺き足が短いのが分かる

写真5　棟の納まり2例。写真上は瓦葺きによる重厚な鬼瓦・棟の納まり。写真下は熨斗瓦を用いない、紐丸瓦による軽い表現で、袖瓦には紐袖瓦を用いている

写真6　下屋根壁際での割熨斗の納め方。銅線で固定している様子が分かる。葺き土には南蛮漆喰を用い、面戸もそのまま仕上げている。この上に板金で雨押えする

写真7　築地塀の屋根。面戸瓦を用いて面戸を納めている

写真9　瓦棒葺きの軒先をシャープに納めた例

写真10　付け土台水切り。柱際は立ち上げ、首切りして差し込んでいる。先端は玉縁仕上げ

[張る] 板／外壁

私たちの国では気候や地勢が与えてくれた豊富な樹を
近年まで建築用材のほか、生活の資源としても利用してきた。
外壁に木の板を張ることもごく普通に行われてきた。
しかし戦後の建築に関する法令で木材は燃えやすいものと評価をくだされ
外壁は不燃性を謳った新建材に取って代わられ、町並みは画一化していった。
しかし最近、木材の表面は炭化すると中まで燃え難いことが見直され
軒裏の野地板や面戸板では厚さがあれば木材が使えるようになった。
今後は同様な再評価が外壁の板張りでも期待できる。

見直したいムク板張りの外壁

　外壁には風や雨露をしのぎ、外部の厳しい熱環境を和らげるなど、住む人にとって快適な環境をつくり出す性能が求められる。最近の住宅では省エネ化が進められており、建物のエネルギーの出入りを小さくするために気密性に重点が置かれ、外壁においても建物を密閉する傾向にある。確かに、室内外の大きな温度差は気圧差に相当するので、小さな隙間でもエネルギーの損失は大きくなる。

　気密化を進めていくと、機械などで計画的に換気して新鮮な空気を供給しないと、人の住めない室内環境になる。高気密・高断熱の住宅はもっぱら冬の省エネに配慮しているため、夏には室内の生活熱などがこもって冷房設備がないとしのげない。また、冬に熱環境的に弱点となる開口部を小さくする傾向にあるため、注意深く通風を計画しておかないと、気候のよい春や秋も快適には過ごせない。この行きすぎた住まいのあり方は健全ではなく、自然のなかにあるべき住まいの本質を見失ってはいないだろうか。

　私家版仕様書では高気密・高断熱ではなく、自然環境となじみやすい方向で考えることにしたい。選択する材料についても製造エネルギーが小さくて済み、廃棄するときも環境的な負荷が小さいうえ建物の寿命に応じて再生産できる持続可能な材料を選択したい。

　ならば答えは明らかで、自然素材がよく、外壁に張るものといえば、一時期住まいから遠ざかったものの、ムク板がよいということになるだろう（**写真1〜4**）。

外壁を法的な制限から考える

　法規では延焼防止のために、外壁の仕上げを規制することがある。1階では隣地境界線または道路の中心線から3m、2階では5m以内の外壁の部分を延焼のおそれある部分として、防火地域・準防火地域に指定された地域内の一定規模以下の建築物では、建物の外壁を防火構造の性能を持つ仕上げにすることが定められている。また、建築基準法23条によって市街地の区域内の木造建築物には、準耐火建築物を除き、延焼の恐れある部分の外壁には準防火性能以上の延焼防止の仕様が求められている。

　現在、防火の指定のない地域内に建つ木造住宅の外壁でも、モルタルを塗ったものや窯業系のサイディングを張ったものが多くなっている。モルタルは丁寧に施工しないとクラックが入りやすいうえ、水を使う湿式なので乾燥に時間がかかり工期も長くなるので最近は避けられる傾向にある。その結果、乾式で工期も短くて済むサイディング仕上げが非常に目に付くようになっている。サイディングの多くは個別に防火構造の認定を取得し

写真1　造り酒屋の建物。軒の出は小さく、ほぼ妻壁いっぱいまで竪羽目板を張り上げている。羽目板の厚みは比較的薄く、継目は上の板を重ねている

写真2　伝統的な町並みに建つ風格の漂う住宅。骨太の線を露した真壁造の腰を簓子下見板張りで納めており、建物全体の雰囲気によく調和している

ていて、その多くは防火指定のある地域でも使用できる。当然、法23条地域でも外壁仕上げ材として使えるので、地域の指定に係わりなく安易に選択されているようだ。近年では、木材も火災の時に表面が炭化することで燃焼が遅くなり、所定の防火性能があることがよく知られているが、今のところ、厚野地板の軒裏天井と厚板の面戸のみ認められている。

近々同様の評価で外壁などでも認められることだろう。使用可能な条件があるならば、板材を積極的に選択したいものである。

土塗り壁の場合は、法23条地域の延焼の恐れある部分でも下見板張りが可能である。平成12年5月24日建設省告示第1362号木造建築物等の外壁の延焼のおそれのある部分の構造方法を定める件によると「真壁造とする場合の柱及びはりの部分については、この限りでない。(一部略)土塗壁(裏返塗りをしないもの及び下見板を張ったものを含む。)」とある。また、昭和56年6月1日建設省告示第1100号によると壁厚が厚いほうが耐力があることも考えると、若干の費用は掛かるが裏返塗をした荒壁の上に板を張るとよいだろう。

長寿命の外壁を考える

法的な問題さえなければ、外壁はすべて板張りでよいというわけでもない。外部に板を張る目的は長寿命の架構体と、壁が土塗り壁の場合はその両方を保護する意味もある。板壁は雨晒しの状態では当然傷みやすいので、少しでも寿命を永らえるための配慮が重要となる。板壁の保護のために最優先すべきことは、建物の軒の出を充分に確保しながら、水切れのよい納まりにすることである。

また、室内に張る板はあまり耐候性が問われないのでほとんどの材が使えるが、外部では耐久性の高いヒバ、ヒノキ、スギなどを選びたい。いずれの材でも性能的には心材が腐りにくく優れているが、材の種類や等級、板厚はコストに大きく影響するので、建築費の予算枠のなかで適切に選択し、場合によっては白太(辺材)混じりの板でもやむを得ないと思う。耐久性は若干劣るが、地域によってはカラマツなども選択の範囲としてもよいだろう。

板壁の塗装については、意匠と予算との兼ね合いによって環境負荷の少ない保護塗料を塗るのもよいが、前述した2点に十分配慮すれば必ずしも塗装を施さなくともよいのである。風食しながらも銀鼠色に輝くスギ材の古い下見板は、美しく見えることさえある。

外壁の維持管理を考える

建物には維持管理が欠かせないが、なるべくなら手のかからないほうがよい。軒の出のない建物の外壁に板を張ったものも見かけるが、保護塗料を塗るからよいと思っているのだろうか。板壁は最悪の場合、更新ができるのも利点だが、耐久性に配慮しないとしばしば塗装することになり、寿命も短くなってしまう。板を乾燥させる納まりにすれば雨風で変色はするものの、外壁の機能は容易には失われない。日常的な維持管理は、目視で腐れやずれがないか確認すれば十分だろう。

一説によれば、板の風食は10年で1㎜といわれている。吹込み時に雨掛かりとなる部分はそれより早く傷むにしても、優に数十年はもつことになる。そこで私家版仕様書では、法規制などのある場合を除き、外壁にはまず、板を張ることを検討するようにしたい(表)。

表 私家版仕様書【外壁板張り工事】

下地	材料	□スギ □マツ □ヒノキ □( ) □一等材 □( )
	工法	・羽目板張りの場合 胴縁 □15×45 □18×45 □24×45 □30×40 間隔 □303 mm □365 mm □455 mm □( )mm ・下見板張りの場合 □間柱を下地とする ※「柱」の項仕様書を参照のこと □縦胴縁を用いる 寸法( )mm 間隔( )mm
防水紙	材料	・通気性のある材料を選択する メーカー・商品名( )
	工法	・タッカーを使用して下地に200mm間隔で堅固に取り付ける。出隅・入隅部は増し張りをする
断熱材	材料	・□炭化コルクボード □吹込みセルローズファイバー □シージングボード □( ) 厚み(mm)
	工法	・隙間がなく、長期間にわたって移動しないように堅固に取り付ける □( )
仕上げ	材料	・□スギ □マツ □ヒノキ □ヒバ ・□特一等材 □上小節 □小節 □無節 ・仕上がり寸法(mm) ・仕上げ程度 □超仕上げ □台鉋仕上げ □プレーナー仕上げ □( ) ・板傍加工 □なし □相决り □本実 □雇い実 ・付属物 雇い実: 材料( ) 寸法(× mm) 押縁・目板: 材料( ) 寸法(× mm) ※押縁の形状は図面を参照のこと
	工法	・固定用金物は以下のものを使用し、下地ごと堅固に止め付ける □ステンレススクリュー釘 □真鍮丸頭釘 □つぶし頭鉄丸釘 □ステンレスビス 長さ( ) ・目透かし・羽重ねは( )mm程度とする ・継手は下地または柱の位置で突付け継ぎとする ・羽目板張りの場合 □竪羽目板相决り張り □竪羽目板本実張り □竪羽目板雇い実張り □竪羽目目板打ち □竪羽目押縁止め □大和張り □( ) ・下見板張りの場合 □南京下見板張り □ドイツ下見板張り □押縁下見板張り □簓子下見板張り ・付属物 □目板・簓子 材料( ) 寸法(× mm) □出隅見切り 材料( ) 寸法(× mm) □入隅見切り 材料( ) 寸法(× mm) □腰の見切り 材料( ) 寸法(× mm) □裾の見切り 材料( ) 寸法(× mm) □( ) 材料( ) 寸法(× mm) ※水切り板金などは図面により、仕様は屋根工事に準じる

写真3 簡単に更新ができるようにパネル化した押縁下見板張りの外壁。建物から突き出した大きな折れ釘にカンヌキのような木材を落とし込んで固定する

写真4 板材は、現代の住宅でも十分に使える外装材である。写真の外壁は、下見板ごとに水切りのような見切り材を入れたおもしろいデザインにしている

CheckPoint 1
板壁の下地のつくり方

板を張るには木材の下地が必要となり、縦に板を張る場合は303～455mmほどの間隔で流した胴縁に釘などで固定し、横に張る場合は455mm程度の間隔で入れた間柱や縦胴縁に固定していく。

現代の多くの木造建築は、乾式工法が大勢を占めているため、間柱のみを下地とする形式が多い。内外ともに大壁の場合は、柱と同じ幅の間柱を建てて下地とする(図①)。外壁側に板を横張りするには、この間柱が直接の下地となり、縦張りの場合は、この間柱に胴縁を横に流して下地とする(図②)。内部のみが真壁の場合は、間柱の見込み寸法が変わってくるが、外壁側の下地は図②と同じである(写真1、図③)。

本書の架構編では、構造を兼ねて1寸(30mm)ほどの厚い通し貫を下地とする仕様も考えている(図中写真、図④)。厚みのある通し貫を用いれば、板張りの下地として、直接真壁に納めることも可能である。昔の建物などではこの仕様を見かけることもあるが、断熱に比重を置いた今日の建物では、壁は薄くて軽量なので納

写真1　間柱下地の例。内部は間柱に胴縁を流し、ラスボードの上に漆喰塗り仕上げ、外部は間柱に押縁下見板を張る

写真2　厚い通し貫と間柱下地の例。内部は通し貫にラスボードを張って土塗り壁、外部は下見板で仕上げる。120mm角の柱に30mm厚の通し貫は心々で、45mm角の間柱は455mm間隔で入れられている

写真4　40mm厚の竪羽目板に15×40mmの雇い実を入れた目透かし(20mmほど)張りの例。腰見切り板を土台の外側に取り付け、その板に直接竪羽目板を張る

写真3　内部が土塗り壁、外部が下見板張りの下地の例で、厚い通し貫の外部に間柱を沿わせている。荒壁は片面を塗り終えたところで、この後外部から裏返し塗りをして、十分に乾いてから下見板を張る

写真5　竪羽目板打ちの例。厚い通し貫に直に18mmの板を張り21×30mmの目板で押えた外壁

図　板壁の下地の主な種類

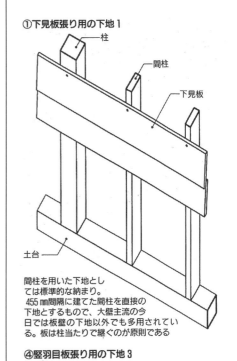

①下見板張り用の下地1 — 柱、間柱、下見板、土台

間柱を用いた下地としては標準的な納まり。455mm間隔に建てた間柱を直接の下地とするもので、大壁主流の今日では板壁の下地以外でも多用されている。板は柱当たりで継ぐのが原則である

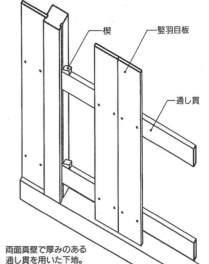

④竪羽目板張り用の下地3 — 楔、竪羽目板、通し貫

両面真壁で厚みのある通し貫を用いた下地。伝統的な建物では数多くみられるが、雨仕舞いが難しく、深い軒を出せる場合以外は下地として採用できないので、現在ではほとんどみられなくなった

まりを工夫するとよい。両面を真壁とし、内壁を左官仕上げにする場合の木下地もこの形式である。

厚い通し貫を用いて外壁を大壁の板張りにするときは、通し貫に直交して間柱を沿わせるが、この交点を釘止めしておくと、しっかりとした鳥籠状の下地ができる（**写真 2・3、図⑤**）。腰を板張りにする場合も、必要な高さまで間柱様の部材を建てて板張りの下地とする。

間柱下地は、下見板のように横に板を張る場合、そのまま板を張れるので都合がよいが、竪羽目板張りのときには、この下地にさらに胴縁を取り付けなければならないため、材料と手間は余計にかかる（**写真 4・5、図⑥**）。

板を縦張りにするか、横張りにするかを、単に意匠上の理由だけで決めるのではなく、下地の状況も考慮しながら決定すべきである。下地が土塗りの場合は、荒壁を塗り上げる前に間柱を取り付けておくとよい。荒壁を塗った後では、貫と間柱の交点に打つ釘の振動によって荒壁に悪影響が出るので注意したい。これと同様に、内部が土塗り壁下地の左官仕上げで外壁が板張りの場合も、仕上げ塗りを行う前に板を張り終えるように施工手順を考えたほうがよい。土塗り壁でない外部板張り仕上げのときは、断熱材を施工することが多いので、材質や厚さ、固定法なども勘案して下地のつくり方を決めるとよい。

板張りの下に防水紙を張るかどうかも十分に検討したい（**図⑦**）。板張りは適度な隙間があることによって板裏の換気が行われ、その下にある土壁や木造の構造体を乾燥状態にする働きをしている。また、雨仕舞いについても屋根の瓦と同様、絶対に水が浸入しないようにするのではなく、もし浸入しても速やかに排出するように考える。したがって防水紙を施工する場合も、板張りのよさを損なわないような通気性のある防水シートを選定する必要がある。

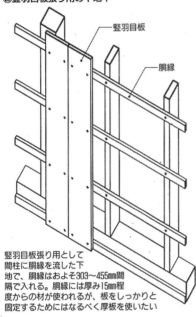

②竪羽目板張り用の下地1

竪羽目板張り用として間柱に胴縁を流した下地で、胴縁はおよそ303〜455mm間隔で入れる。胴縁には厚み15mm程度からの材が使われるが、板をしっかりと固定するためにはなるべく厚板を使いたい

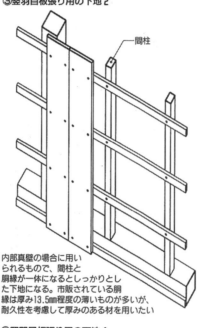

③竪羽目板張り用の下地2

内部真壁の場合に用いられるもので、間柱と胴縁が一体になるとしっかりとした下地になる。市販されている胴縁は厚み13.5mm程度の薄いものが多いが、耐久性を考慮して厚みのある材を用いたい

厚い通し貫を用いる場合は、建て方時に建込み入れで納める。写真の建物の外壁は外断熱の板張りなので、この後に間柱を建て込んで外壁の下地とする

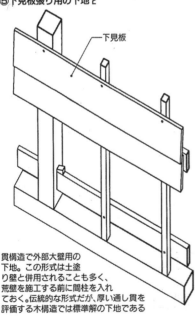

⑤下見板張り用の下地2

貫構造で外部大壁用の下地。この形式は土塗り壁と併用されることも多く、荒壁を施工する前に間柱を入れておく。伝統的な形式だが、厚い通し貫を評価する木構造では標準的の下地である

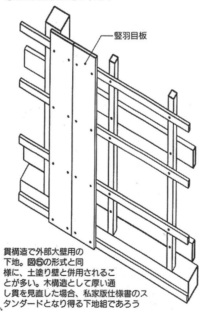

⑥竪羽目板張り用の下地4

貫構造で外部大壁用の下地。図⑤の形式と同様に、土塗り壁と併用されることが多い。木構造として厚い通し貫を見直した場合、私家版仕様書のスタンダードとなり得る下地組であろう

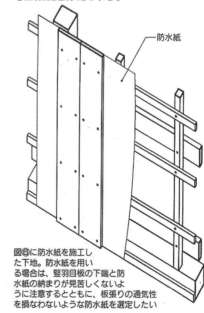

⑦竪羽目板張り用の下地5

図⑥に防水紙を施工した下地。防水紙を用いる場合は、竪羽目板の下端と防水紙の納まりが見苦しくないように注意するとともに、板張りの通気性を損なわないような防水紙を選定したい

CheckPoint 2
断熱材の入れ方

木組みの家は、壁内に構造として「通し貫」が入っているが、ほとんどの断熱材が問題なく使用できる。特に吹込み式セルロースファイバーは、貫が断熱材の沈み込みを抑える効果が期待でき、相性のいい断熱材といえる。木の繊維系断熱材も同様に適している。

外部が大壁なら柱より外に断熱材を足していく「付加断熱」によって、さらに断熱性能を向上させることが可能だ。

躯体の断熱化と同時に、気密性能もコントロールできなくてはいけない。

断熱材は隙間なく施工し、防湿シートの重ね部分やボード断熱材の継ぎ目は必ず気密テープで目張りする。結露対策は、基本的に「通気工法」を採用し、壁内の透湿抵抗を"壁内側で上げ、室外側で下げる"ことで、室内から壁体内への水蒸気の浸入を防ぐ。つまり、室内側のラスボードや石膏ボードの裏には、ポリエチレンシートなど透湿抵抗の高い素材を、通気層に近くなるにつれダイライトなど透湿抵抗の低いものを採用する。

空気が行き来する「気流」と、水蒸気が行き来する「透湿」は別である。高性能グラスウールなど吸放湿しない素材の場合は、両方の気密を考慮し、透湿抵抗の高い素材で水蒸気を遮断しないと、壁内に浸入した水蒸気がグラスウールの断熱性能を大幅に下げてしまう。

木組みの家では、吸放湿性能のある自然素材系断熱材で、壁体内結露を防ぐこともお勧めしたい。たとえば、木の繊維系断熱材やセルロースファイバーを用い、通気層の直前に透湿防水シートを施工して、水蒸気の動きを妨げないようにしながら外部からの防水を実現できる。こういった仕様は、定常計算または非定常計算で、結露の危険性を検討して採用する。

また、木の繊維系断熱材やセルロースファイバー断熱材は、「熱容量」が大きいので、室温の変化を穏やかにし、より快適な温熱環境をつくってくれる。

断熱と結露の原理原則をよく理解し、さらに新しい納まりを検討してほしい。

図 板壁の断熱材の納まり

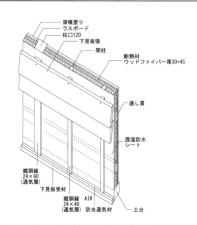

①下見板張・内部漆喰：充填断熱

間柱下地の一般的な納まりで、ほとんどの断熱材が使える。板張りの場合、胴縁を通気胴縁と併用できる。この場合の胴縁は21mm以上とする。
「室内側の透湿抵抗を高く、室外側（通気層直前まで）の透湿抵抗を低く」という通気工法のルールを徹底すれば、内装材は何を使用してもよい。
木の繊維などの吸放湿性能のある断熱材なら、壁構成を定常計算・非定常計算で結露の恐れのないことを確かめれば室内側の防湿フィルムを使わない設計も可能

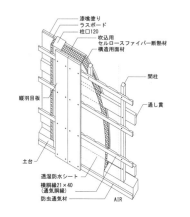

②竪羽目板張・内部漆喰：吹込充填断熱（室内側構造用面材）

吹込み用セルロースファイバー断熱材は、貫構法と相性がよい。セルロースファイバーは壁内に隙間なく吹込むが、長い間に断熱材の自重で沈んでいくことがあり、断熱性能は大幅に落ちる。貫構法なら貫が断熱材を支える役目を担い沈む心配がない。
吸放湿性能のある素材を採用しても、通気層を確保することと、通気層の手前の透湿防水シートは必要である。
縦板張りの場合、下地が横胴縁となるため通気のために十分な隙間のある「通気用胴縁」を採用するとよい

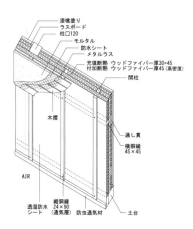

③外部モルタル・内部漆喰：充填断熱 ＋ 付加断熱

外部をモルタルで仕上げる場合も考え方は同じである。ここでは付加断熱を45mm追加して、合計120mmのウッドファイバー採用している。室内側は、ウッドファイバーのように吸放湿と蓄熱性能に優れた自然素材系断熱材を使い、付加断熱には、断熱性能の高いフェノールフォーム系断熱材を気密テープで目張りして用いるという方法もある。その場合は、断熱性能が低くなりがちな自然素材系断熱と、吸放湿性能のないフェノールフォーム系断熱がお互いを補い合うかたちになる

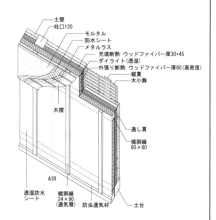

④外部モルタル・内部土壁：充填断熱 ＋ 付加断熱（屋外側構造用面材）

土壁の性能を生かすための壁構成である。土壁は吸放湿性能と蓄熱性能に優れた素材なので、外気をしっかりと断熱できれば、室内は快適な体感温度を得ることができる。横胴縁を入れて、外張りにするかたちで60mmの付加断熱とし、断熱性能を高めている。付加断熱はさらに増してもよい。構造用面材には、ダイライトを柱の外に設置している。ダイライトは透湿抵抗が低く、湿気の動きを妨げないため、通気工法と相性のよい建材といえる

CheckPoint 3
竪羽目板の張り方

板を幅方向につないで張ることを「羽目板張り」といい、羽目板を縦に張ったものを「竪羽目板張り」と呼ぶ。板の張り方で最も簡単なのは突付け張りで(図①)、板が乾燥して縮むと隙間ができてしまう。これを補う納め方が相决り張りなどであり(写真1、図②)、板を加工して重ね代を取り、板が縮んでも隙間があかないように工夫されている。このほかにも見掛け上は見栄えのよい殺ぎ張りや矢筈張りなどもあるが(図③)、実際には板の収縮によって隙間があくので、外壁では下地に捨張りを考えることもある。

これらの張り方は、厚板で目鎹釘を使う以外は釘が表に見えてしまう。釘が見えない張り方としては本実張り(図④)や雇い実張り(図⑤)があり、床や天井など他の部位でも用いられる。本実と雇い実の原理は同じで、板の傍(木端)をかみ合うようにオスメスに加工し、張り上げた面を揃える。本実は板自体を加工して実を付けるため、実際の板幅よりも有効な幅(働き幅)は小さくなる。雇い実は板の両側に溝を突き、この溝に別木を入れて雇いとするため板幅が有効に使えるが、最低でも18mm以上の板厚がないと板が割れてしまう。通常は本実も雇い実も実の飛び出した部分に釘などを打って止める。どちらも板の乾燥が不十分だと後で板が収縮して重ね部分に隙間が生じて、釘が見えてしまうことがある。外部のステンレス釘などでは光って余計目立ってしまうこともある。板厚が40mm前後になるとメスの部分に釘などが打てるので、板の継目が透いても釘が見えないですむ。

竪羽目目板打ちは12mm厚程度の目板を釘で打ち付けて押さえる(写真2、図⑥)。竪羽目押縁止めの要領は竪羽目目板打ちと同じだが、押縁を決ってある分、縦の通りが出しやすい納まりである(図⑦)。このほかにも同厚の竪羽目板を互い違いに張っていく大和張りがある(図⑧)。

図 竪羽目板張りの主な種類

①突付け張り
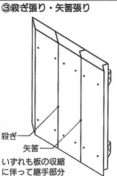
雨仕舞いに問題が発生しやすいので、雨のかからない部位に用いる。継目部分は透くことを前提にしておいたほうがよい

胴縁
釘

②相决り張り
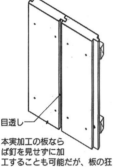
目透しでなくとも施工は可能だが、外部の苛酷な環境下では板の狂いが出やすいので、あらかじめ目透しにしておいたほうがよい

目透し

③殺ぎ張り・矢筈張り

いずれも板の収縮に伴って継手部分に隙間ができる。建築ではあまり使われなくなったが、建具では今でもよく用いられる

殺ぎ
矢筈

④本実張り
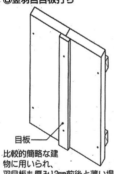
本実加工の板ならば釘を見せずに加工することも可能だが、板の狂いをできるだけ抑えるために釘打ちしておいたほうが無難だ

目透し

⑤雇い実張り
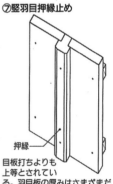
別木で実をつくるため働き幅が有効に使え、釘を見せず納めることができる。板の幅が広い場合は板の大面に釘打ちすることもある

雇い実(別木)
釘かビスで固定

36mm厚の羽目板に12mm厚の雇い実を用いた例

⑥竪羽目目板打ち
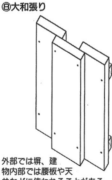
比較的簡略な建物に用いられ、羽目板も厚み12mm前後と薄い場合が多い。目板には12×40mm程度の細い材が使われる

目板

⑦竪羽目押縁止め
目板打ちよりも上等とされている。羽目板の厚みはさまざまだが、押縁の形状を工夫すればいろいろなデザインが可能である

押縁

⑧大和張り
外部では塀、建物内部では腰板や天井などに使われることがある。板の厚みを見せる意匠であるため、重厚な雰囲気に仕上がる

写真1 相决り張りの例。目透かしにしている分、意匠的にも陰影が付いて表情も豊かである

写真2 竪羽目目板打ちの例。幅242mm程度の羽目板を幅45mmほどの目板で押さえ、真鍮の釘で2ヵ所ずつ止め付けている

CheckPoint 4
下見板の張り方

雨仕舞いのために板を鎧の帷子のように重ねて張ったものを「下見板」という。一般的に下見板は、柱や胴差などと面を揃えた間柱を下地として張り上げる。

南京下見板張りは、厚み15mm以上で、幅175mm程度に仕上げた板を30mmほどの重ね代を取って、鎧のように張り上げる（図①）。通常、板材の断面は長方形で、長押挽き（断面が台形のもの）にしたものもあるが（図②）、特殊な製材を必要とするため最近では少なくなっている。

ドイツ下見板張りは、相決りで箱目地を取った板を張っていく方法で（写真1、図③）、施工の要領は南京下見板張りと同様である。意匠的には相決りで重ね部分の厚さが半分なので、南京下見板張りよりも平坦な感じに仕上がる。

押縁下見板張りは、張り重ねた板を上から押縁で押さえる張り方で、かつては頻繁に見受けられた。俗に「四分板」と呼ばれるスギ板を削り、仕上がりで厚み7.5mm、幅240mm前後にした薄い板を30～45mm程度重ねていき、釘で止めた上から15×45mm前後の押縁で押さえる（図④）。

簓子下見板張りは押縁下見板張りと同じだが、押さえる見切り縁が簓子形（「刃刻み」ともいう）をしている（写真2、図⑤）。仕事は押縁下見板張りよりも上等とされ、板もやや厚いものが使われる。現場で外壁として施工もされるが、あらかじめ枠を組んで裏から下見板を釘止めしてパネル化し、土塗り壁の腰の保護に利用されることもある（図⑥）。パネル化した下見板は仕上げ壁に突出した折れ釘に小割の角材で止めておく（写真3）。

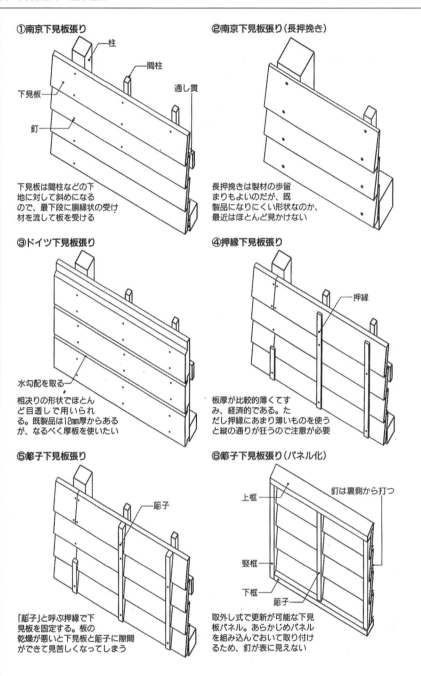

図 下見板張りの主な種類

①南京下見板張り
下見板は間柱などの下地に対して斜めになるので、最下段に胴縁状の受け材を流して板を受ける

②南京下見板張り（長押挽き）
長押挽きは製材の歩留まりもよいのだが、既製品になりにくい形状なのか、最近はほとんど見かけない

③ドイツ下見板張り
相決りの形状でほとんど目透しで用いられる。既製品は12mm厚からあるが、なるべく厚板を使いたい

④押縁下見板張り
板厚が比較的薄くてすみ、経済的である。ただし押縁にあまり薄いものを使うと縦の通りが狂うので注意が必要

⑤簓子下見板張り
「簓子」と呼ぶ押縁で下見板を固定する。板の乾燥が悪いと下見板と簓子に隙間ができて見苦しくなってしまう

⑥簓子下見板張り（パネル化）
取外し式で更新が可能な下見板パネル。あらかじめパネルを組み込んでおいて取り付けるため、釘が表に見えない

写真1 目透かしのドイツ下見板に押縁を施工した珍しい例。外壁は真壁で腰板張りとしている

写真2 簓子下見板張りの例。重なった下見板の傾斜に合わせて簓子を刻み込んでいる

写真3 簓子下見板パネルを折れ釘と角材で固定する。火災などの際に桟木を落とすと下見板が脱落して延焼を防止する

CheckPoint 5
板の継手の納め方

他の製材品と同様に、板材には定尺長さがあるため縦横を問わずに継手ができる。継手部分の板には特に意図した場合以外は面を取るのが普通である。面は材端の破損を防止する意味もあるが、張り上げるときの面精度の逃げでもあり、面なしのピン角では張るのに苦労する割に仕上がりがよくない。

竪羽目板の継手では、ある程度の板厚がある場合は胴縁部分で殺ぎ継ぎにするとすっきりとして見える(図1①)。板厚が薄いときは水切りが必要で、一般には金属板を加工してジョイナーとする(図1③)。また、図1④のように意匠的に見切り材を入れて処理する手もある。いずれにしても羽目板の継手は水切りがよく、雨水を停滞させないように納めるのが鉄則である。とくに竪羽目板の木口は水を吸い上げやすいので、隙間をあけて速やかに水を切らないと板が変色したり腐ることになるので注意したい。水切れを心がけることは金属の水切ジョイナーにした場合も同様である。ジョイナーに接して板を載せるのは好ましくない。隙間を空けてもシーリングを施すのは、板の下端の乾燥を害するのでさらによくない。

下見板の長さ方向の継手は見付け突付けの目違い継ぎがよいが、薄い板では目違いの加工ができないので、板厚に応じて張る板と同じ加工程度の突付け、相決り、実加工などで継ぐ(図2)。継手部分の見付けは、ピン角の突付けか糸面を取る程度で目透かしにすることは少ない。押縁や簓子の下見板では、間柱や柱の位置で突付け継ぎにし、上から押縁で押さえれば継目が見えない(図2)。

幅方向についても材の収縮を考慮して、相決りや本実などで目透かし張りにしておく手がある。たとえば、見付け突付け部分が板幅の方向で2mm透いたら見苦しいが、あらかじめ3mmの目透かしを取ったものが5mmになっても少しはましに見える。

図1 竪羽目板の継手

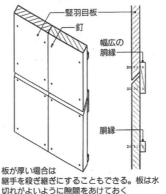

①厚板(殺ぎ継ぎ)

板が厚い場合は継手を殺ぎ継ぎにすることもできる。板は水切れがよいように隙間をあけておく

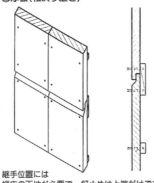

②厚板(相決り継ぎ)

継手位置には幅広の下地が必要で、釘止めは上端だけでもよいが、図では継手の上下を固定している

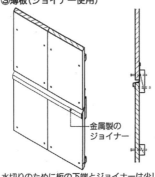

③薄板(ジョイナー使用)

水切りのために板の下端とジョイナーは少しあける。ジョイナーは板から最低でも9mm出し、板裏の立上がりは60mm程度ほしい

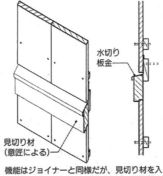

④薄板(見切り材使用)

機能はジョイナーと同様だが、見切り材を入れて意匠的に納めた例。見切り材は羽目板と同等かそれ以上に耐久性のある材を用いる

図2 下見板の継手

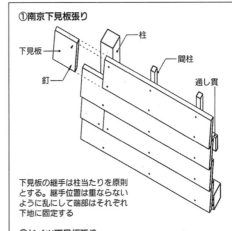

①南京下見板張り

下見板の継手は柱当たりを原則とする。継手位置は重ならないように乱にして端部はそれぞれ下地に固定する

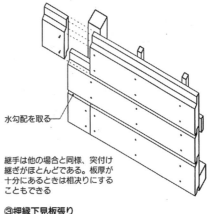

②ドイツ下見板張り

継手は他の場合と同様、突付け継ぎがほとんどである。板厚が十分にあるときは相決りにすることもできる

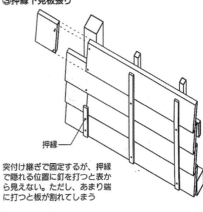

③押縁下見板張り

突付け継ぎで固定するが、押縁で隠れる位置に釘を打つと表から見えない。ただし、あまり端に打つと板が割れてしまう

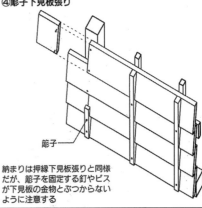

④簓子下見板張り

納まりは押縁下見板張りと同様だが、簓子を固定する釘やビスが下見板の金物とぶつからないように注意する

CheckPoint 6
開口部廻りの納まり［木製建具］

　板張りの外壁に木製建具を納める場合、水切り板金を用いなくてもよい部位は、十分に屋根に覆われた開口部だけで、これは竪羽目板張り、下見板張りを問わず共通している（図①・③、写真1・2）。

　ときに、横から吹き付けるように降る雨が、開口部の縦枠の小穴から入って下に落ち、板の上端から内部に浸入することもあるが、この小穴の周囲を不用意にシーリングすると、かえってよくないことがある。特に上枠と板の間をシーリングした場合、水が板の裏側に回ると外部に抜けずに上枠の上に滞留し、枠材の寿命を縮めてしまう。このため板張りの外壁では、絶対に雨は浸入しないと考えずに、万一、雨が浸入した場合でも、速やかに雨水を排出できるような納まりにすることが重要となる。

　雨がかかるおそれのある開口部には、必ず水切り板金が必要となる。上枠の板金は、板の裏側で90〜120mmほどの十分な立上がりを取り、縦枠の下地には捨て水切りを入れる（図②・④）。開口部下端の水切り板金は、捨て水切りを伝わって流れてきた水を外部に排出するように長めに納める。

写真1　避暑地の、今はなき洋館の郵便局で見つけた南京下見板張りにペンキ仕上げの外壁

写真2　木製引き戸と竪羽目板打ちの外壁。大きな屋根で板壁と木製引き戸を保護している例

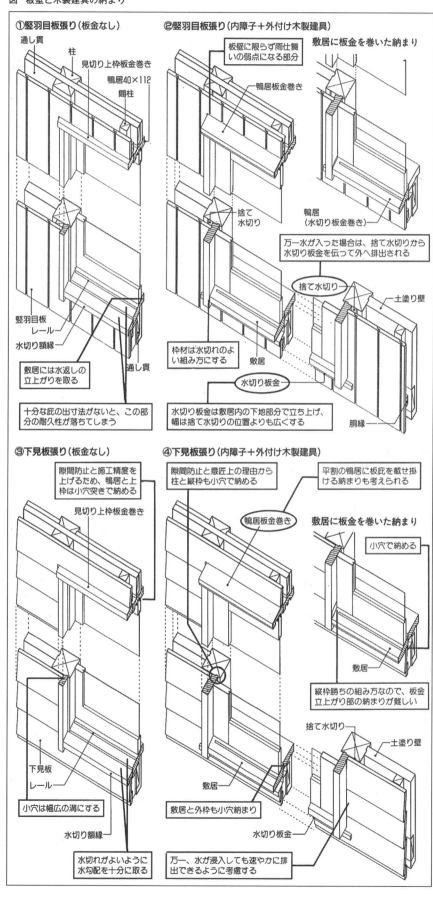

図　板壁と木製建具の納まり

CheckPoint 7
開口部廻りの納まり［アルミサッシ］

アルミサッシなどの金属製建具と板張り壁は、あまりなじみがよいとはいえない（図①・③、写真1）。アルミサッシとサイディングなどの外装材との取合い部は、シーリングで納めることが多く、サッシ自体の漏水は論外として、開口部の防水はシーリングの性能に負うことになる。ただし、サッシのツバが取り付く柱などの下地に、防水テープを施工したからといって安心せず、万一、壁の裏側に雨水が入っても、建物の内部に浸入しないような措置は考慮しておきたい。

サイディングなどで仕上げた外壁で、壁を密閉する場合は浸入した雨水の逃げ道がなくなり、壁体内の下地や構造材に悪影響を及ぼしてしまうので注意が必要である。

板張り壁の場合は、雨水が壁体内に入ることもあるという前提で考えるべきであり、木製建具と同様、アルミサッシ納まりのときにも不用意な隙間塞ぎのシーリングは避け、雨水を壁体内に溜めない配慮が重要となる。サッシに木枠を取り付けて納める場合は（図②・④）、木枠と板張り壁の取合いは木製建具に準じ、木枠とサッシの接する部位では、下端を除いてシーリングする手もある。

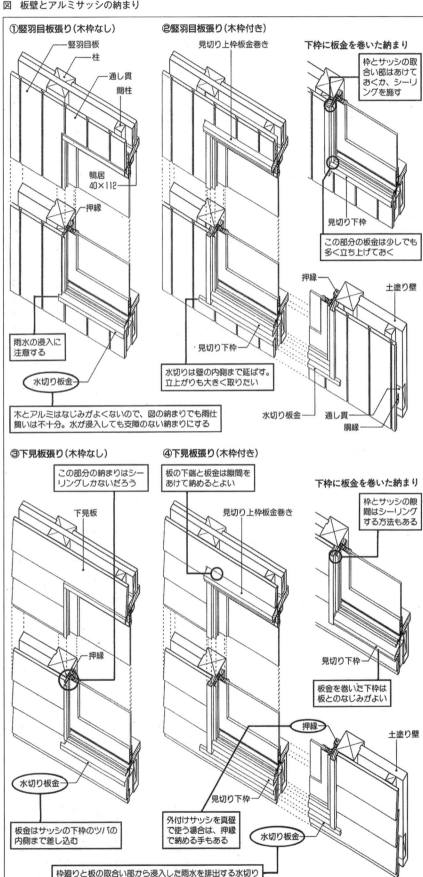

図　板壁とアルミサッシの納まり

写真1　竪羽目板打ちにアルミサッシの例。外額縁は木で廻し、竹の連子を付けて目立たない工夫をしている

CheckPoint 8
出隅の納まり

　板張り壁の出隅は、板同士を遣り違いや留めで納めるとすっきりとして見えるが、時間がたつと板の収縮で狂って隙間があいてくるので、防水紙を増し張りするか、捨て水切りを入れておくとよい。外壁の板は、風雨にさらされるという過酷な環境下にあるため、出隅は見切り縁で板の変形を押えるのを原則とする。

　図①は竪羽目板相決り張りで、一方の板の傍（木端）を仕上げ、出隅を遣り違いに納めている。例は少ないが出隅を留めで納めることもある。通常、竪羽目板張りの下地には胴縁を横に流すが、出隅に限っては幅広の縦胴縁を入れて捨て水切りを止め付けたり、仕上げの竪羽目板をしっかりと固定するなど、出隅の線がきれいに表現できるようにしたい。

　出隅に見切り材を設けると、見掛け上の隙間は見えにくいが、雨仕舞い上は捨て水切りを入れるなど、同様の配慮をしておく。図②は出隅に1本の見切り縁を取り付け、竪羽目板を納めた例で、見切り縁の大きさは建物全体の意匠的な脈絡から決定することになる（**写真1**）。一般的には板を張る前に、45mm前後の材を小穴部分で釘などによって固定しておく。見付け寸法が柱材ほどの見切り縁ならば、表現上は柱型になる（図⑨）。

　隅柱を一部露しにし、出隅に2本の見切り材を入れる納まりも比較的用いられており（図③）、図では柱に小穴を突いて見切り材を納めている。簡単な仕事では下地の柱も板決りの小穴も省略することがあるらしいが、乾燥が進むと収縮する木材の性質を考えたならば、決して手を抜くべきではない。見切り材は板決りの小穴から釘などで固定するときれいに納まる。見切り材の寸法は見付けが24〜30mmほど、見込みは散りと板厚、胴縁の厚み、目違いの寸法の合計で決まり、おおよそ50mm程度になる。

　下見板張りの出隅で見切り材を用いない場合は、遣り違いと留めで納める方法がある（**写真2・4**、図④・⑤・⑦）。南京下見板張りのいずれの納まりも、でき上がりはすっきりと見えて実に美しいが、長い間には隙間があいてくることが多いため、捨て水切りを入れるか、防水紙を増し張りしておきたい。ドイツ下見板張りの場合は、遣り違いにすると相決り部分の穴が見えてしまうので、留めにするか、見切り材を入れるとよい。

　下見板張りも出隅の見切り材の入れ方には2種類の方法があり、隅柱を露して2本の見切り材を入れる方法（**写真3**、図⑥）と、1本の見切り縁で納める方法（図⑧）とがある。柱や間柱を直接の下地とした下見板の見切り材は、その形状から隠し釘打ちできないので、大面からつぶし釘で止めるか、ステンレスビスなどで固定する。見え掛かりを重視するなら、錐で下穴をあけて見切り材を固定した後で埋木を施す手もある。

　ドイツ下見板張りの場合、板決りの小穴はほぼ板厚の幅があればよいが、南京下見板張りや押縁下見板張りでは、板の重ね厚を見込んだ小穴を突かなければならない。簓子のように、板の重なり形状に小穴を突く手もあるが、手間がかかるので、見かけることは少ない。

写真1　出隅に見切り縁を用いた竪羽目板張り。羽目板と見切り縁をスギで統一しているので自然な感じに仕上がっている

写真2　出隅を遣り違いで納めた長押挽き南京下見板張り。下見板の風食は進んでいるが、出隅部はほとんど隙間があいていない

写真4　簓子下見板張りの出隅の処理。外壁が折れ曲がっている部分の出隅を留めで納めている

写真3　簓子下見板張りの出隅を2つの見切り材で納めた例。見切り材の見付け寸法は36mm、下見板の厚みは15mmほどである

図　板壁の出隅の納まり

①竪羽目板相決り張り1

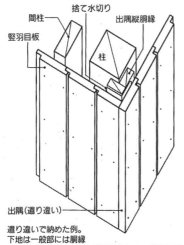

ラベル：間柱、捨て水切り、出隅縦胴縁、竪羽目板、柱、竪羽目板、出隅（遣り違い）

遣り違いで納めた例。
下地は一般には胴縁を流し、出隅部では縦に胴縁を入れて、板同士が開かないように堅固に固定する。捨て水切りは防水紙の増し張りで代用することもある

②竪羽目板相決り張り2

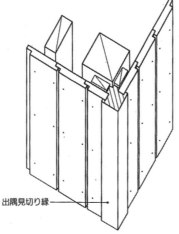

ラベル：出隅見切り縁

見切り縁で納めた例。通常、見切り縁は板決りの小穴から胴縁に釘を打って先付けする。簡単な仕事ではL字形の役物を後付けすることもある

③竪羽目板相決り張り3

ラベル：出隅見切り材

柱の出隅を露しにし、それぞれの面に見切り材を取り付けて納めた例。竪羽目板張りでは下地の胴縁に見切り材の小穴から釘が打てるため、きれいに納めることができる

④南京下見板張り1

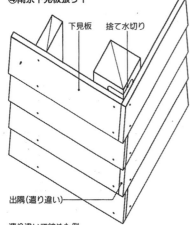

ラベル：下見板、捨て水切り、出隅（遣り違い）

遣り違いで納めた例。
下見板の乾燥が十分でないと後で隙間が生じてくる。雨仕舞いにあまり期待できないため、捨て水切りを入れるか、防水紙を増し張りするとよい

⑤南京下見板張り2

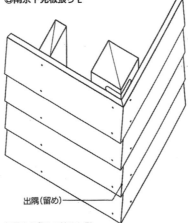

ラベル：出隅（留め）

板同士を留めで納めた例。
必ずといっていいほど、後で隙間があいてくるので、捨て水切りを入れたり、防水紙を増し張りするなど雨仕舞いには十分に配慮しておきたい

⑥南京下見板張り3

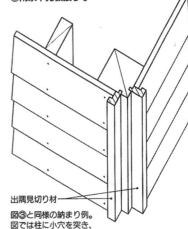

ラベル：出隅見切り材

図③と同様の納まり例。
図では柱に小穴を突き、見切り材の表から釘打ちして固定している。ドイツ下見板張りよりも小穴の見込みが大きくなるので、見切り材も大きな寸法のものが必要となる

⑦ドイツ下見板張り1

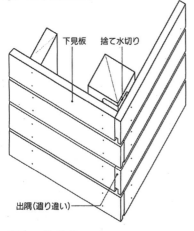

ラベル：下見板、捨て水切り、出隅（遣り違い）

遣り違いで納めた例。
図のように相決り張りの出隅では、互い違いに小穴が現れるのできれいに見えないが、ときどきこの納まりを見かけることがある

⑧ドイツ下見板張り2

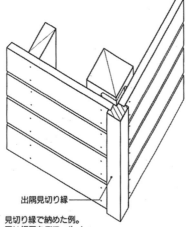

ラベル：出隅見切り縁

見切り縁で納めた例。
図は板厚をデフォルメしているので見切り縁は角形に見えるが、実際には60mm角程度の材をL字形に加工し、柱とのなじみをよくして納めることが多い

⑨舟子下見板張り

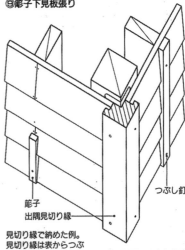

ラベル：舟子、出隅見切り縁、つぶし釘

見切り縁で納めた例。見切り縁は表からつぶし釘などで柱に止め付ける。見切り縁の小穴も舟形にすることもあるが手間がかかるので、図のように板の重ね厚をみて、平行な溝を突くことが多い

CheckPoint 9
入隅の納まり

板張り壁の入隅に見切り材を入れない場合は、一方の板材を張り越し、もう一方を突き付ける遣り違いで納めることが多い。竪羽目板張りの場合は突き付ける板の傍（木端）を削り付ければよいが、下見板張りでは1枚ずつ板の木口を削らなければならないため、かなりの手間がかかる。図①は、相決りの竪羽目板の入隅を遣り違いで納めた例である。入隅の胴縁は、柱に沿わせた胴縁受け材に止め付ける。胴縁の高さを変えれば胴縁受け材はいらないが、竪羽目板は胴縁ごとに釘で固定するので、釘の高さが揃わずに見苦しくなる。入隅の雨仕舞いは表面の板だけでは不十分なため、捨て水切りを入れるなどの配慮をしたほうがよい。

下見板張りの場合も要領は同じだが（図③）、南京下見板張りなどの入隅では、斜めに張られた板に、板の木口を1枚ずつ削り付けるので、きれいに納めるには手間がかかる。ドイツ下見板張りの場合は入隅を遣り違いにすると相決り部分の穴があいてしまうため、留めにしないと納められない（図⑤）。また、このときにも雨仕舞いはきちんと考えておきたい。

見切り縁を用いて納める場合は（図②・④・⑥）、見切り縁を板決りの小穴から釘で止めて先付けする。見切り縁は決められた散り寸法になるように、あらかじめ必要な大きさに加工しておく。手抜き工事では、板を張ってから断面の小さい細い部材を釘止めすることもあるが、縦の通りが出ないし、小断面の部材を外部に使うと非常に傷みやすいので注意したい。

写真1 竪羽目板張りの入隅。真壁で柱の小穴に板を納めている。この張り方なら張り仕舞いの施工的な逃げがとりやすいが、板の張り方によって施工の逃げが取りにくい場合は施工手順に注意する必要がある

図 板壁の入隅の納まり

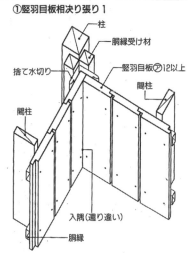

①竪羽目板相決り張り1

遣り違いで納めた例。羽目板の傍（木端）を削り付けるので仕事は比較的容易である。この納まりでは雨仕舞いが十分でないため、捨て水切りを入れるか、防水紙の増し張りを必ず行いたい

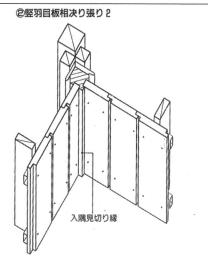

②竪羽目板相決り張り2

見切り縁で納めた例。図では胴縁と見切り縁が重なることになるが、先に胴縁を胴縁受け材に取り付けておいてから、胴縁分の小さな見切り縁を入れるという方法もある

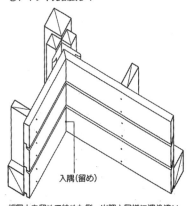

③押縁下見板張り

遣り違いで納めた例。入隅部は柱にそれぞれ下地を入れてから下見板を止め付ける。下見板の木口をきれいに削り付けて隙間なく納めるのはかなり難しい仕事である

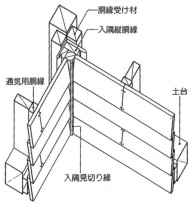

④南京下見板張り

通気工法による外壁を見切り縁で納めた例。捨て水切りは見切り縁のすぐ後ろに入れることも可能。通気工法の場合、縦胴縁を取り付ける前に防水紙を入れるので、図では板金下の位置に施工する。見切り縁の小穴は幅広の溝にしている

⑤ドイツ下見板張り1

板同士を留めで納めた例。出隅と同様に遣り違いで納めると、よほど複雑な加工をしない限り相決りの穴が見えてしまう。このためドイツ下見板張りでは見切り縁を付けない場合、留めで納めるのが一般的である

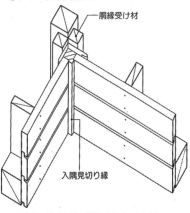

⑥ドイツ下見板張り2

見切り縁で納めた例。見切り縁の小穴は材が収縮したときの逃げと狂いを拘束する意味があり、施工時には端部を遣り違い納まりほど厳密に加工しなくてもすむため、施工上の逃げにもなる

CheckPoint 10
軒廻りの納まり

納まりで難しいのは異素材の取合い部だといわれる。軒との取合いも納め方を注意しないと美しく見えない。軒裏を垂木と野地板の露しで納める場合は、板をそのまま張り上げたのでは野暮ったくなってしまう（図1①）。軒裏と外壁の間に一つの陰影をつくるような納まりにすると、外壁の板の施工も比較的単純になるうえ、仕上がりも美しい（図1②）。傍軒（螻羽）部分も同様で、見切り材の取付け方を工夫すれば、垂木の線をきちんと出しながら、すっきりと見える納まりにすることができる。

この見切り材の大きさは、板の張り方によって異なることがあり、竪羽目板張りやドイツ下見板張りの場合は、見切り材の小穴の幅は板厚でよいが、南京下見板張りや大和張りの場合には、重ね部分の厚みに応じた小穴を突いた見切り材を用意しなければならない（図2）。

軒天を張る場合も見切り材なしで納めると美しく見えないうえ、板の端部を切り付けるので精度を出すのも難しい。後で紐（断面の小さな部材）を打ち付けることもあるが、見切り材はきちんと先付けして堅固に納めたい（図3）。

近年、厚板の防火性が見直され告示などで厚さ30mmの野地板や厚さ45mm以上の面戸板などは、防火地域でも露しで表現できるようになった（図4）。未だ外壁や内装では厚板が正当な評価を受けているわけではないが、近々法的にも整備されることを期待したい。

図4　防火構造の場合の納まり

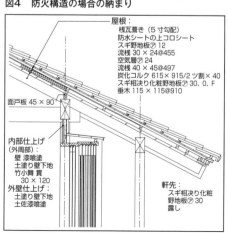

図1　化粧軒裏と板壁の取合い部の納まり

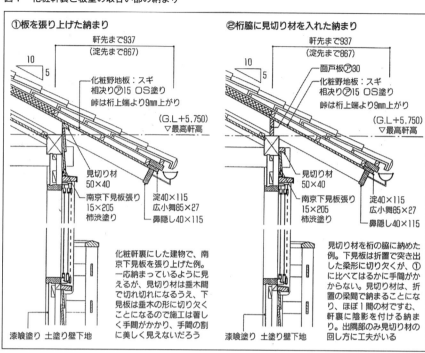

図2　張り方による見切り材の大きさの違い

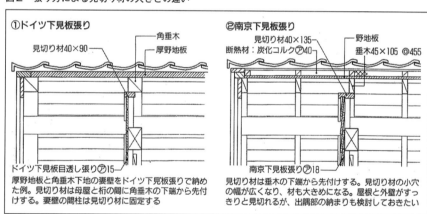

図3　軒天の板の張り方

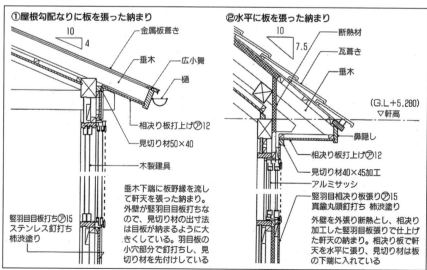

CheckPoint 11
腰廻りの納まり

板張りの外壁では、壁面全体を板で張り上げることもあるが、土塗り壁など他の材料と切り替えて、その腰部分に板を張ることも多い。この場合には「水切り」または「雨押え」と呼ぶ見切り材を取り付け、壁の上下で仕上げ材を分ける。

水切りには、厚み18mm程度の板から、40mm前後の厚いものまでを使い、板の上端は雨を流すために水勾配を付けて納める。水切り板が薄い場合は、水勾配なりに板を傾けて取り付け、厚いときは上端を水勾配に削り取り、下端は平らに加工することもある。水勾配は意匠にもよるが、速やかに水を切る必要があるので、3寸勾配以上はほしい。

腰上部の外壁が大壁のときは図①のように納め、化粧の水切りは、壁仕上げで隠れる部分から柱や間柱に釘打ちする。

真壁や大壁仕上げで柱からの出寸法が少ないときは、柱に「首切り」という欠込みをつくって水切りを差し込まないと、柱と水切りの間から水が浸入してしまう（図①・③・④）。

水切りの上に板金を巻く場合は、大壁ならば比較的簡単に納めることができるが（図②）、真壁の場合は、柱廻りで板金の立上がりが切れてしまうので、柱に鋸で切れ目を入れ、別の板金を被せることもある（図⑤）。

なお、漆喰でつくり出した水切りは、鉄筋にラスモルタル下地で仕上げたものもあるようだが、長寿命の建物を目指すなら、錆びないもので考えたい（写真1）。

写真1　漆喰でつくった水切りの例。長寿命を目指すなら鉄筋やラスモルタル下地など、錆びる素材は極力使用を避けたい

図　板壁の腰廻りの納まり

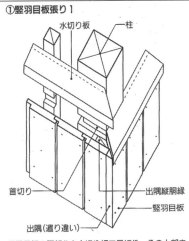

①竪羽目板張り1

竪羽目板の腰部分を水切り板で見切り、その上部を大壁で仕上げた例。水切り板の水勾配だけで雨仕舞いするため、水切り板はなるべく壁の奥まで差し込みたい。図では水切り板が差し込めるように柱に首切りを施している

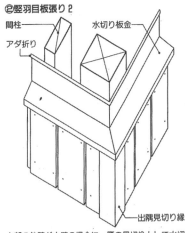

②竪羽目板張り2

上部の外壁が大壁の場合に、腰の見切りとして水切り板金を巻いた納まり例。この場合、板金の立上がり部分は比較的無理なく納めることができる。水切り板金は最低60mmは立上げ、最上部には雨返しのためのアダ折りを設ける

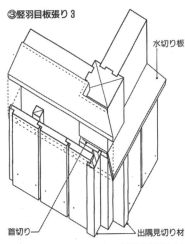

③竪羽目板張り3

上部の外壁が真壁の場合、水切り板は柱心近くまで差し込まれるため幅広の板が必要になる。柱との取合い部では、水切り板を柱に差し込むように15mmほどの首切りを施す

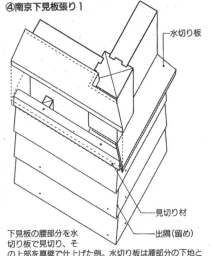

④南京下見板張り1

下見板の腰部分を水切り板で見切り、その上部を真壁で仕上げた例。水切り板は腰部分の下地となる間柱や柱に釘などでしっかりと固定する。図では水切り板の下端に見切り材を入れて下見板を納めている

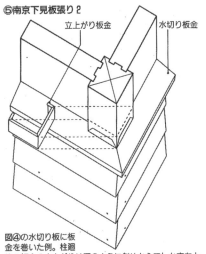

⑤南京下見板張り2

図④の水切り板に板金を巻いた例。柱廻りの板金の立上がりは図のように斜めからでしか立上げられないので、鋸を入れて板金を差し込むか、別につくった立上がり板金を取り付けなければならない

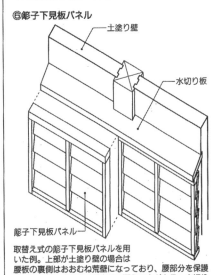

⑥舫子下見板パネル

取替え式の舫子下見板パネルを用いた例。上部が土塗り壁の場合は、腰板の裏側はおおむね荒壁になっており、腰部分を保護するために図のようなパネルで覆うことがある。水切り板は建物に取り付けておき、その下にパネルを入れる

CheckPoint 12
裾廻りの納まり

　板張り壁の最下段となる裾廻りは、水切れのよい納まりにできるなら、水切りは付けないほうがよい。図①左は、竪羽目板打ちの裾を水切りなしで納めた例。板の下端を土台とネコ土台より延ばして納めると骨組を保護する効果が高くなる(**写真1**)。下見板張りも同様だが、板の下端よりも、最下段の胴縁または受け材の下端を15mm以上高くして納めると板の水切れがよくなり、裏側に水が回ることも少ない(図①〜③)。

　板張り壁の板の厚みが15mm以下なら、しっかりとした水切りを取り付けておけば、物がぶつかって板が破損するのを防ぐこともできる(図①右)。

　私家版仕様の長寿命な住まいに対応した裾廻りを考えると、主構造のなかでも特に傷みやすいとされる土台などの足元を空気に触れさせることで耐久性を確保し、日常的な点検もできるような納まりにしておくとよい(**写真2**)。

　その一つには、土台上端に水切りを入れ、土台(化粧土台)とネコ土台を外気に晒して目視で点検できる、伝統的な方法がある(図④・⑤)。もう一つの方法は、土台部分に取外し式の化粧土台を取り付け、土台を保護するとともに、容易に点検ができるようにすることである(図⑥)。

図　板壁の裾廻りの納まり

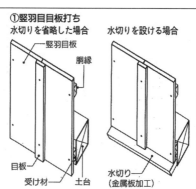

①竪羽目目板打ち

耐久性を高めるために、板の水切れのよい納まりにすることが肝要であり、図左の納まりは水切れがよい。ただし、竪羽目板をそのまま下へ延ばすため、板が薄い場合は板の下端が破損しやすいので注意が必要である。板が薄い場合は板を保護するために下端に水切りを設けたほうが無難だが、水切れからいえば水切りがないほうがよい

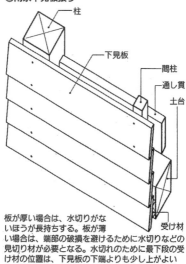

②南京下見板張り

板が厚い場合は、水切りがないほうが長持ちする。板が薄い場合は、端部の破損を避けるために水切りなどの見切り材が必要となる。水切れのために最下段の受け材の位置は、下見板の下端よりも少し上がよい

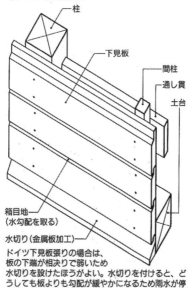

③ドイツ下見板張り

ドイツ下見板張りの場合は、板の下端が相決りで弱いため水切りを設けたほうがよい。水切りを付けると、どうしても板よりも勾配が緩やかになるため雨水が停滞しやすくなるが、板厚や意匠の面から決定する

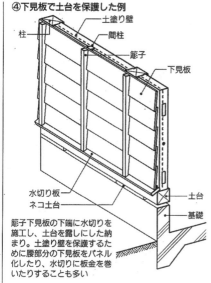

④下見板で土台を保護した例

彪子下見板の下端に水切りを施工し、土台を露にした納まり。土塗り壁を保護するために腰部分の下見板をパネル化したり、水切りに板金を巻いたりすることも多い

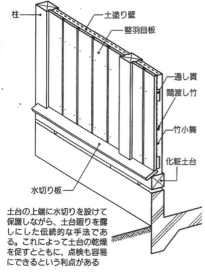

⑤真壁で化粧土台を用いた例

土台の上端に水切りを設けて保護しながら、土台廻りを露しにした伝統的な手法である。これによって土台の乾燥を促すとともに、点検も容易にできるという利点がある

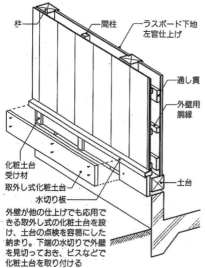

⑥取外し式化粧土台を用いた例

外壁が他の仕上げでも応用できる取外し式の化粧土台を設け、土台の点検を容易にした納まり。下端の水切りで外壁を見切っておき、ビスなどで化粧土台を取り付ける

写真1　基礎下まで伸ばした相決り板。基礎から浮いて水切れよく耐久性の高い納まり

写真2　水切れの悪いハツリ仕上の栗板。腐りにくい木材でも、納まりが悪ければ腐って傷む

[私家版]流現場監理術 **2**

外壁板張り工事

外壁を板張りにした場合の監理上の要点は、十分に乾燥した板材で施工するように徹底することである。乾燥が悪いといくら丁寧に施工しても板の狂いによって隙間があき、雨水が浸入するなど致命的な事態を引き起こしかねない。そのうえで、以下に述べるような点に留意し、より美しく耐久性に富んだ板張りの外壁を実現させたい。

チェックポイント①
板の種類の確認

ヒバ、ヒノキ、スギなど、設計図書で指示した材種・等級であることを必ず確認する。板材の等級は無節から一等材まであり、その価格差は大きい。意匠によって異なるが、死節や抜け節などを避ければ、一等材でも十分鑑賞に堪え得る外壁にすることができる。ただし、室内の場合は、抜け節のある材に埋木をして使用することもできるが、外部に用いる板材はより厳しい環境下にあるため、抜け節、死節または死節を埋めたものは使用不可とする。

また、赤身(心材)で揃えるとか、赤身と白太(辺材)が混じった「源平材」も使うなど(**写真1**)、設計図書によっているかを確認する。

チェックポイント②
板厚と加工の確認

板厚は、張り方によって適した最低厚さが異なり、仕上げ寸法で7.5〜18mm程度(40mmほどの厚板もある)、板幅は小さいもので「小幅板」といわれる105〜180mm前後のものが多い。長さは1.82m、2m、3m、3.64m、4mがあり、設計図書の指示と照合する。短いほうが品質のよい板が揃いやすいので、継手部が隠れる押縁や簓子下見板張りの場合には、現場サイドと相談するとよい。板材は厳密には同じものはないが、木目の具合を現物を見て確認するとよい。

最近では、乾燥状態のよい仕上げ済の既製品も用意されている。原板を加工してもよいが、乾燥状態がよくないこともあるので、加工前に「はざ掛け」などでなるべく乾燥させてから使用するようにしたい(**写真2**)。

チェックポイント③
板の張り方の確認

まず、設計図書で指示した張り方にするかどうかを確認する。板は張り方を問わず、通常は木表を表に使うが、南京下見板張りの場合は**図**のように板が反る方向になるので、釘打ちは板の上端だけにして、下端は自由にしておいたほうがよいという説もある。また、乾燥が不十分な厚板の場合、上下を釘で固定してしまうと板が割れてしまうこともある。

写真1 スギの源平材の板。芯の赤味と辺材の白太が混ざった板をいう。耐候性は高くない

写真3 開口部の水切り板金の納まり例。板の裏側に回った雨水を捨て水切りに入っている板金で外部に排出するため、開口部の水切り板金は開口部の内法よりも大きく延ばしている

写真2 現場ではざ掛け乾燥しているところ

図 木表に張った下見板の反り

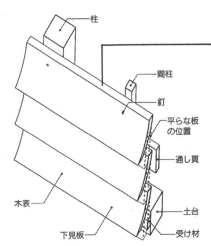

通常、板張りの外壁では木表(立木のときに樹皮側に近かった面。逆に樹心側に近かった面は「木裏」という)が表面になるように用いるが、板は乾燥するにつれ、図のように木裏側に凸状に反る性質があるため、次第に板の重なり部分の隙間が大きくなってくる。このため、板の上下を固定すると、変形しようとする力関係によっては板が割れてしまうこともある。こうしたことから、板の上端だけを固定し、下端は自由にしておいたほうがよいという考え方もある

押縁下見板張りの例。薄い下見板が木表側に反ったため、板の重ね部分が透いてしまっている。押縁の影が大きく離れているところからも板の反り具合が分かる

それならば、木裏に張ると隙間があかないのでよさそうだが、外壁では表面がささくれ立ってしまうので、あえて承知で施工する以外はめったに使われない。

板を張る釘を設計図書で指示した品質か確認する。黙っていれば錆の出る鉄釘である。単にステンレス釘としても平頭、丸頭とあり、錆びないゆえに抜けにくいスクリュー釘であることも確認したい。釘が目立たない小さい頭のフロア用のスクリュー釘を指示すると板の保持力が弱いため、板の狂いの出やすい外部では注意したい。色を好んで真鍮釘を選定する場合、ステンレス同様錆びないのでスクリュー釘など抜けにくい形状にする。

チェックポイント④
開口部廻りと出隅・入隅の納まり

開口部廻りも雨仕舞いが重要である。本文でも触れたように開口部のみの雨仕舞いだけでなく、板張り壁に浸入した雨水のことも考慮して、万全な納まりにしたい(**写真3**)。

出隅・入隅の納まりに関しては、どのような方法で、いかに施工するのかを設計図書と照合する(**写真4**)。特に、雨仕舞い上のポイントとなる捨て水切りなどの施工法は必ず確認する必要がある。

チェックポイント⑤
腰廻りの見切り材の納まり

腰廻りの見切り材は設計図書を参照し、屋根の出寸法などを勘案しながら、板金巻きの要・不要を確認する(**写真5**)。板金を巻かずに木製の見切りで納める場合は、外壁材と同等以上の耐久性の高い板材にしたい。また、板金を巻くときでも腐りにくい材を用いる。板金の納め方も現場と相談し、特に真壁仕上げの場合の柱廻りの納め方は、後で支障が出ないように十分な検討を行い、施工に反映されるように指示する必要がある。

チェックポイント⑥
裾廻りの見切り材の納まり

裾廻りの見切り材の要点は水切れのよさにある。壁体内にある土台などの構造材の保護を念頭に置きながら、最適解を採用したい。**写真6**のように、板は木口から水を吸い上げるような納まりにすると、すぐに変色して腐食が進んでしまう。見切り材なしで納めるなら、下の基礎などとのあきを取って、雨を速やかに振り落とすような納まりにする必要がある。また、見切り材を取り付ける場合も、板金を巻くか否かにかかわらず、外壁の板は水を停滞させないように、見切り材と隙間をあけて納めなければならない。

チェックポイント⑦
建物の地際の検討

建物本体でいくらうまく納めても、板張りの周辺が常に湿気を帯びたような環境下にあったり、降った雨の跳ね上がりで湿気ってしまうような状態では、板壁の耐久性は大きく損なわれてしまう。湿気の多い環境下では、特に雨の跳ね上がりがないように軒下に犬走りを回したり、周辺に水が滞留しないように排水溝を設置しておくとよい(**写真7**)。

板張り壁や建築物の周辺はなるべく乾燥した状態になるように心掛けなければならない。また、監理の業務範囲を超えているかもしれないが、住み始めてから建物の周りに物などを置いて、空気の動きを損なわないように、施主の理解と協力を得ることも重要である。

写真4　南京下見板張りの出隅に入れられた見切り縁の例。見切り縁の見付け寸法は50mmほどで、つぶし釘によって柱に止め付けられている

写真5　出隅に2本の見切り材を入れ、水切りに板金を巻いた例。腰廻りの板金は板の幅で納め、その下の板金はL字形に回している

写真6　古い建物の例だが、竪羽目板とその下部の石積みが平らに納まっているため、板は木口から水を吸い上げて変色している

写真7　建物の地際の処理例。建物のすぐ側に山が迫っていて湿気がかなり強いため、排水溝を設けて建物から雨水を遠ざけるようにしている

[私家版]仕様書／仕上げ編[外部]3

[塗る] 外壁／内部

漆喰、土物、セメントモルタルなど、色彩や質感を、使う材料によって多彩に表現できるのが左官仕上げだ。
柱、梁を露す木組みの架構にはもっとも馴染む仕上げだろう。
しかし、その表面の仕上げは、適切に下塗り層を塗り上げてこそ実現できる。
下塗り、中塗り、上塗りの3工程が左官工事の基本である。
それぞれの工程にもさらに細かな作業があり、地域性や左官職の経験に影響される。
意図する仕上げを実現するためには、左官職の力を引き出すことが重要であろう。
左官工事は仕上げばかりでなく、構造の要素として耐力壁にもなる。
壁倍率は、下地の構成により決まってくるため、その仕様を十分に理解することが求められる。

風景のなかの左官仕上げ

瓦屋根、陽に焼けて黒ずんだ骨組みや板壁に白い壁というのは日本の木造家屋の定番といってよい組み合わせである（**写真1**）。この白い壁は漆喰で、風雨に耐える仕上げとして今でも一般的に各地で用いられている。このように、左官により壁を仕上げることは木造家屋の標準的な仕様といってよい。

漆喰は石灰を原料とし、国内どの地域でも入手しやすく、室内の仕上げばかりでなく風雨にも耐え、防火性もあって外壁にも使用できることから、どこにでも使える選択しやすい仕上げといってよい。関西など良質な土の産する地域では、聚楽壁や大津壁に代表される色土による左官仕上げも多く見受けられ、地域の色合いを建築として表現している。その地域の素材を扱ってきた左官技術にはそれぞれの地域ごとに受け継がれてきた仕様があり、期待する左官仕上げの表現を引き出すためには左官職との意思の疎通が最も大切になる。

継目のない仕上げ

商家や城郭建築、寺院などに見られる広い漆喰の仕上げ面は魅力的である。継目なく広い仕上げ面を得られることは他の仕上げ材にはない左官仕上げの特徴である。塗り屋造りや土蔵造りなど大壁造りの工法は防火上の目的からも採用されてきた（**写真2**）。これらの下地には土壁が用いられ、何層にも土が重ね塗りされた手間をかけた下地づくりがなされている。現代でも、下地をラスモルタルなどで構成して大壁による表現は可能だ。むしろ、最近は多彩な左官仕上げ材があり表現の幅は広がっている（**写真3**）。

ただ、水を使う湿式工法となる左官材料は硬化の過程で収縮を生じやすいため、いかに表面にひび割れや剥離などの故障が起きないようにその仕様を決め、施工するかがポイントとなる。

木組みの家の基本は真壁

民家などに見られるように、木組みの家の左官仕上げは内外壁ともに柱、梁を露す真壁と考えてよいだろう。柱、梁で区切られた区画が施工上の一区分で仕事のきりがよいこともあるし、先にあげたように壁の収縮などによる表面のひび割れや剥離を生じない程度の適度な広さであることが経験的には理解されている（**写真4**）。

ただし、外壁を真壁仕上げとすることには注意したい。柱の痩せやわずかであっても壁全体の収縮などにより、チリ際には隙間を生じてしまう。そのため、台風時などに漏水のリスクがあることは覚悟しておきたい。瑕疵担保保証などの点では不利な扱いとなる可能性がある。しかしそうであっても、外壁を真壁とすることは耐久性の観点から有効であることを私たちは経験的に知っている。

写真1　いぶし瓦に板塀、木格子、漆喰は、現在でも馴染みやすい町並みを構成する要素といえる（近江八幡）

写真2　外壁を漆喰でくるみ込んでしまう塗り屋は、継目のない大壁仕様。下地は土塗り壁であろう

写真3　セメントモルタルにスサや骨材をオリジナルの調合で継目のない壁をつくっている

外壁を真壁とする前提としては、壁を保護するために雨掛かりになりにくくつくること。深い軒の出が必要であったり、2階建ての1階では、深い庇を回すなどである。見かけ上大壁となる下見板張りは土壁保護のための工夫であり、柱と壁の関係でいえば真壁造と考えてもよいのではないか（**写真5①②**）。つまり、構造真壁という考えであり、意匠上の大きな要素ではあるが、外皮である板は単なる雨の対策である。

また、防火上の観点から木を露しにすると不利という考え方がある。しかし、構造材である柱や梁は火が付いても表面が炭化し、急激に耐力が低下することはない。土塗り真壁造は防火構造（告示1359号）となっており、その上に下見板張りの仕様も可である。また、同告示では真壁造であれば、ラスモルタル塗り厚20mm以上の壁仕様も明記されている。このことは準防火地域であっても外壁に木を露し、木造らしい表現を可能にしている。さらに関連して、軒裏も厚さ3cm以上の野地板をそのまま露しにすることも火炎の進入を阻止する性能をもつ構造として準耐火構造（告示1358号）となっている（**写真6**）。

外壁に関していえば、法規制や周辺の密集度など敷地の条件により、安直に真壁がよいということではない。総合的な判断は常に求められる。また、真壁は壁厚さが薄くなるため、断熱材の厚さや取り付け位置など、温熱環境上への配慮はこれからの課題として検討しておくことも必要であろう。

多彩な左官仕上げ

漆喰塗り、聚楽壁、リシン掻き落とし、洗い出し、吹き付けなど左官仕上げの表現は、多様な材料で多彩な表現がある（**図、216頁写真7**）。

左官材料というのは主に、粘土やセメントあるいは合成樹脂など、固化して壁の主体となる固結材、スサやノリ、混和材など亀裂などの防止や粘性、保水性を補う結合材、砂や珪藻土など増量あるいは化粧の目的で混入される骨材を、仕様に応じて組み合わせ混ぜ合わせたものである。一般には表層の仕上げ塗りばかりではなく、その下層の下地づくりからが左官の工程となる。

写真4　真壁であると施工範囲が区切られるために、作業のきりがよいばかりでなく、割れなどの故障は少なくなる

写真6　野地板露しの軒天井。厚さ40mmのスギ板（30mm以上あれば準耐火構造）を用いている。以前は、同様の仕様であっても不燃ボードなどを張って防火構造としなければならなかった

② 準防火地域に建つ土塗り壁（防火構造）の住宅。都市部でも木を露すことは十分に可能である

① 施工中の下見板。下見板の下は土塗り壁の真壁。下見板は土壁の保護が目的で、板が傷めばその部分だけ張り替える

写真5　土塗り壁と外壁

図　左官材料の分類

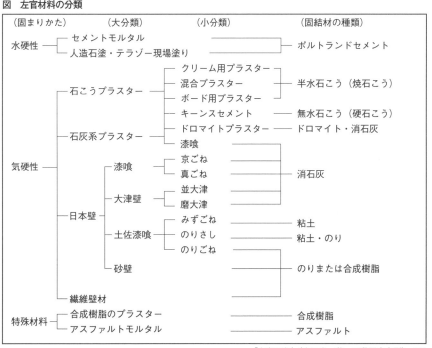

「左官工事」（山田幸一著　工業調査会刊）より

また、個々の原材料を調合し混ぜ合わせ昔ながらの仕様でネタ（左官材料）をつくる場合や、既調合の工業製品として市販されているものを用いるなど、現場での対応もいろいろである。「漆喰塗り」といっても、かける手間により出来上がりは異なってくるため、その仕様については理解しておきたい。分からなければ、意図を伝え、左官職に提案してもらうのもよいだろう。

仕上げは下地で決まる

左官による仕上げは湿式工法であるために、その品質を確保するためには、下地づくりから仕上げ塗りまで多くの工程を要し、サイディングなどの乾式工法に比して工期が必要となる。このことから、大工工事や他工事との関係調整には留意しておきたい。また、土壁を下地とする場合などでは、着工前から壁土を確保し、寝かせておくなどの前準備も必要となる。

左官の工程の基本は、下塗り（荒壁や下こすりということもある）、中塗り、上塗りの3段階で行う。仕様によっては中塗りが省略されることもある。

下塗りは完全に乾燥させ、それにともなう割れを出し切る。その上に中塗りすることにより上塗りに亀裂の生じないようにするための3工程である。仕様によっては、各工程内にさらに細かな工程が必要となる。左官工事が手間仕事といわれるゆえんである。

また、左官工事は下地に近い塗層ほど強い塗り材、上塗りに近づくほど弱い塗り材料を使用することを原則とする。これはモルタルや土などの固結材の配合割合を塗層で変えることで、下塗りは富調合とし、中塗り、上塗りは順次貧調合としていくことである。

固結材の割合が多い（富調合）と、収縮力が強くなるために割れを生じやすい。その上に塗る層は下層よりも収縮力を弱くするために砂などの骨材量を増やし貧調合とするのである。また、1回の塗厚はなるべく薄くし、均一にすることが収縮による割れの影響を小さくおさえることにもつながる。塗りの厚い壁を必要とするときには、各層で重ねて塗る工程を増やしていくことが原則とされる。

亀裂と剥離が左官仕事の最大の故障であるが、その予防として塗り材料そのもののつなぎとして各種のスサを混練する（**写真8**）。また、施工の過程では補強材として麻布やメッシュの伏せ込みなどを必要に応じて行う（**写真9**）。各層を塗り重ねていくときに材の調合のほかに乾燥の程度や養生の状態なども塗り層間の付着力に影響する。

仕上げである上塗りに不具合が出ないようにするためには、下層の中塗りまでの下地づくりが重要である。その壁の強度や防水、遮音などの性能も中塗りまでの出来具合で決定されると考えておきたい。

構造要素となる左官下地

左官の壁は、仕上げだけの要素でなく、構造として耐力壁の要素ともなる（**112頁表2**）。土塗り壁は壁倍率0.5（施行令46条）であったが、平成12年の告示1100号の改正で壁倍率1.5としての仕様が追加された。中塗りまでの仕様が明示されている。土塗り壁は日本中で行われているものである。しかし、土の成分は地域ごとに違いもあって一律に壁倍率を決定することには課題が残るものの、品質と施工法を明示することによって耐力壁として「使え

①（上）　リシン掻き落とし仕上げの住宅
②（中）　色漆喰系：ピンク色をした漆喰。弁柄で栄えた岡山県吹屋の民家
③（右）　数寄屋の茶室の壁は土壁が基本

写真7　多彩な左官仕上げ

写真8　さまざまなスサ。固結材によって使い分けが行われる。また、一般に下塗り、中塗り、上塗りなど工程に応じてきめ細かなスサが使われる

写真9　貫部分の補強の貫伏せにメッシュを用いた現場

①　木小舞による下地組（信州大平宿）。木の産地である地域では小舞に木を用いることはむしろ合理性のあることと理解できる

②　葦を小舞としている民家の壁（遠野）。土壁塗りの下地としては、この地域ではこれで十分であったのだろう。耐力壁とする場合には課題となる

写真10　さまざまな小舞

るもの」になったと理解できよう。今後は土の成分の特性の違いなどから地域個別の倍率を獲得するなどの動きも出てくるだろう。

注意点として、土塗り壁は昔からある仕様であることから、告示仕様がその地域のものと食い違いがあった場合にはその内容の確認を行う必要がある。特に、小舞は割り竹しか選択肢がないために、地域の仕様がそのまま反映できないことも考えられる（**写真10①②**）。

室内の左官仕上げの場合にラスボードを下張りとして用いることが多いが、同告示には9mmの石こうラスボードに15ミリ以上の石こうプラスター塗りについても壁倍率が与えられている。

このように、左官仕上げの選定は同時に構造要素として考えることにもなり、耐力壁を構成するこれらの仕様は理解しておきたい。

左官職の力を引き出す

左官の仕上げは多様であり、先にあげたように表層の仕上げのみだけ考えておけばよいということではない。下地も乾式のボード類を用いたものから土壁を用いるものまでさまざま考えられる。また、施主のこだわり、施工者や設計者のこだわり、予算配分など、その仕様を選択する際の決め手となる要素もまたさまざまである。

左官工事の費用は材料2、手間8などといわれるように人件費の割合が多く、仕上げの表現が同じであっても工数のかけ方でその施工価格の幅が大きく異なる。そのため、計画上意図する仕上げ（下地も含めて）については、担当する左官職と綿密に打ち合わせすることが求められる。大切なことは左官職のもつ力を十分に発揮できるようにすることであろう。

表　私家版仕様書【左官工事】

下地	材料	□小舞＋土塗り壁（□外部・□内部）　□耐力壁とする（告示1100号仕様） 小舞 　　間渡竹：□篠竹径12mm以上　□割竹 　　小舞竹：□割竹　□（　　） 　　掻き縄：□わら縄　□棕櫚縄　□パーム縄　□麻縄 荒壁（下塗り） 　　荒壁土　産地（　　） 　　水合わせ期間（　　） 貫伏せ 　　□わら　□麻布　□メッシュ　□（　　） チリ回り 　　□ちり回り塗り　□ちりトンボ（ひげこ）　□のれん 　　□ちりじゃくり（大工工事とする） 中塗り 　　□荒壁土＋砂・スサにて調合　□中塗り用土＋スサ
	工法	小舞 ・間渡竹は、柱、梁、桁などの横架材に差し込む。概ね各材より2寸程度逃げた位置とする。貫あたりは釘打ち止めとする。 ・小舞竹の間隔は45mmを目安に配し、間渡竹に掻き縄で絡み付ける。 ・縦貫はしのぎ削りとして表面に荒し目をつけ、上部は構造材に掘り込み、貫当たりは釘打ち止めとする。 荒壁（下塗り） ・下塗りは小舞下地に十分にくいこませる。小舞裏にはみ出した土は裏撫でする。乾燥硬化後に裏返し塗りする。 ・貫伏せ、ちり回り塗りを行う。特記によりちりトンボなどを伏せこむ。 ・むら直しは荒壁土が乾燥してから行う。 中塗り ・むら直しが十分に乾燥した後に、平滑にコテでなでて仕上げる。中塗り土は仕上げ塗りに応じた調合、工法とする。
	材料	□ラスモルタル下地（□外部・□内部） ラス材料 　　□メタルラス（JISA5505）　形状：□平　□こぶ　□波形　□リブ 　　□ワイヤラス（JISA5504） 　　□ラスシート（JISA5524） 下地材　□構造用合板　厚さ（　　mm） 　　　　□木摺り板　厚さ（　　mm） 防水紙　□アスファルトルーフィング　　□430以上　　□940以上 　　　　□通気防水シート 　　　　メーカー・商品名（　　）
	工法	メタルラス ・防水紙は継目の重ね縦横90mm以上とし、たるみ、しわなくタッカー釘にて止め付ける ・メタルラスは縦張りを原則とし、千鳥に配置する。継目の重ねは縦横50mm以上とする。ラスの止め付けは、また釘の場合200mm以内、タッカー釘の場合70mm以内とする。 ・継目、開口部、出隅、入隅には力骨で押さえ込みまた釘で固定する。 ・開口部周、出隅、入隅には平ラスを2重張りとして補強する。 モルタル塗り ・下塗り（ラスこすり）は容積比1：3に調合のセメントモルタルで下こすりし、表面に箒などで荒し目をつける。2週間以上放置し乾かす。 ・下塗り乾燥後、むら直しを行い、荒し目をつけ乾かす。 ・中塗りは、定規摺りしながら、圧をかけて平坦に塗りつける。 ※上塗りとの関係で材料は調整する。
	材料	□ラスボード下地（室内壁）　　　□耐力壁とする（告示1100号仕様） ラスボード　厚さ　□7mm　□9.5mm
	工法	・ラスボードの継目には、目地テープを施し、下塗りで塗りこむ。 ・下塗りは石膏プラスターにて行う。硬化後中塗りを行う。
	材料	□石膏ボード（室内壁）　　□耐力壁とする（告示1100号仕様） 石膏ボード厚さ　□9.5mm　□12.5mm
	工法	・石膏ボードの継目には、目地テープを用いて、パテで押さえ凹凸なく仕上げる。 ・薄塗りの上塗り材はメーカー仕様による。
仕上げ	材料 工法	□漆喰（□外部・□内部） 　材料　□漆喰　□土佐漆喰　□現場練り漆喰　□既調合漆喰 　　　　メーカー・商品名（　　） 　仕上げ　□ノロがけ磨き　□金ゴテ押え　□引摺り 　工法　□厚塗り　□薄塗り　□ノロがけ □土物（□外部・□内部） 　材料　□京土　□中塗り土　□地場色土 　　　　メーカー（　　） 　仕上げ　□撫で切り　□引摺り 　工法　□水捏ね　□糊差し □セメントモルタル（□外部・□内部） 　壁　材料　□モルタル　□色モルタル　□（　　） 　　　　　　メーカー・商品名（　　） 　　　仕上げ　□掻き落とし　□吹き付け　□櫛引 　　　　　　□洗い出し（種石：　　大きさ：　　） 　　　　　　※既調合品はメーカー仕様による 　床　材料　□モルタル　□色モルタル 　　　　　　メーカー・商品名（　　） 　　　仕上げ　□金ゴテ押え　□刷毛引き　□櫛引 　　　　　　□洗い出し（種石：　　大きさ：　　） 　　　　　　※既調合品はメーカー仕様による □薄塗り仕上げ材 　　メーカー・商品名（　　） 　　※既調合品はメーカー仕様による

CheckPoint 1
左官の下地

　先に触れたように、左官仕上げは、下地の出来で決まる。仕上げとなる上塗りは塗り厚さは薄く、その下層の中塗り、その下の下塗りが適切に施工されているのかがその善し悪しに影響する。この工程は主に左官工事の区分となるが、下塗り層の下地組は大工工事の区分で、責任の範囲を相互に理解しておくことが求められる。特に、初めて組む職方同士の場合などには工事の流れや納まりの考え方などの確認は重要である。

土塗り壁

　左官下地が土塗り壁であることは、かつてはごく一般的なことであった。あばら家であっても下見板の下には壁土が塗られていた。しかし、それに代わる工期短縮を可能とする建材が現れたことによって、今では特殊解として土塗り壁が見られることも多くなっている。

　土塗り壁自体は、その名の通り自然素材である土そのものである。経験則として壁土そのものの安全性や吸放湿性のよさは認識されており、環境面や構造面での再評価もされている。

　仕様として選択するときの大きな要因は、すべてが湿式であることから手間と工期を要すること、それに伴いコスト面でも高価な仕様とみなされることであろう。コスト面に関しては全体予算からの配分にもよるのだが。

　下地としての土塗り壁は小舞下地に下塗り（荒壁）、中塗りという構成になる。外壁、内壁ともにほぼ同一の工程と考えてよい。上塗りは漆喰や土物により仕上げられる。

　左官工事全般にいえることだが、昔から行われている工事でもあり、各仕様については地域性もあるため一様に決めきれるものでもなく、左官職との調整は十分に行いたい。

(1) 小舞下地

　土を付着させるために編んだ格子状の竹が小舞である。その構成は、**図1**のように、縦横に間渡竹を柱あるいは土台や桁などの横架材、貫に取り付け、その間に割り竹を均等に配していく（**写真1**）。この小舞づくり（小舞掻きという）はえつりともいい、えつり師と呼ばれる専業職もいたほどだが、今は左官職自ら行うことが多いだろう。

　土壁を実用性のある耐力壁とするために改正された告示1100号では、その仕様は割竹によるものと限定されている。しかし、もともと地域で入手しやすく扱いやすい材料（葦や木など）を用いて小舞掻きを行ってきたことを考えると竹以外の材料による構造の検証も必要であろう（**216頁写真10①②参照**）。特に、木小舞は法隆寺でも使われていたくらい、土とのなじみのよいことは分かっており、今の現場にあっても、大工工事の区分として作業分担しやすい仕様といえるだろう。小舞は木舞とも書くくらいである（**写真2**）。

貫

　地貫、腰貫、内法貫の3本が貫の配置としては一般的であろう。下がり壁（蟻壁）があればもう1本入ることもある。厚さは15mm以上、幅3.5寸以上、概ね2尺間隔（告示仕様では91cm以下の間隔で3本以上）と考えてよい。現在の居室の天井高さの考え方は多様になっており、矩計で検討していくことになる。また、貫は壁の下地というだけでなく、軸組みの構造要素と考え、厚貫（1寸程度）とし本数も多くして1尺5寸間隔とするなどの考え方もある。貫の間隔は、間渡の入れ方に関連する部分でもあり、左官職との調整が必要となる。

写真1　貫、間渡竹（篠竹）、小舞竹の構成。掻き縄はここでは麻縄

写真2　寺院の門の壁に使われた木小舞。木格子であるため、土と一体となって耐力も十分期待できると考えられる

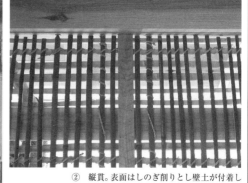

② 縦貫。表面はしのぎ削りとし壁土が付着しやすいように荒らしておく。掻き縄はわら縄

① 掻き終った竹小舞。1間では中間に縦貫を入れ、小舞のたわみを予防する

写真3　小舞と貫

柱間が1間(1,818mm)では、壁の重みによる貫のたわみを予防することから中間に縦貫を入れて、貫に留めつける。このとき、貫が土の重さでたわむことを想定しての縦貫の下端は横架材の天端よりいくぶん浮かせておく（**写真3①②**）。

間渡と小舞

柱の両端、貫端の上下から2寸（6cm）程度の位置に間渡竹を通す。柱にはえつり穴を開け差し込む。貫には釘留め（竹釘など腐食しにくいものが最良）。間渡には幅2cm以上の割竹（**写真4①～⑥**）あるいは小径1.2cm以上の丸竹（篠竹）を用いる。この間に幅2cm以上の小舞竹を縄で掻きつけていく。小舞竹の間隔は4.5cm（3尺に22本）以内が目安となる。

縦の間渡竹、小舞竹を貫の外壁側あるいは内壁側に配するのかは内外の仕上げ方によって判断される。貫部分は土の塗り厚さが変わるために貫伏せなどの補強をしても割れやすい状況であることに変わりはない。

用いられる竹は伐り旬である秋に伐採されたものがよい。また、水中に数カ月保存したものが最良とされている。

掻き縄

間渡竹と小舞竹の結束に使うものが掻き縄でワラ縄、シュロ縄、パーム縄などである。作業性を上げるためにビニール縄なども使われることがあるようだが、土とのなじみが悪く耐久性も低いことを考

図1 竹小舞下地

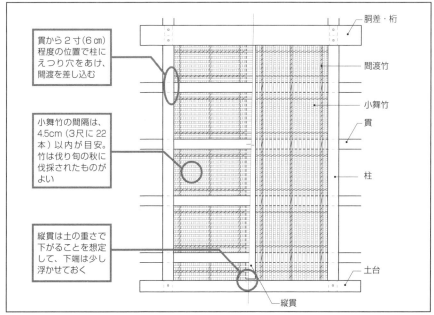

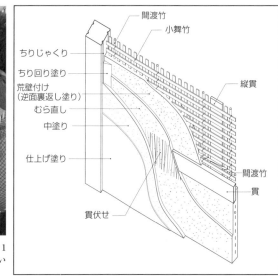

写真5　掻き縄　間渡竹に小舞竹を1本1本絡めていく。ここではわら縄を使っている

① 竹割り：竹を縦に裂く道具。写真は四ツ割、六ツ割用

② 竹の切断：現場で柱、桁の内法長さを決定し、その長さで竹を切断。間渡竹用、小舞竹用で長さは異なる。現場で1本1本長さを切断して調整するのはけっこう厄介

③ 竹を4ツ割：竹割りを固定し、丸竹の小口をたたきながら裂いていく。繊維に沿ってきれいに割れる

④ 竹をさらに割る：必要な幅にするためにさらに裂く。ナタなどを使う

⑤ 節落とし：内側に出っ張っている竹の節を丁寧に取る。掻き縄の際にも邪魔になる

⑥ 割竹：割り竹の完成。長さが分かるようにしておく

写真4　割り竹をつくる

えれば、耐力壁にするしないにかかわらず避けるべきである。

ワラ縄はより直して継ぎ足せば長さは自由に延ばせる点がよいと聞く。機械よりのものよりも手でよったものがよいようだ。使用材料ついては、最上を求めたいところであるが揃えられるのかなどを打ち合わせ、実状にあわせて検討しておきたい（**219頁写真5**）。

(2) 土塗り壁
荒壁と裏返し（下塗り）

荒壁が下塗りということになる。荒壁土は粘性のある砂質粘土を用いる。土塗り壁はもともと、昔から各地で行われている普通の工事であり、付近の山土や水底の土を採取して壁土として使っていた。その仕様については、左官職任せというのが現実であろう。瓦の産地が国内に分布（**184頁図1**）しているのは、各地に良質な粘土が存在しているためで、それらを利用し左官用の土にして用いることも行われている。

一般に、荒壁土といえば荒木田土といわれているが、関東・東北地方に分布する濃褐色の沖積粘土一般をさす。京都では東山山麓で産出する良質な山土である。土は各地域それぞれであり、一様に同一の品質を求めることには無理があるため、その地域で実績のある土を用いることになる。土が変わればおのずと調合や施工法にも違いが出てくるもので、左官職との意思疎通が必要となる。

荒壁土は、採取した粘土に、スサとして稲藁を混ぜ適度の水を加えてよく混練し、藁をなじませる。これを水合わせといい、この期間をどの程度確保するのかで、土の強さが変わるといわれる。そのため壁土調達の段取りは、水合わせ期間の確保がポイントとなる（**写真6①〜⑥**）。粘性の強い土の場合には、砂を混ぜて調整する。古い民家や土蔵の解体時などに出た土を、新しい土と混ぜ合わせて使うとよいといわれる。（**写真7**）

藁が腐り、また稲藁を追加し（初めは長いもの、徐々に短く）、よく練り合わせることを期間をおいて繰り返す（切り返しという）ことがよい荒壁土をつくることになる。腐った藁の繊維が結合材としての効果を高め、溶けた有機成分が土の粘性を高めコテ延びをよくし、さらに耐久性を高めるともいわれている。その期間は長ければ長いほどよいとされる。現実には工期との関係、あるいは荒壁土をつくり置ける場所の問題などが判断材料となろう。

旧JASS15左官工事（8.6）では7日以上とされていた。7日では藁が腐敗することはないが、土に馴染ませる時間としての程度であろう。

敷地内の一角に土のこね場をつくることができれば、着工前からも手配ができ、水合わせの時間を確保できるだろう。一度は土用を過ぎたものがよいともいわれ、四季で考えれば3カ月以上ということになる。壁となって乾燥すれば問題はないのだが、この期間が長くなれば腐臭も出てくるので気をつけたい。

荒壁土は、小舞の片面より塗りつけていく（**写真8**）。裏側にはみ出した土はコテで撫で、小舞竹に引っ掛けるようにする（裏撫でという、**写真9**）。これで、塗り面を乾燥させる。乾燥あるいは半乾燥状態になったら、裏面に荒壁土を塗り付け乾燥させる。ここでは壁土が表裏一体とな

写真7　古い民家などの解体で出た壁土を再利用し、新しい土と混ぜるとよいとされる。荒壁と中塗りでは砂の含有量が異なるので、調整しながらになる。写真は大正4年に建設された民家であるが、藁スサは健全であることが分かる。資源の循環という観点からも好ましいことだろう

① 建設現場近くの休耕地より粘性土を掘り出す

② 現場につくったコネ場で土づくり

③ スサとしてで混入する切藁をつくる

④ 土に藁スサを混入し、よく練り合わせる

⑤ 土をよく混ぜ合わせる

⑥ 藁を足して混練りする。適宜時間をおいて、切り替えしを行う

写真6　荒壁をつくる。切り替えしの後、藁が腐り、切り替えしの度に新たに藁を加えることを繰り返す。水合わせの時間は長ければ長いほどよいとされる（写真提供：タケワキ住宅建設）

写真8　荒壁付け。片面より荒壁土を塗り付ける

① 荒壁が塗りつけられた直後の裏面　土が竹小舞の間から飛び出している

② 飛び出ている土をコテでなでて、小舞にひっかかるように押さえつける

写真9　裏なで

写真11　むら直しを行い、貫部分に貫伏せを行った後の様子。ここでは藁を伏せこんでいる

ることが重要である。

　この荒壁の乾燥には時間を要し、季節や天候に大きく左右される。特に強い雨が当たると流れ出してしまうため、外部にシート養生などの対応も必要となる。ただし、シートで被いっぱなしにしておくと換気が悪くなり、乾燥に時間を要することにもなってしまい対応を要する。そのため梅雨の時期などの施工は避けたいところである。

　乾燥すると割れが表面に表れる（**写真10**①②）。その程度は粘土の組成や砂の含有量、塗り付け時の水分量、さらには天候などによっても異なる。おおむね2週間から1カ月程度を目安とし、完全に割れを出し切ることがここでは重要である。この期間に大工は造作材など次の工程の下拵えを行う。

　貫の部分は塗り厚が薄くなる部分であるため、貫伏せにより補強（**写真11**）を行う。長く切ったワラや麻布（かつては蚊帳の廃品など）を貫の部分に土と一緒に伏せ込む。現在はファイバーメッシュ（**写真12**①②）なども用いられている。

　乾燥により荒壁面に現れた割れを埋め、表面の凹凸をなくすためにむら直しを行う。

　柱などのチリ回りには、土の収縮によって壁とチリ切れをおこさないようにチリ仕舞いを行う。チリ墨に沿って、三角断面でチリ回り塗りを行う。このときに、上級の仕様ではのれん打ちやひげこ（チリトンボ）打ちも合わせて行う場合もあ

① 土が乾燥してひび割れている様子が分かる

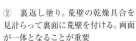

② 裏返し塗り。荒壁の乾燥具合を見計らって裏面に荒壁を付ける。両面が一体となることが重要

写真10　乾燥と裏返し塗り

① メッシュを使った貫伏せ。ここでは土で伏せこんだ

② メッシュを入れ、漆喰を使った貫伏せ。漆喰は貫との付着性がよい。左側は中塗り

写真12　メッシュを使う

る(**写真13**①〜③)。また、柱にチリじゃくりをほどこしておくこともチリ切れの予防になり、大工との調整を要する(**表1〜4**)。

中塗り

　中塗り土は、荒壁土を目の細かいふるいにかけ、砂を混ぜ貧調合としたものを用いて固結力を弱め、割れの発生を少なくし、きめ細かな表面下地とする。スサもモミスサなど細かなものを用いる(**写真14**①②)。塗り厚は薄く塗り、何工程かかけて塗り重ねるほど割れなどの故障はおきにくい。乾燥後、この上に仕上げ塗りを施すのだが、この中塗りのままで仕上げ(**写真15**)としておくことも可能であり、何年か後に、漆喰などを塗るということでもよい。

ラスモルタル下地

　セメントモルタル塗りなどの塗り下地とする。ラス下地板張りあるいは構造用合板などを用いて下地組みとし、その上に防水紙を張り、セメントモルタルを引っ掛けるためのラス(鋼製金網)を張る。一般にラス下地板はラス下などとも呼ばれ、厚12mm以上、幅90mm以上程度の板を目透かしに張った、ラス網を張るための下地で、木摺りと呼ばれることもある(**写真16**)。しかし、もともとの木摺り下地というのは、厚7mm、幅40mm程度の小幅板を目透かし張りとし、直に漆喰塗りなどを行う下地のことである。ラスボードの出現で、木摺りを下地とすることはほとんどなくなってしまった(**写真17**)。

　モルタルは総塗り厚20mm以上あれば防火構造(告示第1359号)となり、外壁の左官仕様ではごく一般的といえる。上塗りは薄塗り、厚塗りなどの多様な仕上げ材

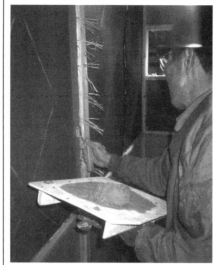

①(上左)　ひげこを打ち、チリ回り塗りをしている上級仕事
②(上右)　一般仕様のチリ回り塗り。ここでは柱にチリ決りもしている
③(右)　ひげことのれん

写真13　チリ回り

表1　下塗りの標準調合

	荒壁土(ℓ)	わらすさ (kg)
荒壁	100	きりわら　0.6
裏返し	100	きりわら　0.4

表4　こまい壁塗りの工程種別

種別	工程
Ⅰ	下塗り(荒壁塗り・裏なで・裏返し)、むら直し(墨打ち・貫伏せ・荒付け・ちり回り)、中塗り、上塗り
Ⅱ	上記のうち下塗りの裏返し、むら直しの荒付け・ちり回り塗りの工程を省いたもの

表2　むら直しおよび中塗りの標準調合

塗り層		中塗り土(ℓ)	色土(ℓ)	砂(ℓ)	消石灰(kg)	すさ(kg)
むら直し	ぬき伏せ	100		40〜100		もみすさ 0.5〜0.8
	ぬき伏せしっくい	—		40〜60	20	白毛すさ 0.7
	ちり回り	100		60〜150		もみすさ 0.4〜0.7
	ちりしっくい	—	—	30	20	白毛すさ 0.7
	むら直し	100		60〜150		もみすさ 0.5〜0.8
中塗り	中塗り	100		60〜150		もみすさ 0.5〜0.8
	切返し中塗り	100		60〜160		もみすさ 0.8

[注] 1) 中塗り土および砂は、半乾燥状態のもので色土は乾燥粉状のものとする
　　 2) 中塗り土は、荒壁土と同一もしくは同種の壁土に砂ともみすさを加えた物を使用する
　　 3) ちりしっくいは、壁のちり回りはすき間を生じやすいので、濃いつのまたのりでしっくいにして塗りまわし、その上に、こてきざみをしておくものをいう

表3　塗り厚　　　　　　　　　　　　　　　　　　(単位:mm)

	下塗り	むら直し	中塗り	計	壁倍率
両面仕上げ	42〜45	14〜18	14〜18	70〜81	1.5
片面仕上げ	42〜45	7〜9	7〜9	56〜63	1.0

[注] 下塗り厚はこまい裏側の塗り厚も含む

(表1〜4 『建築工事標準仕様書・同解説　JASS15　左官工事』より)

写真15　中塗り。厚さを必要とするときに、乾燥後に重ね塗りを行う

① 荒壁土。藁スサなどが目立ち、きめが荒い
② 中塗り土。荒壁土と同様の土に中塗りスサ、砂の量の調整によりきめ細かな土(割れが小さい)とする

写真14　荒壁土と中塗り土

も出回っており、施工例としても多い。中塗りの仕様を調整し漆喰や色土、色モルタル塗りなど多くの左官表現も可能とする下地である。

ラスの選定は**表5**による。ラスの固定は、タッカー釘での留め付け、必要に応じ補強として力骨の鉄線をステープルで留める。これらを細かく打つことが剥落防止には重要となる。また、ラス継手部分の重ね代の確保や出隅、入隅部分のラスの重ね張り、開口部隅の補強張りなどを亀裂防止の方策とする（**図2、写真18**）。近年の地震被害におけるモルタル剥離の原因にラスやステープルの腐食なども問題として指摘されている。壁内結露を防ぐことから、通気胴縁で下地板を躯体から浮かし外壁通気工法とすることなども考えたい。

下地板材には、表面に防水処理・左官下地処理を施した構造用合板、あるいは局面施工も可能で、直にモルタル塗りの下地となるセメント系ボードなどが市販されており、躯体へ堅固に留め付けが行える。このような面材を下地にした場合の注意点は、面材の反りや継目部の目違いなどへの対策で、留め付け方法や継目の処理をメーカーの施工要領書に従い適切に行うことである（**224頁写真19①②**）。

左官塗りの基本は仕上げに向かって砂の量により貧調合にすることであるが、モルタル塗りでは**表6・7**を参照したい。また、下塗り（ラスこすり）は、割れを出しきる時間が必要で、2週間以上の放置期間の確保を標準とする。ラスの継目などに発生したひび割れはこすり塗りして埋めておく。その間に必要に応じてむら直しを行う。中塗りとの付着をよくするために表面は金ぐしなどで粗面にしておく。中塗りの精度が仕上げに影響するため定規摺りを行い（**224頁写真20①②**）、木ごてで不陸のない平たんな面をつくることなどがポイントである。

モルタル（セメント）は水硬性の材料であるため、気温が低く凍結が危惧される場合の施工は避ける。また、夏季は水分の蒸発による急激な乾燥を予防するためにシート養生などを行い通風や直射日光を避け、適宜散水養生の措置なども必要となる。

写真16　ラス下地板、防水紙、メタルラスの構成

写真17　解体の際に現れた、民家で使われていた木摺り。今では木摺り仕様とすることはほとんどないだろう

写真18　平ラスによる開口部の角の補強

表5　ラスと下地の組み合わせ

区分	種類 (700g/m²以上)	直張り工法通気工法 二層下地工法* 内装	直張り工法通気工法 二層下地工法* 外装	通気工法単層下地工法 外装
平ラス	平ラス	◎	×	×
		◎	×	×
異形ラス	波形ラス	○	◎	×
	コブラス	○	◎	×
	リブラス	○	△	△
複合ラス	力骨付き平ラス	○	△	△
	防水紙付きリブラス	○	△	△
	防水紙付きラス	○	△	△
	ラスシート（LS1同等）	○	△	△
	ラスシート（LS2以上）	○	◎	○

◎：望ましい組み合わせ　○：適用可能な組み合わせ　△：条件により適用が可能な組み合わせ　×：望ましくない組み合わせ

表6　モルタルの調合（容積比）

下地	施工箇所	下塗り（ラス付け）セメント：砂	むら直し・中塗り セメント：砂	上塗り セメント：砂
鋼製金鋼ラスシート	内壁	1：3	1：3	1：3
	天井	1：2.5	1：3	1：3
	外壁・その他	1：2.5	1：3	1：3.5

表7　塗り厚の標準値　（単位：mm）

下地	施工箇所	下塗り（ラス付け）	むら直し	中塗り	上塗り
鋼製金鋼ラスシート	内壁	4～9	0～6	6	3
	天井・ひさし		—	6	3
	外壁・その他		0～9	6	6

（表5～7『建築工事標準仕様書・同解説 JASS15 左官工事』より）

図2　メタルラス下地

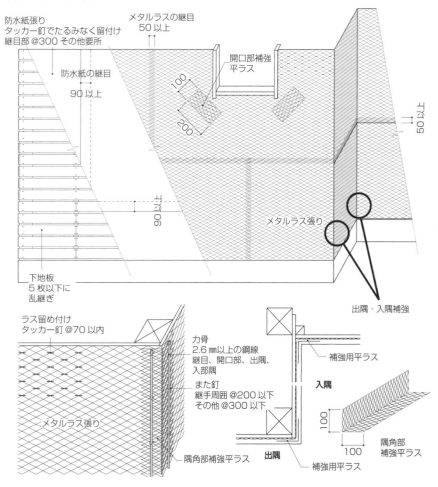

ラスボード下地

　表面に左官材料の食い付きをよくするために穴を開けた石膏ラスボードは、室内の左官下地の標準仕様だろう。小舞下地あるいは木摺り下地と比べれば、施工性は格段によい。ボード下地は継目部分を不陸なく間柱あるいは貫、胴縁に打ち付け、ジョイントのテープで割れ防止とする（**写真21**）。ボードの継目は少ないほどよいわけで、可能な限り1枚物のボードを使いたい。切り回して細かなボードで下地としない方が割れなどの故障が少なくなることは理解できよう。

　ラスボードの厚みは7mm、9.5mmで、3×6判が流通している。耐力壁とする場合には9mm以上を必要とし、告示1100号に規定されている下地（貫と胴縁仕様で倍率が異なる）に所定の釘により留め付ける。下塗りはボード専用の既調合の石膏プラスターが用いられることが多い（**写真22**）。

　石膏プラスターは水硬性であるため水と反応して硬化する。そのため、ため置きはできず、1日の作業内で使い切る。収縮は小さく中性であるため下地としては扱いやすい。施工時間の関係などで下塗りの乾燥途中の半乾き状態で上塗りを行うこともあるが、下塗りは十分に乾かし中塗り、仕上げ塗りを行うことがよい仕上がりにつながる。

　真壁の場合、上級の仕事ではチリ回りの処理にひげこなどを施すこともあるが、標準としては、柱や横架材にチリ決りをしておく程度でよいだろう（**222頁写真13参照**）。手間仕事の要素の大きな左官工事にとって、工程数は建設コストへ大きく影響してくるため、全体を考えた判断が実務上は求められる部分である。

石膏ボード下地

　最近では主に室内で薄塗りの左官仕上げが使われるようになり、石膏ボード下地にも塗装のように直接塗りつけられる左官仕上げがある。今ではラスボード下地の仕事は、中級から上級の仕様といえるのかもしれない。

　石膏ボードに数ミリの塗り厚さであるため下地のボード処理が表面の仕上がりに直接影響してしまう。そのため、漆喰のようにコテで平滑に仕上げるというよりは、表面にコテ跡を付けたり、ローラーな

① ひび割れの例。開口部の角などに割れが生じやすい

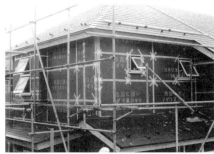
② 構造用合板を基材にしたモルタル下地となる合板。継目部分の処理が割れなどの故障への対応となる

写真19　ひび割れへの対応

① モルタル中塗り中の様子
② 定規摺りにより不陸のない中塗り面の仕上げとしている

写真20　中塗り

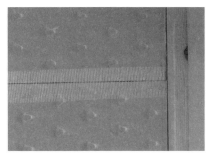
写真21　ジョイントテープで目地処理

どで粗面にするほうが仕上げの方法としては無難だろう。必ずしもプロが塗らずに素人でも塗れるものもあり、施主自らが施工を希望する場合などに選択されることも多いようだ。

　石膏ボードも継目部分の処理が重要で、ジョイントテープを貼り、パテで押さえて乾燥後に紙やすりをかけ、継目部を平滑にしておくことが上塗りの仕上げをよくすることにつながる。常に下地づくりがポイントである（**写真23**）。

　石膏ボードも耐力壁となりうるので、その場合厚さ12mm以上のものが告示1100号に規定されている。下地（貫と胴縁仕様で倍率が異なる）に所定の釘により留め付ける。

写真22　ラスボードの上に石膏プラスターの下塗り

写真23　石膏ボードの継目の処理。パテを塗りこみコテでしごいて平らにする。ジョイントテープを使うとさらに割れは出にくくなる

CheckPoint 2
左官の仕上げ

　下地塗り、中塗りの工程のなかには多くの細かな施工工程があるように、仕上げ塗りも上級仕事から並仕事までかける手間が異なり、単に表面仕上を指示するだけでは情報が足りない。多くの場合、予算に応じておのずとかけられる工数、使用材料が変わってくる。仕上げの意図を左官職に伝え、その仕様を確認しながら求めたい表現を実現することが現実的であろう。既調合の材料も多く、説明書通りに施工すればよいのだが、昔からの材料も含め、その材料の性質を知っておくことで、混ぜ合わせるスサや骨材、色粉を変えてみるのなどもよいだろう。左官の仕上げは多彩に表現できるところが魅力である。仕様書としては、左官職との入念な打ち合わせを前提として、上塗り仕上げのみをあげておく。

漆喰

　漆喰は消石灰（水酸化カルシウム $Ca(OH)_2$）を主成分とし、のりとスサを練り合わせてつくる。施工後は空気中の炭酸ガスと反応して硬化する気硬性の材料である。中塗りで対応することでどういった下地にでも塗れる。仕上げ塗りの厚さは数ミリ程であるがコテで押さえ、平滑に仕上げていくことが、雨や汚れに対しても丈夫な壁をつくることになる。

　のりは固めるためのものではなく、その加える量により作業性をコントロールするためのものである。のりは乾燥した海草（角またなど）を煮沸して得た粘性のある煮汁を利用してきた。これらは自然界の材料であり、上品質から並まで産地などによるバラツキもあって、その扱いは左官職の経験によるところが大きい。しかし、これが日本の漆喰壁の特徴にもなっている。今では品質の安定したメチルセルローズ（MC）など化学のりなども用いられている。

　スサには麻スサ、上等工事には紙スサを用いる。

　現場調合の場合に、消石灰とスサなどをのり汁のみでこねたものを真ごねといい、強度が大きく外壁に使われる。これに水を加えたものを京ごねといって室内で用いる。現場調合の場合は左官職の経験にゆだねること大であり、その地域で信頼性の高い仕様によることになる（**写真1**）。

　土佐漆喰は、塩焼消石灰と発酵させた稲藁を水で練り合わせたもので、稲藁の発酵成分がのりとなり、スサは稲藁そのものである。塗りあがった直後は黄味を帯びた色合いが特徴で、時間経過とともに徐々に色が抜け、白い壁に変わっていく。素材が生きているといった感じがするものである（**226頁写真2①～⑨**）。

　既調合の漆喰は品質が一定であり扱いやすく、多くの場合漆喰塗りといえば既調合品が使われている。ただ、その製品の実績や使用場所にふさわしいものなのかなどは確認しておく必要がある。既調合品を基にスサやのりなどを追加調合するなど適宜対応することもあってよい。

　一般に漆喰は白色であるが、松煙や黄土などを顔料として加えることで黒漆喰（**写真3**）や玉子漆喰など色漆喰として表現できる。また、もともとは下塗りであったが消石灰に色土を混ぜた半田を仕上げとするなども、土の柔らかさを表現する漆喰ベースの仕様といえるだろう（**写真4**）。表面に光沢をもった大津仕上げも消石灰と色土による上級仕上げで

写真1　漆喰の施工。コテ板にネタ（漆喰）を乗せ、コテさばきよく壁に塗りつけていく。塗り厚さは2～3mm程度

写真3　松煙を混ぜ、黒漆喰で塗られた蔵（川越）。顔料の種類、調合により多彩な表現ができる

写真4　色土を混ぜた半田仕上げにより、漆喰よりもやわらかい表情となる

写真5　光沢のある朱色の大津壁（遠山記念館）。手でみがきをかけた上級仕事

ある（**225頁写真5**）。

下地に応じた調合や塗厚、工程を上げておく（**表1〜3**）。

土物

聚楽といえば京壁の代名詞のようになっているが、もともと聚楽はある特定の色を指し、そういった色土により表現された壁のことである。黄色は稲荷山、鼠色は九条というようにその土地の名が壁の表現を現している。京を中心とした関西に、土物の仕上げの文化が発達してきた。基本はその土地に産する粘土であり、それを塗り材料として用いればよく、その場所固有の仕上げ法を考えてみるのも面白いだろう（**写真6①②**）。廉価な既調合品はパルプなどを骨材として、土物仕上げ風に見せたものであり、厳密には聚楽壁とは呼べない。

土物仕上げには、色土の粘性のみで仕上げる水ごね仕上げ、粘性の高いのりを混ぜ施工性の向上、固化を図るのりごね仕上げ、その中間的なのりさし仕上げがある。のりは水溶性でもあることから、外部には適さない。スサや砂の調合によりその土に合った表現を探すことになり、経験に裏打ちされた左官職との打ち合わせが欠かせない。

荒壁を下塗りとしている場合には、中塗り土に砂、スサの調合を変えてそのまま仕上げ塗りとしてもよい（**228頁写真7**）。将来、漆喰を塗るなどという、コスト面からの判断もあろう。仕様書は仕上げを上げる程度としておく。

モルタル系

モルタル金ごて仕上げといえば、土間などの仕上げとしてごく一般的に用いられている。セメントモルタルを仕上げ塗りし、テクスチャーは金ごてで平滑にする仕上げのことをいう。モルタルは収縮する材料であることから、平滑に仕上げるよりは粗面にしておくことのほうが、ひび割れは目立ちにくい。土間などであれば、刷毛引きや箒で粗い目を付けてもよい。また、モルタルを塗った直後に砂を撒くなどして表面を荒らすことなども考えられる。

灰色のモルタル色ばかりでなく、白セメントに顔料、砂には川砂ではなく、寒水石や大理石の砕砂などを混ぜることによって色モルタルとして壁の仕上げ塗りに用いるのもよい（**表4**）。ただし、塗厚の違いや、不均一な調合などにより色むらが出る場合もあり注意したい。既調合品を使うなどはその予防対策にはなるだろう。

外壁に用いるのであれば、金串やブラシで表面を荒らし、掻き落とし仕上げとするなどは「リシン掻き落とし」として

① 砂漆喰の中塗り用に砂を篩い分ける。手前に砂漆喰が見える

② 中塗り

③ 袋詰の既調合品を取り出す

④ 攪拌する

⑤ 外壁の雨への対応として壁オイルを入れる

⑥ 藁のもみスサを混入して少しラフな仕上げを試みる

⑦ 仕上げ塗り

⑧ 中塗り（右）と仕上げ塗り

⑨ 施工後間もないため色むらがあるが、時間がたてば真っ白になる

写真2　土佐漆喰の施工

① 地域の色はその地域の土を使ってオリジナルをつくる。地層から使えそうな土を探る

② 探した土を用いて仕上げ塗りとする

写真6　地域の土を家の仕上げに使う

表1　本漆喰の下地

表1①　セメントモルタル塗り下地

施工箇所	工程	消石灰（容積比）	砂	つのまた、または銀杏草（消石灰20kgにつき）(g)	すさ(g)(消石灰20kgにつき) 白毛すさ	さらしすさ	塗り厚(mm)	次工程までの日数	最終養生
壁	1.下塗り	1	0.2	900	800	—	2.0	10以上	
	2.むら直し	1	1	900	800	—	5.0	10以上	
	3.鹿子ずり	1	0.2	800	700	—	1.5	0.5	
	4.中塗り	1	0.7	700	700	—	5.0	0.5	
	5.上塗り	1	—	500	—	400	1.5	—	14以上
天井ひさし	1.下塗り	1	0.1	900	900	—	3.0	10以上	
	2.中塗り	1	0.6	800	700	—	7.5	0.5	
	3.上塗り	1	—	500	—	400	1.5	—	10以上

表1②　こまい土壁塗り下地の場合の工程

施工箇所	工程	消石灰	砂	つのまたまたは銀杏草（消石灰20kgにつき）(g)	さらしすさ(消石灰20kgにつき)(g)	塗り厚(mm)	次工程までの日数	最終養生
内壁	1.下付け	1	0.2	600	500	2.0	0.5	—
	2.上付け	1	—	500	400	1.0	—	10以上
外壁	1.下付け	1	0.2	600	500	2.0	0.5	—
	2.上付け	1	—	—	400	1.0	—	14以上

表1③　せっこうプラスター塗り下地の場合の工程

工程	消石灰	砂	つのまた、または銀杏草（消石灰20kgにつき）(g)	さらしすさ（消石灰20kgにつき）(g)	塗り厚(mm)	次工程までの日数	最終養生
1.下付け	1	0.2	600	500	2.0	0.5	—
2.上付け	1	—	500	400	1.0	—	10以上

表2　土佐漆喰の下地

表2①　セメントモルタル塗り下地の場合の工程

工程	土佐しっくい	砂	粉土	わらすさ(g)（土佐しっくい20kgに対し）	塗り厚(mm)	次工程までの日数	最終養生
1.吸水調整材塗り	吸水調整材 1:3〜5 水（重量比）						
2.ハンダ土	1	2	2	1.5	15	0.5〜1	—
3.砂入りハンダ	1	3	1	1.5	5	10	—
4.中塗り砂しっくい	1	1	—	—	6+4	1〜7	—
5.上塗り	1	1	—	—	7	—	10以上

表2②　こまい土壁塗り下地の場合の工程

工程	土佐しっくい	砂	粉土	わらすさ(g)（土佐しっくい20kgに対し）	塗り厚(mm)	次工程までの日数	最終養生
1.むら直し	—	—	1	—	10	14	—
2.中塗土塗り	—	—	1	—	10	14	—
3.吸水調整材塗り	吸水調整材 1:3〜5 水（重量比）				—		
4.中塗り砂しっくい	1	1	—	—	5	1〜7	—
5.上塗り	1	—	—	—	6	—	10以上

表2③　せっこうプラスター塗り下地の場合の工程

工程	土佐しっくい	砂	粉土	わらすさ(g)（土佐しっくい20kgに対し）	塗り厚(mm)	次工程までの日数	最終養生
1.中塗り砂しっくい	1	1	—	—	6+4	0.5	—
2.上塗り	1	—	—	—	6	—	3以上

＊「間隔日数」は、標準的目安である。施工時期・天候等によって前後する場合がある

表3　既調合漆喰の下地

表3①　セメントモルタル塗り下地・こまい土壁塗り下地の場合の工程

工程	材料	調合（容積比）	塗り厚(mm)	所要量(kg/m²)	次工程までの日数	最終養生
1.吸水調整材塗り	吸水調整材	1	—	0.1〜0.2	—	—
	水	3〜5				
2.中塗り砂しっくい	既調合しっくい	20	10	0.5	—	—
	砂	8〜10				
	合成樹脂系混和剤	1〜2				
	水	適量				
3.上塗り	既調合しっくい	製造業者の仕様による			1〜2	14以上
	水					

表3②　せっこうプラスター塗り下地の場合の工程

工程	材料	調合（容積比）	塗り厚(mm)	所要量(kg/m²)	次工程までの日数	最終養生
1.吸水調整材塗り	吸水調整材	1	—	0.1〜0.2	—	—
	水	3〜5				
2.中塗り砂しっくい	既調合しっくい	20	5	0.5	—	—
	砂	8〜10				
	水	適量				
3.上塗り	既調合しっくい	製造業者の仕様による			1〜2	3以上

（表1〜3　『建築工事標準仕様書・同解説　JASS15　左官工事』より）

定番の仕上げ法である（**表5、写真8**①②）。リシン吹き付けとはテクスチャーを似せた薄塗りの吹き付け仕上げのことである（**写真9**）。

洗い出し仕上げは、表面のモルタルを流して、モルタルに混ぜた骨材を現す仕上げ法である。骨材の種類、大きさなどによってその趣は変わる（**写真10**①②）。

現場で顔料を混ぜて左官材料をつくるのか、既調合品を使うのか、あるいは既調合品に手を加えるのかなど左官職との打ち合わせによる。

その他仕上げ塗り材

内外装の薄塗りあるいは厚塗りの仕上げ材は多種多様な製品が揃っている。先に上げた、原料を現場調合して上塗り材をつくるということではなく、メーカー、品番、テクスチャーを指定することで意図する仕上げを得ることも可能であり、選択の幅も大きい。従来からあった塗り仕上げ材の色彩やテクスチャーを再現しているようなものが多い。

外壁の場合であれば、その塗り下地はラスモルタルとなり、ひび割れなどにも追従する弾性を備えたものも多い。内装であれば、ラスボード下地に石膏プラスターを塗り下地とする。また、プラスターボードに直塗りするものもあり、設計条件のなかで選択していくことになるだろう。その仕様は、メーカーの仕様によることになる。

写真7　中塗り土を仕上げとしている。後に漆喰を塗ってもよい

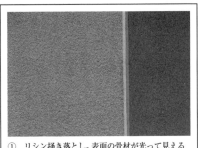

① リシン掻き落とし。表面の骨材が光って見える

② 櫛で横引きした表情

写真8　掻き落としと櫛引き仕上げ

写真9　リシン吹き付け。骨材が塗膜に包まれて飛び出ている感じ

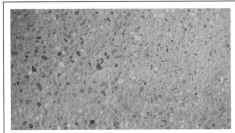
① 小さな種石であれば壁にも塗れ、表情も面白いものができる

② 土間の仕上げに用いられた洗い出し。種石は那智石

写真10　洗い出し仕上げ

表4　色モルタル塗り仕上げの工程（現場調合）

工程	材料	調合（質量比）	所要量(kg/㎡)	塗り回数	間隔時間 工程内	間隔時間 工程間	最終養生
1.吸水調整材塗り	吸水調整材	100	0.1～0.2	1～2	1時間以上	1時間以上	—
	水	製造業者の規定による					
2.色モルタル塗り	白色セメント	100	10～16	1～2	1時間以内（追かけ塗り）	—	14日以上
	混和材	0～80					
	顔料	0～10					
	砂（寒水石など）	300～500					
	セメント混和用ポリマー	0～10					
	水	適量					

表5　かき落し粗面仕上げの工程（現場調合）

工程	材料または表面処理	調合（質量比）	所要量(kg/㎡)	塗り回数	間隔時間 工程内	間隔時間 工程間	最終養生
1.吸水調整材塗り	吸水調整材	100	0.1～0.2	1～2	1時間以上	1時間以上	—
	水	製造業者の規定による					
2.かき落し材塗り	セメント類	100	12～20	1	—	3～5時間	—
	混和材	50～100					
	顔料	0～10					
	砂（寒水石など）	300～500					
	セメント混和用ポリマー	0～10					
	水	適量					
3.かき落し	（金ぐしなどで均一にかき落す）	—	—	—	—	—	14日以上

（表4・5　『建築工事標準仕様書・同解説　JASS15　左官工事』より）

［私家版］流現場監理術 3
左官工事

　左官仕事は、仕上げであり、下地であり、また構造要素となることもあり、ほかのほとんどの工事とからみがある。工程に応じた監理を心がけたい。

チェックポイント①
左官工事は工程時間の確保が大切

　左官工事は湿式であり、乾燥時間の確保は必須となる。下塗りから上塗りまでで時間がどの程度必要か、直接左官職と十分打ち合わせておく必要がある。また、凍結する期間は避けなければならず、この期間を工程表に組み込む必要もある。

　土塗り壁下地とする場合など、土の手配から荒壁づくり、水合わせの時間まで考えると着工前から準備を必要とすることもある。そういった仕事に手馴れた工務店であれば問題は少ないが、その逆の場合など左官職を特命で依頼しなければならないこともある。だが、単に左官工事の時間が足し算になると考えるのではなく、大工の下小屋での造作材加工の時間は、現場で左官の下塗りの時間になるなど、作業工程を組み合わせていくことが現場管理者の役割である（**写真1**）。

チェックポイント②
地域で伝わってきた仕事を理解する

　左官工事は昔からその地域のなかで行われている仕事であり、左官職の経験で仕上がりは大きく左右されるものと考えておきたい。材料の調合も季節やその日の天気などによっても配合を変化させながら行われている。既調合の材料を使うことも多くなっているが、水や砂、スサの按配はやはり経験に負うところが大きい。左官工事に関連する壁が耐力壁になることもあり、そうした場合には告示仕様とその地域仕様に違いがあるのかないのかなどは注意したい。残念ながら、告示仕様が全国の地域仕様を網羅することはできない。小舞の材質や大きさなど、その地域では当たり前だった施工法が必ずしも告示の内容に該当しない場合もあるかもしれない（**写真2**）。

チェックポイント③
大工工事と連携

　乾式の工事が多い現在、大工職が左官工事に慣れていない場合もある。左官仕上げは下地づくりこそ重要であり、健全な塗り壁をつくるためには大工職にも貫やラス下地板の材質や厚み、下地合板やラスボードなどの張り方に注意を払ってもらいたい。貫やラス下地板に湿気で大きく反りが出たり、節による強度低下があるような材では問題がある。左官工事では補完できない部分である。

　真壁で柱のチリを決める場合に、塗厚がどれくらいかは原寸図などによって大工、左官双方に確認が必要である（**写真3**）。チリ決りは窓位置などの情報が重要になり、開口部の位置、高さを指示できる展開図などが必要となる。

チェックポイント④
雨仕舞いの対策

　外壁真壁の場合、チリ際からの雨水浸入を防ぐことは大変難しい。だから、屋根の庇の出は大きいほうがよい。

　合板などが下地の場合には、防水テープやコーキングなどでチリ際を処理するというのは考え方としては理解できる。ただし、高分子素材の劣化の進み方でその効果は決まってしまう。土塗り壁などではそういった対策はとれない。

　肝心なことは、チリ際にしみ込み、垂下する雨水を途中で外部に抜き出すことだ。特に、外壁には水平または斜めに庇や屋根、あるいは水切りなどが取り付くが、こういった部分には板金による水切りの立ち上がりを確実に設ける必要がある（**写真4**）。特に、柱際で立ち上げ、首切りして板金を差し込み、チリ際からの雨水を室内に入り込むのを防ぐ。大壁や乾式の仕上げ材であっても際や端部の処理の基本は同じである（**写真5**）。

チェックポイント⑤
設備配管は配管ルートを確保

　真壁の壁厚さでは設備配管は不可能であり、必ず配管スペースは確保しておく必要がある。特に、洗面所の洗面器廻り、洗濯機への給水、給湯を壁側から行う場合には、壁に配管スペースを確保しておくほうがよい（**写真6**）。

　エアコンの冷媒管や吸気口などの配管が壁を貫通するような場合は、下地の段階（土塗り壁では小舞の段階）でスリーブを入れておくようにしたい。別途工事の区分で、そういった工事が想定されるのであれば、本工事内で対応しておくこと

写真1　荒壁づくり。敷地に余裕があればコネ場を設けて、荒壁の水合わせが可能。施工以前の荒壁づくりにも時間がかかる

写真2　板壁で隠れる部分の中塗り。下見板で隠れる壁に中塗りまですることはほとんどないが、耐力壁とするための新しい仕様は従来と異なる部分もある

写真3　柱、桁にチリ決りを施している。大工と左官の調整が必要なこともある

が望ましい。

チェックポイント⑥
電気配線の計画

真壁では、細いFケーブルといえども配線ルートには注意を要する。基本的に、貫の両面に直に壁があれば配線ルートは存在しない。真壁の仕事に慣れていない電気工の場合には、その配線上のルールを徹底しておくこと。30mm程度の貫であればドリルで穴あけができてしまうため、誤って穴あけされてしまうことには注意したい。貫も構造材であることを徹底して伝えておく必要がある。

ラスボード下地では、貫を縫うように配線する（109頁図21）。そのためには、ボード張り前に配線が完了している必要がある。このときケーブルの出る部分にメッシュで割れ防止を施す。柱のチリに余裕がある場合にはケーブルが通る厚さ分の胴縁を貫に打ち付けるなどの工夫があってもよいだろう。

外壁を下見板などで大壁にする場合には、配線用のふところができるのでこれを利用できる（**写真7**）。必要に応じて1、2階、小屋裏をつなぐ配線スペースなどを計画しておく。この段階で真壁納まりを十分に配慮してコンセント類の位置も決めておきたい（**写真8**）。

チェックポイント⑦
仕上げの確認は見本塗りによる

既調合の仕上げ材で製品番号で決定できるものであれば、塗り見本はメーカーから取り寄せもできる。しかし、左官職にゆだねる仕上げは多種多様な表情をつくれるものであり、調合ひとつ、コテさばきひとつで何でもできる世界である。そのため、意図した仕上げを決定するためには、実際に左官職に塗り見本をつくって

もらうことになる。特に、顔料や色土、スサなどを配合して出したオリジナルの表情はそこにしかないものをつくり出せる面白さがある。見本塗りした直後の色は濃い目の色になるため、塗り見本は乾いた状態のもので確認する。また、材料の調合は記録しておくこと（**写真9**）。

チェックポイント⑧
割れや剥離予防

工数を重ねる左官工事では、前塗りとの付着力が適切に表れてくれないと割れや剥離などの故障原因となる。そのために乾燥が必要な工程では十分な時間を

とって乾かし、前工程の水の引き具合と絡む上塗りではそのタイミングを逃さないようにするなど、左官職の経験による部分が大きい。

施工直後の急激な乾燥、季節による低温での作業はドライアウトや色むら、凍結による固結不良などを引き起こすので、シート養生や散水などの対策をほどこす。

湿式工事の悩ましいところは、季節と天候に工程が大きく影響されることで、壁の故障をなくすためには、状況に応じて適切に対応する時間が必要ということである（**写真10**）。

写真4　端部の雨仕舞いは板金で行うことがほとんどであるため、立ち上げなど納まりに注意する

写真5　外部真壁であれば、柱際の板金立ち上がりがないと内部に雨水が入り込んでくる危険がある

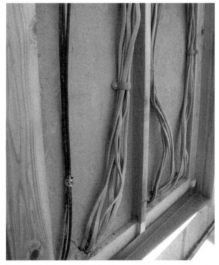
写真7　板張りの外壁の懐を使って配線スペースとしている例

写真8　コンセントボックスの取り付け。貫などの位置とぶつかる場合があり注意する

写真6　真壁では壁内の配管は不可能であるため、配管経路を取るなど計画上の検討を要する。写真は洗濯機用の配管スペース

写真9　塗り見本をいくつかつくってもらい決める。既調合のメーカー品であってもカタログのカラーサンプルだけではその質感は分からないので、必ず塗り見本はつくる

写真10　漆喰の剥離の状態。中塗りと上塗りの施工のタイミングに問題があり、塗り層間の付着力が弱かったためと考えられた

[第6章]

木造住宅
[私家版]
仕様書
仕上げ編
内部

- **張る**｜板
- 232　呼吸する材料＝ムク材を室内に
- 234　天井下地のつくり方
- 235　天井板の張り方
- 237　天井板の納まり
- 239　内部板壁の下地のつくり方
- 240　内部板壁の張り方
- 242　内部板壁の納まり
- 243　床下地のつくり方
- 244　床板の張り方と納まり
- 246　[私家版]流現場監理術4｜内部板張り工事
- 248　**敷く**｜畳
- 250　**木組みの温熱性能向上について**

[私家版]仕様書/仕上げ編[内部]1

[張る] 板

室内の快適性を求めるならば、建物の内部は心地よい素材でくるまれていたい。
さらに、ある程度丈夫でしかも汚れを拭きやすいなど、メンテナンスしやすい素材がいい。
ムクの板は、そのような条件を満たし、内部の壁に張るにはよい素材である。
部屋ごとに張る板材の種類は、適材適所、水に強い木は水廻りに使う。
子供室の腰壁や浴室・洗面所などの壁に張ると、部屋の雰囲気を温かくつくってくれる。
木の艶や杢理なども美しく、経年変化を楽しめる素材でもある。
なによりも温かみのある素材であり、調湿作用も期待できる。
木の雰囲気を楽しむには、壁とのコントラストにも留意しよう。

呼吸する材料＝ムク材を室内に

内部の壁を考えるとき、仕上げ材は「呼吸する材料」でありたいと思う。なぜならば内壁は衣服でいえば肌着に当たる部分であり、人の体に直に接し、体温調節や肌感触を大切にしなければならないからである。ゆえに、内壁に化学系の素材であるビニル類を使うなどは論外であって、土や木などの天然の材料にこだわりたい。しかも、素材は室内にあって湿度や温度を調節する作用のあるムク材を使いたい。

天然素材のなかで調温湿作用をもつ素材は、土や木以上に優れたものはないといえる。両者とも土の粒子や木の繊維の特性として、目に見えない精度の細かな多孔性物質であり、室内の湿気が多いときには水分を吸い込み、湿気が少ないときには水分を吐き出してくれる。

また、熱を遮断する作用がありながら「温もり」のある素材感をもっている。実に人の肌になじみがよい素材なのである。どちらも最後には土に戻る素材として、地球環境に対して低負荷である点でも優れている。

この章では内部に使うムク板について、その素材を活かした使い方と種類を解説し、さらにデザインや納まりについても触れてみたい。

適材適所

内部に使う板材の特性を大きく分けると、堅い木と柔らかい木、また水に強い木と弱い木がある。

一般に堅木と呼ばれているのは広葉樹のナラ、タモ、ケヤキの類であり、柔らかい木は針葉樹のスギ、マツ、ヒノキ、サワラなどであるが、マツやヒノキの類は柔らかい部類のなかでも敷居や床に使える程度に堅い素材である。水に強いのはヒノキ、ヒバ、クリ、コウヤマキ、サワラなどで、針葉樹もあれば広葉樹もある。一般には土台や浴室の壁などにはヒノキ、ヒバが知られているところであるが、浴槽にはヒノキばかりでなくヒバ、コウヤマキなども、ヒノキ以上に重宝されている。クリは鉄道の枕木にも使用されているほど水に強く、強度もある。板材に限った話ではないが、素材は適材適所で使いたい（**写真1**）。

板張りの表現

「建築は端々に気を遣え」とは誰がいった言葉であろうか。確かに建物の納まりは、出隅、入隅が要であり、端々が決まれば空間に心地よい緊張感が生まれる。そこで板材を使って室内をデザインするために、場所ごとの表現方法を以下に整理してみた。

天井は、室内にあっても天空として表現したい。あくまでも空を意識し、空気が天上に向けて抜けていく感覚表現がほしい場所である。それゆえ、天井面は軽やかに、雲が浮いているような浮遊感覚でつくりたいと思う。そこで薄くて軽い素材を使い、壁から遊離しているように見せるために、目地を入れたりする納まりが考えられる。

壁は大地の延長として考えるか、空から垂れ込めた雲のように考えるかで素材が違う。大地の延長として考えるならば土の壁である。土ならば、音も光も遮蔽する壁として表現できる。

空とのつながりとして考えるならば天井材と同じ軽やかな素材であろう。板材の場合、縦に張れば高揚感を、横に張れば安定感を表現できる。また格子状につくることで壁を透かして見せることもできる。光は透かして音は遮蔽することを考えるならば、ガラスや障子という表現もある。軽やかに見せる納まりとして目地の切り方が幾種類かある。

写真1　ムク板のスギ・ヒノキを床・壁・天井すべてに使用した板に囲まれた水廻り。仕切りのガラスを通して一体感を演出した。浴室と洗面上がりの床は十和田石

床は大地の延長と考えるか、屋内生活のステージと考えるかによってつくり方に違いがでる。土間といわれる地続きの空間は内と外を一体的につなぐ場であるし、板の間と呼ばれる一段高くなった床は大地から隔絶された新たな屋内活動の場となっている。

　日本では特に、靴を脱いで床に上がる高床の習慣があるため、床の上の生活は、戸外の土の上とは別の「くつろぎ」の場を提供してくれる。本章では、一段高くなった床の上の生活の場として板張りの解説をする。

天井について

　私家版仕様書の家では、天井材はムクの板材を主体として考えたい。ムク板を「張る」場合に留意しなければならないことを述べる。

　ムク材は狂うことを前提として、仕上げ材の矯正の意味でも下地の重要性を再認識したい。また、伝統的な竿縁天井は和室の基本知識として記述したが、この表現にこだわらず、現代的にアレンジしてかまわない（**写真2・5**）。縁甲板張りなどの打上げ天井は、モダンな感覚を表現できる現代的な張り方である。デザインやコストを考えると合板に練り付けた板もあるが、環境面から考えると、使いたくない材料である（**234〜238頁参照**）。

内壁について

　内壁にムクの板材を張ることによって、室内の雰囲気は「木の家」としての印象が強くなる。内壁の素材感は天井や床の場合より強いといえる（**写真3**）。そこで、縦張りの与える印象や、横張りの与える印象の違いを十分意識したい。特に入隅や出隅の表現によって板を厚く感じるか、薄く感じるかの違いが壁の印象の決め手になる（**239〜242頁参照**）。

　また、壁に限ったことではないが、表面の仕上げによっても違いを表現できる。削ってあれば滑らかな壁として一般的であるが、削っていない材の裏側を仕上げに使うラフな使い方も、表現としてはおもしろい。「鋸目」「なぐり」「うずくり」など、仕上げの表現は多い。

床について

　床に板を使った場合は、特に板幅と長さによって部屋の印象が左右される。幅が広く長ければ長尺のおおらかな床となり、細かく短ければ乱尺でリズミカルな表現となる。板の厚みは表面を見ただけで意外と分かるものである。特に床は、厚みのある素材が部屋の印象に大きく関わる場所といえる（**写真4**）。

　床の納まりとしては、床板の張り方と框や敷居、沓摺りなどとの取合いが工夫のしどころとなる。ここでもムク材は狂いが出ることが前提であり、その予防策として下地の重要性を再認識したい（**243〜245頁参照**）。

　私家版仕様書では、床にスギの厚板を使うことを原則としたい。日本の山の現状を考えると、戦後植林されたスギが60年生となり、伐期を迎えているにもかかわらず、立木の値段が40年以上前の安い価格で、切るに切れない事情になっている。厚い板をたくさん使い、山の更新を図ることが大切であると考える。

　もちろん植林できる費用を、山に返さなければならないので、山と直接、費用の話をしなければならないこともある。

　また、スギの厚板の肌触りは、寒い季節でも足の裏に直にぬくもりが伝わり、快適であることも付け加えておきたい。

写真3　マンションのリフォームに使った秋田杉の壁。幅広の板材と秋田杉の杢理や色合いが独特の雰囲気を醸し出している。家具はケヤキのムク材を使ったオリジナル製品

写真4　玄関の式台と框はヒノキ、床はスギの厚板を使用。厚みと質のよさが玄関を引き締める

写真5　90年前に建てられた商家の離れ座敷の伝統的な竿縁天井

写真2　室内の床も天井もムクの厚板を使用。厚板が、太い柱や丸太の梁と相まって重厚な空間をつくる

CheckPoint 1
天井下地のつくり方

　天井の下地材には、スギ、マツ、ベイツガなどが使用される。下地材の構成は、取り付けていく順に、吊木受け、吊木、野縁などである。仕上げ材の種類や張り方によって下地の取付け方が異なり、特に板幅、張る方向によって変わってくるので注意が必要である。

吊木の納まり

　吊木受けは、上階の力や振動を天井面に伝えないために用いられ、取付け間隔は909㎜程度である。部材は丸太材でよく、心があったほうが丈夫であるといえる。虫害を避けるために皮剥き材とし、径は末口70〜80㎜程度である（図1）。

　吊木は、野縁もしくは野縁受けに片蟻で欠き込んで取り付け、天井を吊り上げる支持材である（図1）。太さは30×40㎜程度、間隔は909㎜以内とする。

野縁の納まり

　野縁受けは野縁同士を連結させ、野縁と吊木をつなぐ材で、太さは40×45㎜、間隔は909㎜内外である。野縁上端に添え付けて釘打ちとするので、不陸には十分注意が必要である。なお、竿縁天井の場合は野縁受けを「裏桟」と呼ぶ。

　野縁は、天井の仕上がりを左右する重要な下地材なので、不陸のないように丁寧に施工しなければならない。よく乾燥させたスギやツガの心去り材が適しており、太さ40×45㎜の材を用いて454×454㎜の格子状に組んでいく（合板張り天井の場合。羽目板張り天井や竿縁天井の場合、野縁は一方向に流す）。格子の交点は相欠きとし、仕口部分に隙間ができたり段差にならないよう注意する（図2）。

　なお、野縁の継手は、野縁受けとの交点を避け、かつ乱に配置する。継手は、鷸に継いで釘打ちとするか、もしくは突付けのうえ、添え木を当てて釘打ちとする（図3）。

図1　天井板張りの下地構成例

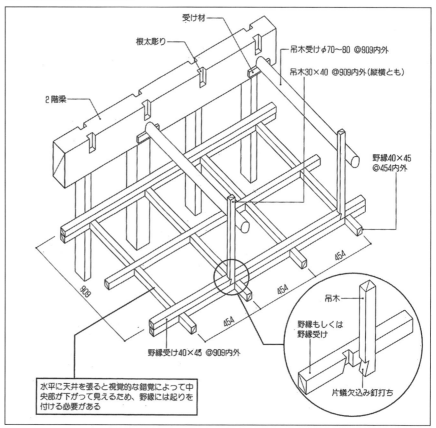

水平に天井を張ると視覚的な錯覚によって中央部が下がって見えるため、野縁には起りを付ける必要がある

図2　野縁の組み方

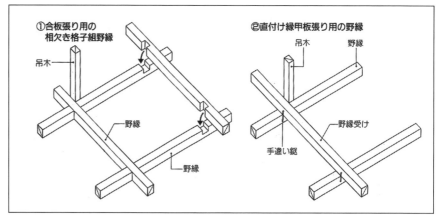

図3　野縁の継手

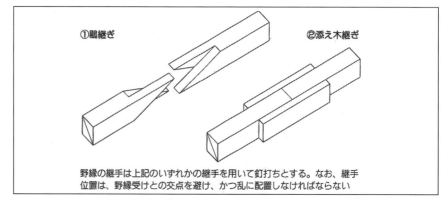

野縁の継手は上記のいずれかの継手を用いて釘打ちとする。なお、継手位置は、野縁受けとの交点を避け、かつ乱に配置しなければならない

CheckPoint 2
天井板の張り方

根太天井

いわゆる直床天井で、踏み天井とも呼ばれる。2階の床板をそのまま1階の天井板として使う場合に、厚板の構造材を化粧板として用いる（図1）。厚さ30mm以上、幅210mm内外のスギ厚板を本実加工もしくは雇い実加工したものを、甲乙梁もしくは根太に釘打ちする。力強く野趣あふれる天井となる。

縁甲板張り

長手方向を本実加工した厚さ15〜18mm程度の板が縁甲板である。天井の場合は、力のかかる場所ではないので縁甲板の厚さが9mm程度でも施工可能であるが、室内の天井面は温度・湿度の影響を受けやすい場所であるため、捩れや割れが生じやすく、ムク材の乾燥は特に重要である（図2）。そこで、あらかじめ板の裏面に鋸目や決り溝を入れて、捩れを抑える処置が必要となる。

目透かし張り

板と板の継目に目地を入れて、板の厚みを透かせて見せる張り方である（図3）。ムク板の場合、乾燥に伴う目違いが生じることがあるが、目地を入れることによって目違いを隠すこともできる。また、天井面をフラットに見せることで軽妙な浮遊感覚をつくることもでき、目地の入れ方を工夫すれば天井面を自由にデザインし、任意な表現とすることもできる。

目透かしの種類としては、「箱目地」「V字目地」「面取り目地」「敷目板張り」などがある。なお、化粧合板張りの場合には、板の木口に同材を練り付ける処理を施すことがある。

敷目板張り

目透かし張りの一つで、目地底にあらかじめ天井材と同材の板を張り付けておく方法である（図4）。目透かし張りよりも丁寧な仕事であり、重厚な印象を与えることができる。また、敷目板を入れることによって天井板の狂いを吸収できるという利点もある。

敷目を大きく取り、竹や葭など異質の材をあしらうことによってさらにデザインや和風の表現が広がる。目透かし張り同様、化粧合板を使って張ることもあり、通常は木口処理を必要とするが、最近では木口をそのまま見せる表現もある。

図1　根太天井

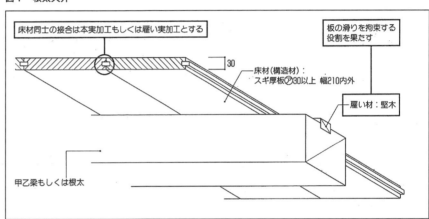

図2　縁甲板張り天井

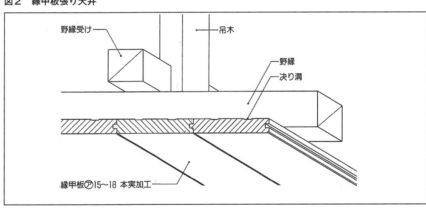

図3　目透かし張り天井（化粧合板張りの場合）

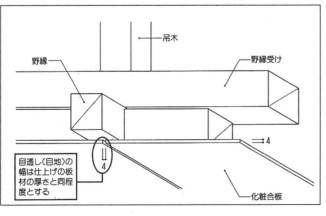

図4　敷目板張り天井

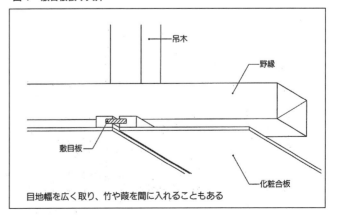

竿縁天井

伝統的な日本の家屋では最も一般的な天井の張り方である(**図5**)。

竿縁の間隔は、一般的に尺寸法に従って303、454、606、909mmで割り付けられる。広い部屋では広く、狭い部屋では狭くすることが基本となっているが、和風の格式や様式にとらわれず、部屋のイメージによってさまざまな間隔や表現があってよい。和風の印象が強いためか、最近、竿縁天井はあまり見かけなくなってきたが、竿縁の表現によってはモダンなデザインも可能であり、和室に限らず用途を広く考えられるものと思われる。

竿縁天井は、野縁に天井板を張り上げるのではなく、竿縁が直接吊木に吊られ、そこに天井板を載せるところに特徴がある。天井板は9mm程度のムク板を竿縁に直交して重ねて置き、板の重ね部分は一方または両方を薄く削り、「羽重ね」にする。この羽重ね部分で板を押さえるために「稲子」という楔を差し込む。差し込む場所は、竿縁と竿縁の中間部分である。

稲子は、仕事のグレードによって種類が異なり、上等な仕事から「本稲子」「付け稲子」「竹稲子」「U字稲子」などが使われる(**図6**)。最近では、本実加工に似た稲子が突板に取り付けられているものもある。

また、竿縁には和室の格式や様式に従って伝統の形(面)がある(**図7**)。真・行・草の形式でいえば、真が「角縁」「成縁」、行が「平縁」、草が「丸太」「半丸太太鼓落し」であろう。さらに面の取り方によっても格式が決まる。最も厳格で格式の高いのが、角縁を「猿頬面取り」した竿縁に、廻り縁を二重に回した書院風の納まりであろう。一般には成縁に糸面仕上げであり、くだけた表現として丸太や半丸太がある。

竿縁の材料としては、スギやツガの柾目材がよく使われる。ただし、茶室などの数寄屋の表現の場合は、竿の幅や杢目の違いもおもしろく見せる傾向があり、竿に銘木を使う場合もある。

また、洋間の表現として、竿を平竿で大きく幅をとり、天井面のなかで存在感を増して見せることも可能である。その場合、天井は板に限らず、土塗りのこともある。

図5 竿縁天井の構成例

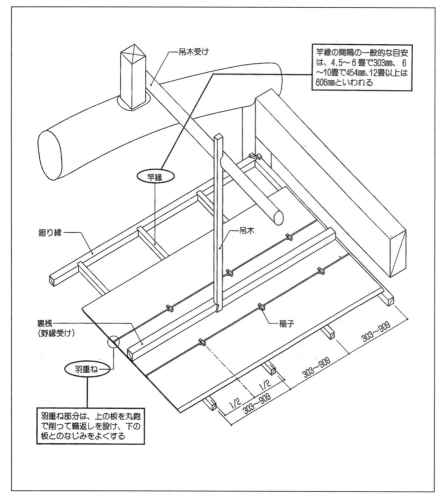

図6 稲子の種類

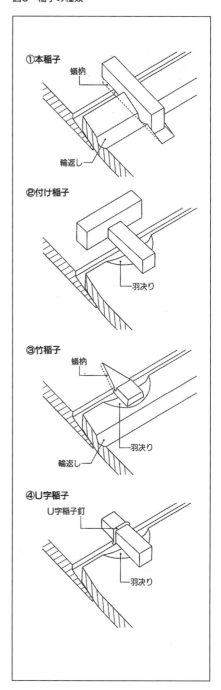

図7 竿縁の断面例

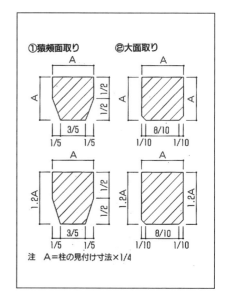

CheckPoint 3
天井板の納まり

梁との取合い

露しの梁と天井板とが接する部分は、「私家版仕様書研究会」では通常、梁に小溝を突いて天井板を呑み込ませている。また、梁の成いっぱいまで天井が上げられる場合は、梁上端に打ち上げることもある（図1）。

廻り縁

通常、壁と天井が接する部分では、天井板と壁面との見切りとして、廻り縁が必要となる。私家版仕様書では、真壁で柱が壁面より出ることが一般的なので、廻り縁は柱を勝ち巻きにして回ることとなる（図2・3）。

廻り縁の見込み寸法は、柱散りに左右される。また、見付け寸法は部屋のデザインイメージに合わせて変え、改まった部屋では小さく、力強く見せたいときは大きく、と自由自在である。

廻り縁がうるさいと感じたり、野暮ったい感じのするときは、廻り縁を隠すことで部屋のイメージを変えることができる。私家版仕様書の家はどちらかというと民家の骨組みように見えるので、隅々のディテールに細かな配慮をすることによってモダンな納まりに見せることが大切である。その一つが隠し廻り縁である（図4）。

天井面がふわりと浮いて見えるようにしたいとき、「天井目地」を取ることがあり、柱散りに揃えて柱の表面にかかるように見せるときもある。どちらの場合も目地底が見えてしまわないように、目地幅と同じだけ、目地の深さを取るようにする。

壁面に取る「壁目地」は、天井面の広がりがほしいときなどに有効かもしれない。天井が壁を貫いて、どこまでも広がるイメージがあり、狭い部屋に効果的だが、難点は目地に埃が溜まることである。また、天井目地同様、目地底が見えないようにしたい。

なお、どちらの隠し廻り縁の場合も並仕事では通常、下地材を加工しないが、丁寧な仕事の場合は刀刃納まりとする。

図1　天井と梁との取合い

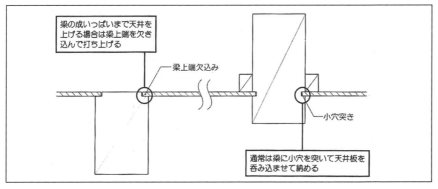

図2　廻り縁と竿縁の取合い

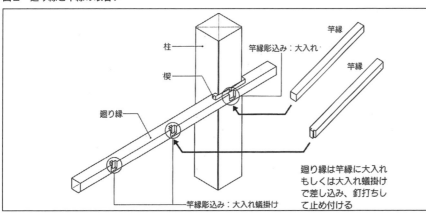

図3　廻り縁と柱の取合い

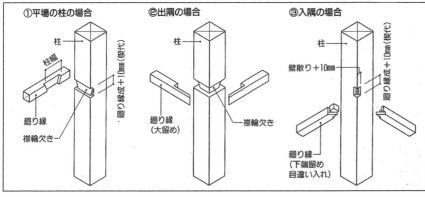

図4　天井と壁の取合い

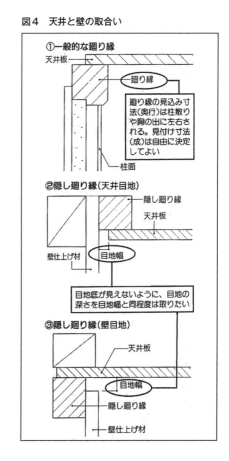

設備との取合い

天井内には照明器具を始めとして、冷暖房器具、給排水管、点検口など、いわゆる設備系の配置スペースが必要となることがある。機器類の納まりを設備工事業者任せでは問題を起こすことになりかねない。軀体工事のなかで、下地を含めて、天井面との納まりに留意したい。

空調のダクト、給排水の配管、電気配線などでは、熱や振動が天井面に伝わらないように、吊金物は構造材に直接取り付けるのを避けて補強材から支持し、天井下地には補強野縁を入れたり、防振ゴムを入れる。配管には、ダクトで50㎜以上、空調ドレインで25㎜以上の保温材を巻き、結露を防ぐとともに、構造材とのクリアランスを取らなければならない。

吹出し口では、特に結露が問題である。吹出し口のルーバーや枠を木製にすることである程度防げるが、冷気と暖気の温度差が激しいときには効果が薄いといわざるを得ない。デザイン的には天井面との接点でできるだけ目立たないように納め(図5)、また空気の流れに沿った配置が望まれる。

造付けの照明は、主に埋め込んで建築化することが多い。よく採用するのが天井懐いっぱいに蛍光灯を埋め込んで木製の枠を廻し、和紙を張るかもしくはアクリル板を入れる方法である(図6)。気を付けなければいけないのが放熱で、意外と熱がこもって、照明器具の周りを温めてしまうことがある。

木製の枠は大工仕事でつくり、放熱用の穴をあけ、断熱材を入れる。和紙張り部分は建具工事とする。コストもかからず、室内にぴったりのデザインが可能になる。

図5 天井吹出し口の納まり例

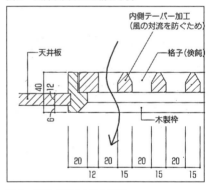

図6 造付け照明の納まり例

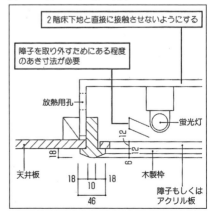

表　私家版仕様書【内部板張り工事／天井】

下地	材料	・□スギ　□マツ　□ツガ　□(　　　　) ・一等材　□(　　　　　　　　)
	工法	・吊木受けは、小屋梁にはなじみ欠きし、2階梁などには受け木を打ち付けて載せ掛け、鎹打ちまたは釘打ちとする 　寸法：□丸太材末口径70～80㎜　□(　　　)㎜ 　間隔　□909㎜　□(　　　)㎜ ・吊木は、下部は野縁受けに片蟻欠込み釘打ち、上部は吊木受け、床梁または小屋梁に添え付けて釘打ちとする 　寸法：□30×40㎜　□(　　×　　)㎜ 　間隔　□909㎜　□(　　　)㎜ ・野縁受けは、野縁または竿縁と交差する箇所で釘打ちとする 　寸法：□40×45㎜　□(　　×　　)㎜ 　間隔　□909㎜　□(　　　)㎜ ・野縁は、野縁受けとの交差位置で継ぐのを避け、継手は乱に配置する。継手での止付けは、鵜継ぎ釘打ちまたは添え木当て釘打ちとする 　配置：□一方向に流す　　□相欠きして格子状に組む 　寸法：□40×45㎜　□(　　×　　)㎜ 　間隔　□455㎜　□(　　　)㎜
仕上げ	材料	・□スギ　□マツ　□ツガ　□ヒバ　□(　　　　) ・□特一等　□上小節　□小節　□無節　□(　　　　) ・□板目　□柾目　□(　　　　) ・仕上がり寸法(　　　　　　　　㎜) 　※板厚は、根太天井は30㎜以上、縁甲板は9㎜以上、合板は4.5㎜以上とする ・仕上げ程度　□超仕上げ　□台鉋仕上げ　□プレーナー仕上げ　□(　　) ・板傍加工　　□なし　□相決り　□本実　□雇い実 ・板裏加工　　□なし　□決り溝　□鋸目　□羽重ね裏削り合せ ・付属物　雇い実　材料(　　　)　寸法(　　×　　㎜)
	工法	・造作方法 　□縁甲板張り天井　□合板打上げ天井　□竿縁天井 　□化粧野地天井：屋根下地野地板を化粧とし、工法は屋根工事の厚野地板に準ずる 　□根太天井：2階床板を化粧とし、工法は「水平構面」の項の「厚板を用いる」に準ずる ・張り方 　□突付け張り　□相決り張り　□本実張り　□目透かし張り　□敷目張り ・羽重ねは(　　)㎜程度とする ・目透かし張りなどの目地幅は(　　)㎜とする ・固定用金物は以下のものを使用し、下地ごと堅固に止め付ける 　□ステンレススクリュー釘　□真鍮丸頭釘　□つぶし頭鉄丸釘　□ステンレスビス 　□(　　　)　長さ(　　)㎜ ・止付け方法　□隠し釘打ち　□化粧釘打ち　□(　　　) ・継手は下地のある位置で突付け継ぎとする ・壁との見切り 　□廻り縁：柱に襟輪欠き、楔飼い隠し釘打ちとする。入隅は下端留め目違い入れ、出隅は大留めとする 　　材料(　　　　)　寸法(　　×　　㎜) 　□天井目地の隠し廻り縁　□壁目地の隠し廻り縁 　　材料(　　　　)　目地幅(　　㎜) ・付属物 　□竿縁：材料(　　　)　寸法(　　×　　㎜) 　□稲子：種類(　　　) 　□敷目：材料(　　　)　寸法(　　×　　㎜) 　※天井板の割付け、廻り縁の形状、竿縁の形状、目透かし張りなどの目地の形状は図面による

CheckPoint 4
内部板壁の下地のつくり方

板壁の下地材には、スギ、マツ、ツガなどが使用される。耐力壁の場合、下地材は貫に取り付ける合板に釘打ちすることになる。下地の取付け方向は、板張りの方向と直交する形で取り付ける。

貫構法の場合

耐力壁として「貫＋合板」を使用することを前提として考える。耐力壁については、架構編「耐力壁」の「貫」の項（118頁）にあるように施工する。つまり、厚み27〜30mm、成105mm以上の木目の詰んだ貫を454mm間隔で柱に通して、柱との仕口部で楔打ちし、内壁側に厚さ9mmの構造用合板を柱間に隙間なく入れ、150mmピッチのN50釘で止め付けて耐力壁をつくる。その耐力壁を下地として、内壁の下地をつくるわけである。

また、受け材併用の受け材タイプについては、同じく架構編「耐力壁」の「面材用受け材」の項に詳しい（117頁参照）。

「縦胴縁」は、「貫＋合板」を前提に、仕上げ板材を横張りするときに必要とする。大壁納まりの場合（図②）と真壁納まりの場合（図①）があり、大壁の場合は柱面に仕上げ材を打ち付けるが、真壁の場合は柱散りによって胴縁の厚みが変わる（直に合板に釘打ちする場合もある）。胴縁の太さは、柱120mm角で大壁の場合は36×45mm、間隔は360mm内外である。なお、仕上げ材の板厚は、壁の場合、強度を考慮して12mm以上必要である。

「横胴縁」は、仕上げ板材が縦張りの場合となる。貫と同じ方向なので454mmピッチだと貫に釘打ちできるが、仕上げ板材の材質や厚みなどによっては、360mm内外の間隔で下地をつくる必要があるだろう（図③）。

合板については、環境問題などを考えると使いたくないのが本音である。しかし、現在の建築基準法では、貫だけでは耐力壁として認められていないのが現状である。

筆者は以前、合板の代わりとして貫にマツ板を格子状に打ち付けたことがある。その際に行った構造計算によれば、格子の交点での釘の接点が多いほど変形は少ないという結果を得た。

写真　耐力壁の壁は貫と間柱に合板釘打ち。合板面を内部壁の下地とする

図　下地の構成例

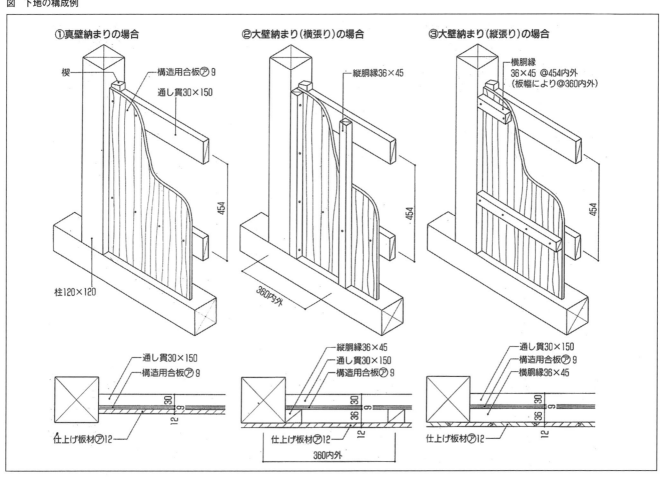

CheckPoint 5
内部板壁の張り方

突付け張り

最も簡単な張り方である。板の幅いっぱいを使い切る張り方だが、板の乾燥に伴って突付け面が透いてくるのが欠点である。板を留め付ける方法は、板の表面から化粧釘打ちとする(図1①)。

相决り張り

突付けの欠点である隙間をなくす張り方で、板の長手方向に互いに決りを付けて重ね合わせる。有効幅は板幅よりも重ね合わせの分小さくなることに留意して加工したい。留付けは、重ね部分の上から釘を打つので隠し釘とはならない(図1②)。

本実張り

板の長手方向にオスとメスの実を加工してかみ合わせ、張り上げた面が揃うように張る。板厚は最低12mm必要と考えるべきである。厚さ9mmの既製品もあるが、壁材としては心もとない。なお、相决りと同様に、有効幅は板幅よりも実の分小さくなる。留付けは、実部分から隠し釘にすれば表面に釘は見えなくなる(図1③)。

突付け面は、目違いをなくす意味で面を付けることが多い。面の深さや大きさで意匠に違いが出るので、デザインするときには注意して使いたい。

雇い実張り

厚板の場合に使う張り方である。この場合は板の両側に溝を突いて、別材で雇い実をつくるので、板幅を有効に使うことができる。本実張り同様、実部分から隠し釘にすれば表面に釘は見えなくなる(図1④)。

落し込み厚板

板材の仕上げのなかで、構造材をそのまま露して仕上げとしたものである(図2)。ただし、板を「張る」というよりは「落とし込む」もしくは厚板パネルを「はめ込む」といったほうが近い工法かもしれない。落し込み厚板は「架構編」では取り上げなかったが、旧38条認定を受けた構造であり、「民家型構法」ではおなじみの耐力壁である。この厚板をさらにパネル状にして貫に打ち付ける方法もある。

また、断熱・蓄熱・保温性、調温湿性に優れた3層クロス構造のスギ板パネル(Jパネル)も販売されており、汎用性の高い素材である。

目透かし張り

横板張りの場合の板同士の突付け面に取る目地を大きくすると箱目地になり、板厚が厚いほど重厚な表現となる。相决りと本実の場合があるが、板幅が広かったり、本実の形状によっては隠し釘とできないので注意が必要である(図3)。

練付け合板張りの場合は、一般的に板同士は突付けで納めるのは稀で、目違いを嫌って目透かしの目地を取ることが多い。その場合の目地幅は板厚と同じかそれ以下とする。ただし、いずれにせよ下地材が見えて納まりはあまりよくない(図4)。

表　私家版仕様書【内部板張り工事／内壁】

下地	材料	・□スギ　□マツ　□ツガ　□(　　　) ・□一等材　□(　　　)
	工法	・□通し貫と面材用受け材に止め付けた構造用面材をそのまま下地として用いる ※通し貫、面材用受け材、構造用面材は架構編の「耐力壁」の項に準ずる □縦胴縁を用いる（横張りの場合） □横胴縁を用いる（縦張りの場合） 胴縁寸法：□36×45mm　□(　×　)mm 胴縁間隔：□303mm　□365mm　□455mm　□(　　)mm
仕上げ	材料	・□スギ　□ヒノキ　□ケヤキ　□ナラ　□タモ　□カエデ □シナ　□(　　　) ・□特一等　□上小節　□小節　□無節　□(　　　) ・□板目　□柾目　□(　　　) ・仕上がり寸法(　　　mm) ※板厚は、羽目板では12mm以上、落し込み厚板は40mm以上とする ・仕上げ程度 □超仕上げ　□台鉋仕上げ　□プレーナー仕上げ　□(　　) ・板傍加工 □なし　□相决り　□本実　□雇い実 ・板裏加工 □なし　□決り溝　□鋸目 ・付属物 雇い実：材料(　　)　寸法(　×　mm)
	工法	・張り方 □突付け張り　□相决り張り　□本実張り
仕上げ	工法	□雇い実張り　□目透かし張り　□敷目張り □落し込み厚板：厚板の四周に二枚実を加工（上端と左右はオス、下端はメス）、溝を突いた柱の間に落とし込む。さらに、厚板片は＠300mm内外で設けた太枘で拘束して耐力壁とする ・張り方向　□縦張り　□横張り ・羽重ねは(　　)mm程度とする ・目透かし張りなどの目地幅は(　　)mmとする ・固定用金物は以下のものを使用し、下地ごと堅固に止め付ける □ステンレススクリュー釘　□真鍮丸頭釘　□つぶし頭鉄丸釘 □ステンレスビス(　　)　長さ(　mm) ・止付け方法 □隠し釘打ち　□化粧釘打ち　□(　　　) ※相决り張り、本実張り、雇い実張りは隠し釘打ちも可能だが、板幅が150mmを超える場合は板材表面から化粧釘打ちとする ・継手は下地のある位置で突付け継ぎとする ・入隅の納まり □遣り違い　□見切り材　□目透かし ・付属物 □入隅見切：材料(　　) 　　　　　　寸法(　×　mm) □出隅見切：材料(　　) 　　　　　　寸法(　×　mm) □笠木：材料(　　)　寸法(　×　mm) ※板材の割付け、出隅・入隅の見切り材の形状、笠木の形状、目透かし張りなどの目地の形状は図面による

図1 主な羽目板張りの種類

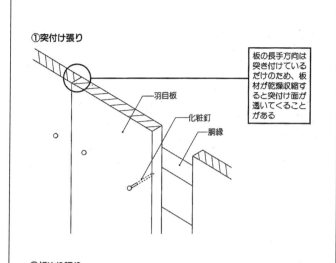

①突付け張り

板の長手方向は突き付けているだけのため、板材が乾燥収縮すると突付け面が透いてくることがある

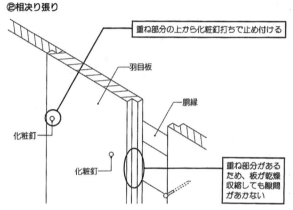

②相決り張り

重ね部分の上から化粧釘打ちで止め付ける

重ね部分があるため、板が乾燥収縮しても隙間があかない

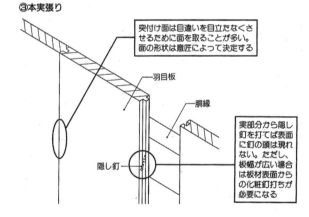

③本実張り

突付け面は目違いを目立たなくさせるために面を取ることが多い。面の形状は意匠によって決定する

実部分から隠し釘を打てば表面に釘の頭は現れない。ただし、板幅が広い場合は板材表面からの化粧釘打ちが必要になる

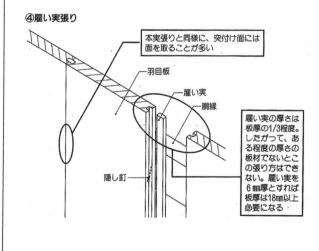

④雇い実張り

本実張りと同様に、突付け面には面を取ることが多い

雇い実の厚さは板厚の1/3程度。したがって、ある程度の厚さの板材でないとこの張り方はできない。雇い実を6mm厚とすれば板厚は18mm以上必要になる

図2 落し込み厚板

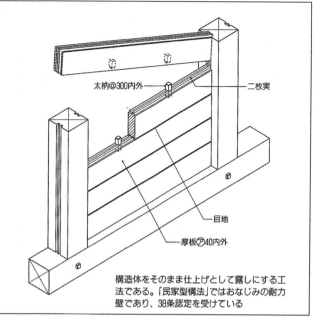

構造体をそのまま仕上げとして露しにする工法である。「民家型構法」ではおなじみの耐力壁であり、38条認定を受けている

図3 下見板による目透かし張り

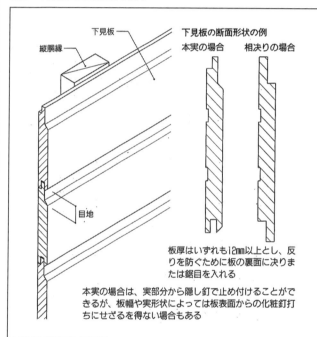

板厚はいずれも12mm以上とし、反りを防ぐために板の裏面に決りまたは鋸目を入れる

本実の場合は、実部分から隠し釘で止め付けることができるが、板幅や実形状によっては板表面からの化粧釘打ちにせざるを得ない場合もある

図4 合板張りでの目透かし張り

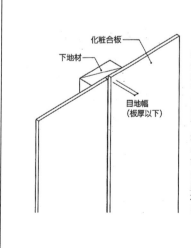

合板などを仕上げ材として使用する場合は目違いを避けるため、面取りしたうえで突付け張りするか、目透し張りとすることが多い。目透し張りでは、目地底の下地材を鉋掛けしたり、目地テープを貼ったりしないと見栄えが悪くなる。また、合板木口の基材が見えることになるので、上級仕事では仕上げ材と同材の化粧目地材で目地底と木口を隠すこともある

CheckPoint 6
内部板壁の納まり

入隅

仕上げ板材を入隅部で納める方法で、一方の材を延ばしてもう一方の材を突き付けるやり方を「遣り違い」という。見た目にすっきりと見えるが、突付け面に精度が求められるため、通常は見切り材を打って精度の悪さを逃げる。簡単な方法として「四分一」と呼ぶ細い材を釘打ちもしくは糊付けするが、後やり仕事なので、あまりきれいには見えない。できれば、あらかじめ溝を突いた見切り材を使用するほうがよい（**図1**）。

出隅

板張りの出隅では、板の厚みによっては、ムク材を留めで納めることも考えられるが、板の暴れを考えると雇い材を入れたほうが無難である（それでも手間の割に報われないことが多い）。通常、出隅では見切り材を入れて納めるほうが丈夫で美しい（**図2**）。見切り材のデザインは、板厚や部屋のイメージによって自由に選択できる。目地を入れて方立を見せる方法もあり、R加工して頻繁に使うコーナーを摩耗から保護することもある。

少し乱暴かもしれないが、板の小口を見せる納まりも野趣があっておもしろい。

笠木

材質の違う素材が取り合うときに見切り材や笠木が必要で、笠木は、水平に使う見切り材と考えてよい。上端に埃が溜まりやすいので上面に少し勾配を付けてつくることが多く、壁面からの出は、真壁の場合は柱の面内に納める（**図3①**）。板厚が厚い場合は、笠木をつけない納まりもある。

柱との取合い

真壁構造で板張りとする場合は、柱に決りを入れて板を差し込む。板が暴れて柱との散りが乱れないようにするためである。面一で納めるときには、ムク板の場合も合板の場合も同じ理由で目地を切って逃げるほうがよい。目地の大きさは意匠によるが、板厚と同じほうが無難であろう。仕上げの化粧合板が薄い場合は、壁の強度を保つために最低6mm厚の合板を捨て張りしたい（**図3②**）。

図1　入隅の納まり

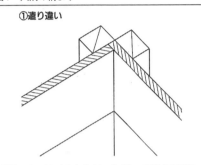

①遣り違い

単純ですっきりとした納まり。ただし、突付け面の削り合せに精度が求められ、横張りでは1枚ずつ削る必要があるため手間がかかる

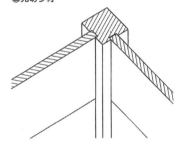

②見切り材

意匠上、見切り材があってもよい場合に一般的に用いられている納まり。見切り材に小穴を突いて仕上げ板材を差し込む方法を採る

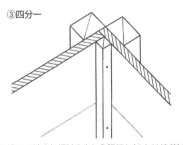

③四分一

遣り違いで納めた板材の上から釘打ち（または接着）で後付けする。釘打ち跡が見えたり、細い材である四分一が波打つことがあり、見栄えはあまりよくない

図2　出隅の納まり

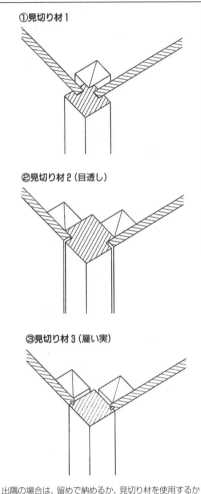

①見切り材1

②見切り材2（目透し）

③見切り材3（雇い実）

出隅の場合は、留めで納めるか、見切り材を使用するかの選択になる。留めの納まりは当初は見た目がすっきりとして美しいが、板の暴れで後々目違いや透きが発生する可能性がある。そのため、一般的に用いられているのが見切り材を入れる納まりである。小穴を突く、目透かしで納める、雇い実を入れるなど、板材の固定方法や見切り材自体のデザインにはさまざまなバリエーションが考えられる

図3　笠木・柱との取合い

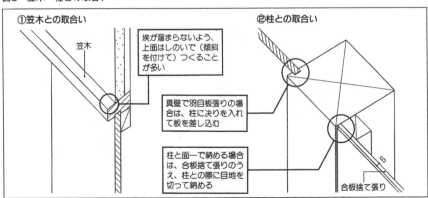

①笠木との取合い　　②柱との取合い

笠木

埃が溜まらないよう、上面はしのいで（傾斜を付けて）つくることが多い

真壁で羽目板張りの場合は、柱に決りを入れて板を差し込む

柱と面一で納める場合は、合板捨て張りのうえ、柱との際に目地を切って納める

合板捨て張り

CheckPoint 7
床下地のつくり方

床の下地材には、スギやマツなどが使用される。1階床の場合、下地材の根太は、足固めに大入れで取り付け、さらに合板を釘打ちすることになる。2階の場合も同様に、根太上に打ち付けた合板が下地となる（**図1、写真**）。根太の取付け方については、架構編の「1階床組」「2階床組」（134・136頁）を参照されたい。

1階床で板材仕上げの場合、捨て張り板として厚み12㎜の構造用合板を根太にN50釘で150㎜間隔に留め付け、仕上げ材と捨て張りとの間には接着剤を併用して固定する。

2階床の場合は、特に水平剛性を必要とするので、合板の捨て張り板は必ず使用する。釘打ちの要領は1階と同じである。また、2階床の場合は厚板を使用して1階の天井を兼ねることもある（**235頁図1参照**）。その場合は、厚板の上に転ばし根太で2階床をつくることもある（**247頁図4参照**）。

仕上げが畳の場合は、下地は「荒床（あらゆか）」となる（**図2**）。畳のような天然の素材を敷く場合には、下地は通気性のあるムク板を使う必要があり、合板下地では畳床を腐らせるおそれがあるので使用を慎むべきである。

荒床は、厚18㎜、幅240㎜程度のスギ板を突付けで張る。釘は板幅に対して2本以上打ち付ける。なお、床下の点検に荒床を揚げて入ることもあるので、部分的に釘打ちをしない場合もある。

写真　一階床下の大引きと根太と断熱材のフラットな収まり。最近では鋼製束が普及しており、不陸や床鳴りに対応しやすくなった

図1　床板張りの下地構成例

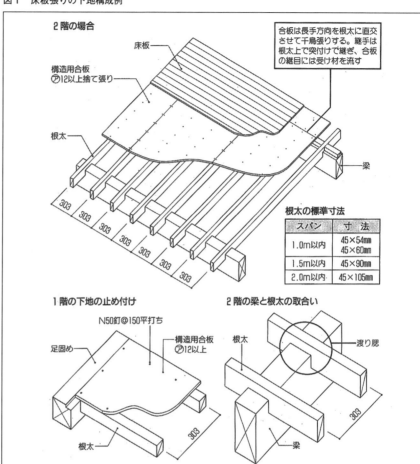

1階	・畳床の場合は@454内外。その他の場合は@303内外とする ・継手は受け材上で突付けとし、N90釘平打ちとする ・土台・大引には置き渡しとし、N75釘2本斜め打ちとする。足固めには大入れし、N75釘2本斜め打ちとする
2階	・根太は指示のない限り@303以内に配置し、設計図の指示する高さに従った渡り腮を標準とする。梁と根太の上端が揃う場合は大入れとし、N75釘2本斜め打ちとする

図2　荒床の構成例

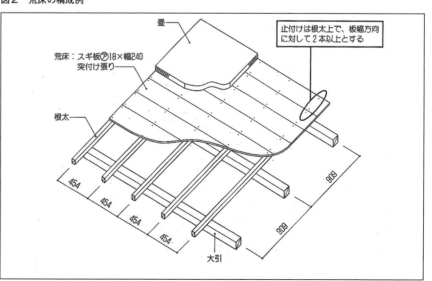

CheckPoint 8
床板の張り方と納まり

厚板張り

　供給側からすれば、最近の山では、スギの中目材と呼ばれる太めの立木から板材が多く取れるようになった。また、ユーザー側からみれば、針葉樹の板は柔らかくて温かみのある肌触りをもっていることから自然志向派の潜在的な需要があった。その両者が結び付いて、最近ではスギ板の床への使用例を多く見かけるようになった。

　スギの厚板は、板厚30mmを標準とする。本実加工もしくは雇い実加工とし、水平剛性を高めるため、さらに太柄を併用して板同士の滑りを止める工夫が必要である（図1①）。詳しくは、架構編「水平構面」の項（138頁）を参照されたい。

スギ厚板使用の留意点

　針葉樹の板を床に使用する際、いくつかの点に留意しなければならない。まず、木裏を表に使ってはならない。板の表面がささくれ立って棘が刺さることがある。スギは、軟らかいところが長所であり欠点でもあるが、最近、表面を熱圧処理した材が開発され市販されている。

　また、板張りの施工の際には、きつめに締め付けてちょうどよいくらいだという。締めながら施工するのは針葉樹の特性によるもので、板材に限らず、構造材にも同じことがいえる。板幅が広い場合は表面からビス止めか化粧釘打ちする必要があるが、働きが少なければ実からの釘打ち

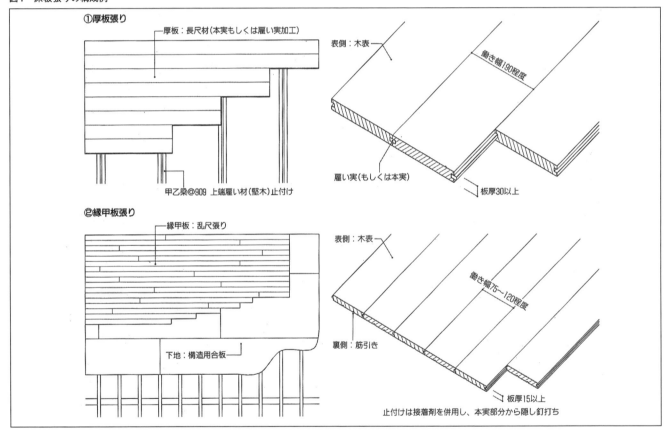

図1　床板張りの構成例

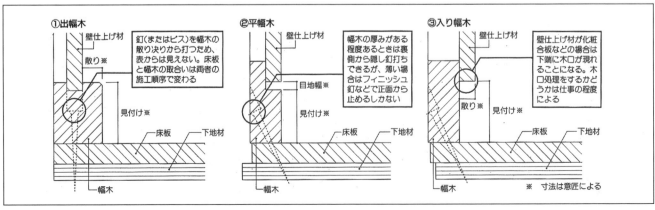

図2　幅木の納まり

で隠し釘が可能であり、その目安は働き幅190mm程度である。

配線設備との取合い

厚板で2階床を施工する直床天井の場合、1階天井への電気配線に困ることがある。その際には、厚板の上に転ばし根太を敷いて新たに床を張り、転ばし根太のクリアランスに配線を施工する。二重の床張りで効率が悪いようにも思うが、厚板は構造床と考える。

水平構面としては、厚板の上に直に構造用合板(厚さ12～9mm)を打ち付けることになる。

縁甲板張り

床材は、最低15mm厚以上のものを使いたい。私家版仕様書ではムク材の縁甲板もしくは単層フローリングと考える(**図1②**)。一般には広葉樹の堅木が多いが、板材は裏面に反り防止のための溝を突いたものを選んで、木表を表面に向ける。心持ち材は、後々割れるため避けなければならない。

納まり①幅木

幅木は、どちらかというと床材の延長と考えたい。床と壁の際であるから最も目に触れる大切な場所といえる。ゆえに、壁と同面にした場合は壁と床の一体感を高め、壁より入れ込んだ場合は、壁と床との絶縁を意味する(**図2**)。

出幅木は一般的な納まりであるが、真壁構造の場合は柱の面内で納めたい。

納まり②框

框との取合いは、床板と面一になるように納めることが大切である。仕上げ材に目地を切ることが難しい場合は、下地材を框に切れ込んでから仕上げ材を糊付けすると後で透くことが少ない(**図3**)。

納まり③敷居

最近ではバリアフリーの傾向から、敷居も床と面一で納めることが多い。一般には仕上げ材の上から敷居材を被せるのであるが、この場合は平らに仕上がる必要があることから、框と同じく下地材を敷居に切れ込んでつくることになる。

納まり④沓摺り

ドアの沓摺りは最近あまり使われなくなってしまった。その理由としては、板張りの床が一般的になり、個室も廊下も同じ材で一律に張り巡らせてしまえるようになったからと考えられる。しかしながら、沓摺りの役目はエアタイトのよさにあったと思う。ドアの場合は、できるだけタモやナラの堅木で付けたほうがよいと考える(**図4**)。

図3 框と床の取合い

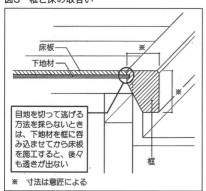

目地を切って逃げる方法を採らないときは、下地材を框に呑み込ませてから床板を施工すると、後々も透きが出ない

※ 寸法は意匠による

図4 沓摺りの納まり例

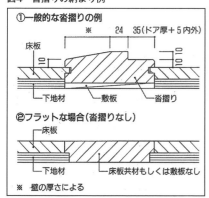

① 一般的な沓摺りの例
② フラットな場合(沓摺りなし)

※ 壁の厚さによる

ヒノキの本実加工の厚板は、丈夫で美しく、見た目にも厚みが感じられる。スギ板よりも硬く、傷や汚れがつきにくい

表 私家版仕様書【内部板張り工事／床】

下地	材料	・□スギ　□マツ　□ツガ　□(　　　　) ・一等材　□(　　　　　　　　　　)
	工法	・1、2階の根太は架構編「床組」の「根太」に、捨て張りは同じく「水平構面」の「構造用合板を用いる」に準ずる ・荒床の場合の下地板は、厚み12mm以上のスギ板とし、止め付けは突付け脳天釘打ちとする
仕上げ	材料	・□マツ　□ヒノキ　□ナラ　□ブナ　□タモ　□チーク　□ケヤキ　□スギ 　□(　　　　) ・□特一等　□上小節　□小節　□無節　□(　　　　　) ・□板目　□柾目　□(　　　　) ・仕上がり寸法(　　　　　　　　　　　mm) 　※板厚は、縁甲板張りは15mm以上、厚板張りは30mm以上とする ・仕上げ程度　□超仕上げ　□台鉋仕上げ　□プレーナー仕上げ　□(　　　) ・板傍加工　□なし　□相決り　□本実　□雇い実 ・板裏加工　□なし　□決り溝　□鋸目 ・付属物　雇い実：材料(　　　　　) 寸法(　　　×　　　mm)
	工法	・□縁甲板張り：乱尺張りとする 　□厚板張り：工法は架構編「水平構面」の「厚板を用いる」に準ずる 　張り方　□突付け張り　□相決り張り　□本実張り　□雇い実張り ・□(　　　　　　　　　　　　　　　　　) 　固定用金物は以下のものを使用し、下地ごと堅固に止め付ける ・□ステンレススクリュー釘　□真鍮丸頭釘　□つぶし頭鉄丸釘　□ステンレスビス 　□(　　　) 長さ(　　　mm) ・止め付け方法　□隠し釘打ち　□化粧釘打ち　□(　　　　　　) ・壁との見切り ・□出幅木　□平幅木　□入幅木 　材料(　　　　　　　　　) 寸法(　　　×　　　mm) 　付属物 ・□框　：材料(　　　　　　　　) 寸法(　　　×　　　mm) 　□敷居　：材料(　　　　　　　　) 寸法(　　　×　　　mm) 　□沓摺り：材料(　　　　　　　　) 寸法(　　　×　　　mm) ※床板の割付け、幅木・框・敷居・沓摺りの形状は図面による

[私家版] 流現場監理術 4
内部板張り工事

チェックポイント①
板の割付けに配慮を

　内部板張りの場合、特に割付けに注意が必要である。木造軸組構法はモジュールが3尺（909mm）と決まっているうえに、規格品の板材を使うと割付けは成り行き任せになることが多い。特に気にしないのならばそれでも構わないが、丁寧に現場監理すれば不揃いな割付けを免れることができる。ただし、そのためには周到な準備と多少のコストアップが伴う。

　床板は、部屋の内法寸法を単純に何等分かして割り付けると無理が生じる。部屋によって内法寸法が違うからである。各部屋の大きさに合わせて板を挽くこともできるが、オーダーメイドとなるためコストアップになる。そこで、各部屋とも同一幅の板で一方の壁から張り込んでいくのが順当な方法であるが、軸組の芯墨から割り付ける方法もあり、墨出しを丁寧にすれば割付けはきれいに仕上がる。

　壁板は、縦張りと横張りで違いがある。縦張りの場合は壁の間口（内法）寸法で割付けがぴったり納まるようにするのが通例である。板をオーダーするとか、部屋の心から割り付けるとかして、端々で半端な板が出ないようにしたい。

　横張りの場合は天井から床までの内法内に納めるが、特に家具やカウンター類の横目地との取合いに注意したい（図1）。カウンターのすぐ上で半端な寸法の板が出るのは避けたいところである。また、縦張りも横張りも、コンセントやスイッチなど、電気設備のプレート類との納まりに留意したい。板と板の間に挟み込まれるプレートは目地の芯で割り付けるか、板の中心で割り付けるか、のどちらかであろう（図2）。

　天井板はきれいな割付けを特に徹底したい部位である。板を挽き直してでもキリのよい割付けにしたいところだ。特に、天井板と縦張りの壁板が取合う場合は、壁板も同じ割付けとして整合させたい（図3）。

チェックポイント②
天井施工の留意点

　野縁と構造材は縁を切るのが得策である。構造材に野縁を打つと上階で発生した床の音が太鼓のように響くことがあるからである。ただし、少ない天井高で縁を切ることが無理な場合も多い。

　電気配線が問題となるのは、2階床の厚板をそのまま1階天井とする場合で、溝彫りして配線し、その上から埋木で埋めるか、あるいは転ばし根太を入れて、その上にさらに床板を張る二重床とする必要がある（図4）。

　なお、天井面を水平に見せるには真ん中を若干起らせる必要がある。本当に水平に張った天井板は、視覚上の錯覚によって真ん中が垂れ下がって見えるからである。非常に微妙な寸法であり、大工職はその起りを「天井の真ん中を肩で押して上げた」程度などと形容する。

チェックポイント③
壁施工の留意点

　壁の場合、入隅・出隅のつくり方が大切である。角を柔らかく見せるのか硬く見せるのかによって部屋の印象が変わる（写真1・2）。施工面では、板材の場合と化粧合板の場合で下地が違う。薄い化粧合板の場合は下地に合板の捨て板を張り、仮釘と接着剤を使用して張る。また、真壁納まりの場合は、柱との取合い部分には決りが必要となる。板材が暴れないようにするためである。

チェックポイント④
床施工の留意点

　ムク板は一度雨に当ててしまうと暴れて取り返しがつかなくなるため、施工期

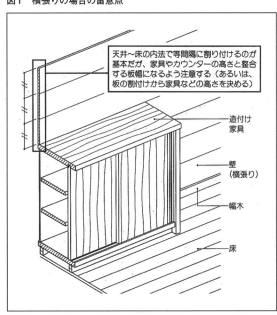

図1　横張りの場合の留意点

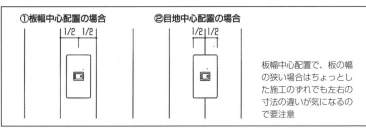

図2　プレートの配置

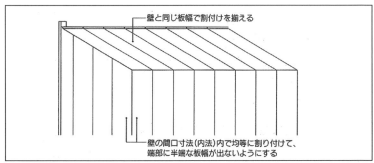

図3　縦張りの壁板と天井の割付け

間中は床板に雨が当たらないように配慮する必要がある。外部建具を木製でつくる場合は、最後まで外部との遮蔽ができないので特に養生には気を付けたい。また、床板が反ると幅木との取合い部分に隙間が生じることがある。幅木の上からビスで強引に押さえ付ける方法もあるが、やむを得ない隙間ともいえる。床板と柱の取合い部では、柱の首切りが必要となる（図5）。床材が痩せたときに柱との間が透いてくるからである。なお、厚板に限らず、板材の本実加工は一度に加工するのが原則である。別々に加工すると加工時の挽き歯の違いで板厚や実が合わない場合が生じる。

床板の捨て張りは、水平剛性を得るためでもあるが、床材との接着によって狂いを抑えたり、隙間風を防ぐ役目も担っている。ただし接着剤は、環境ホルモンに気を付けて影響のないものを使うよう心掛けたい。

床暖房を導入する場合には、床板を合板にするか、床暖房用につくられたムク板を使うのが一般的である（図6）。しかし、それら以外の好みのムク板を使用したい場合は、施主の了承を得たうえで低温設定の器具を入れることをお勧めする。ムク板は、それでも床暖房時に透いてくることがあるが、梅雨時になるとまた塞がってくれる。筆者は、ムク板の欠点である伸び縮みがこの場合は長所にもなると考えている。

写真1　スギ板の壁が湿気を吸収してくれる。床や天井はスギの厚板。家具は手作りの造り付け

図4　根太天井の場合の電気配線

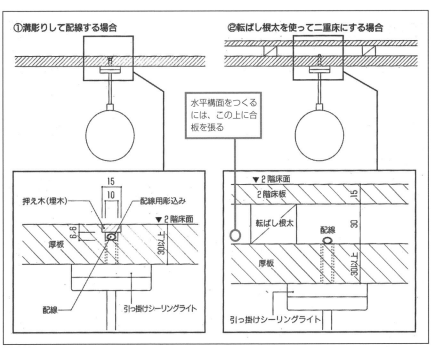

図5　柱の首切り（板張りの場合）

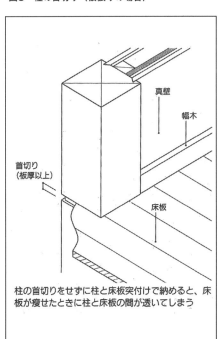

図6　床暖房を設置する場合の床の納まり例

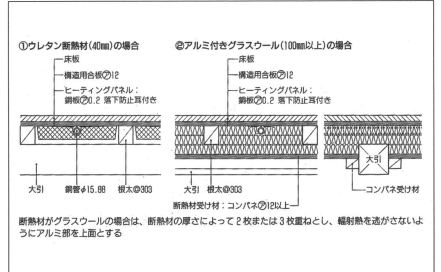

写真2　ヒノキの板壁を浴室に張り巡らせた事例。板の端部の納まりに留意。小口に湿気を呼ばない工夫が必要

[私家版]仕様書/仕上げ編[内部]2

［敷く］畳

畳は日本人にとっては、部屋の大きさを表すために使う単位であり、
なじみのある床材である。
また湿度の高い梅雨時には裸足の足触りがよく、
日本家屋では古くから親しまれてきた素材である。
近年、室内の洋風化によって少なくなってきているが、
畳のもっている弾力性や保温性、調湿作用など、日本の気候風土に適合した床材として、
まだまだ見直さなければならない優れた性能がある。

畳の歴史

畳は、むかしから日本で使用されている伝統的な床材である。中国から伝播したものではなく日本固有の床材といえる。日本では、モンスーン地帯に属する湿度の高い気候からイグサを編んだゴザなどの敷物が重宝がられ、徐々に厚い床をつけ縁をかがるなどした畳に発展したものと考えられる。

聖武天皇と皇后が使用したといわれる薄い筵にイグサが張られ、縁かがりがされた、畳の原型とされるものが正倉院に残されている。雛人形の内裏雛の座に用いられている畳がその象徴的な使用例と思っていいだろう。

現代の畳に近づくのは、平安時代に入ってからといわれているが、板敷きの上のクッション材的扱いから、鎌倉時代には部屋中に敷き詰められるようになる。畳の大きさや縁の色などから階級が決められたこともあったというが、厚みが加わるとともに大きさの規格化が進められている。江戸時代に入ると畳は建築物の要素として定着し、城や屋敷の工事を司る畳奉行という役職が誕生した。

現在では新築の家から畳が徐々に減りつつあるが、洋風化にともない敷き詰める畳からクッションのように置く形式に戻りつつある。

寸法

畳のサイズは、日本家屋の寸法と同じ3尺×6尺が基本となるが、各部屋の大きさに合わせて微妙な寸法のズレを吸収するため、そのつど採寸されるので一定したサイズにはなりにくい。

座って半畳、寝て一畳と呼ばれるように、畳の大きさは日本人にとってはなじみの深い寸法なので、畳が敷かれていない洋間でも何畳の部屋という呼び方をすることがある。しかし、地域ごとの規格寸法が違うので正確な面積は、どのサイズの畳に基づくかで違ってくるので気をつ

表 畳の規格寸法（JIS） (単位：cm)

JIS呼称	通称名	寸法呼称	長さ	幅	備考・使用地域
メートル間	—	—	192	96	新しい建築モデュールに使用
京間	本間	六三間	191	95.5	関西、中国、九州、秋田県、青森県
—	三寸間	六一間	185	92.5	瀬戸内海地域、岩手県
中間	中京間	三六間	182	91	中京地域、東北、北陸の一部、沖縄県
田舎間	関東間	五八間	176	88	静岡県以北の関東から北海道

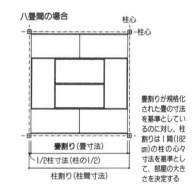

図1 畳割り

八畳間の場合

畳割りが規格化された畳の寸法を基準としているのに対し、柱割りは1間(182cm)の柱の心々寸法を基準として、部屋の大きさを決定する

図2 畳敷様

畳数 \ 畳敷様	祝儀敷	不祝儀敷	その他
三畳	①	③	卍敷き(桂離宮)
四畳半	②		
六畳	②	①③	
八畳	②		一本縁(八畳中敷)
十畳	②	③	縁無畳 片縁畳
十二畳	②		①枕敷 ②回し敷 ③四居敷

けたい。

一般的な規格としては「京間」3尺1寸5分×6尺3寸、「中京間」3尺×6尺、「関東間」2尺9寸×5尺8寸があるが、さらに各地域によってさまざまな規格が存在する（**表**）。

敷き方

祝儀敷きと不祝儀敷きがあり、畳の角が一箇所に集まらないようにする敷き方を一般的には好む傾向がある（**図1・2**）。

下地

畳は本来、適度な弾力性と通気性をもち高い保温性や室内の調湿、浄化作用などの機能をもっている。ゆえに畳の下地は適度な通気性と弾力性をもつことがよいとされている。

畳の下地材に、構造用の合板よりもスギの荒板を使用する理由はそこにある。一階床下地の場合、スギ板の厚みは13mm程度で根太は45×45mm@455に入れる方法が一般的である。

納まり

畳を敷くためには真壁の柱尻に畳寄せが必要となる。施工にあたって、畳寄せから畳寄せまでの間隔を正確に計り、畳を隙間なく敷き込まなければならないが、部屋の壁と壁は直角に施工したつもりでも、多少の軸線のブレや寸法の違いがあり、正確な矩形にはなっていないのが通常である。ここに畳の規格の難しさがあり、一度敷きこんだ畳は、表替えの折には同じ場所に再度敷き込むことになる。

また畳寄せと荒床との間にすき間があると、そこから室内に隙間風が入る危険があるので十分注意が必要である。畳寄せは荒床までしっかりと届くように施工するとよい。

畳床

乾燥させた稲藁を圧縮して縫いとめ、板状に加工するものが伝統的な製法であり、藁床と呼ばれる。稲作の二次利用として有効であり、適度な弾力性と保温力、調湿性などに優れている。圧縮層の程度によって普及品から上級品まである。

しかし近年では材料の入手が困難であることと、製造が難しく重くて取り扱いが悪いことや、ダニやカビが発生しやすいこともありインシュレーションボードや発泡ポリスチレンなどの新素材が使われるようになった。安価で軽いこれらの畳を化学畳とか建材畳と呼ぶが、踏み心地や通気性では藁床に及ばない。

畳表

イグサなどの茎を乾燥させて織ったゴザで、さまざまな織り方がある。イグサを横糸、麻もしくは綿の糸を縦糸にして織り上げる（**写真1**）。

年月がたつと、擦り切れるため3年から5年を目安に畳返しをしたり、畳表だけを新しく張り替える表替えをする。備後表などの国産の畳表が有名。丈夫なイグサを使って縁をつけない琉球表も独特の風情がある。

琉球表のイグサは「七島イ」という。もとは沖縄原産であったが、現在は大分県国東半島で栽培されている。「七島イ」の茎の断面は、独特の三角形をしており、畳表に織る前に茎を半分に割る必要がある（**写真2**）。その後、乾燥させて織るが、一般的なイグサより丈夫で火にも強いため、昔から囲炉裏端や柔道畳として使われてきた。縁を付けずに織り込むために、表替えは難しいが、長く使える（**写真3**）。

畳縁

畳床を畳表でくるむ場合に、短辺は畳表を巻きつけ裏で床に縫い付けることが出来るが、長辺方向では、畳表を切りそろえるために縁で切り口を隠し、床に縫い付ける必要がある。

その際使われる布製の縁が畳縁である。むかしは階級によって色の違いがあったともいわれるほど、部屋の雰囲気をつくるので、色や素材は慎重に選びたい（**写真4**）。

写真1 い草の種類は、「丸イ」と「七島イ」の二種類があり、座敷向きには色艶の揃った「丸イ」が使われ、農家の囲炉裏端や柔道場には耐久性が強く火気にも強い「七島イ」が使われる。伝来したトカラ列島の島から七島という言い方もあるが、原産地の名をとって「琉球表」と呼ばれたり「豊後表」と呼ばれたりする。折り曲げても丈夫であるため、縁なしのまま使われることが多い。「柔道畳」とか「田舎畳」とも呼ばれる

写真2 「七島イ」は断面が三角状になっており、「三角イ」とも呼ばれる。原産地は琉球であり江戸初期に鹿児島県のトカラ列島から大分県に伝来したという。これを二つに割って乾燥させる

写真3 マンションの内装に使われた「琉球畳」。使用の頻繁な茶の間にはうってつけである

写真4 茶室に使われた畳。縁は黒の綿と決まっている。茶室の場合、畳の目が茶道具を置く目安となるので、目数に決まりがある。床の間の薄縁も大目の表を使っている。床の間の場合、縁に使う紋は、決まりがあるので注意されたい

[私家版]仕様書/仕上げ編[内部] 番外編
木組みの温熱性能向上について

伝統的な木組みの家をつくる人たちに温熱嫌いは多いといわれている。
また日本の家の温熱性能は欧米に比べて30年も遅れており、現行の平成11年の省エネルギー基準も大幅に遅れているので、日本はガラパゴス状態だともいわれる。
この現実は、エネルギー問題にとどまらず、人の健康問題にも波及し、今や多くの医療関係者も住まいの温熱向上を唱え始め、暖かい家づくりを目指している。そんな最中に2020年の省エネルギー基準の改正が見送られることとなった。
これまで熱心に実践してきた努力が無駄になるのか？　驚いたのは、省エネをリードしてきた設計者や工務店である。
しかし、地球環境は待ってくれない。国の政策を待つよりも、健康が大切だ。木組みに加えて温熱にも強くなることで、心地よい豊かな家が獲得できるならば、両立を目指したい。

伝統構法と温熱環境

　木造住宅を実践している人たちにとって、2020年に実施される予定であった改正省エネルギー法（300㎡以下の小規模な新築住宅にも義務化）は、乗り越えなければならない課題である。しかしながら、伝統派と呼ばれる施工者や設計者の多くは、断熱・気密が伝統構法のつくり方にそぐわないと考えており、実践には消極的である。

　しかし、ここで躊躇していると、世界の気象変動対策から取り残されるばかりか、ただでさえ少なくなっている伝統木造の支持者からも受注の機会を失う。

　そうなっては伝統構法を継承することもできなくなる。

　地球温暖化問題に対処するCO_2削減を考えると、外皮の断熱性能をあるレベルに保ち、温熱性能を向上させることは、世代を超えて、長く住み続けることのできる木組みの家にとって必然である。

　できるだけ少ないエネルギーで暖かく暮らすことは、すべての建築従事者にとっての命題であり、昔から民家にはその工夫が受け継がれている。

　本来、伝統構法の家は、使われている素材から屋根の形状まで、その土地の気候風土に沿って建てられている。使われている素材は近くで採れる土や木や草などの自然材料であり、気候による素材の特性である吸放湿性能や、軒の出などの日射遮蔽や取得の知恵と工夫がある。つまり、気候風土に根ざした屋根の形や勾配など、伝統的な古民家はすでにパッシブな知恵と工夫を内在しているのである。

　これらの工夫を生かすことを前提に、私たちの提唱する木組みの家に加えて温熱環境の向上を目指したい。

断熱・気密

　昔の民家は、室内はもとより床下や屋根裏の通風が必須であった。しかし、建具や内外真壁からの漏気はまぬがれない。そこで、冬には重ね着をして、囲炉裏などで暖を採ることで寒さをしのいでいた。

　また、日本のように高温多湿な地域では、結露を防ぐために吸放湿性能に優れた自然素材の採用が大切とされてきた。たとえば、土蔵が厚い壁で1年を通じて温湿度を一定に保ち、保管に最適な環境を維持できた理由は、土のもっている吸放湿性能や蓄熱性能による。土壁は、厚みを確保できれば、断熱性や防火性能もある程度は確保できる。

　現代では、断熱材が厚い土壁の替わりになるわけだが、中途半端に断熱材を施工することは、結露の原因となり、かえって危険だ。

　そこで、「木組の家」では、まず断熱性能を上げ深い軒などで日射遮蔽や日射取得をし、通風を開口部の開け方で工夫したい。そのためには、建物の漏気をなくし気密性能の向上が求められる。

　内部真壁で漆喰塗りの場合、気密性能を上げるためには「地離決り」を行い、左官を丁寧に塗り込むことが必要となる。

　断熱材は、吸放湿する木質系もしくはセルロースファイバーを使用すれば、おおむね6地域以上では結露の心配は少なく、室内側の防湿シートは必要ないと考える。

　木組みの家づくりでは通気工法を併用し、吸放湿性能に優れた自然素材の仕上げ材の使用により、結露の危険を減らすことをお薦めしたい。

　グラスウールのような吸放湿しない断熱材を使用する場合は、防湿シートや可変透湿シートを使い、結露の危険を回避するべきである。

　防湿シートを使用するときは、気密性能を上げるために、重ね部分を気密テープ張りにすることが必要になる。特にボード系の断熱材を使用する場合は、気密テープでの目張りが重要となる。

　開口部は、もっとも熱が逃げやすいので断熱性能の高い窓の仕様が必須となる。シングルガラスや、アルミサッシも使わないほうがよい。最近では樹脂系のサッシがあるが、防火の制限がなければ、値段は高価だが木製サッシで気密のよいものを選ぶことも選択肢の1つである。

　木製サッシは断熱性能が高く、木の家にはよく似合う。建具屋の手づくりでも、ある程度の気密を上げる工夫はあるので、積極的に採用したい（**写真1**）。

　実際に、松井事務所の新築物件で気密性能を計測してみて、いくつかのことが判明した。外部大壁、内部真壁の「木組の家」で、気密性を上げるように計画したが、建具屋製作の玄関木製ドアが漏気するだろうと予測していたにも関わらず、

ピンチブロックの効果で玄関ではなく、コンセントボックスや換気扇からの漏気が問題となった。予算上アルミサッシになったが、その部分の漏気は目立たなかった。測定の結果はC値0.5であった（**図1、写真2**、282頁「**東馬込の家**」参照）。ちなみにこの家は、UA値0.44はHEAT20（※）のG2レベルを獲得している。

寒さ暑さを取り除く

日本では、方丈記の昔から、家のつくりようは「夏を旨とすべし」といわれている。

日本は、アジアモンスーン地帯に位置し、夏は亜熱帯に近い高温多湿になることから、風通しのいい家づくりをよしとしてきた。確かに、日射遮蔽と通風がよければ、無垢の木と土壁でできている日本家屋は、素材のもっている吸放湿性によって、夏はしのぎやすい。

しかしながら、冬の寒さはいかがであろうか。伝統的な木の家で、雪の降る冬に暖かい家をつくるのは、かなり難しい。

内外真壁の場合、薄い土壁は断熱性能を期待できない。木も土も断熱材に比べると、熱伝導率がよくて熱を通しやすい部類に入るからだ。

また、木が痩せることによっておこる隙間風の問題が常にある。昔のままの木の家のつくり方では、冬の寒さはしのぎ難いといえる。

そこで現代においては「木の家は、夏ばかりではなく、冬も旨とすべし」と考えることが妥当だろう。

「木組の家」でも、外部を大壁でつくり外断熱をすれば、高い断熱性能を確保することが可能である。断熱材の入れ方を200ページに掲載するので、参考にしてほしい。筆者は、数値を競うよりも外断熱を開発された、元北海道大学名誉教授の荒谷登先生が提唱される「暑さ寒さを取り除く」ことの「ほどよさ」がよいと考えている。

快適指標

本書では、快適な体感温度を目指して「省エネルギー」化を図ることがよいのではないかと考えているが、さらに上の高断熱高気密仕様を目指すこともできる。

その場合に目標をどこに置くのかは、選ぶことができる。どこを目指して計画したらいいのか。ここでは、「省エネルギー」と「快適性」は、分けて考える必要がある。

「省エネルギー」は、1次エネルギーの消費を減らして、CO₂を削減することが目的である。国土交通省と経産省では、高性能な躯体と高効率機器・エネルギー生産の機器による、ライフサイクルカーボンマイナス「LCCM」住宅やネットゼロ・エネルギー「ZEH」住宅などの普及を図っている。

2017年現在の日本の省エネハウス基準である外皮性能UA値は、平成11年の省エネルギー基準相当となっているが、世界基準からは大幅に遅れている。2020年を見据えた住宅の高断熱化技術開発委員会「HEAT20」の指針では、推奨グレードとして「HEAT20」「G1」と「G2」を設定している（**表**）。

「G1」では、冬期間の暖房エネルギー消費量が、平成4年の新エネルギー基準の住宅に比べて、約60％エネルギーを削減でき、ピーク時には、電力量が半減し、暖房機器の小型化が可能になるとしている。暖房期の全時刻、全室の室温が15度を下回る日は20％程度で、10度を下回ることはなく、非暖房室での表面結露やカビの生じにくい住宅である。

夏期間は、日射遮蔽や通風によって「新省エネ基準に比べて10％低減としている。また、天井・壁などの表面温度が、上昇しにくく放射環境が改善され、冷房温度が高めに設定でき、速やかに設定温度になる住宅としている。東京ではUA値0.56、Q値に直すと1.9となる計算だ。G2では、Q値1.6を推奨している。どちらも、改正省エネルギー法よりも厳しい数値であるが、世界基準から見ると近年のうちにこの値に近づけることになるのであろう。

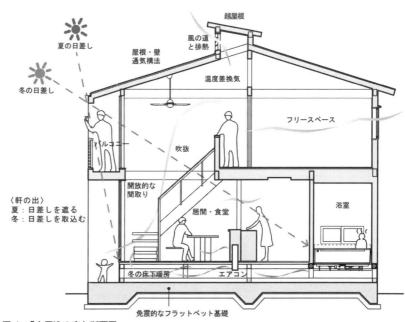

図1　「東馬込の家」断面図

写真1　気密性を高めるためにピンチブロックを採用

写真2　「東馬込の家」の測定結果。C値は0.5を計測した

表　HEAT20 G1・G2　断熱性能推奨水準　外皮平均熱還流率UA値 [W/(m²・K)]

推奨グレード	地域区分						
	1	2	3	4	5	6	7
HEAT20 G1	0.34	0.34	0.38	0.46	0.48	0.56	0.56
HEAT20 G2	0.28	0.28	0.28	0.34	0.34	0.46	0.46

※ HEAT20：「2020年を見据えた住宅の高断熱化技術開発委員会」 有識者・民間から構成される団体。国の基準よりも高いレベルを目指す

体感温度を考慮する

一方、「快適性」を測る方法として体感温度があるが、これは個人差があって比べにくいとされる。しかし、建築環境学の宿谷昌則教授によって明らかにされてきた「エクセルギー」という概念による熱環境による分析結果が、快適な体感温度とは何かを探るよいヒントになる。

エクセルギーは、生物・地球・宇宙の自然環境からエネルギーのサイクル（循環）を読み解くために必要となる概念で、詳しくは宿谷先生の論文「自然の律動と・放調と環境デザイン」（WEB版　建築討論）を読んでいただくのがよいと思う。先生曰く「エネルギー消費とはエクセルギー消費である」という(**図2、3**)。

図4は躯体の周壁の平均温度、室内空気温度と人体のエクセルギー消費の関係を示している。周壁温度が20度から25度位の範囲であれば、空気温度が18度でもストレスが小さいことがわかる。室内空気温度を24度まであげても周壁の温度が10度から15度と低いと、快適にならない。ストレスが大きいままだからである。

人の体では、体内の温度を37度に維持するために無意識のうちに、いろいろな作用が働いているが、そのなかで放射の役割は大変大きいということだ。冬の条件では、人体エクセルギー消費速さの低い場合に快適で、人体エクセルギー消費速さが大きくなるとストレスが大きく、その場合の体感温度は低い。

宿谷先生の理論を要約すれば、冬の室内の空気温度をあげても周壁の温度が少し低ければ、体の表面温度は上がらずストレスを感じて快適にならないが、周壁の温度をあげれば、室内の空気温度が少し低目でも放射熱の効果によって快適と感じるということである。

つまり躯体の断熱性能を上げることは、放射熱の効果を向上させることなので、快適な室内環境を手に入れることができ、しかも省エクセルギー（俗に言う省エネルギー）的でもあるということなのである。

宿谷先生曰く「断熱材は、冷暖房設備だ！」

「木組みの家」では、この目に見えない体感温度も含めて温熱空間を設計したいと考えている。

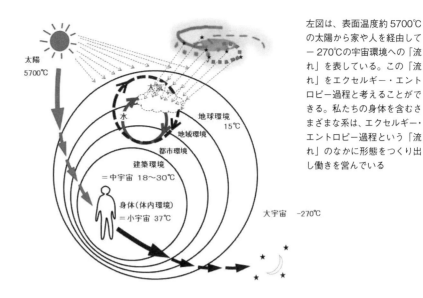

左図は、表面温度約5700℃の太陽から家や人を経由して−270℃の宇宙環境への「流れ」を表している。この「流れ」をエクセルギー・エントロピー過程と考えることができる。私たちの身体を含むさまざまな系は、エクセルギー・エントロピー過程という「流れ」のなかに形態をつくり出し働きを営んでいる

図2　エクセルギーとは環境空間の入れ子構造

図2〜4　提供：宿谷昌則氏

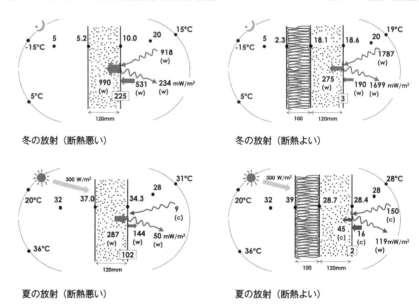

図3　断熱材の有無による「放射」効果の違い

いずれの壁断面図でも、上部の数字は温度を示している。壁の温度は他の壁の放射温度と空気温度を与えて計算している。4枚の図から、「対流」に比べ「放射」の影響が大きいことがわかる。（　）内の「w」「c」はそれぞれ「温エクセルギー」「冷エクセルギー」を示している

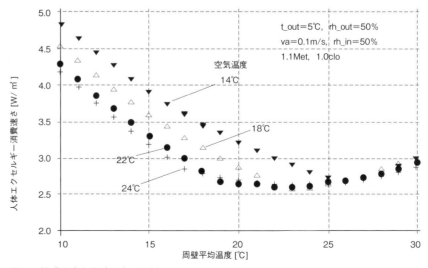

図4　体感温度と周壁温度の関係

[第7章]

事例にみる[私家版]木組みの家

254　1｜4間×4間の門型架構［葛西の家］
258　2｜「せがい造り」の和風住宅［検見川の家］
262　3｜せがいの家
266　4｜大屋根の家
270　5｜田の字間取りの土壁の家
274　6｜棟持ち柱のある板壁の家
278　5｜準耐火構造（燃えしろ設計）の家［高円寺の家］
282　6｜断熱性能 HEAT20 G2レベル
　　　　＋準耐火構造（燃えしろ設計）の家［東馬込の家］

286　コラム・木組みの燃えしろ設計

[私家版] 木組の家①
4間×4間の門型架構
「葛西の家」

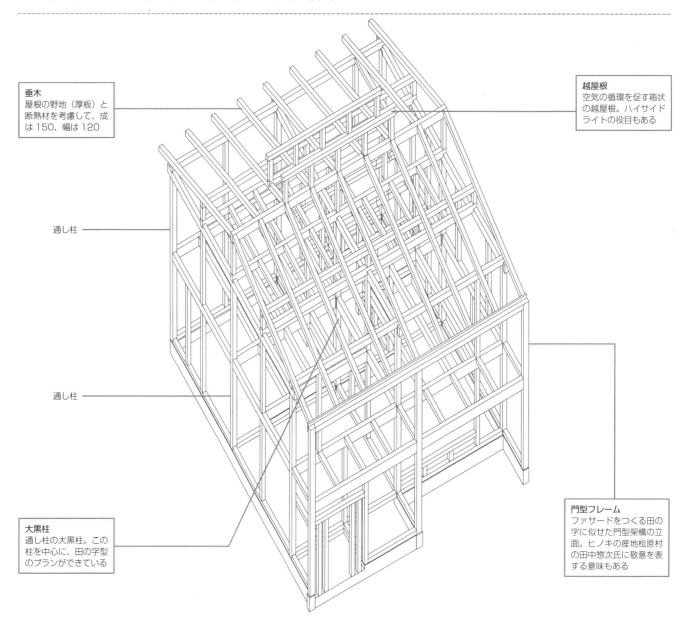

垂木
屋根の野地（厚板）と断熱材を考慮して、成は150、幅は120

越屋根
空気の循環を促す箱状の越屋根。ハイサイドライトの役目もある

通し柱

通し柱

門型フレーム
ファサードをつくる田の字に似せた門型架構の立面。ヒノキの産地桧原村の田中惣次氏に敬意を表する意味もある

大黒柱
通し柱の大黒柱。この柱を中心に、田の字型のプランができている

南側道路から「門型架構」の正面玄関と未施工の庭を望む。自動車を2台置くスペースを確保するため、西側の敷地を空けた

東京の木に関心の強い建て主から、桧原村の林業家田中惣次氏の木を使ってほしいという依頼であった。当事務所からも田中さんたちが主催する森林ボランティアに参加して、ヒノキの間引きをしたり、製材所に通って木材の寸法を決めたり、直接山と協働した事例である。敷地の制限もあって建物は4間四方のケラバ出のない屋根になったが、南側に深い軒先と桧原村のヒノキを田の字の門型に組んだファサードを実現することが出来た。竣工後にデッキと塀をヒノキで追加した。

設　計	松井郁夫建築設計事務所
施　工	風基建設
竣　工	2006年4月
敷地面積	134.91 ㎡
建築面積	62.51 ㎡
延床面積	113.18 ㎡
1　階	57.28 ㎡
2　階	55.90 ㎡
建蔽率	46.33 ㎡
容積率	83.89 ㎡
用途地域	第一種住居地域
木　材	桧原村田中惣次氏のスギ・ヒノキ
外部仕上げ：	
屋根	ガリバリウム鋼板、瓦棒葺
外壁	ラスモルタル下地、藁入り色モルタル
軒裏	スギ厚板 30 ㎜本実加工、化粧野地あらわし
内部仕上げ：	
床	スギ厚板 30 ㎜、本実加工、ワックス塗り
壁	ラスボード、漆喰塗り
天井	スギ厚板 30 ㎜、本実加工、根太天井、化粧板

南に向いた玄関脇にストーブを設置。上部は吹き抜けになっており、室内は明るい

対面式のキッチンを望む。下地窓からは建て主さんこだわりの自動車が見える

座敷は一段高くしたいという要望にこたえた。引き出し付きの床下となった

2階ロフトは8畳のスペースがある。門型架構で田の字型プランの構造上の特徴から大きなロフトが実現する

平面図（S＝1：200）

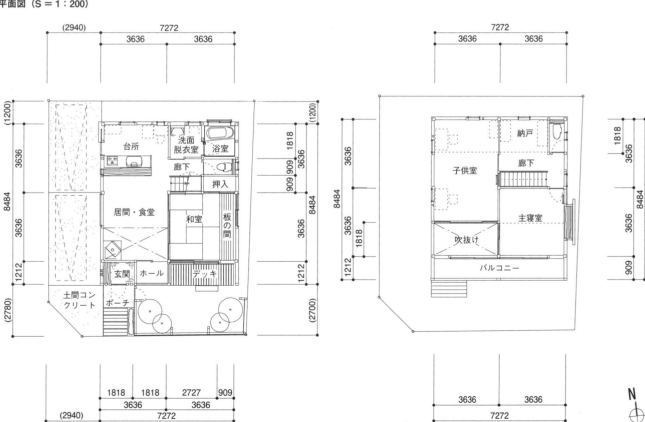

フラットベット型の基礎の配筋。2000年の法改正で300ミリの立ち上がりが必要となった

貫構法の柱梁を建物下で組み、建て起しながら門型のフレームをつないでゆく

2階床組が大黒柱を中心に、2間ずつ組みあがってゆく

正面ファサードのヒノキの通し柱に、雇い枘で胴差が組まれてゆく

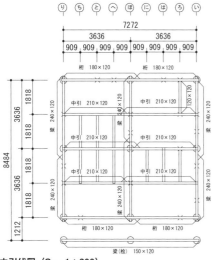
中引伏図（S＝1：200）

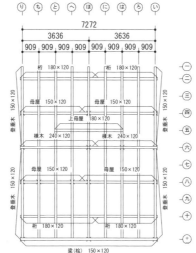
小屋伏図（S＝1：200）

「門型架構」は当事務所が古民家から採取した構法のひとつである。通し柱を多用することで、一気に小屋下までの軸部を組み上げることができる。ただし、梁が交差する部分で通し柱の断面欠損が大きくなると、かえって柱が弱くなる恐れがあるので、柱を太くするか梁を上下にずらすなどの工夫が必要となる。柱との取り合いの梁の仕口は、小胴付きで刺し口をつくる方が欠損を少なくできる場合もある。伝統構法の真価は、接合部のつくり方で決まるので注意されたい。

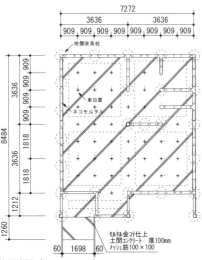
基礎伏図（S＝1：200）

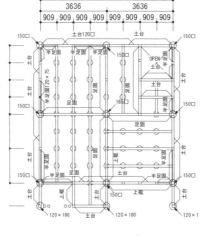
1階床伏図（S＝1：200）

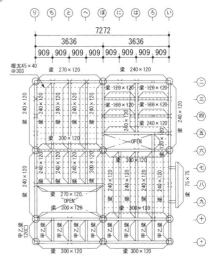
2階床伏図（S＝1：200）

矩計図（S＝1：70）

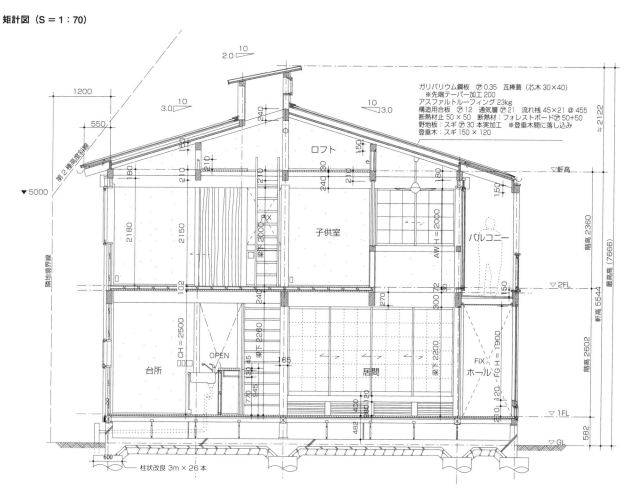

耐力壁概念図

ケラバ断面図（S＝1：5）

軒の出詳細図（S＝1：20）

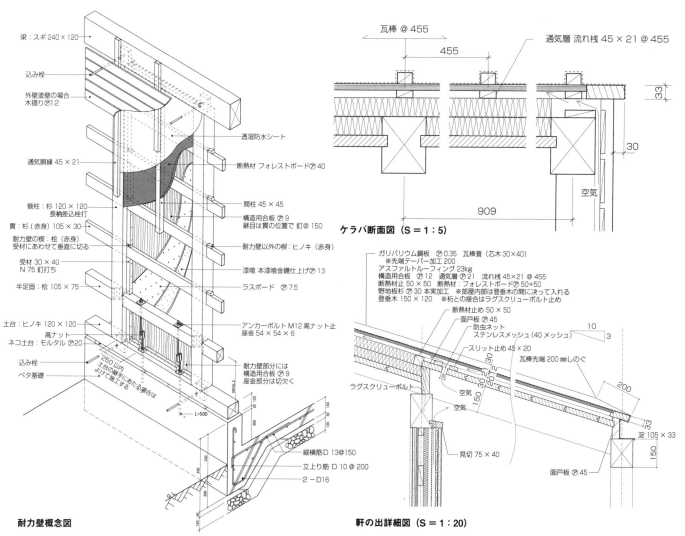

[私家版] 木組の家②
「せがい造り」の和風住宅　「検見川の家」

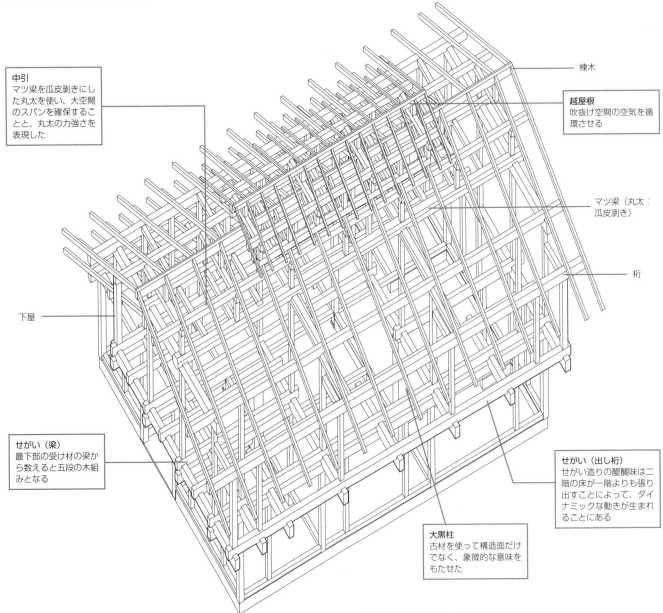

- **棟木**
- **越屋根**　吹抜け空間の空気を循環させる
- **マツ梁（丸太：瓜皮剥き）**
- **桁**
- **せがい（出し桁）**　せがい造りの醍醐味は二階の床が一階よりも張り出すことによって、ダイナミックな動きが生まれることにある
- **大黒柱**　古材を使って構造面だけでなく、象徴的な意味をもたせた
- **せがい（梁）**　最下部の受け材の梁から数えると五段の木組みとなる
- **下屋**
- **中引**　マツ梁を瓜皮剥きにした丸太を使い、大空間のスパンを確保することと、丸太の力強さを表現した

西側公園から「せがい造り」の梁下の玄関と深い軒を望む。軒は夏の日射を遮断する。2階窓には、西日を防ぐ格子を入れた

日本建築に造詣の深い建て主の要望は、切妻瓦葺きの和風建築で伸びやかな外観の堂々とした家。与えられた敷地は、東西に狭くて南北に長い土地。そこで、東西に間口の広い家を2階がせり出す「せがい造り」で実現した。せがいを組むためには、梁を多層に組み、床をせり出す必要がある。この家では、最大5段の梁組が実現し、梁と梁の間にガラスをFIXし2階を浮かせることにした。南にも深い軒とデッキをつくり、通りがかりの人たちとの会話が生まれる

設　　計：	松井郁夫建築設計事務所
施　　工：	持井工務店
竣　　工：	2006年9月
敷地面積：	220.27㎡
建築面積：	98.91㎡
延床面積：	139.21㎡
1階：	77.26㎡
2階：	61.95㎡
建蔽率：	44.90㎡
容積率：	63.20㎡
用途地域：	第一種低層住居専用地域
木　　材：	協和木材のマツ・天竜のスギ

外部仕上げ：
屋根：和瓦（三州・燻し銀）葺
外壁：ラスモルタル下地、藁入り色モルタル
軒裏：スギ厚30㎜本実加工、化粧野地あらわし

内部仕上げ：
床：クリ・本実加工、乱尺張り、ワックス塗り
壁：ラスボード、漆喰、入洛塗
天井：スギ厚30㎜本実加工、根太天井、化粧板

薪ストーブを設置したが、冬でも日差しの入る間は暖かい。南の縁側の吹き抜けは、太陽光を取り込むために、スノコ床となっている

吹き抜けに向いた丸窓に朝日が当たる。太陽光は一日中この家の吹き抜けを回るように移動し、光の移ろいを楽しめる

和室から吹き抜けを望む。南の縁側からも北のフリースペースからも出入りができる

地松の梁を瓜皮に剥いて、せいろに組み屋根全体を支える。越屋根から空気が循環する

平面図（S = 1：200）

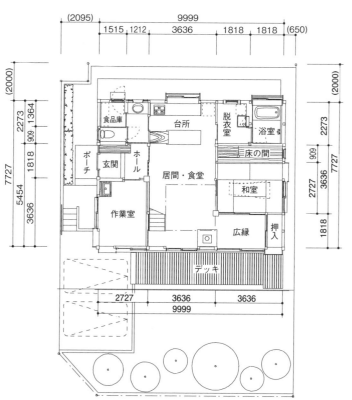
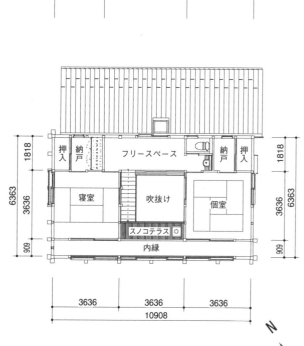

古材に組まれた新材の床組み。せがいで張り出す方向にはマツ梁を使用。その他の梁はスギ材

古材の大黒柱に足固めが取り付く。足固めをボルトで引くことによって、引抜き力に抵抗する

地松の丸太梁で小屋を組む。小屋組みはせいろに組んだマツ梁の上に載る。継手は台持ち継ぎ

「せがい造り」は日本の和船から発生した構法である。2階を1階よりもせり出すというトリッキーな構法が木組みによって実現する様子は、架構のダイナミックな力強さを感じさせる。日本建築のなかにこのような激しさを見つけることは少ないが、仕上がってみるとモダンな雰囲気もかもし出す、実に現代的な構法といえる。合計5段に組まれた木組みの梁間にガラスを入れると、さらに軽々と2階が浮いたような印象を与える。

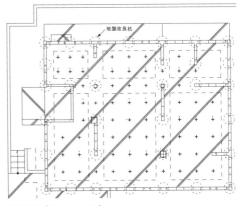
基礎伏図（S＝1：200）

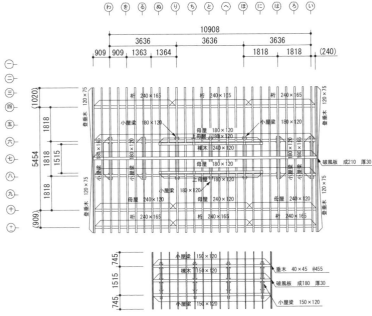
小屋伏図（S＝1：200）

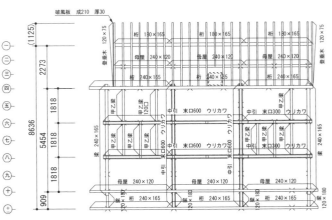
中引伏図（S＝1：200）

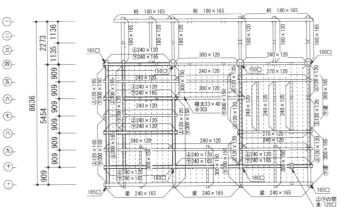
2階床伏図（S＝1：200）

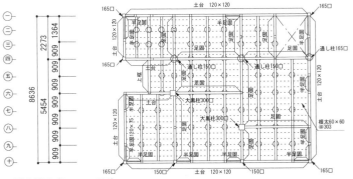
1階床伏図（S＝1：200）

矩計図（S＝1：60）

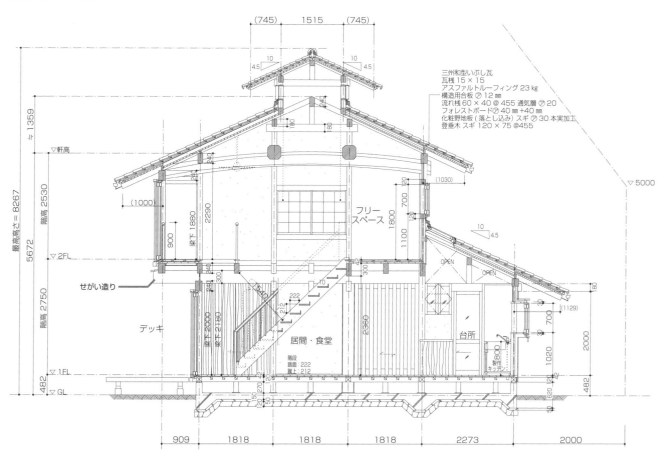

（上左）せがいに組まれた架構全体が見える。架構の美しさが建物の仕上げを約束してくれる

（上右）古材を流用したケヤキの大黒柱に同じく古材の梁を差し込むところ。古材と新材の混在した木組となる

（下左）地松の丸太を瓜皮に剥いて、継手をつくり出す。上棟を待つばかりの丸太梁

（下右）2階の床組みが渡り腮で組まれて、2方せがい造りの3段目までの梁組みがよく分かる。この後、さらに2段加えて2階床組が完成する。床組は、1間ごとの方眼状に組み合わされることとなる

[私家版] 木組の家③
せがいの家

内部は真壁で、構造材を露しにした住まいである。長寿命な民家に学び、用途変化の小さい主要生活部分を覆う2階建ての上屋、充分な配慮をしても永い間には傷みやすい水廻り部分を1階の下屋部分とし、将来の生活の変化や水廻りの維持管理に対応し、間取り上も構造上も明快に分けている

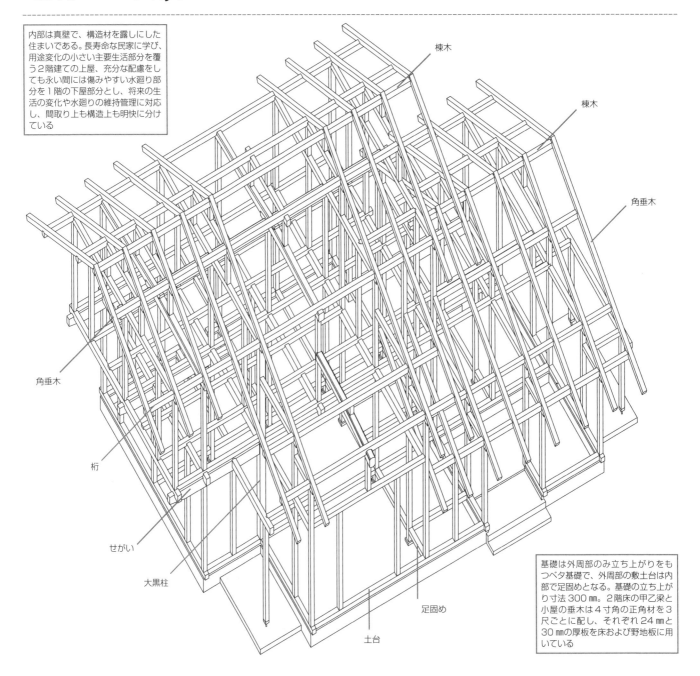

基礎は外周部のみ立ち上がりをもつベタ基礎で、外周部の敷土台は内部で足固めとなる。基礎の立ち上がり寸法300㎜。2階床の甲乙梁と小屋の垂木は4寸角の正角材を3尺ごとに配し、それぞれ24㎜と30㎜の厚板を床および野地板に用いている

子供たちが巣立ったあとのご夫婦のための住まい。すぐ近所にいる孫が、道路ではない南側近接隣地から頻繁に訪れる。今回の建替えに際しては道路後退が迫られた。南側に庭を確保するため2階をせがいで跳ね出す計画とした。

東南から外観を見る。東道路から見て圧迫感を感じないようなボリューム構成を考えている

設　計：小林一元建築設計室
施　工：小林工務店
　　　　（棟梁）柴崎 弘
　　　　木工事協力　菅野住建
竣　工：2008年3月
所 在 地：埼玉県寄居町
敷地面積：183.78㎡
建築面積：91.03㎡
延床面積：127.48㎡
　　1階：82.77㎡
　　2階：44.71㎡
建ぺい率：60%
容 積 率：160%（前面道路による）
地域地区：第2種中高層地域
防火指定：なし

外部仕上げ
　屋根：スギ厚野地板（30㎜）露し　桟瓦葺き
　外壁：GRC版3'×10⑦12　アクリルリシン吹付け
内部仕上げ
　床：アカマツ縁甲板⑦24ワックス仕上げ
　壁：ラスボード⑦9.5下地漆喰仕上げ
　天井：厚野地板露し・スギ⑦15㎜
　2階床：下地板露し一部スギ相決り板⑦12打ち上げ

共用の間は主に書斎として利用。電話やインターネット接続もここで行う

屋根を葺き降ろした豊かな吹抜けをもつ居間。2階に面して家族の気配や心をつなぎ、温度差の減少や換気の促進にも役立つ

式台をもつ玄関。正面に飾り棚と通風用丸窓、左手はクローク

道路から引きが少なく、建物を引っ込めポーチとしている

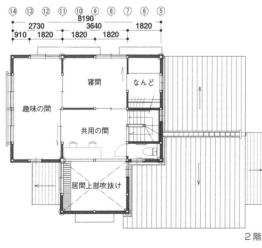

平面図（S＝1：200）

2階の3間×4間半の切妻屋根の一部をそのまま葺き下げて1階の居間の空間をつくり出している。将来の維持管理などを考慮し、水廻りは1階の下屋に納めている。東は公道の行き止まり敷地で、将来的にも日照は確保できそうだ。後置きの物置などを避けたいので、玄関脇に土間続きの収納を配し、北側は自転車置き場として差し掛けの屋根を設けている

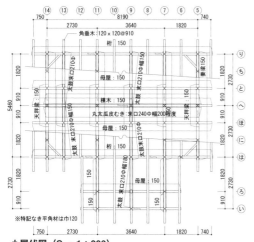

小屋伏図（S＝1：200）

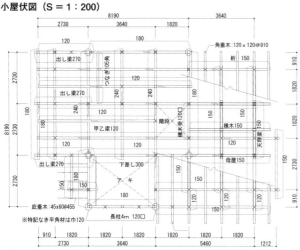

2階床伏図（S＝1：200）

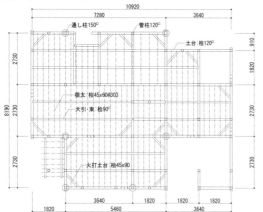

1階床伏図（S＝1：200）

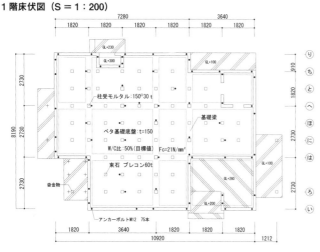

基礎伏図（S＝1：200）

土台はヒノキ材、ネコ土台はクリ材厚さ30mmで幅120長さ240mm前後の板とした。柱は普段はスギ材が多いが、目荒な材では仕口がきれいに加工しにくいため、設計中に大工と相談し加工しやすいヒノキ材にした。2階床は甲乙梁を3尺間に配し、小根太を流して配線用のスペースを確保している。小屋伏せ図で角垂木の間隔が一部不規則なのは、JIS規格瓦の割込のためである。64版など小ぶりの瓦という選択肢もあるが、将来の維持管理を考慮して、標準的なJIS53Aの規格版を採用した

建て方の様子。厚貫は容易に曲がらず、後施工は困難なので建込み入れとする。基礎の立上りが外周部のみであることが見て取れる

足固めの施工。組むときに柱などを下げてしまうと、つくり出しの竿などは横から差し込むため施工が厳しくなる。柱下に台を飼い、浮かして組んだ後で軸組を降ろす

跳ね出し梁の組み込み。通し柱に跳ね出し梁を仕掛けている。写真のように長い竿をもつ横架材を差すときも、柱を多少開いたりできるよう浮かしておくと施工性がよい

四方差しの様子。ヒノキの6寸角の通し柱に、マツの平角の梁を四方から組んでいる。柱の欠損を集中させず、高さを変えている。以前は割り楔や車知栓だったが、今回は込み栓と鼻栓を用いた

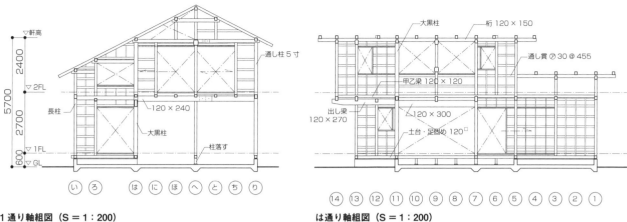

11通り軸組図（S＝1：200）

は通り軸組図（S＝1：200）

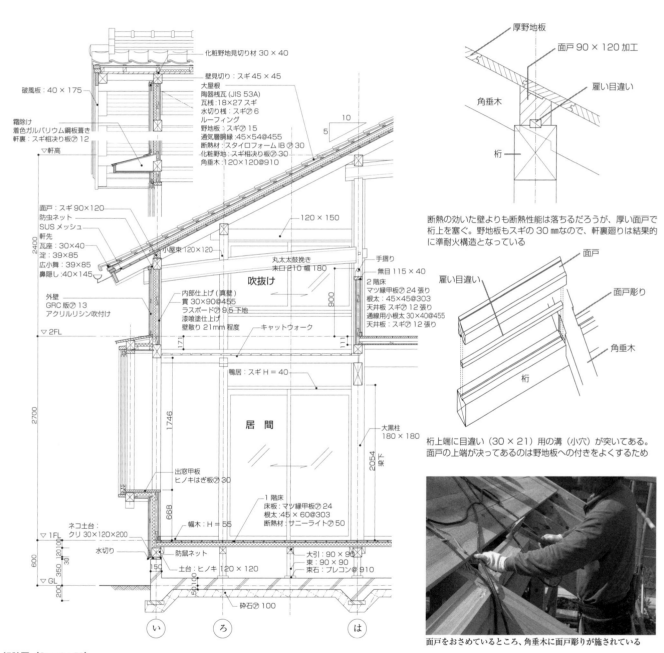

矩計図（S＝1：50）

断熱の効いた壁よりも断熱性能は落ちるだろうが、厚い面戸で桁上を塞ぐ。野地板もスギの30㎜なので、軒裏廻りは結果的に準耐火構造となっている

桁上端に目違い（30×21）用の溝（小穴）が突いてある。面戸の上端が決ってあるのは野地板への付きをよくするため

面戸をおさめているところ、角垂木に面戸彫りが施されている

平成12年5月24日付けの建設省告示第1358号の第5の二の八によると厚さ30㎜以上の野地板で、軒桁を含む外壁の隙間に45㎜厚以上の面戸板を入れた、炎の侵入を有効に防止できる構造のものは準耐火構造と認める改定がなされた。矩計図を見ると分かるように、面戸は薄いと防火的な見地だけでなく、断熱が弱いと気になっていた。今回は防火指定はないが、面戸板に厚いものを用いることにした。芯去りの造作材なら変形も小さいが、費用の面で平割材を加工して面戸とした。芯持ち材なので収縮変形を起こし、野地板と隙間が空くと困るため、雇いの目違い棒を入れて、厚面戸は垂木の面戸彫りの部分でビス止めした。こうすれば目違いの大入れの分が隙間を防ぐ働きをし、また将来、下端に楔を打つにしても、見えにくい修理が可能となる

[私家版] 木組の家④

大屋根の家

エアパスのパッシブソーラーを採用し、壁体内や天井裏に空気が流動するスペースをつくる必要があるため、主要な構造は露しているが、天井は張っている。3間×4.5間の総2階部分を上屋とし、一部階段を設けた間取りで、そのまま大屋根を葺き降ろしている

2階梁間は3間の和小屋の切妻屋根で、桁行方向は1.5間単位が3つ並んだグリッドをもつ架構を基本形としている。大屋根の形に従った天井の高い部分は、豊かなボリュームをもつ「みんなの間」とし、そのまま建物と一体化したカーポートまで大らかに葺き降ろしている。段差のある道路に面したカーポートは高基礎に軸組が乗っている

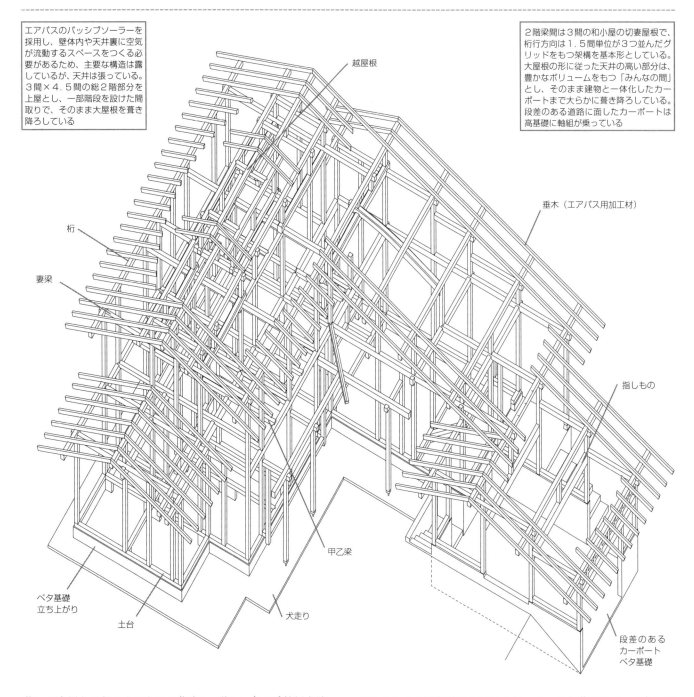

越屋根 / 垂木（エアパス用加工材） / 桁 / 妻梁 / 指しもの / 甲乙梁 / ベタ基礎立ち上がり / 土台 / 犬走り / 段差のあるカーポートベタ基礎

若いご夫婦と子供2人のための住まい。厳しい冬の季節風を防いで、陽だまりをつくるために建物をL型に配し、まとまった庭を計画した。内部生活空間は、生活のシーンに応じて広がりながらも落ち着きを感じさせるため、くびれた繋がりを意識した。吹抜けにひらいた2階部分はパソコンコーナーなど共用スペースとして上下の生活をつなぎ、温度差の小さい生活空間を実現する機能も負っている。伸び伸びとした快適な住まいで、子供たちは家中を元気に走り回っている。

伸びやかな外観。越屋根はエアパスの効果を促進する

設　　　計	小林一元建築設計室
施　　　工	四季工房（棟梁）横川 武夫
竣　　　工	2008年7月
所　在　地	栃木県那須塩原市
敷地面積	269.72㎡
建築面積	102.29㎡
延床面積	139.573㎡
1　　階	92.55㎡
2　　階	47.03㎡
建ぺい率	60%
容　積　率	200%（前面道路）
地域地区	第1種中高層住居専用地域一部第2種住居地域
防火指定	なし

外部仕上げ
屋根：着色ガルバリウム鋼板⑦0.5 平葺き　スギ相決り板⑦12打ち上げ
外壁：GRC版 3'×10'⑦12　アクリルリシン吹付け仕上げ

内部仕上げ
床：ヒノキ縁甲板⑦24 ワックス仕上げ一部アカマツ縁甲板⑦24
壁：石膏ボード⑦12.5 薄塗り漆喰仕上げ
天井：スギ相決り板⑦12打ち上げ一部石膏ボード⑦9.5 和紙貼り

食の間からみんなの間をのぞむ。玄関には引き戸を設けている

座の間から食の間を見る。普段は生活空間に大きく開放できる座の間は、一体的な広がりとして使い、必要なときは引き戸で仕切ることも出来る。南に面したアルミとスギの断熱複合サッシの内側には障子を設けた

みんなの間を玄関から見る。薪ストーブの遮熱版は壁から浮かせた鉄板に耐熱塗料を施して、低温出火を起こさないように配慮している。上部に共用スペースが見える

食の間から台所を見る。カウンター下には蓄熱暖房機

道路に面する屋根下のカーポート部分は、差鴨居と太い角材を千鳥格子に組んで、軸組みを固めるのに機能するデザインとした

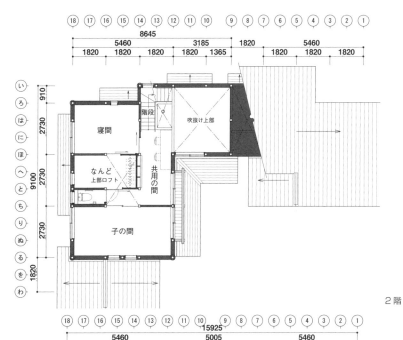

2階

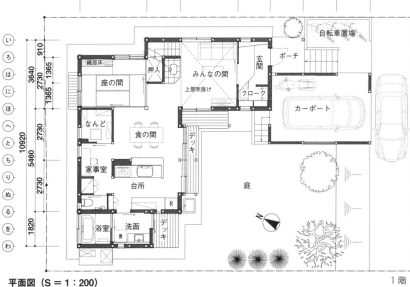

平面図（S＝1:200）　　　　　　　　　　　　　　　　　1階

道路からの段差のある分譲敷地の特徴を生かした間取り。玄関脇には沓や外套などをしまえるクロゼットが設けてある。冷房機器類にほとんど頼らないですむように、縦横に風が吹き抜ける心地よい住まいである。ここでも風呂や洗面などの水廻りは将来の維持管理を視野に入れ、1階の下屋部分に納めている

第一章　家づくりの基礎知識 ｜ 第二章　実験編 ｜ 第三章　架構編 ｜ 第四章　現場監理術 ｜ 第五章　仕上げ編／外部 ｜ 第六章　仕上げ編／内部 ｜ 第七章　[私家版] 木組みの家

267

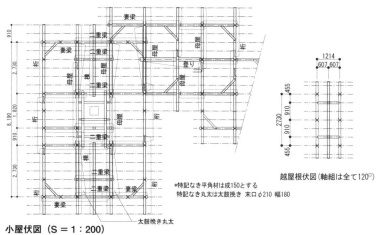

小屋伏図（S＝1：200）

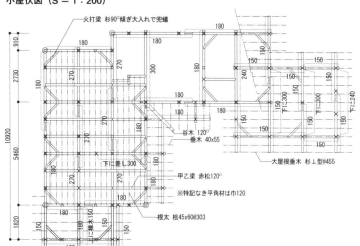

2階床伏図（S＝1：200）

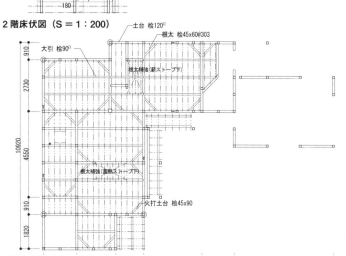

1階床伏図（S＝1：200）

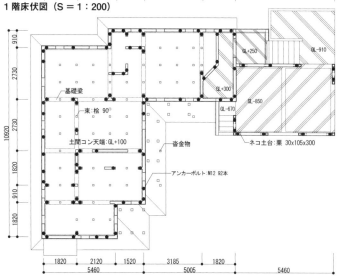

基礎伏図（S＝1：200）

台所より食の間と座の間を見る。台所から家の主な空間の様子がわかる。2階は吹抜けを介して、音や気配を感じられるので、インタホンは必要ない

北に開いた座の間は、夏、田んぼから床を舐める気持ちいい風が通り抜ける。畳の一部を地板とし、折々のしつらえが楽しめるよう織部床を用意した

2階子の間。子の間は、子供たちの成長に伴い一緒に成長する。今は仕切りもないが、将来家具などで仕切り、再びこの広さの部屋に戻すことを想定している。冬の薪ストーブの恩恵を得るために、地廻り上の壁もない

ロフトから子の間を覗く。納戸から上がる高さ2尺ほどのロフトは、子供たちのお気に入り。この家に押入は少ないが、夏冬の夜具はロフトに上げておく

地盤調査を行い、ベタ基礎を採用した。カーポート部分は基礎に段差がある。基礎断熱をしているため、基礎の芯ずれや断熱材の施工位置なども基礎伏図で指示している。1階床伏図では、土台とその継手の位置、さらに実務では継手上のアンカーボルトを避けるための検討も出来るよう基礎伏図と重ねてアンカーボルトの位置も示している。2階床伏図は、横架材の継手と必要な材の長さ、3尺間の甲乙梁に根太の転ばしも読み取れる。小屋伏図は、桁と梁は基本的に折置組みだが、構造と意匠の関係で、一部差し付けで納めている。伏図では読みきれないが、実務では軸組図にも継手などを表現している

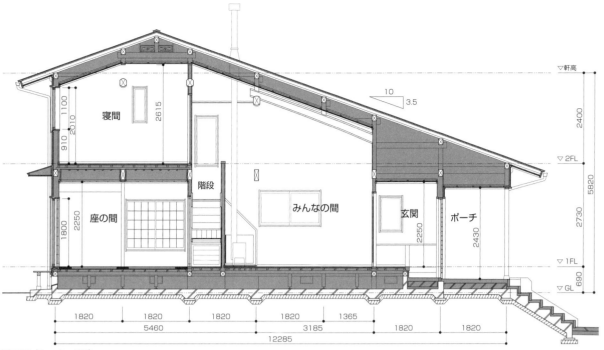

断面図（S＝1：100）

断面図で建物の高さ全体の関係が読み取れる。建築主やつくり手に情報を伝える一方、設計者にとっては室内空間のプロポーションを検討する重要な図面である。特に葺き降ろした屋根型の建物の場合、屋根勾配や屋根葺き材と、室内外の高さ関係を決定するために不可欠な図面となる。

この建物はパッシブソーラーのエアパス工法を採用している。図中の網掛け部分は床下や壁、天井内の空気循環の通り道を確保した空隙でもある

カーポート入口の格子組みは、差鴨居と角格子で骨組みを固めている

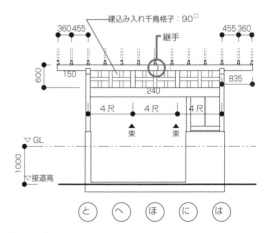

軸組み図（S＝1：100）

実務では、矩計図には詳細な書込みがなされているが、見やすさを考慮して調整した。エアパス工法では両妻に小屋裏換気口を設けるが、さらに効果を上げるためにここでは越屋根にも小屋裏換気口をセットしている。越屋根に室内換気促進のための開口部を用意することもあるが、今回は小屋裏換気に特化している

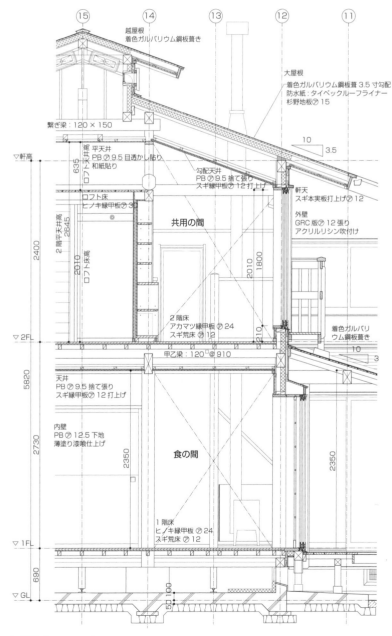

矩計図（S＝1：50）

[私家版]木組の家⑤

田の字間取りの土壁の家

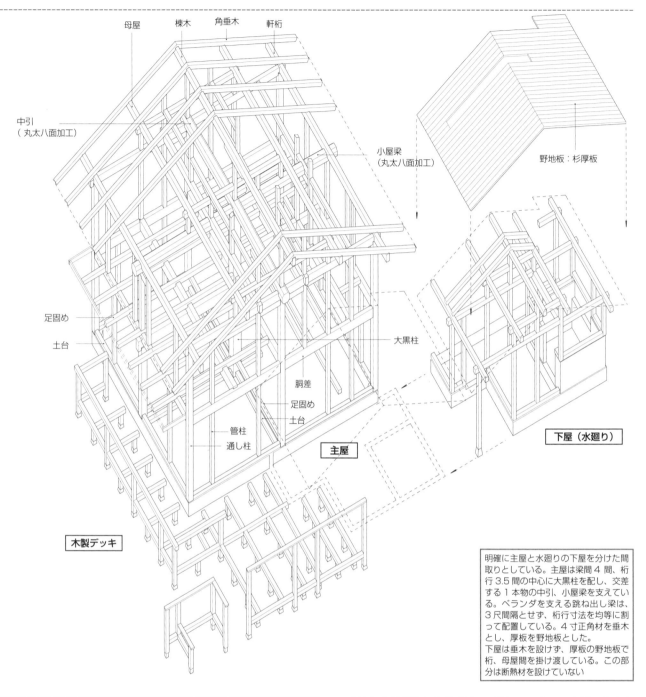

明確に主屋と水廻りの下屋を分けた間取りとしている。主屋は梁間4間、桁行3.5間の中心に大黒柱を配し、交差する1本物の中引、小屋梁を支えている。ベランダを支える跳ね出し梁は、3尺間隔とせず、桁行寸法を均等に割って配置している。4寸正角材を垂木とし、厚板を野地板とした。
下屋は垂木を設けず、厚板の野地板で桁、母屋間を掛け渡している。この部分は断熱材を設けていない

農地を宅地開発した住宅地で、通りにはすでに今風の住宅が立ち並んでいる。研究者である建て主は熱心に専門書などを読み、自らが考える家の答えを出すために長い時間を費やしていた。そして出した答えは、いたって素直な木組みの家であった。

南道路側よりの外観。2階の腰廻りより下を土壁の保護のために杉の目板張りとし、その上を漆喰塗りで真壁としている。下塗りは土塗り壁で、耐力壁として考えている

設　計：一級建築士事務所 木住研
施　工：タケワキ住宅建設
　　　　担当：竹脇拓也
　　　　棟梁：原田善男
竣　工：2005年7月
所在地：千葉県松戸市
敷地面積：172.04㎡
建築面積：61.69㎡
延床面積：105.48㎡
　1　階：59.21㎡
　2　階：46.27㎡
建ぺい率：35.85%
容 積 率：61.31%
地域地区：第1種低層住居専用

外部仕上げ
　屋根：和瓦葺き
　外壁：土塗り壁下地漆喰真壁造
　　　　＋スギ目板押え
内部仕上げ
　床：スギ厚板⑦40、畳
　壁：漆喰仕上げ、一部板張り
　天井：スギ厚板露し⑦40

くつろぎの間。大黒柱に差鴨居で床梁を受け、跳ね出し梁を受けている様子がわかる。天井はスギ厚板による踏み天井。1階床も同じ床材としている

和室。長手の寸法は1.5間＋1尺5寸となり、5.25畳の広さ。襖は3枚を引き込みとして、くつろぎの間との広がり感を得ている

食の間。台所は対面式とし、空間のつながりを大切にしている。ここには天竜杉の厚い版で大工製作の大きなテーブルが置かれた

2階みんなの間。24畳大の最大限可能ながらんどうをつくっている。生活に応じて家具、衝立などの可動の仕切りでレイアウトされて変化していく

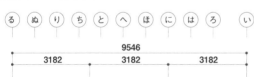
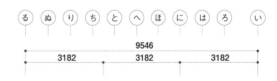
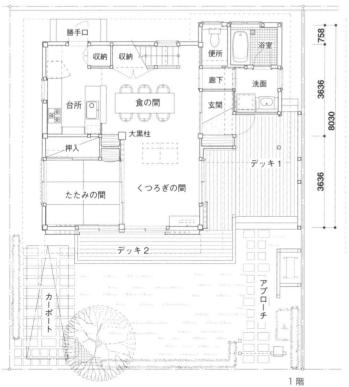
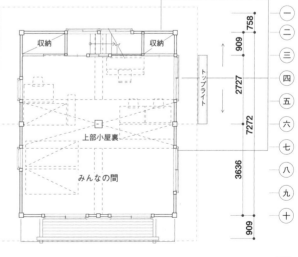

平面図（S＝1:150）

木組みの架構に土塗り壁という、昔からのオーソドックスなつくり方といってよい。告示で土塗り壁の耐震要素としての評価が上がったことにより、大工と左官の仕事としてつくり上げることが可能になった。木材は天竜材を用いた。土づくりは敷地にコネ場を用意し、水合わせを行った。土は我孫子の休耕地より手配したと聞く（206頁写真6）。
基礎は外周面のみ布で立ち上がりを設けている。その内側部分では土台＋足固めの方式となる。足固めは大引のレベルとなり、外周部の土台と絡む高さとなる。

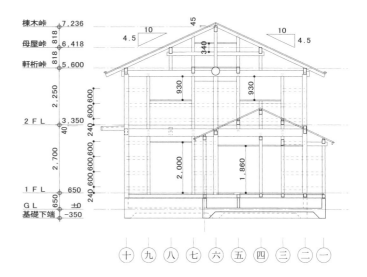

に通り軸組図（S＝1：150）

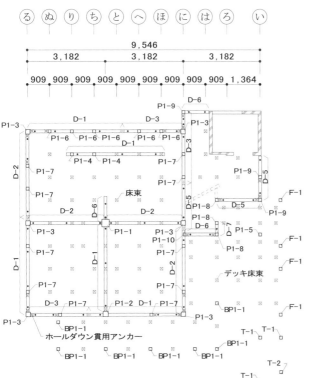

1階床（土台）伏図（S＝1：150）

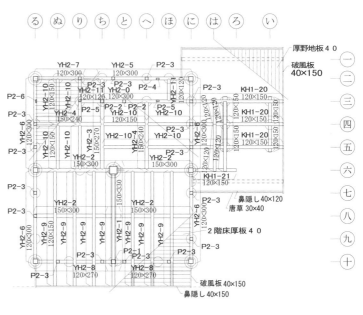

2階床伏図（S＝1：150）

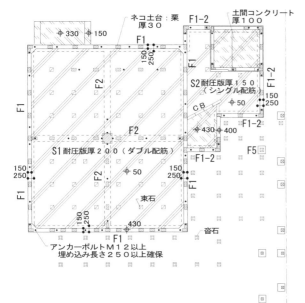

基礎伏図（S＝1：150）

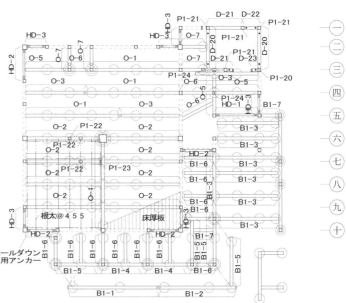

1階床（大引・足固め）伏図（S＝1：150）

矩計図（S＝1：75）

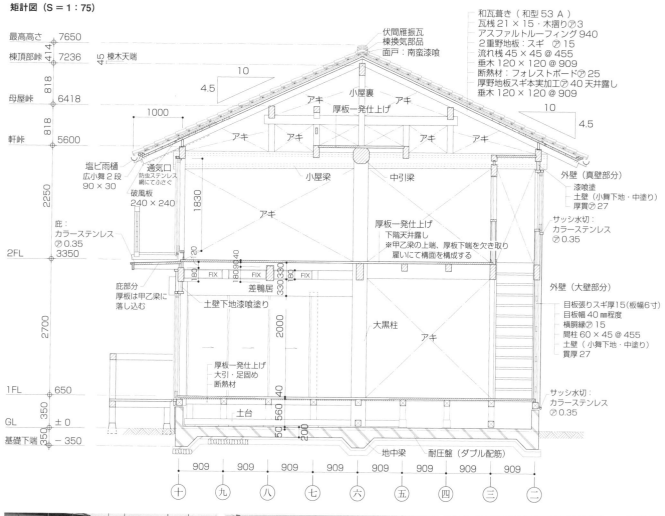

大黒柱の建て込み。基礎の外周の立ち上がりが分かる。耐圧盤上では、土台と足固めで軸組みを固めようと考えている

中引丸太の組み込みの様子。下地となる貫は9分（27mm）の厚みがあるので建て込み時でないと入れられない

土塗り壁ワークショップ。手直しで左官の親方に迷惑もかかったが、荒壁付けは素人でも要領を得れば作業は可能

小屋伏図（S＝1：150）

小屋伏図2（S＝1：150）

[私家版] 木組の家⑥
棟持ち柱のある板壁の家

梁間3.5間の中央に棟木まで達する大黒柱を配する。2階では和室を梁間方向で2間としたいことから、モジュールにズレを生じさせ、大黒柱と壁の通りをあえて合わせないことによって、4方に壁のない独立柱としてその存在感を強く現した

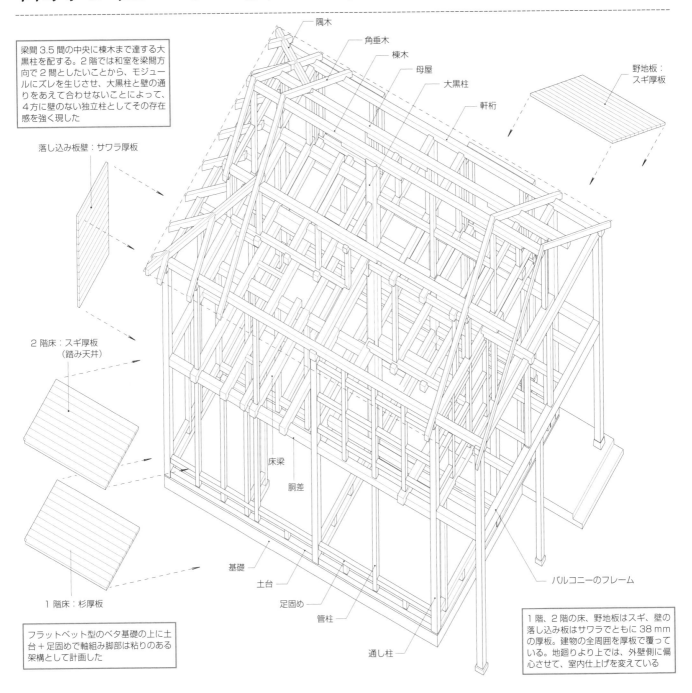

フラットベット型のベタ基礎の上に土台＋足固めで軸組み脚部は粘りのある架構として計画した

1階、2階の床、野地板はスギ、壁の落し込み板はサワラでともに38mmの厚板。建物の全周囲を厚板で覆っている。地廻りより上では、外壁側に偏心させて、室内仕上げを変えている

木のフレームを露した妻入りの外観。南面から光を取り込むために急勾配な切妻面を南面させている。ベランダ部分も含め軒のゾーンを深くしている。築後3年目の状況。木部は無塗装のまま

妻入りのシルエットは、道に面して木の家らしい表情を出そうとしている。外壁は大壁で土佐漆喰塗り。いずれ外に露しの木は黒く焼け、背景となる白い漆喰から浮き上がってくることを想定した。

```
設    計：一級建築士事務所 木住研
施    工：風基建設
        担当：渡辺 隆
        棟梁：渕田裕介
竣    工：2000年12月
所 在 地：千葉県松戸市
敷地面積：139.83㎡
建築面積：62.53㎡
延床面積：101.92㎡
  1  階：53.04㎡
  2  階：48.88㎡
建ぺい率：44.71%
容 積 率：72.88%
地域地区：第1種住居地域
        第1種高度地域（5m
        +1.25L）
外部仕上げ
  屋根：和瓦葺き
  外壁：土佐漆喰塗り
内部仕上げ
  床：スギ厚板⑦40、畳
  壁：サワラ厚板⑦40一部漆
      喰塗り
  天井：スギ厚板露し⑦40
```

吹抜けの見上げ。架構のズレが木組みを複雑にしている一方で、その面白さが室内空間を印象深いものにしている

家の中心にそびえる棟持ちの大黒柱。3.5間の梁間の中心に位置させることで、1尺5寸のズレを2階和室部分の跳ね出しで納め、特徴ある架構となった

（上）2階和室。入口と押入で4枚建ての襖、漆喰の壁として、板壁の部屋との雰囲気に変化をつけている
（左上）2階和室。漆喰壁の裏側（吹抜け側）は落し込み板壁となっていて、板壁と左官仕上げを使い分けている。畳は厚板の上に敷いている
（左）小屋裏からの見下ろし。南西角の開口部の操作、メンテナンス用のキャットウォーク

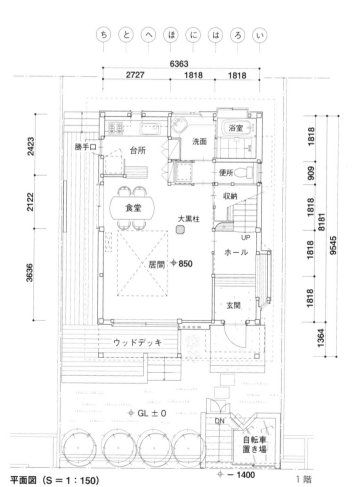
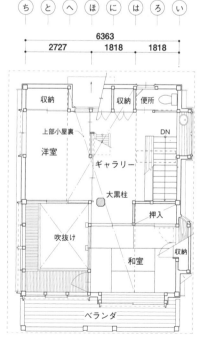
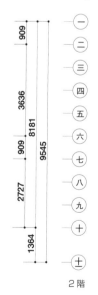

平面図（S = 1：150）

第一章 家づくりの基礎知識
第二章 実験編
第三章 架構編
第四章 現場監理術
第五章 仕上げ編／外部
第六章 仕上げ編／内部
第七章 ［私家版］木組みの家

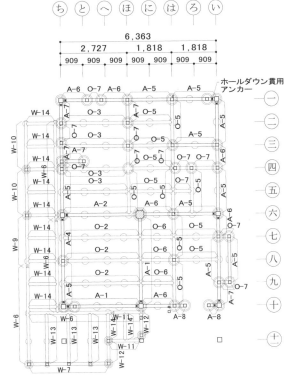

1階床（足固め）伏図（S＝1:150）

1階床（土台）伏図（S＝1:150）

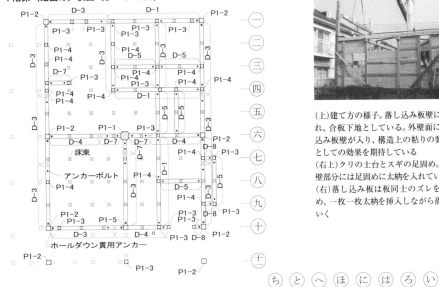

基礎伏図（S＝1:150）　　　2階床伏図（S＝1:150）　　　小屋梁伏図（S＝1:150）

あえて架構で間崩れを生じさせて間取りを当てはめていこうという計画であった。床の大梁と小梁の関係を調整することで、部材数は多少増えているが、吹抜けに面して小梁を跳ね出すなど木組みの独特な構成を可能とした。多段に梁を組むことは、階高の調整など矩計での検討を要するが、この部分が木組みの面白さである。

床、壁、天井（野地板）など建物の全周囲を厚板（スギ、サワラ）により被うことで、木のもつ断熱性と吸放湿性による心地よい室内空間をここでは目指している。

大黒柱の据付け。土台にわなぎこんで落し込み、横から足固めを大入れで差し込み、脚部の固めとする

（上）建て方の様子。落し込み板壁に通し貫も入れ、合板下地としている。外壁面には必ず落し込み板壁が入り、構造上の粘りの要素、断熱材としての効果を期待している
（右上）クリの土台とスギの足固め。落し込み板壁部分には足固めに太枘を入れている
（右）落し込み板は板同士のズレを防止するため、一枚一枚太枘を挿入しながら落とし込んでいく

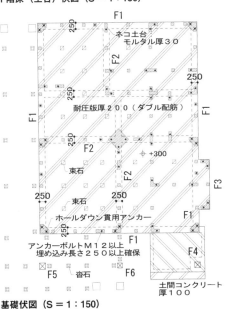
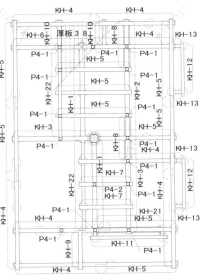

すべての部材には断面、長さに対応した符号を付している。図面はCAD作成であるため、この符号で数量の拾い出しを簡単に行うことができる。その数量を設計木拾いの実数とし、切り回しにより定尺材に換算した木拾い表を作成する

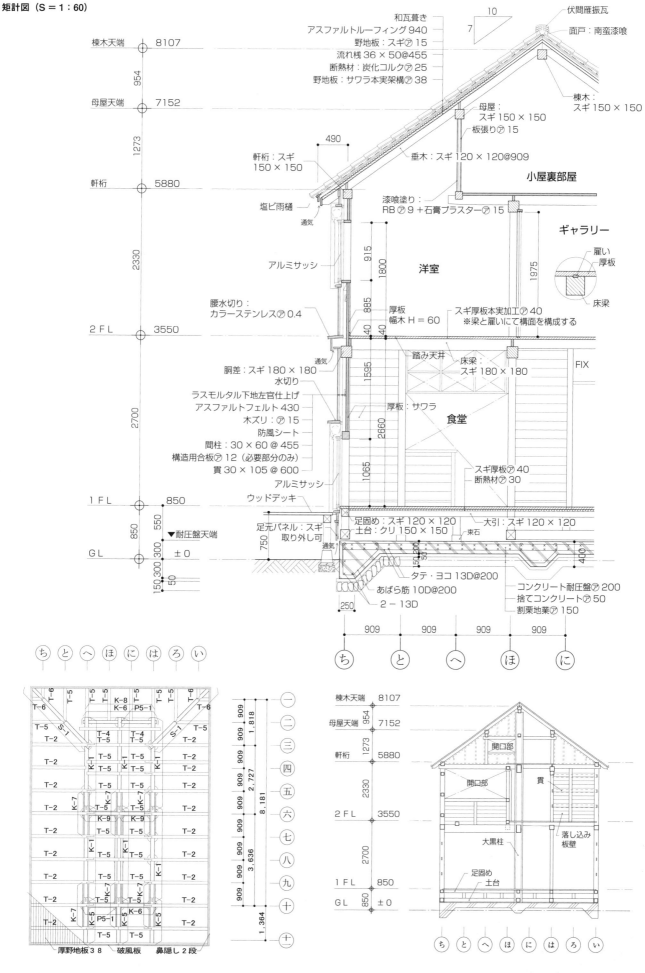

[私家版] 木組の家⑦

準耐火構造（燃えしろ設計）の家　「高円寺の家」

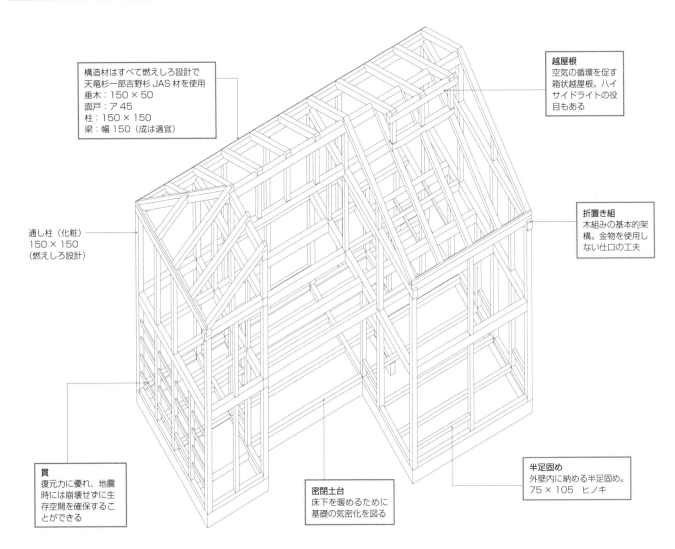

構造材はすべて燃えしろ設計で天竜杉一部吉野杉JAS材を使用
垂木：150×50
面戸：ア45
柱：150×150
梁：幅150（成は適宜）

越屋根
空気の循環を促す箱状越屋根。ハイサイドライトの役目もある

通し柱（化粧）
150×150
（燃えしろ設計）

折置き組
木組みの基本的架構。金物を使用しない仕口の工夫

貫
復元力に優れ、地震時には崩壊せずに生存空間を確保することができる

密閉土台
床下を暖めるために基礎の気密化を図る

半足固め
外壁内に納める半足固め。
75×105　ヒノキ

　高円寺の住宅密集地の狭小敷地（20坪）で、「燃えしろ設計」により準耐火建築の性能をもたせた家である。単身者の建て主は、幼いころから下町のアパートで暮らしたので、「庭の見える家」が唯一の望みであった。そこで、すべての窓から緑が見えるように考えた。1階は中庭を囲むように各室をコの字に配置し、ダイニングやリビング代わりの広縁、さらに浴室からも緑が見えるようにしている。2階には、屋上庭園をつくり書斎からも緑が見える設計である。

　南にアパートが迫っているため、日射は期待できないことから、あえて西日を隣家の建物と建物の隙間から入れて採光をすることとした。西日の熱射を遮るために格子をしつらえたり、遮光フィルムやスクリーンを設けている。

　土台を密閉して床下にエアコンを沈めたことによって、エアコン1台で建物全体の温熱調整ができる。リビングの地窓から越屋根に抜ける空気は温度差換気で、風のない熱帯夜でも「ゆらぎ」を起こして心地よい。屋根には、小さいながらも太陽光発電パネルを搭載している。

道路側外観

設　　計：松井郁夫建築設計事務所
設計協力：春紫建築設計事務所（作図）、
　　　　　桜建築設計集団（防火監修）
施　　工：キューブワン・ハウジング
竣　　工：2012年12月
所 在 地：東京都杉並区高円寺南
敷地面積：81.82㎡
建築面積：40.50㎡
延床面積：63.22㎡（ほか容積率不算入部分 3.31㎡）
　1　階：35.95㎡
　2　階：27.27㎡
建ぺい率：49.5%（許容60%）
容 積 率：77.27%（許容150%）

地域・地区：東京都建築安全条例第7の3による防火
　　　　　　規制区域（新防火地域）
　　　　　　準防火地域
　　　　　　第1種高度地区
外部仕上げ：
　屋根：ガルバリウム鋼板瓦棒葺
　外壁：藁入り土壁風モルタル塗り（一部上からヒノキ
　　　　無垢板張り）、充填断熱
内部仕上げ
　床：ヒノキ⑦15本実加工、グロスクリアオイル塗り
　壁：漆喰塗り（既調合品）、ラスボード下地
　天井：Jパネル QF ⑦ 36

2階寝室。欄間はFIXガラス。家具は浮かせて部屋の広がりをつくる

1階居間（広縁）。広い縁側が居間となる

屋上緑化した2階。2階の部屋から緑が楽しめる

南方向が塞がれているため西開口となった。西日を避けるため、遮光フィルムと格子を採用

洗面トイレ

浴室。窓から庭の緑が見える

庭は、この家にとって室内と同じような価値をもっている

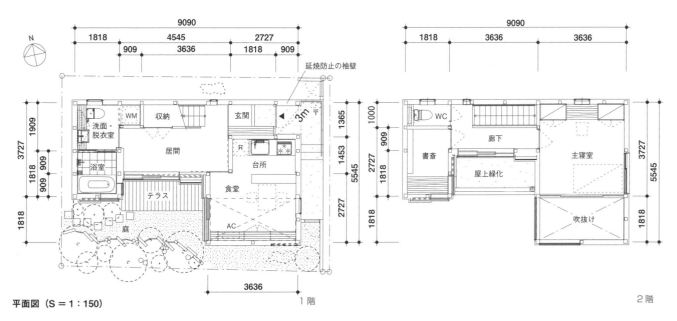

平面図（S＝1:150）　　1階　　2階

耐力壁は貫+半足固めが入っている

土台と基礎は、気密パッキンにより密閉する。床下にエアコンで温風を吹き入れる

燃えしろ設計による太い柱は150角。折置き組。梁幅も150mm

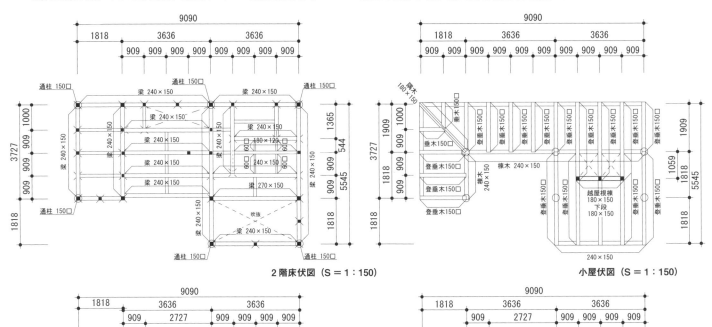

2階床伏図（S＝1：150）

小屋伏図（S＝1：150）

基礎伏図（S＝1：150）

1階床伏図（S＝1：150）

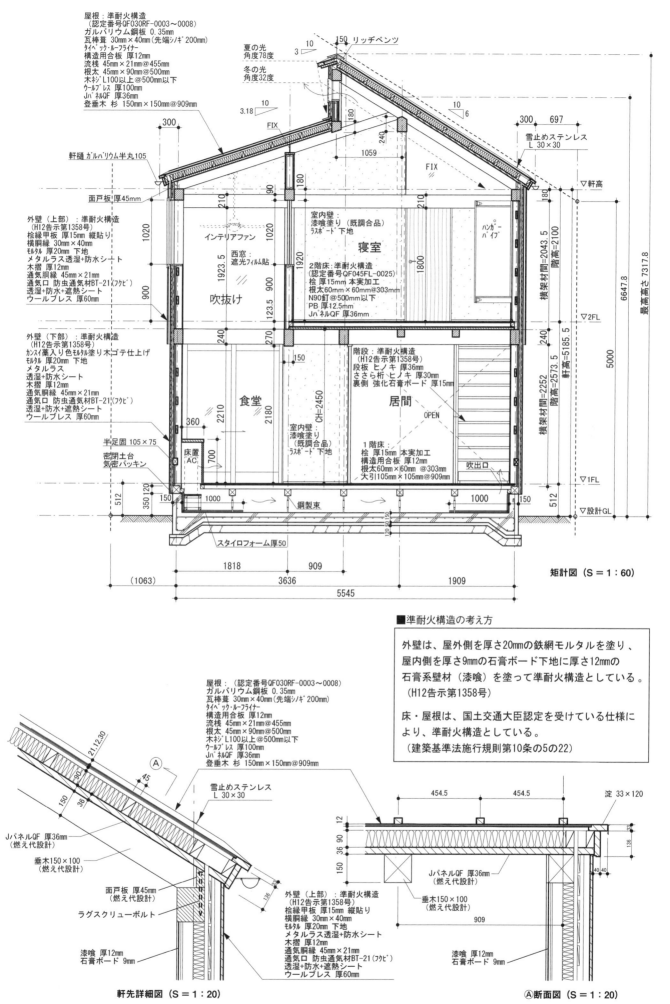

[私家版] 木組の家⑧

断熱性能 HEAT20 G2 レベル＋準耐火構造（燃えしろ設計）の家
「東馬込の家」

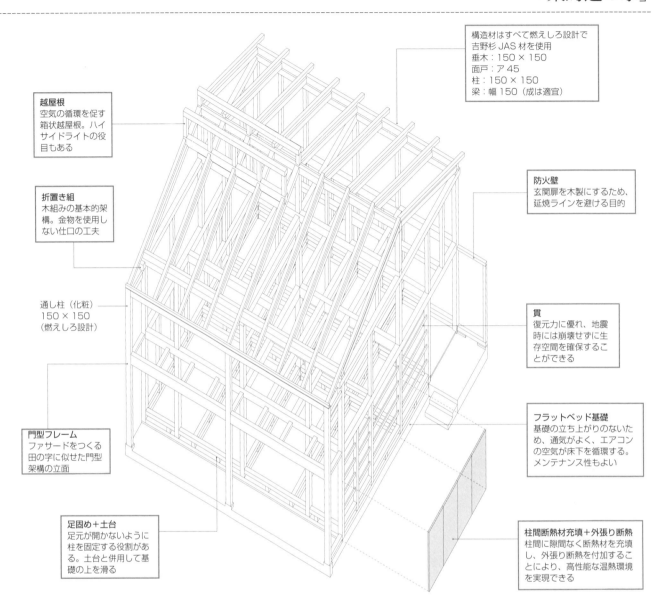

- 構造材はすべて燃えしろ設計で吉野杉 JAS 材を使用
  垂木：150×150
  面戸：ア 45
  柱：150×150
  梁：幅 150（成は適宜）

- 越屋根：空気の循環を促す箱状越屋根。ハイサイドライトの役目もある

- 折置き組：木組みの基本的架構。金物を使用しない仕口の工夫

- 通し柱（化粧）150×150（燃えしろ設計）

- 門型フレーム：ファサードをつくる田の字に似せた門型架構の立面

- 足固め＋土台：足元が開かないように柱を固定する役割がある。土台と併用して基礎の上を滑る

- 防火壁：玄関扉を木製にするため、延焼ラインを避ける目的

- 貫：復元力に優れ、地震時には崩壊せずに生存空間を確保することができる

- フラットベッド基礎：基礎の立ち上がりのないため、通気がよく、エアコンの空気が床下を循環する。メンテナンス性もよい

- 柱間断熱材充填＋外張り断熱：柱間に隙間なく断熱材を充填し、外張り断熱を付加することにより、高性能な温熱環境を実現できる

　伝統的な木組みの家を探していたという建て主は、最初からワークショップ「き」組の 4 間四方の総 2 階の「パッケージプラン」を望んだ。敷地は東京都大田区の「新防火区域」で準耐火性能（令 107 条の 2）が要求され、木組みの家を実現するため「燃えしろ設計」となった。

　準耐火性能では、主要構造部のあらわしの木材は、通常より太い材を使うことや、JAS の認定が必要となる。たまたま知り合いの吉野の材木商が JAS 認定工場であり、すでに「高円寺の家」で準耐火建築物とした経験があったので、迷うことなく架構の木組みは伝統の「継手・仕口」を使い、「足固め」や「貫」、「フラットベッド基礎」を駆使して耐震上も粘り強い躯体とした。

新防火地区（準耐火構造）の木組みの家（プロトタイプ）

設　計：松井郁夫建築設計事務所
施　工：キューブワン・ハウジング
竣　工：2017 年 4 月
所在地：東京都大田区東馬込
敷地面積：162.05 ㎡
建築面積：59.86 ㎡
延床面積：98.87 ㎡
1　階：52.88 ㎡
2　階：45.99 ㎡
建ぺい率：36.94%（許容 60%）
容 積 率：61.02%（許容 150%）
地域・地区：東京都建築安全条例第 7 の 3 による防火規制区域（新防火区域）、準防火地域、第 1 種高度地区
基　礎：フラットベット基礎

外部仕上げ
屋根：ガルバリウム鋼板瓦棒葺
外壁：藁入り土壁風モルタル塗り、ラスモルタル下地
断熱：フェノバボード 充填 60mm ＋付加 45m 気密テープ貼り

内装仕上げ
床：スギア 15 本実加工、ハードクリアオイル塗り
壁：漆喰塗り（既調合品）、ラスボード下地
天井：J パネル QF 厚 36
躯体：すべて吉野杉 JAS 認定材

温熱性能の向上を目指し、現行の省エネルギー基準を超える「HEAT20」の高断熱仕様の採用を試みた。4間四方の総2階なので、立方体に近い室内環境である。外壁には外断熱材フェノバボード45mmを付加することで、G2レベルを実現できた。外気温が0度でも室内は無暖房で18度を下回らない性能となっている。外気温と室内温度は、手元のスマートフォンで確認できるように計測器を置かせてもらい、リアルタイムで断熱性能の数値を見ることができる。

図　高断熱仕様の設計値と基準値

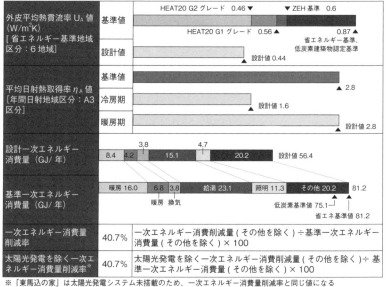

スマートフォンで確認した計測値。計測器は外部と1階、2階に置いており、左写真は早朝の1階室温を示している。無暖房でも、この家の室温は18℃を下回らないという計算結果が出ている。断熱材は設備計画と同じという宿谷先生の論を実践している

大黒柱1本で支えられた4間四方のワンルーム。「いつか古民家になる」

(上)フラットベッド型基礎。足元フリーのため、立ち上がりのない平らな基礎とする。アンカーボルトはケミカルアンカーでもよい
(右)足固め土台併用によって、ベタ基礎の上を滑るように計画されている。アンカーボルトは将来なくしてもよいときがくると考えている

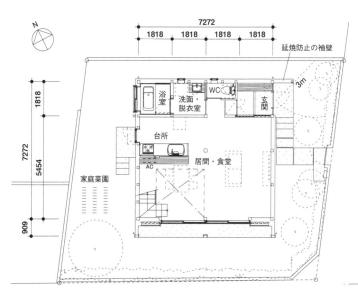

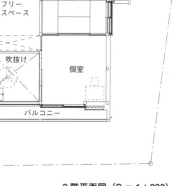

1階平面図（S＝1：200）　　2階平面図（S＝1：200）

階段室を吹抜けに配置。右下に見える格子のなかに、床置きエアコンを沈めている

吹抜けから見た室内。2階の欄間もなく、開放的にできるのは外断熱のおかげ

2階フリースペース。越屋根から光を採り込み熱気を排出する。欄間は熱溜まりをつくるために不要とする

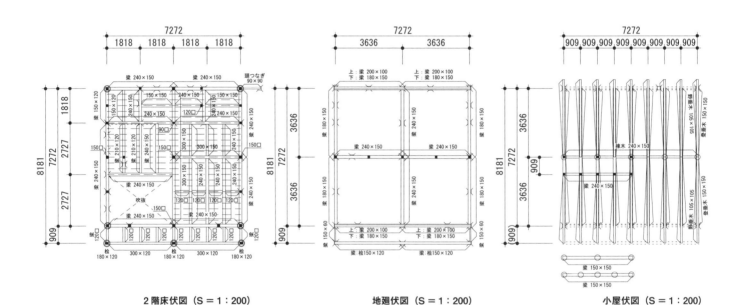

2階床伏図（S＝1：200）

地廻伏図（S＝1：200）

小屋伏図（S＝1：200）

基礎伏図（S＝1：200）

土台伏図（S＝1：200）

足固め伏図（S＝1：200）

矩計図 (S=1:60)

ケラバ断面図 (S=1:20)

耐力壁概念図

軒の出詳細図 (S=1:20)

Column/ 木組みの燃えしろ設計

松井郁夫

都市部の住宅密集地では、木造住宅の建設が難しい地域がある。東京都では、2003年10月1日より、東京都建築安全条例第7条の3の規定により、新たな防火制度の対象地域として、「新防火地区」が指定された。

この地域で建物を建てるときには、準耐火性能（令107条の2）が要求される。準耐火性能とは、通常の火災による延焼を抑制するために必要とされる性能で、加熱が加えられた場合に、加熱開始後、**表1**に示された時間において構造耐力上支障のないものをいう。

木組みのような、木造あらわしを準耐火構造とする場合には、「燃えしろ設計」を用いて、表面が燃えても構造耐力上支障のない大断面とすることによって可能になる。

「燃えしろ設計」とは、燃えしろを省いた有効断面が、許容応力度計算により表面が燃えても構造耐力上支障がないことを確かめる方法である。通常の柱より太くすることにより可能になる。

燃えしろの厚さについて、その根拠となる延焼実験がある。

延焼実験によれば、無垢材を燃やすと、1分で1mm燃えることがわかっている。

表1　準耐火性能（令107条2）

部位			通常の火災		屋内の通常の火災
			非損傷性	遮熱性	遮炎性
間仕切り壁	耐力壁		45分	45分	—
	非耐力壁		—		—
外壁	耐力壁		45分		45分
	非耐力壁	延焼のおそれのある部分	—		45分
		上記以外	—	30分	30分
柱			45分	—	—
床			45分	45分	—
梁				—	—
屋根の軒裏	延焼のおそれのある部分		—	45分	—
	上記以外		—	30分	30分
屋根			30分	—	—
階段			30分	—	—

表2　必要な燃えしろの厚さ

柱、梁の部材（JASに適合するもの）	必要な燃えしろ		
	30分	45分	60分
集成材、単板積層材	25mm	35mm	45mm
製材（含水率15%等）	30mm	45mm	60mm

準耐火建築の場合、45分の耐火性能を求められる（**図**）ので、主要構造部は、構造耐力上鉛直荷重に耐えられる太さの60mmが必要とされる（**表2**）。したがって、周囲を45mmずつ太くすればよい。計算すると、

60+45+45 = 150

で、あらわしの柱や梁は150mmの燃えしろ設計でよいことになる。一説には、45分耐火は、全国で消防車の駆けつける時間といわれている。

図　主要構造部準耐火構造（法2条9号の3イ）

以上は防火の専門家・安井昇氏の話を参考にした。

なお、「高円寺の家」（**278頁**）と「東馬込の家」（**282頁**）で図面による解説をしているので参照してほしい。

キーワード索引

基礎知識・実験編・架構編・監理術

あ行

相欠き継ぎ | 134
赤身 | 030
足固め | 046,125
足固めの納まり | 128
足固めの仕口 | 127
足固めの取付け位置 | 128
厚板で構面を固める | 130,142,144
厚板のパネル化 | 144
圧縮強度 | 090
圧縮筋違い | 114
アンカーボルト | 088,170,173
行合い継ぎ | 032
石場建て | 064,080,092
板図 | 163,165
板目 | 028
一間一間 | 045
Eディフェンス | 059,061
上小根差し打抜き込み栓打ち | 110
上小根差し打抜き割楔締め | 110
ウェブ材 | 140
受け材支え | 094
牛梁 | 147
瓜皮剥き | 163
上木 | 050,131
上端揃え | 051,094
SS試験 | 075
N値 | 075
襟輪小根差し割楔締め | 099
横架材断面早見表 | 045
横架材と柱の取合いの原則 | 050
横架材の継手部分の補強方法 | 139
大入れ | 094,099,132,136
大壁耐力壁直打ちタイプ | 115
扇枘 | 101,128
大引 | 094
御神楽 | 106
拝み合せ | 153
男木 | 032
送り継ぎ | 032
追掛け大栓継ぎ | 035,098,176
落し蟻 | 099,120
折置組 | 150

か行

外壁通気工法 | 114
角込み栓 | 176
掛け矢 | 175
架構のデザイン | 048
架構のルール | 044
型板 | 165
堅木 | 028
傾ぎ大入れ | 110
矩計棒 | 164
金輪継ぎ | 035,098
兜蟻掛け | 150
被り厚さ | 170
壁倍率 | 113
仮筋違い | 175
木余り | 166
木裏 | 031
木表 | 031
気乾状態 | 033,161
木配り | 163
木ごしらえ | 162
木殺し | 034
基準地盤高さ | 168
基礎 | 080,171
木の特性 | 028
木拾い | 038
京呂組 | 150
清め洗い | 177
切り旬 | 161
切土 | 073,158
管柱 | 105
組床 | 054
クリープ | 029,045
グリッド | 048
黒心 | 160
ケミカルアンカー | 089,173
下屋 | 042
間四の法 | 044
現場監理 | 157
源平材 | 031
コア抜き | 172
剛床 | 140
剛心 | 116
構造用合板で構面を固める | 140
構造用面材 | 113,115
コーンペネトロメーター試験 | 076
木口 | 028,160
腰掛け鎌継ぎ | 098
腰掛け目違い鎌継ぎ | 035
小胴付き | 046,127
小根差し打抜き込み栓打ち | 110
込み栓 | 107,118,121,176
小屋組 | 147
小屋筋違い | 054,153
転ばし床 | 054

さ行

竿車知栓締め | 120
竿車知継ぎ | 035,108,127
逆木 | 032
下げ鎌 | 118
曲尺 | 165
差し口 | 049
差し物 | 053
首叉 | 148
雑壁 | 116
桟木の入れ方 | 160
産直ネットワーク | 037
三方差し | 050
敷梁 | 054,147
地業工事 | 169
地組 | 167
下木 | 050,131
下端揃え | 049

地鎮祭 | 168
尻挟み継ぎ | 098
自動鉋盤 | 163
地縄張り・水盛り遣り方 | 168
地盤 | 073
地盤図 | 074
地盤調査 | 073,158
四方鎌 | 118
四方差し | 050,108
島 | 131
地廻り | 054,147
柔床 | 140
修正挽き | 161
重心 | 116
重枘差し | 120,150
正直 | 177
上棟 | 178
上屋 | 042
白木 | 028
白太 | 030
真壁耐力壁 | 117
真壁造り | 043
シングル配筋 | 084
人工乾燥 | 033
心材 | 030
心去り | 162
真継ぎ | 050,139
心持ち材 | 031,162
水平構面 | 138
スウェーデン式サウンディング試験 | 075
末 | 032
末口 | 032
筋違い | 112,114
捨てコンクリート | 088,169
滑り腮掛け | 136
素掘り | 076
墨切り | 166
墨出し | 173
墨付け・刻み | 164
墨残し | 166
スランプ値 | 090,170
スリーブ | 083,172
背 | 031
成熟材 | 031
せがい造り | 106
接線方向 | 029
セメント系固化材 | 078
セルフレベリング | 089,171
背割り | 162
繊維方向 | 029
繊維飽和点 | 032
ソイルセメント | 078
総持ち | 052
殺ぎ継ぎ | 134
礎石 | 092

た行

耐圧盤 | 085
ダイアフラム | 140
台形集成材 | 144
大黒柱 | 105

太鼓挽き | 148,163
台持ち継ぎ | 110,152
耐力壁 | 111,174
タイロッド | 121
台輪 | 125,132
田植え | 088,171
出し梁 | 034
建て方・建て入れ | 174
ダブル配筋 | 084
ダボ | 058,061,069
垂木構造 | 054,153
単純梁 | 034
単床 | 054
単層梁 | 129
短枘差し | 099,134
断面欠損 | 049
地形図 | 074
地質図 | 074
柱状地盤改良 | 078
中性化速度 | 089
長期許容耐力 | 075
長期優良住宅 | 061
長寿命の架構 | 041
散り決り | 122
束立 | 054,147
突付け | 094,134
定尺寸の型枠 | 088
適材適所 | 034
出隅部の通し柱と管柱の関係 | 104
手配 | 160
天然乾燥 | 033
天端均し | 089,171
胴差 | 053
同士鎌 | 118
胴付き | 030,126
通し貫 | 106,118
通し柱 | 103,104,105
通しボルト | 108,128
土台 | 092,094,095,101,173
土台と柱 | 100
土台の仕口 | 099
土台の継手 | 098
土地条件図 | 074
トラス | 055

な行

内外真壁造 | 109
長枘 | 106,110,120,149
投掛け梁 | 054,147
夏結露 | 070
並材 | 037
2階床組 | 132,136
逃げ墨 | 173
2間四方 | 043,048
二重梁小屋組 | 147
二度挽き | 161
二方差し | 110
貫の入れ方 | 118,174
布石 | 093
布基礎 | 080,082,083
根切り深さ | 169

ネコ土台｜082,097,173
捻組｜153
根太天井｜054,130
軒桁｜149
野地板｜178
載せ掛け｜094,134,178
登り梁構造｜054

は行
配筋｜170
馬鹿棒｜169
葉枯らし材｜161
羽子板込み栓打ち火打梁｜151
柱｜100,103,110
柱と横架材｜107
柱と桁｜149
柱と貫｜118
柱の引抜き対策｜108,120
柱の養生｜174
八面挽き｜161
鼻栓｜107
鼻母屋｜151
腹｜031
梁床｜054
半足固めによる納まり｜128
半回転数｜075
番付け｜163
ハンドオーガーボーリング｜076
火打｜138,139,141
火打土台｜139
控え｜171
光り付け｜092,163
引張り筋違い｜114
標準貫入試験｜077
表層地盤改良｜078
表面波探査法｜076
鬢太延ばし｜134
鬢面留め小根枘差し割楔締め｜099
分合せ｜163
フーチング｜082
分切れ｜161
複床｜054
複層梁｜129
複層梁の架け方｜130
不同沈下｜073
分増し｜161
踏み天井｜054,130
フランジ材｜140
平衡含水率｜032
平板載荷試験｜077
ベタ基礎｜084,085
ヘリカルオーガー｜077
辺材｜030
ベンチマーク｜168
ボイド｜172
ボード材端の釘打ち｜115
ボーリング調査｜077
ポストホールオーガー｜077
枘差し｜094
掘立て柱｜080
ホッパー打設｜171

ポンプ打設｜171

ま行
柾目｜028
間柱の入れ方｜178
丸込み栓｜176
丸太の木ごしらえ｜162
磨き丸太｜162
水セメント比｜090,171
未成熟材｜031
密閉土台｜070
ミルシート｜170
民家の架構の概念｜042
女木｜032,049
目違い｜134,136
めり込み｜034,035,058,060,063,066,
102,135,178
木材調書｜037
元｜032
元口｜032
元玉｜038
盛土｜073,158

や行
役物材｜038
雇い枘｜108,110,167
柔木｜028
ヤング係数｜028,045
有効換気面積｜081
床組｜125
床下換気口｜081,082
床束支え｜094
洋小屋組｜055
養生｜171
与次郎組｜147

ら行
ラップルコンクリート｜159
ランマー｜169
リカバリー｜177
レディーミクストコンクリート｜090,170
連続梁｜034

わ
ワーカビリティ｜171
別れ継ぎ｜032
和小屋組｜054,147
渡り腮｜052,130,131,150
割楔｜107
割栗地業｜169

仕上げ編・事例

あ行
相決り｜201,202,206,208,240
赤瓦｜180
洗い出し｜228
荒壁｜199,220
荒床｜243,249
淡路｜184

鶉｜234
稲子｜236
燻し瓦｜180,185
上塗り｜216
内法貫｜218
裏返し｜220
裏桟｜234,236
エクセルギー｜251
Fケーブル｜230
縁甲板張り｜235,245
大津壁｜214
落し込み｜240

か行
快適指標｜251
掻き縄｜219
瑕疵担保保証｜214
鎹釘｜201
帷子｜202
瓦棒葺き｜191,193,195
乾式｜217
既調合｜187,225,230
亀裂｜223
珪藻土｜183
結合材｜215,220
蓑羽｜185,188,192,193,209
硬化｜225
合成樹脂｜215
固結材｜215,216
杮板｜180,182
腰貫｜218
小舞｜218,219
混和材｜215

さ行
竿縁天井｜236
籠子｜202,206,212
実｜201,235,240,244
三州｜184
敷居｜245
下塗り｜216,218,220,222,229
下葺き｜181,182,194
下見板｜202,212
七島イ｜249
漆喰｜225
湿式｜214,229
四分板｜202
四分一｜242
決り｜234,240,246
祝儀｜249
収縮｜214
樹皮｜182
聚楽壁｜214,215,226
ジョイナー｜203
消石灰｜225
定規摺り｜224
真壁｜213,214
新防火地区｜282,286
水硬性｜223,224
鏝る｜187,194
すさ｜216,225,226,229

裾廻り｜211,213
ステープル｜223
スレート｜180,181
せがい造り｜258,262
石州｜184
石灰｜214
石膏プラスタード｜224,228
殺ぎ張り｜201
傍｜201,206,208

た行
畳｜248,249
縦胴縁｜200,206,239
竪羽目板｜199,201,203,206,208,209
田の字間取り｜270
炭化コルクボード｜183,200
地貫｜218
長尺｜180,191
ちり決り｜222,229
突付け｜240
土物｜218,226
吊木｜234,236
鉄平石｜180
天然スレート｜180
ドイツ下見｜202,206,208,209
土佐漆喰｜225
土蔵造り｜214

な行
塗り屋造り｜214
熨斗瓦｜189
野縁｜234,236

は行
剥離｜214,230
刀刃｜237
幅木｜245
パテ｜224
HEAT20｜251,283
ひび割れ｜214,228
紐｜185,209
平葺き｜191,195
吹き付け｜215
不祝儀｜249
防火構造｜209,215,222
フォレストボード｜183
保水性｜215
本実張り｜201,240

ま行
間渡｜218,219
万十｜185
棟換気｜183,188
目透かし｜235,240
燃えしろ設計｜278,282,286
門型架構｜254

や行
雇い実｜201,240
矢筈張り｜201
大和張り｜201,209

遣り違い | 208,242
釉薬瓦 | 185
窯変瓦 | 185
鎧 | 202

ら行

ラス | 222,223,224
リシン掻き落し | 215,226
ルーフィング | 182
漏水 | 194

わ

藁 | 180,220,225,249

[参考文献]

建築工事標準仕様書・同解説／JASS5／鉄筋コンクリート工事（［社］日本建築学会編・刊）
建築工事標準仕様書・同解説／JASS11／木工事（［社］日本建築学会編・刊）
小規模建築物基礎設計の手引き（［社］日本建築学会編・刊）
木質構造設計規準・同解説（［社］日本建築学会編・刊）
鉄筋コンクリート構造計算規準・同解説（［社］日本建築学会編・刊）
3階建て木造住宅の構造設計と防火設計の手引き（［財］日本住宅・木材技術センター編・刊）
木造軸組構造法等の開発業務報告書／床剛性向上設計手法の開発（［財］日本住宅・木材技術センター編・刊）
Zマーク表示金物／木造住宅用接合金物の使い方（［財］日本住宅・木材技術センター編・刊）
木造住宅工事共通仕様書／平成8年版（［財］住宅金融普及協会刊）
木造住宅建築工事／地盤調査の手引き（［社］日本木造住宅産業協会編・刊）
木造住宅建築工事／基礎設計の手引き（［社］日本木造住宅産業協会編・刊）
在来構法の研究──木造継手仕口について（内田祥哉他編著・［財］住宅総合研究財団刊）
日本の森林と林業／そこが知りたい（林野庁監修・［社］全国林業改良普及協会編・刊）
木材工業ハンドブック／改訂3版（農林水産省林業試験場監修・丸善刊）
木材の知識（上村武著・［財］経済調査会刊）
木材活用事典（木材活用事典編集委員会編著・産業調査会刊）
棟梁も学ぶ木材のはなし（上村武著・丸善刊）
図説 木造建築事典［基礎編］（木造建築研究フォラム編著・学芸出版社刊）
住宅デザインと木構造（飯塚五郎蔵著・丸善刊）
図解 木造建築の知恵（長尾勝馬著・理工図書刊）
続図解 木造建築の知恵（長尾勝馬著・理工図書刊）
住宅建築別冊・29／民家型構法の家（建築資料研究社刊）
地震に強い［木造住宅］の設計マニュアル（坂本功他著・建築知識刊）
建築工事標準仕様書・同解説／JASS12／屋根工事（［社］日本建築学会編・刊）
建築設計のための屋根マニュアル：瓦（愛知県陶器瓦工業組合カタログ編集委員編・刊）
建築家のための瓦の知識（坪井利弘著・鹿島出版会刊）
建築工事標準仕様書・同解説／JASS15／左官工事（［社］日本建築学会編・刊）
誰にもわかる／左官工学［改訂版］（鈴木忠五郎著・ヤブ原出版部刊）
左官工事／材料と施工法（山田幸一著・工業調査会刊）
土塗壁・面格子壁・落とし込み板壁の壁倍率に係る技術解説書
　（土塗壁等告示に係る技術解説書作成編集委員会編・［財］日本住宅・木材技術センター刊）

[著者略歴]

松井郁夫［松井郁夫建築設計事務所・まちづくりデザイン室］
1955年福井県大野市生まれ。1979年東京芸術大学大学院環境デザイン修了
同年、現代計画研究所に入所。1985年松井郁夫建築設計事務所設立。
女子美術大学講師、金沢美術大学講師、東京芸術大学講師を経て
現在は日本大学講師、内閣府地域伝道師
ワークショップ「き」組理事長
著書『「木組の家」に住みたい』（彰国社）、
『「木組」でつくる日本の家』（農文協）ほか
〒165-0023 東京都中野区江原町1-46-12-102
Tel: 03-3951-0703 ｜ Fax: 03-5996-1370

小林一元［小林一元建築設計室］
1953年埼玉県寄居町生まれ。1976年東洋大学工学部建築学科卒業。
同年、連合設計社市谷建築事務所に入所。1988年小林一元建築設計室設立。
エアパスグループ・NPO地球の会 設計講座講師。
著書『ローコスト住宅が危ない』（エクスナレッジ）、
『快適間取りのつくり方』（彰国社、共著）ほか
〒369-1203 埼玉県大里郡寄居町寄居1184-1
Tel: 048-581-2426 ｜ Fax: 048-581-9644
http://www.yorii.or.jp/~e-sumai/

宮越喜彦［木住研］
1958年埼玉県草加市生まれ。1980年芝浦工業大学建築学科卒業。
同年、木村誠之助総合計画事務所に入所。
現代計画研究所を経て、1988年木住研を設立。
現在は芝浦工業大学建築学科、日本大学理工学部建築学科非常勤講師も努める
著書「木のデザイン図鑑」「和風デザイン図鑑」（エクスナレッジ、いずれも共著）、
『健康な住まいのつくり方』（彰国社、共著）ほか
〒358-0002 埼玉県入間市東町 5-3-11-301 ｜ Tel / Fax: 04-2966-6609
木の家づくりを応援する木住研=http://mjk463.sakura.ne.jp/
木造耐力壁ジャパンカップ応援ブログ=http://mokutai-jc.seesaa.net/

　　　　　＊　　＊　　＊　　＊　　＊

松井匠［岐阜県立森林文化アカデミー　木造建築専攻教員］
1981年東京都中野区生まれ。2006年多摩美術大学美術学部絵画学科版画専攻卒業
同年、松井郁夫建築設計事務所に入所。
2017年、岐阜県立森林文化アカデミー教員に就任。現在に至る。
〒501-3714 岐阜県美濃市曽代88
Tel: 0575-35-2525 ｜ Fax: 0575-35-2529
https://www.forest.ac.jp/teachers/matsui-takumi/

山中信悟［悟工房］
1974年大阪府大阪市生まれ。1997年浅野工学専門学校建築工学科卒業
同年、都内設計事務所構造設計室へ入所。2001年横浜市内設計事務所意匠設計室へ入所。
2005年個人事務所悟工房設立。2009年株式会社悟工房へ改編。
2011年「下高井戸の家」にて日本木材青壮年団体連合会会長賞【Cool Wooda Japan賞】共同受賞
2014-2018年浅野工学専門学校非常勤講師を努める。
〒247-0072 神奈川県鎌倉市岡本2-16-34 B-101
Tel/Fax: 0467-43-3846
http://satoru-k.net

木造住宅
私家版仕様書
完全版
架構編+仕上げ編+実験編

2019年8月2日　初版第1刷発行

著者	松井郁夫、小林一元、宮越喜彦	
発行者	澤井聖一	
発行	株式会社エクスナレッジ	
	〒106-0032	
	東京都港区六本木 7-2-26	
	http://www.xknowledge.co.jp/	
問合せ先	編集	Tel: 03-3403-1381
		Fax: 03-3403-1345
		Mail: info@xknowledge.co.jp
	販売	Tel: 03-3403-1321
		Fax: 03-3403-1829

無断転載の禁止
本誌掲載記事(本文、図表、イラストなど)を当社および著作権者の承諾なしに無断で転載(翻訳、複写、データベースへの入力、インターネットでの掲載など)することを禁じます。